소크라테스의 앎과 잘남

대화, 아이러니, 시민적 삶, 그리고 정치철학의 태동

* 이 저서는 2009년 정부(교육과학기술부)의 재원으로 한국학술진흥재단의 지원을 받아 수행된 연구임 (KRF-2009-812-B00005).

이화학술총서

소크라테스의 앎과 잘남

Σοφια και Αρετη

대화, 아이러니, 시민적 삶,
그리고 정치철학의 태도

양승태 지음

이화여자대학교출판부

일러두기

1. 희랍어는 희랍 문자를 사용하지 않고 로마자로 표기했다. 자음의 경우 각각 κ → k, ξ → x, ϕ → ph, χ → ch, ψ → ps로 표기했으며, 모음의 경우 강세나 숨표 기호는 생략했고, υ → y로, 복모음 가운데 ου는 관행화된 u 대신에 ou 그대로, 장모음인 η과 ω는 각각 ē와 ō로, 가복모음인 '밑에 쓴iota-subscripte ᾳ, ῃ, ῳ는 각각 ai, ēi, ōi로 표기했다. 그리고 희랍어 모음 υ는 우리말의 복모음 'ㅟ'에 가깝지만 관행에 따라 단모음 'ㅣ'로 표기했다.
2. 신과 개인에 대한 희랍어 고유명사는 영어식 표기가 아니라 희랍어 원래 그대로 표기했다. 예) 알렉산더 → 알렉산드로스, 아폴로 → 아폴론
3. 이 책에 등장하는 인물의 생몰 연대는 학계에서 논쟁의 대상이 아닌 한 *The Oxford Classical Dictionary*에 의거했다.
4. 이 책에 제시된 희랍어나 영어의 어원에 대한 소개는 별도의 설명이 없는 한 *Greek-English Lexicon*, *Oxford English Dictionary*에 의거했다.
5. 희랍어 문헌은 별도로 표기되지 않는 한 미국 하버드대학Harvard University의 〈Loeb Classical Library〉판을 사용했다. 그 출처에 대한 표기의 경우 플라톤의 저작에 대해서는 스테파누스Stephanus 쪽수, 아리스토텔레스의 경우에는 베케르August Bekker의 쪽수, 나머지는 그 판에 제시된 '책-장-절' 형식의 표기법을 사용했다.
6. 이 책에서 희랍어 'sophia'와 'aretē'는 대체로 각각 앎과 잘남으로 번역될 것이나, 두 희랍어 자체의 개념사적 발전 맥락에 따라 다양하게 번역될 것이다. 'sophia'는 경우에 따라 '지혜', '현명함', '유식함', 'aretē'는 '탁월성', '도덕성', '도덕적 탁월성', '도덕적 자질' 등으로, 또는 우리말 '잘남'과의 개념적 차이나 연관성 자체를 설명할 필요성이 부각될 경우에는 희랍어 발음 그대로 '소피아'와 '아레테'로 표기하게 될 것이다. 이것은 의미 전달의 정확성을 기한다는 학문적 목적 때문에 그러하게 된 것이지만, 읽는 과정에서 혹시라도 혼란을 느낄 수도 있으므로 독자들의 깊은 혜량을 기대한다.
7. 이 책에 인용된 번역문은 별도의 표기가 없는 한 지은이가 번역한 것이다.

소크라테스를 어떻게 체험하느냐에 따라
그 사람 사유의 근본적인 틀이 결정된다.

- 카를 야스퍼스

| 책머리에 |

> 젊은이들을 살피면서 그들의 배고픔이 무엇이고
> 그들이 소화할 수 있는 것이 무엇인지 아는 것,
> 그것이 교육이라는 기예의 본질이다.
> 그러한 배고픔을 염탐해내고 이끌어내야만 한다.
> 젊은이들이 실제로 느끼는 욕구에 대응하지 못하는
> 교육이란 진정한 교육이 아니며,
> 그것을 떠나 얻어지는 것들이란
> 쓸데없는 과시용일 뿐이다.[1]
>
> - 앨런 블룸

이 책은 2006년 출간된 지은이의 저서 『앎과 잘남: 희랍 지성사와 교육과 정치의 변증법』의 후속편으로, 지은이가 구상한 '희랍 지성사'의 제2권이다. 제목에도 나타나 있듯이 이 책은 1권에 이어 희랍 지성사의 맥락에서 '앎sophia'과 '잘남aretē'이라는 관념이 개념적으로 발전하고 현실, 특히 교육과 정치라는 현실에 투영되는 과정에 대한 서술 및 설명이며, 이 책에서 시도되는 서술 및 설명의 대상은 소크라테스의 지성 세계와 시민적 삶 속에서 드러나는 정치철학, 곧 고대적 정치학의 태동 과정이다. 좀 더 구체적으로 말하자면, 소크라테스의 표상처럼 되어 있는 대화, 아이러니에 내포된 앎과 잘남의 개념적 발전과 그러한 발전이 희랍 정신사 및 지성사의 흐름에 대해서 갖는 의미에 대한 탐색이다. 이와 더불어,

---

1 "Attention to the young, knowing what their hungers are and what they can digest, is the essence of the craft. One must spy out and elicit those hungers. For there is no real education that does not respond to felt need, anything else acquired is trifling display." Allan Bloom, *The Closing of the American Mind*.

이 책은 그 유명한 '소크라테스의 재판과 처형'으로 완결되는 그의 시민적 삶에 그와 같은 대화나 아이러니 자체가 투영되는 양상 등을 중심으로 서양에서 정치학이라는 학문과 대학 교육이 태동하는 지성사적 · 역사적 과정에 대한 기술이다. 미리 강조하지만, 정치학의 태동은 인류 지성사에서 혁명적인 사건이다. 그것은 인간의 지성이 사물과 인간에 대한 인식에서 최초로 총체적 관점을 획득함을 의미한다. 지은이 자신이 대학의 정치학 교수로서 한국 역사 및 지성사의 흐름 속에서 살아가고 공부하고 있는 사람이므로, 대학 교육의 문제를 포함한 한국 지성사의 현 상황에 대해 새삼스럽게 떠오르는 단상을 몇 자 적으면서 이 책의 머리를 채울까 한다.

위에서 언급했고 이 책 전체를 통해 설명된 대상이지만, 서양 지성사에서 소크라테스의 출현은 고대 윤리학과 정치학 또는 고대 사회과학의 태동이자 대학 교육의 태동을 — 완성이 아니라 — 의미한다. 그것은 소피스트 운동을 통해 발아된 인문 · 사회과학적 연구 및 고등 교육이 대학 차원의 연구 및 교육으로 승화되는 과정이다. 그런데 지은이의 소견으로는 이 땅의 대학에서 이루어지고 있는 인문 · 사회과학의 교육과 연구는 아직 소피스트들의 지성 수준에도 미치지 못하는 것 같다. 적어도 소크라테스 시대의 일류 — 어느 시대 어느 곳에서나 같은 직업의 이름으로 일류와 군소는 존재하므로 — 소피스트들은 나름대로 자신'만'의 생각을 창안하고 발전시킬 줄 알고, 토론하고 논박하는 방법을 가르칠 줄 아는 지식인들이었다. 그러나 이 땅의 인문 · 사회과학은 아직 자신만의 생각을 창안하여 학문적으로 발전시키지 못하고 있고, 이 땅의 대학 교육에서는 진정한 의미의 토론 교육이 무엇이며, 왜 그리고 어떻게 행해져야 하는지조차도 제대로 이해되지 못하고 있다.

최근 사회적 이슈로 부각되고 있는 표절 문제는 논외로 하더라도, 한국의 대학에서는 외국 학문을 일방적으로 수입하는 것은 물론이고, 학문적 판단마저 외국 학계에 의존하는 것을 부끄러움이 아니라 대학 선진화의 지표로 자랑스러워하는 희화적인 상황이 지속되고 있다. 외국의 학술지에 게재된 논문이라면 그 내용을 불문하고 무조건 높이 평가하는 한국 대학 사회의 기묘한 풍토가 그 한 예이다. 학문적 업적을 주체적으로 평가할 수 있는 학문적 판단력이 없는 대학은 대학이 아니다. 그리고 학문적 판단력의 부재에는 학문적 허위의식도 있다. 학문적 판단력은 학문능력의 핵심이자 완성임에도 불구하고 그것을 마치 학문 활동 이외의 요소로 믿고 싶어하는 경향도 있기 때문이다. 학문한다는 것, 즉 제대로 알려는 행위란 지식을 더 많이 축적하는 과정이기보다는 알수록 모르는 것이 더 많아지는 과정, 바로 앎 속의 모름을 끊임없이 깨닫는 과정이다. 학문적 판단력은 특정 학문 분야의 전문 지식을 습득했다고 해서 자동적으로 형성되지 않는다. 그것은 인간과 사물에 대한 총체적인 관점의 형성과 함께 모르는 것이 무엇인지 제대로 알 때에만 형성될 수 있는 최고의 지적 능력이다. 교수들이 그러한 능력을 갖출 때 대학 교육도 제대로 이루어질 수 있는 것이다. 젊은이들에게 진정한 배움이란 자신이 진정으로 알고자 하는 것이 무엇이고 자신이 얼마나 모르는지를 스스로 깨달음으로써 앎에 대한 배고픔을 느끼고, 기존의 지식 체계를 스스로 탐색하는 과정을 통해서 그 배고픔을 채워나가고, 그러한 과정 속에서 끊임없이 새로운 배고픔을 느끼고 또다시 채워나가는 희열을 체험하는 과정이다. 그러나 학문적 판단력의 빈곤 속에서 한국의 대학에서는 아직도 기존 지식의 주입과 축적이 앎이라는 관념에 기초하여 교육이 진행되고 있다. 그리하여 젊은 영혼들이 괴로우면서도 즐거운 깨달음을 통해 지적으로 성숙하고 정신적으로 풍성해질 수 있는 공간이 되지 못하고 있다.

자신이 누구인가에 대한 앎을 포함하여 인간과 이 세계에 대한 이해는 일생 동안의 노력으로도 부족하다. 그런데도 이 땅의 대학에서는 유명 외국 대학에서의 박사학위가 석학 증명서라도 되는 듯하고, 교수라는 직위가 연구프로젝트 사업허가증 정도로 간주되는 경향도 있다. 지적으로 범용하고 경우에 따라서는 경박스러울 정도의 이론이나 주장이라도 외국 학자의 것이라면 최첨단의 지식처럼 무조건 숭앙되고, 그것의 소개와 도입이 학술 활동이나 학문적 경쟁의 핵심으로 부각되어 있기도 하다. 대학이라는 지적 공동체가 구성원 사이의 순수한 지적인 소통과 대화의 장이 되어 서로의 앎의 심화와 확장을 위한 공간이 되지 못하고 있다. 그것은 세속인들 사이에서 이해관계에 따라 벌어지는 협조나 경쟁의 관계와 큰 차이가 나지 않는 경우도 많다. 그와 같은 한국 대학 교육의 상황은 이 땅의 젊고 소중한 영혼들을 방황하게 하는 주범이자 이른바 '황폐화'로 표현되는 한국 공교육이 처한 비참한 상황의 근본 원인일 수도 있기 때문에 안타까움을 배가시킨다.

이 책은 물론 희랍 지성사에 대한 서술과 설명이 일차적인 목적이지만, 그러한 서술과 설명을 통해 이 시대 한국 지성사를 지배하는 안타까운 상황의 근원과 실체에 대해 성찰하고자 하는 부차적인 목적도 있다. 그렇기 때문에 이 책은 2010년에 출간된 지은이의 저서 『대한민국이란 무엇인가: 국가 정체성 문제에 대한 정치철학적 성찰』(이화여자대학출판부)에 대한 또 다른 성격의 후속편이라는 의미도 갖고 있다. 실제로 그 책의 〈맺는말〉에서는 현재 한국의 그러한 지성사적 상황을 국가 정체성의 위기의 근원으로 지적하면서 위의 언급과 비슷한 진술을 한 바 있다. 그런데 정작 그러한 성찰을 공유해야 할 사람들 가운데 많은 수가 대체로 이 책의 독자가 아니라는 아이러니가 있음을 지은이는 잘 알고 있다.

이 시대 한국에서 희랍 지성사에 대해서 글을 쓴다는 것, 특히 소크라테스와 같이 초등학교 교육을 받은 사람이라면 누구나 알고 있다고 생각할 인물에 대해서 글을 쓰는 행위는 현실적으로 약간은 피곤한 감정을 자아내게 할 수 있는 작업이다. 일단 정치학자의 소업이 실제로 벌어지고 있는 정치 현상에 대해 분석하고 진단하고 실천적 처방을 내리는 데 있는데, 왜 절박한 현실과 관계없는, 그것도 동양도 아닌 서양의, 게다가 오래전에 죽은 지식인들의 철학이나 사상에 관심을 둘 필요가 있느냐는 의문이 있을 수 있다. 일반인들뿐만 아니라 일부 지식인들, 특히 많은 사회과학자들에게 그러한 작업은 현실성 없고 '쓰잘데없는' 개인적 지적 호기심의 산물로 비칠 수 있다. 또한 일부 학자들에게 그것은 이미 서양 학자들이 몇백 년에 걸쳐서 완벽하게 연구한 성과들을 요약하여 정리하거나 소개하는 수준의 작업에 불과한 것으로 치부될 수도 있다. 이미 다 해명되고 알려진 것들에 대해서 한국 사람이 이제 와서 새삼스럽게 연구한다는 것이 학문적으로 무슨 의미가 있겠느냐는 나름대로의 학문적 견해나 식견이 그 바탕에 있다.

그러한 의문이나 견해나 식견에 대해서 일일이 대응하여 설명하는 것 자체가 사실은 학문적으로 희화적이다. 그리고 그러한 견해나 식견의 존재는 심적으로 안쓰러운 느낌만 배가시킨다. 최근 들어 변화의 조짐은 보이지만, 아직 한국 사회에서는 인문학 연구의 실용성과 실천성에 대한 이해가 미미한 수준이라는 사실이 그러한 견해나 식견의 존재를 통해 새삼 환기되기 때문에 그러하다. 아울러 사회과학 연구에 인문학적 소양이 뒷받침되지 않을 때 나타나는 사회과학적 지식의 파편화나 경박화 또는 현실 왜곡의 위험을 이 땅의 많은 사회과학자들이 제대로 깨닫지 못하고 있는 학문적 상황 또한 그러한 견해나 식견과 연관되기 때문에도 그러하다. 더 나아가 그러한 견해나 식견의 존재는 인문학의 위기와 인문학자들의 사회적 위기를 동일시하는 일부 인문학자들의 태도에도 일말의 책임이 있기 때문에 더욱 그러하다.

어쨌든 지은이 자신이 책 자체로 말하려 하지 않고 그 내용이나 성격에 대해서 별도로 왈가왈부할 필요는 없을 것이다. 이 책이 과연 학문적으로나 현실적으로 어떠한 의미 있는 기여를 할 수 있는지, 즉 책으로서의 존재 가치는 궁극적으로 독자들이 알아서 판단할 일이다. 다만 나잇살이나 먹은 교수로서 누구보다도 특히 앞으로 지적으로 성장할 가능성이 무궁무진할 수 있는 젊은 대학생 독자들의 존재를 고려할 때 — 이 책은 교양 서적에도 속하지만 희랍 지성사 및 소크라테스에 대한 전문적인 연구서로서 그 읽기의 주요 대상은 관련 전공 학자들만이 아니라 대학과 대학원의 인문·사회과학 전공 학생들이다 — 노파심에서나마 다음 몇 마디를 첨언할 필요는 느낀다.

일단 이미 고정된 사실로서 그 의미 또는 실체가 모두 해명된 역사적 사실은 존재하지 않는다. 설사 서양의 학자들이 완벽하게 연구하고 파악한 역사적 사실이라도 — 그러한 역사적 사실이란 실제로 존재하지도 않지만 — 한국인이 한국인의 시각에서 그러한 역사적 사실들을 이해하고 기존의 연구 결과들을 파악하고 검토하는 행위 자체가 한국인의 학문적 시각을 넓히고 학문 세계를 깊게 하는 데 기여한다. 아울러 동일한 연구 대상이라도 서양의 학계에도 새로운 시각이나 새로운 지적 자극을 제공할 수 있다. 그리고 소크라테스나 플라톤뿐만 아니라 동서양의 위대한 철학자나 사상가들의 철학이나 사상은 아무리 학문의 대가라고 해도 완벽하게 이해한다는 것은 있을 수 없으며, 그 철학이나 사상의 의미가 끊임없이 새롭게 이해되고 재해석되는 과정 자체가 철학사이고 인류 지성사의 주요 흐름인 것이다. 경우에 따라서는 그들 고전적인 철학자들 자신이 스스로 저술한 철학 내용의 의미를 완전히 파악하지 못한 채 삶을 마쳤을 수도 있다. 서양의 학자들이 무엇보다도 지금까지의 학문적 축적이나 언어적 측면에서 고전적인 서양 철학자나 사상가를 이해하고 연구하는 데 동양의 학자들보다 유리하고, 교육적 배경이나 학문적 환경 면에서도 유리한 위치에 있음은 사실이다. 하지만 동양의 학자는 바로 동양적 세계관이나 동양적 학문의 전통 또는 별개의 역사적 경험을 토대로 서양 학자들이 간과할 수 있는 서양 철학과 사상의 새로운 측면이나 내용을 밝히고 새롭게 설명할 수도 있는 것이다.

학문에 동서양의 경계는 없다는 진술은 이제 상투화된 느낌이 있지만 그것의 진리성은 아무리 강조해도 지나치지 않다. 학문한다는 것은 궁극적으로 동서양의 차이를 넘어선 인간과 사물 보편에 대한 탐구이기 때문이다. 그리고 현재 서양 학문을 주도하는 국가의 학자들, 특히 고대 희랍 세계에 대한 연구를 주도하는 독일이나 영국의 학자들도 고대의 희랍인들은 전혀 알지 못했던 야만인들의 후예라는 사실을 젊은 예비 지식인들에게 환기시키고 싶다. 그 야만인들이 바로 희랍인들의 정신문화와 지성세계에 대한 연구와 이해를 통해서 세계 학문을 주도하는 오늘의 위치에 이른 것이다. 그런데 지적 장인의식에 충실한 그들 서구의 고전학자들 또한 경우에 따라서는 철학적 사변 능력 또는 사회과학적 사고나 지식의 한계 때문에 서양 고전의 실체 전부를 제대로 파악하고 이해하는 것이 아니라는 점도 강조하고 싶다. 그 점에 대해서는 이 책의 논의 과정에서 지은이 자신도 소크라테스와 관련된 현재 서양의 저명한 고전학자들의 해석 논리를 '우호적으로' 비판하면서 그 실제적 양상의 예를 보여주려 했다. 물론 한국의 학계가 서구 학계의 학문적 업적을 일종의 우상 숭배로 대하는 상황에서 벗어나고, 서구 학계의 학문적 판단에의 일방적 추종을 벗어나 스스로의 학문적 정체성을 확립하여 주체적인 학문 발전을 이루어나가는 것은 사실 지적으로 험난한 길이다. '한류 열풍'이 하나의 표상이기도 하지만, 한국은 현재 운동, 기술, 예술, 자연과학 등의 영역에서는 프로의식과 장인정신을 기반으로 자신의 삶 에너지 전체를 투사하여 성공을 거둔 세계적 인물들이 출현하고 있음은 사실이다. 다만 그러한 영역에서의 진정한 창조성은 인문 · 사회과학의 독창적 발전이 없을 경우에는 발현되기 어렵다는 점 또한 아무리 강조해도 지나치지 않다. 그리고 그와 같은 독창적 발전의 바탕인 창조적인 생각은 그저 창조적인 생각을 하겠다는 의지로 되는 것이 아니라는 점 또한 아무리 강조해도 지나치지 않다.

스스로의 모름을 알고 스스로 앎을 깨닫는 과정 속에서 인간들 사이의 진정한 소통이 가능하며, 또한 그러한 과정 속에서 창조적 사고의 씨앗이 싹트고 연구 능력이 배양된다. 이 책의 모두에 제사로 인용한 야스퍼스 Karl Jaspers의 고백과 같이,[2] 특히 소크라테스라는 인물은 각자 어떠한 수준이나 내용의 것이든 그러한 깨달음을 주는 정신적 원천이다. 반드시 소크라테스가 아니더라도 — 지은이에게는 중국의 노자老子도 그러하다 — 위대한 정신세계를 구축한 인물에 대한 진지하고 치열한 '읽기' 없이 그러한 치열한 깨달음을 얻기란 불가능하다. 그리고 바로 '현실적으로' 중요한 점은 현실은 예술 작품의 경우와 마찬가지로 그냥 보이는 것이 아니라 알고 깨달은 만큼만 보인다는 사실이다. 인문 · 사회과학의 경우 그러한 앎과 깨달음을 위해서는 동서양 학문의 근원 및 발전 과정에 대한 능동적이고도 치열하고 치밀한 비판적인 탐색이 필수적으로 요구된다. 그것은 바로 자신의 사고의 바탕을 형성하고 있는 과거의 역사 및 지성사적 흐름과 발전의 실체를 파악하는 고통스런 노력이다. 그러한 노력이 없을 경우, 다시 말해서 자신의 생각을 구성하는 생각 자체를 비판적으로 성찰하는 노력이 없을 경우, 그 험난한 도정에조차 오를 수 없다

---

2 참고로 그 제사는 야스퍼스의 『위대한 철학자들*Die grossen Philosophen*』에서 인용한 것으로 원문을 소개하면 다음과 같다. "Wie einer Sokrates erfährt, bewirkt einen Grundzug seines Denkens."

는 사실을 지은이는 오늘의 젊은 대학생들에게 깨닫게 하고 싶다. 아니, 그와 같이 거창하게 말하지 않고 간단히 말해서, 그러한 노력이 없이는 스스로를 진정으로 잘나게 만들 수 없다. 잘나게 되는 것, 그것은 젊은이 모두의 바람이 아닌가. 이 책의 제재이기도 한 희랍인들은 고대 지성 및 문명 세계에서 오랫동안 소외되고 후진적인 '야만인들'이었고, 그러한 야만성을 극복하면서 정신사적 · 문명사적 대전환에 성공한 민족이며, 그들의 그러한 문명사적 성공이 바로 근 · 현대사에서 서양인들이 '잘나게' 된 정신사적 기반이었다. 한국인이라고 그렇게 하지 못할 이유는 없지 않은가.

책 쓰기란 언제나 쓴 사람의 정신세계 전체의 투영이자 동시에 다른 사람들의 정신이나 지성 세계로부터의 끊임없는 영향과 직간접적인 대화의 소산이다.

그러한 영향과 대화를 가능하게 만든 인류 역사의 수많은 인물들과 지식인들 및 지은이 주위의 모든 소중한 사람들에게 감사를 드린다. 그런데 이 책을 쓰면서 지은이는 다른 경우와 마찬가지로 또다시 글쓰기의 본질적인 요소를 확인하게 되었는데, 그 확인의 구체적 내용은 이 책의 내용과도 연관되므로 이 〈책머리에〉에 밝힐 필요가 있다.

이 책은 본디 지은이가 구상한 희랍 지성사의 2부로서, 그 기본적인 구도는 다음과 같았다. 먼저 1장에서는 A4 20매 정도의 분량으로 이미 너무나 잘 알려져 있고 너무나도 방대한 양의 연구 문헌이 축적된 소크라테스의 정신세계 및 지성 세계의 형성 과정을 희랍 정신사 및 지성사의 맥락에서 정리, 서술하는 것이었다. 이어 2장과 3장에서는 이소크라테스Isokratēs의 수사학 및 고등 교육 이념, 그의 연설문이나 제자들의 활동 등을 중심으로 그의 정치사상과 당대 정치 현실 간의 관계, 특히 '범희랍 민족주의'를 중심으로 기원전 4세기 희랍 시대에 전개된 앎과 잘남, 교육과 정치 사이의 역동적인 변증법적 관계를 설명하는 것이었다. 4장과 5장 또한 같은 변증법적 관계에 대한 서술 및 설명 맥락에서 플라톤을 통해 완성된 형태로 나타나는 정치철학의 형성 과정 및 그의 교육 이념을 다룰 예정이었다. 그러한 작업을 통해 두 사람이 운영한 학원의 경쟁 관계를 포함하여 두 지식인의 철학 이념의 차이 및 당대 현실에 대한 식견의 차이 등을 기원전 4세기에 전개된 지성사와 역사 사이의 긴장 관계에 대한 해명의 차원에서 설명하는 것이 본디 이 저술 작업의 목적이었다. 그러한 기본 구상이 소크라테스에 대한 연구 작업의 분량이 길어지면서 바로 이 책 전체의 내용을 구성하게 되었으며, 이에 따라 이소크라테스와 플라톤, 두 지식인에 대한 연구는 다음 3권으로 넘겨지게 된 것이다. 글 쓰는 과정이란 머릿속에 있는 기존의 생각을 글로 표현하는 과정이 아니라 쓰는 과정에서 기존의 생각 자체를 끊임없이 고치고 부수고 새롭게 만드는 과정이다. 또한 그것은 그 이전까지 알았다거나 자명하다고 느꼈던 것을 새롭게 알고 새롭게 깨닫는 과정이기도 하다. 이 책을 쓰면서 애초에 구상했던 것을 계속 수정하게 된 그 과정 자체가 글쓰기에 내포된 평범하면서도 신비스럽고 그윽한 성격에 대한 새삼스러운 체험이었다.

이 책의 저술 작업을 본격적으로 시작하기 전 지은이는 20년 이상 대학에서 정치철학 및 서양 정치사상을 전문적으로 연구하고 강의한 사람으로서 소크라테스에 관한 모든 것을 대체로 알고 있다고 생각하고 있었다. 이에 따라 이미 대체로 알고 있는 지식과 관련된 연구 문헌들에 대한 확인 작업 정도만 수행하는 것으로써 그에 대한 설명은 충분하리라는 믿음으로 저술 작업을 시작했던 것이다. 그런데 1~2장 정도의 분량으로 구상한 소크라테스에 대한 설명이 이 책 전체가 되는 결과를 낳게 되었으며, 이에 따라 당초의 구상 전체를 대폭 변경할 수밖에 없는 상황에 처한 것이다. 왜 그렇게 될 수밖에 없었는지는 독자들이 이 책을 직접 읽으면서 파악하게 되길 기대한다. 어쨌든 그러한 체험 속에서 글을 쓴다는 것이 무엇인지 새삼 느끼게 된다. 나이 들면서 팔십 평생을 읽는 데 바친 늙은 괴테가 "아직도 읽는 것이 무엇인지 모르겠다"고 고백한 말만 자꾸 귓전을 맴돈다.

그러고 보니 다음 3권도 현재의 구상대로 나타나게 될지 의문이다. 특히 이 저술 작업을 하면서 크세노폰Xenophōn이 희랍 지성사 및 역사에서 갖는 의미에 대해 여러 차원에서 새롭게 깨닫고 있기 때문에, 다음 3권이 크세노폰과 함께 군소 지식인들인 아에스키네스Aeschinēs와 리시아스Lysias에 대한 연구로 끝날지 모르겠다. 이에 따라 이소크라테스와 플라톤에 대한 저술 작업은 다음 4권으로 미루어질 수도 있을 것이다. 지은이의 정신세계가 오직 지은이 자신의 것만이 아님은 분명하다.

이 책은 한국연구재단의 인문학 저술연구지원으로 이루어졌다. 한편으로 현재 한국의 지성사적 상황은 지은이에게 안타까움의 대상이지만, 다른 한편으로 이러한 성격의 저술에 재정 지원을 해주는 고마운 나라에 살고 있다는 사실에 아이러니와 더불어 공동체적 삶에 대한 새로운 감회도 갖게 된다. 그러한 감회는 이 책이 출간되도록 여러 면에서 도움을 준 이화여자대학교출판부의 출판부장 김훈순 교수를 비롯한 여러 직원들에 대한 깊은 고마운 마음으로 이어진다. 그리고 지은이는 이 책의 초고를 완성한 후 수정 작업의 일부를 미국 피츠버그대학교University of Pittsburgh 도서관을 이용해 수행했다. 그것이 가능했던 것은 그 대학 정신과 교수로 재직하고 있는 친우 김원정 박사와 그의 부인 강용진 박사가 제공한 안락하고 풍성한 숙식 덕분이다. 그저 감사할 뿐이다.

교수직에 있은 지 30년이 되어간다. 그 30년의 세월은 어느새 50대가 되어 학계의 중진으로 활약하는 1대 조교에서부터 현재 지은이를 도와주고 있는 대학원 석사과정의 최혜정, 김혜은, 김정경 양들에 이르기까지 '대代'를 이어 도와준 수많은 조교들 도움의 시간적 궤적이기도 하다. 조교 없이는 아무 일도 못 하는 교수의 전형이 지은이이기도 한데, 이 책의 출간 또한 그들의 도움이 없었다면 얼마나 지체되었을지 생각하기조차 두려울 정도이다.

창밖을 보니 고대 희랍인들이 'sōphrosynē'라고 부른 미덕, 즉 절제와 겸허의 미덕을 생명 활동 자체로 구현하고 있는 나무들이 눈부신 푸르름을 인간들에게 베풀고 있다.

서기 2013년(단기 4346년) 여름

지은이 씀

| 차례 |

제1장

들어가는 말: '앎과 잘남' 개념의 재론

제1장 내용의 일부는 2007년 5월 서강대학교에서 한국정치사상학회 월례회 형식으로 진행된 지은이의 저서 『앎과 잘남』에 대한 서평 모임에서 지은이가 발제한 글을 수정, 보완한 것이다.

"피로감이야말로 이성의 반정립이다. 피로감의 작동이
위를 향한 도정이라는 이성의 원초적인 성격을 좌절시킨다.
피로감이란 새로움에 대한 충동을 배제하려는 작용이다.
비록 아직은 기존의 어떠한 방법론에도 맞추어져 있지 않더라도
통찰력 있는 생각을 향한 힘이 바로 이성이 가지고 있는 진보의 원동력이다.
위대한 희랍인들은 바로 이 비결을 불가사의할 정도로 알고 있었다.[1]

–알프레드 화이트헤드

〈책머리에〉에서 이미 언급한 바와 같이 이 책은 2006년 출간된 지은이의 저서 『앎과 잘남: 희랍 지성사와 교육과 정치의 변증법』의 후속편이다. 전편과 같이 희랍 지성사라는 큰 틀에서 소크라테스를 중심으로 기원전 5세기 말 희랍에서 정치철학이 태동되는 과정을 서술하고 설명하려는 시도이다. 미리 강조하지만, 정치철학자라 불리는 지식인은 많아도, 정치철학이라는 말 자체의 의미는 결코 자명하지도 않고 그 학문적 실체 또한 쉽게 규정되거나 이해되지도 않는다. 소크라테스를 정치철학의 출발로 간주하는 것 또한 정치사상 또는 윤리학 교과서에서 일반적이나, 그

1 "Fatigue is the antithesis of Reason. The operation of Fatigue constitutes the defeat of Reason in its primitive character of reaching after the upward trend. Fatigue means the operation of excluding the impulse toward novelty ……. The power of going for the penetrating idea, even if it has not yet been worked into any of methodology, is what constitutes the progressive force of Reason. The great Greeks had this knack to an uncanny degree." Alfred North Whitehead, *The Function of Reason*.

렇게 간주하는 근거는 그리 쉽게 설명될 수 있는 작업이 아니다. 어쨌든 그러한 서술 및 설명의 핵심은 전편에서와 마찬가지로 바로 '앎'과 '잘남'이라는 순우리말로 표상된 개념에 있다. 그것은 희랍 정신사 및 지성사의 핵심 개념인 'sophia'와 'aretē'의 번역어이자, 동시에 단순한 번역어를 넘어 그 순우리말에 담긴 오묘하고 심원한 의미세계를 원용하여 희랍 지성사의 흐름을 인류 지성사 보편의 발전 맥락에서 파악하기 위한 분석 개념이기도 하다.[2] 다시 말해서 앎과 잘남이라는 순우리말에 내재한 인류 지성사 보편의 개념적 요소를 발굴하고 체계적으로 발전시켜 희랍 지

---

2 'sophia'는 기술 있는, 정교한, 영리한, 유식한, 지혜로운 등 다양한 의미를 갖는 형용사 'sophos'의 명사형이다. 그 형용사 자체가 본디 목공술 등 장인정신craftsmanship을 필요로 하는 기술이나 예술에서 — 뒤에 가서 다시 본격적으로 설명되겠지만 희랍인들이 'technē'라고 부른 기예技藝에서 — 숙달된 상태인 실천적인 정신 능력 또는 실천적인 지식을 지칭하는 말로서, 우리말의 '앎'에 담긴 능동적인 어감과 잘 어울리는 말이다. 'aretē' 역시 우리말의 '잘남'과 잘 어울린다. 그것은 우리말의 '좋다'나 영어의 'good'과 같이 사물의 바람직한 상태를 나타내는 말로서 지극히 광범위한 의미를 갖는 형용사 'agathos'의 최상급 'aristos'의 명사 형태라고 할 수 있다. 이 말은 흔히 덕성, 도덕성, 탁월성 등으로 번역되는데, 그러한 번역에 의미상 오류는 없다. 다만 그와 같은 한자어는 일단 희랍인들에게 이 말이 갖는 감각적이고 생생한 어감을 전달하지 못한다는 결함이 있다. 더욱 중요한 점은 그러한 한자어로는 희랍인들이 바로 자신들의 그와 같이 감각적인 순수한 토속어를 학문적 개념으로 승화시킨 정신 · 지성사적 발전 과정을 적절히 드러내지 못한다. 'aretē'라는 희랍어는 근본적으로 좋고 잘되어 있는 것이 인간 속에서 탁월한 능력이나 자질로서 나타난 상태를 지칭하며, 바로 우리말 '잘남'이 세계의 어느 언어보다도 가장 가깝게 그 말의 의미나 뉘앙스를 전달한다고 생각된다. 한 인간이 '잘났다'는 것은 바로 특정 사회의 도덕적 금제 여부를 떠나 좋은 것을 할 수 있는 능력을 의미하기 때문에 'aretē'에 대한 최적의 번역어인 것이다. 특히 영어의 'virtue'가 도덕적으로 금지한 '나쁜 것'을 하지 않는 수동적 의미를 갖는 것과 대조된다. 다만 우리말 '잘남'이 대체로 사람에 국한되어 사용되는 데 비해, 'aretē'는 호메로스의 경우에서도 이미 남자만이 아니라 신神을 포함하며 여성, 말[馬]에게도 적용되는 용례들이 발견된다는 점은 기억해야 한다. 따라서 그러한 의미상의 차이를 염두에 두면서 '잘남'이라는 말을 'aretē'의 경우와 같이 의미의 발전적 확대, 심화 차원에서 사용할 경우 그 순우리말은 탁월한 학문적 개념어가 될 수 있는 것이다.

성사를 기술하려는 작업인 것이다. 그 두 말에 내포된 개념적 의미에 관해서는 『앎과 잘남』 1권 전편을 통해서 충분히 설명되었다고 믿는다. 다만 1권과 이 2권의 연속성을 환기시키고 처음 읽는 독자들의 이해를 돕는다는 의미에서, 이 〈들어가는 말〉에서는 그 순우리말 분석 개념들에 내포된 인간성 보편의 의미를 현재 한국 학문의 지성사적 위상과 관련하여 간단하게나마 언급할 필요가 있을 것 같다.

1. '바탕으로 돌아가라', '통섭', 그리고 앎과 잘남

'바탕으로 돌아가라Back to the basic!'라는 표어는 '회고와 반성', '회고와 전망' 등의 학술대회 제목과 더불어 한국의 사회과학계에서 대중가요의 '사랑'과 같은 말이다. 그것은 잊힐 만하면 끈질기게 되돌아오면서 결코 영원히 사라져버릴 것 같지 않은 한국 학계의 유행어들인 것이다. 그 말이 유행할 때마다 진정으로 바탕으로 돌아갔다면 이제 한국 학문은 더 이상 나아갈 수 없는 학문의 근원에 도달하여 도통의 경지에 이르렀을 것이다. 회고는 적어도 호모 사피엔스 출현 시대의 정신사적 상황까지도 통달했을 것이며, 반성과 전망은 오래전에 두 개의 거울이 연출하는 것과 같은 무한과 영원의 세계를 현시했을 것이다. 그런데 과연 그러한가? 한국 학계는 과연 진정으로 바탕으로 돌아가 그 바탕이 무엇인지 제대로 파악하고, 그러한 바탕 위에서 새롭고 독자적인 학문을 구축하고 있는가?

스스로의 행동이나 하는 일이 자명하고 당연한 것 같으면서도 무엇인가 허전하고 미심쩍게 느껴질 때가 있다. 그러할 때, '내가 지금 무엇을 하고 있는 거지?' 또는 '내가 왜 이 일을 시작했지?' 하고 반문하는 정신적 태도는 일단 '쓸데없이 복잡하게 생각할 게 무어야?' 하며 씩씩하게 하던 일을 타성적으로 계속하는 사람들의 정신적 태도와는 질적으로 구분된다. 그러나 그러한 반문은 스스로의 행동이나 하는 일의 근거나 목적에 대한 성찰로 이어지지 않고 타성에 젖어 있다는 의식에 스스로 면죄부를 주기 위한 또 하나의 정신적 타성일 수도 있다. 그러할 경우 양자의 정신적 태도의 차이는 외면적인 차이일 뿐 질적으로 구분될 수 있는 진정한 차이는 아니다. 그것은 맹목성이라는 의식의 타성이 씩씩함으로 표현되었느냐 영악함으로 표현되었느냐의 차이일 뿐인 것이다. 이러한 맥락에서 최근 한국의 일부 학계에서 새로운 개념어로 유행시키고 있는 '통섭'이라는 용어에 대해 언급할 필요가 있을 것 같다.

'통섭'이라는 용어는 동물행동학자 윌슨Edward O. Wilson이 창안한 'consilience'라는 용어의 번역어이다.[3] 이 용어를 번역하고 그것에 내포된 개념을 소개한 학자들의 노력은 물론 '영악함'으로 규정 또는 비하될 수 있는 성격의 것은 결코 아니다. 그것은 현대 과학에서 여러 분야로 세분화된 전문성의 추구가 가져온 파편화된 지식 추구의 폐해를 극복하기 위한 나름대로의 진지한 반성적 모색의 결과이다. 다만 그러한 모색이 학문적 근원 또는 지식의 근저에 대해 어느 정도나 독자적이며 철저한

---

3 이 말은 동물행동학자 윌슨이 그의 저작 *Consilience: The Unity of Knowledge* (Wilson, 1998)에서 사용하여 유행시킨 용어로서, 한국에는 『통섭: 지식의 대통합』(윌슨, 2005)으로 번역되어 있다. 이 말은 저자 스스로 설명하듯이 본디 '더불어 도약하기(넘나듦); jumping together'를 의미하며, 저자 자신이 밝히듯이 'scientist'라는 말도 만들어낸 19세기 영국의 과학철학자 휴얼William Whewell의 저작에 처음 등장한 용어라고 한다(Wilson, 1998: 8). 따라서 통섭이라는 용어가 저자의 의도를 나름대로 고려한 번역어이기는 하지만 그 의도를 적확하게 표현한 번역어는 못 된다. 특히 '통섭: 지식의 대통합'이라는 한국어 제목은 본제와 부제 간에 의미가 중첩되는 결함이 있다. 지은이는 오히려 '동반 도약: 지식의 대통합'이 저자의 의도를 정확하게 반영한 제목이 아닐까 생각한다. 다만 이 책에서는 통섭이라는 말이 이미 일종의 유행어가 되어 사회적으로 정착된 느낌이 있기 때문에 그 번역어를 그대로 사용하기로 한다.

탐색을 통해 이루어지고 있느냐가 문제의 핵심이다. 그것이 혹시라도 외국의 저명한 생물학자의 지적 권위에 일방적으로 의탁하려는 또 다른 정신적 타성의 결과는 아닌지 일단 의문의 대상이다. 또한 그것이 자연과학자로서는 드물게 나름대로의 광범위한 독서에 기초한 포괄적인 사고력이나 통찰력은 있지만 본질적으로 범용한 수준의 인문학적 사색에 대한 지나친 경외감에 기초한 것은 아닌지도 의심할 필요가 있다. 그러한 의문이나 의심과 관련하여 먼저 그 지적 권위의 원천인 윌슨 자신의 '지식 통합' 논지를 간단하게나마 검토할 필요가 있다.

위에서 언급한 바와 같이 'consilience'라는 개념어를 통해 윌슨이 추구한 것은 모든 학문 분야가 '동반 도약jumping together'하자는 거대한 기획이다. 그것은 또한 거대 기획을 넘어 "지식의 통합the unification of knowledge"을 통해 "우리가 누구이고 왜 여기에 있는지 이해하기"라는 일종의 존재론적 구상이기도 하다(Wilson, 1998: 8). 그러한 거대한 기획 혹은 존재론적 구상의 근거를 이루고 있는 것은 특정한 지식이 아니라 하나의 믿음이자 세계관이다. 그리고 그것은 윌슨 스스로 고백하듯이 과학의 영역을 넘어선 형이상학이다. 그 고백을 직접 인용하면 다음과 같다.

> "과학 및 학문의 거대 분야들을 넘나드는 통섭의 가능성에 대한 믿음은 과학이 아니다. 그것은 형이상학적 세계관이다. …… 그것은 제1원리들로부터 논리적으로 증명되거나 일련의 경험적 검증에 기초한 것이 아니다. 통섭에 대한 믿음을 뒷받침해주는 것은 오직 자연과학이 지금까지 이룩한 지속적인 성공뿐이다. 만약 사회과학이나 인문학에서도 이것이 효과를 발휘한다면, 그것은 매우 확실한 증거가 될 것이다. 통섭이 흥미로운 가장 큰 이유는 그것이 지적 모험의 성공가능성을 엿보게 하고, 비록 대단한 것은 아니더라도 그러한 모험이 성공했을 때 인간의 조건을 좀 더 심도 있게

이해할 수 있게 해준다는 데 있다.” (앞의 책, 9)

윌슨의 저작 나머지 부분은 진화생물학적 시각에 기초하여 그와 같은 형이상학적 믿음을 설파하기 위한 목적에서 나름대로 개관하고 서술한 근대 서양 지성사의 흐름이다. 그러한 개관 및 서술의 결론은 이것이다. 별의 탄생에서부터 사회 제도의 작동에 이르기까지 모든 현상은 궁극적으로 물리학의 법칙들로 환원된다는 것이다. 다만 그러한 환원 논리에 대한 오해를 피하기 위한 목적에서인지 그는 그러한 환원 논리가 역사에서의 우연성을 부정하는 것은 아니며, 문화의 존재 등 인류의 독특한 특질들은 오직 자연과학에서의 인과율적 설명과의 연관성 속에서만 완전한 의미를 갖는다고 부연한다(앞의 책, 266~7 참조).

윌슨의 이러한 자연과학적 환원론에 기초한 통섭 이념에 대해 즉각 다음과 같은 비판이 제기될 수 있다. ‘인간 정신의 독자성이나 존엄성에 대한 무시’라든지, ‘그와 같은 통섭은 자연과학자의 영역이 아니라 인문 · 사회과학자의 영역에 속한다’는 식의 비판이 그것이다. 그런데 그러한 유의 비판들은 본질적으로 비판이 아니라 비판자 자신의 고정 관념에 대한 일방적 수호나 재확인일 뿐이다. 그것들은 대체로 비판의 대상이 되는 주장의 논거에 대한 세밀한 검토의 결과가 아니라, ‘왜 자신의 생각과 반대되는 주장을 하느냐’는 식의 독단적 거부에 불과할 수도 있다. 그것들은 또한 한 학자가 일생에 걸쳐 온축한 사고 내용에 대해서 동의 여부를 떠나 먼저 이해하려 노력한다는 기본적인 학문적 진지성의 결여를 의미한다.

지은이는 기본적으로 모든 현상은 물리학적 법칙으로 환원된다는 윌슨의 주장에 ‘대체로’ 동의한다. 그리고 진화생물학에 함축된 세계관 및 인성론적 의미는 윌슨 수준의 ‘인문학적’ 사고를 넘어 앞으로 더욱 깊이 탐색되고 구명될 대상으로 생각한다. 그러한 차원의 문제를 떠나 일단 모든 물체뿐만 아니라 인간의 몸을 포함하여 모든 생명체 또한 물질이기 때문에 모든 현상이 바로 '물질의 법칙'이라는 물리학의 법칙으로 환원될 수밖에 없음은 일종의 동어반복의 자명한 진리성을 갖는다. 그러나 그러한 법칙들의 의미 자체가 자명한 것은 아니다. 그것은 그 의미나 내용이 고정된 불변의 원리가 아니며, 물리학자들이라는 지적 공동체 전체의 지식 활동, 즉 앎의 추구를 통해 끊임없이 새롭게 창안되고 재해석되고 수정되는 동태적인 지식 체계인 것이다.[4] 소립자 이론이든 양자역학이든 상대성 이론이든 물리학 법칙들의 의미나 진리성은 소립자나 양자나 중력 등 물질들 스스로가 증명하거나 확립한 것은 아니라는 평범한 사실을 인식할 필요가 있다. 그것은 인간들이 이 세계에 대해서 '알려는' 노력의 결과이자, 그 결과의 진리성에 대한 인정, 거부, 비판적 수용 등 또 다른 성격의 '앎의 활동'의 결과인 것이다. 이 점은 윌슨이 굳이 물리학 법칙을 운위할 필요가 없이 자신의 전공 영역인 동물행동학이라는 지식 체계 자체를 성찰할 경우 더욱 명확해진다.

윌슨 자신이 획기적인 발전에 공헌한 진화생물학은 모든 생명체의 본원적 동질성을 확인시켜주면서 인간성의 이해에 많은 새로운 통찰을 제공한 것이 사실이다. 특히 동물행동학은 동물들에 대한 잘못된 고정 관념들을 불식시키고, 근대 자유주의가 주입한 인간에 대한 독단적인 관념들, 특히 영혼의 절대적 순수성이나 자유의지 또는 존엄성의 존재에 대한 무조건적인 환상을 깨트리면서 벌거벗은 인간의 모습을 밝히는 데 지대한

4 자연과학의 이론을 '앎의 행위' — 그의 표현으로 "the art of knowing"의 주체로서 "personal knowledge" — 차원에서 접근한 대표적인 과학철학자로는 마이클 폴라니 Michael Polanyi를 들 수 있다. 특히 *Personal Knowledge: Towards a Post-Critical Philosophy*(1962) 참조.

공헌을 한 것도 사실이다. 이미 오래전에 동물행동학은 동물들 행동의 사회성을 — 단순히 사회적 분업 체계나 갈등의 존재를 넘어 동물들 사이에서 나름의 '잘난 자'의 과시욕이나 약한 자의 강한 자 또는 '잘난 자'에 대한 굴종 행태 및 아부 행태에서부터 동성애 행태 그리고 계산된 속임수 등에 이르기까지 — 밝혀준 바 있으며, 특히 동물의 언어에 대한 최근의 연구 성과들은 언어가 인간 '영혼'의 독점물이 아님을 잘 보여주고 있다.[5] 추측컨대 동물행동학자들이 제기하는 통섭의 '이념'은 그러한 연구 성과들에서 유래한 나름대로의 학문적 확신에서 기인한 것으로 보인다.[6]

그러나 동물행동학이나 그러한 수준의 지식이 과연 새로운 학문적 통합의 바탕이 될 수 있는지는 의심의 대상이다. 그 의심의 근거에 대해서 간략히 설명하자면, 동물행동학이 인간성에 대해 밝힐 수 있는 지식은 결국 인간성의 부분적인 요소들이지 인간성 자체에 대한 전체적인 조망은 되지 못한다는 것이다. 인간성의 이해와 관련하여 동물행동학에 대한 그러한 부분적 부정의 핵심은 간단히 말해서, 그것이 축적한 지식 자체로는 동물의 행동을 연구하는 동물행동학자들 자신의 행위를 설명할 수 없다는 사실에 있다.

동물이 무엇인가와 더불어 인간의 동물적 성격을 알게 만든 동물 행동에 관한 지식은 분명히 원숭이나 개들이 스스로를 연구한 결과는 아니며, 동물과는 분명히 구분되는 인간들인 '동물학자들'의 연구 결과이다. 사물들을 구분하고 각각의 특성을 나름대로 인지하면서 그러한 '지식'을 생존

---

5 대표적으로 스티븐 하트Stephen Hart의 『동물의 언어*The Language of Animals*』(1996), 프란스 드 발Frans B. M. de Waal의 『침팬지 폴리틱스*Chimpanzee Politics*』(2004), 도널드 그리핀Donald R. Griffin의 『동물은 무엇을 생각하는가*Animal Minds*』(1994) 등 참조.

6 그러한 자신감은 통섭 개념의 주창자인 윌슨의 통찰력 있는 저서 『인간 본성에 대하여*On Human Nature*』(2000)에도 잘 나타나 있다.

이나 '사회적' 목적에 따라 '실천적으로' 이용하는 행위는 동물들에서도 발견된다. 그러나 동물들 사이에는 — 아무리 '사회적 분업 체계'가 발전된 동물들 사이에서도 — 그러한 앎의 추구를 직업적으로 전담하는 개체들은 없으며, 현대의 동물행동학자들이란 단순히 동물 행동에 대한 연구가들만이 아니라 바로 동물 행동에 대한 앎을 직업적으로 추구하도록 보장해주는 학문이라는 이름의 사회적 분업 체계에 종속된 인물들이라는 사실이 중요한 것이다. "개들이 글을 읽지 못하는 게 안타까울 뿐"이라는 평을 받을 정도로 개의 의식意識에 관한 탁월한 저작[7]은 분명히 개 스스로가 자신의 의식을 연구한 결과는 아닌 것이다. 그리고 자신의 행동주의 심리학 이론도 비둘기가 '구구구 하는' 소리와 다를 바 없다는 스키너 B. F. Skinner의 전설적인 고백은 사고의 일관성 면에서 칭송할 만하지만, 그러한 이론의 '소리'들을 알아듣는 것은 사람이지 비둘기가 아닌 것이다. 이 점은 바로 통섭을 주장하는 동물행동학자들에게도 그대로 해당된다. 통섭이라는 학문적 주장 자체가 이미 동물행동학의 연구 대상으로서의 인간이 내는 동물적 소리치기는 아닌 것이다. 그리고 진화생물학을 통해 이 세계의 모든 것을 설명할 수 있다는 주장 자체는 진화생물학 자체의 발견이 아니라 진화생물학이 인간의 앎 전체 체계에서 가질 수 있는 의미에 대한 해석의 결과인 것이다.

따라서 통섭의 이름으로 학문적 통합을 주장하는 학자들은 통섭이라는 말을 운위하기 전에 동물행동학이라는 학문 자체에 이미 '학문적 통섭'이 전제되어 있다는 사실을 인식할 필요가 있다. 그 말 자체가 동물행동학이 '학문'들 가운데 하나이며, 동물이란 생명체-물체-존재성 등의

---

7 엘리자베스 마셜 토마스Elizabeth Marshall Thomas의 『인간들이 모르는 개들의 삶 *The Hidden Life of Dogs*』(2003) 참조.

하위 개념이고, 동물의 생리나 병리와 구분되는 행동이라는 동물의 존재 양상 가운데 하나를 지칭하는 하위 개념이라는 사실을 전제로 한다. 그러한 개념적 계서질서의 존재에 이미 학문적 통섭이 전제되어 있는 것이다. 다시 말해서 통섭은 외양상으로는 새로운 용어일 수 있지만 개념적으로는 전혀 새로울 것이 없는 것이다. 근대에 와서 과학의 이름으로 분리되기 이전에 동서양 모두에서 학문이란 전통적으로 인간 완성을 위한 깨달음과 수양의 과정이라는 의미에서 궁극적으로 하나였다. 그리고 그러한 전통의 존재 여부 및 그러한 학문 이념의 보편성 문제를 떠나서, 모든 학문은 본질적으로 앎을 추구한다는 자의식을 가지고 인간만이 수행할 수 있는 주체적인 정신 행위라는 의미에서 하나일 수밖에 없는 것이다.

결국 '바탕으로 돌아가기'에서 바탕의 핵심은 단순히 철학적 인간학이나 동물행동학 또는 사회과학적 연구 대상으로서의 인간성만이 아니라 스스로를 연구하는 연구의 주체, 즉 앎을 추구하는 존재 자체로서의 인간성에 대한 탐구가 되어야 한다. 그것은 인간성에 '대한' 앎이 아니라 인간성 자체에 내재하는 본원적인 요소로서 앎을 추구하는 행위, 즉 학문하는 행위의 목적이자 과정인 앎 자체가 인간성에 대해서 갖는 의미가 무엇이냐의 질문에 대한 해명을 의미한다. 다른 동물들과는 달리 특이한 화학적 · 생물학적 신호, 물리적 힘이나 아름다운 자태만이 아니라, 앎의 적고 많음 또는 깊고 옅음 여부가 잘남의 기준 또는 잘난 체의 근거가 되는 유일한 동물인 인간이란 무엇이냐의 문제에 대한 해명도 그러한 해명에 수반될 것이다. 그러한 해명은 철학적 인식론 등 앎 자체에 대한 기존의 앎의 체계 및 논의 내용이 일방적으로 부과할 수도 있는 선입관을 벗어난다는 의미에서도 일단 먼저 앎과 잘남이라는 '한국말' 자체가 무엇을 의미하는지에 대한 물음에서 출발되어야 한다.

2. 앎과 잘남, 그리고 정치철학 태동의 지성사적 문제

먼저 설명의 편의상 『앎과 잘남』 1권 첫머리에 제시된 앎과 잘남의 어원적 의미를 다시 한 번 살펴볼 필요가 있다.

"앎이라는 말은 '알다'의 명사형이다. '알다'의 어근 '알'은 어원상 '말(언어)'의 의미를 갖고 있으며, 더욱 근원적으로 거슬러 올라가면, 그것은 '아가리(악아리)'나 '주둥아리'라는 말에서 유추할 수 있듯이 말이 나오는 '입'을 지칭한다. 오랜 기간에 걸친 언어 진화 과정의 결과이겠지만, 거기에는 입이 먹는 욕구의 충족이나 조건 반사적인 소리치기의 기능과 구분되어 말을 하는 의사 전달 기능의 도구로 인지되고, 더 나아가 말 속에 사물에 대한 이해가 — 어느 수준이든 — 반영되어 있다는 사실을 의식하는 과정이 함축되어 있다고 할 수 있다. 그리고 '알'과 정신을 뜻하는 순우리말인 '얼'이 모음 교체의 관계로 같은 어원에 속할 수 있다는 사실은 바로 언어와 정신의 본원적인 동일성에 대한 인식이 사람들에게 잠재되어 있음을 의미한다. 따라서 '앎'이라는 이 순우리말은 소리를 통한 정신 활동이라는 감각적 생동감과 아는 행위라는 역동성을 동시에 지니면서 '언어=정신'이라는 심오한 의미를 함께 함축하고 있는 절묘한 언어이다. 현재 일반적으로 사용되고 있는 한자 조어인 '지식'이라는 말은 안다는 것의 정신적 활동성보다는 이미 알려진 결과물을 지칭하는 의미가 강하므로 순우리말인 '앎'이 학문적 개념어로서 더 탁월하다고 할 수 있다.

잘남은 말 그대로 '잘났다'는 것, 즉 '잘나다'라는 형용사의 명사형이지만, 일반적으로 잘 쓰이지 않는 아직은 조금 어색한 조어이다. 잘났다는 말은 지극히 광범위하게 '좋은 것' 거의 모두를 포괄하는 의미를 갖는 부사어 '잘'과[8] '나오다' 또는 '낳다'의 결합이거나 혹은 상대적으로 좋은 상태를 의미하는 '낫다'의 결합이라고 볼 수 있다. 어떠한 결합이 어원상 정확한지 확인할 수는 없다. 어쨌든 그것은 잘생기고 멋있고 머리 좋고 똑똑하게 태어났거나 그러한 상태를 지칭하는 말, 곧 일반적으로 선망의 대상이 되는 선천적 혹은 후천적 자질을 총괄하여 일컬을 수 있는 말일 것이다. 이 '잘남'이라는 말은 '앎'과는 달리 일상적으로 잘 사용되지 않으며, 더구나 학문적 개념어로 사용되는 경우는 거의 없다. 그럼에도 이 순우리말 역시 학문적 개념어로 사용하기에 전혀 부족함이 없다. 그것은 '잘'이라는 말의 포괄성과 더불어 '낫다'라는 말에 내포된 바람직한 선천적 · 후천적 자질과 그러한 자질들의 상대성을 절묘하게 함축하면서 감각성과 추상성을 동시에 겸비하고 있다는 장점이 있다. 그러므로 잘남은 비슷한 의미로 쓰이는 한자어인 '덕성'보다 가능한 의미의 세계가 더 풍부하고 심원할 수 있다"(양승태, 2006: 23~24).

번역이란 본디 두 개의 독립된 언어의 장場이 — 아인슈타인의 상대성 이론의 주요 개념을 원용한다면 — 조우하는 과정이므로 각각의 장에서 의미상 가장 가까이 상응하는 언어의 쌍은 존재할 수 있어도 두 장 사이에 완전히 동일한 의미를 갖는 언어의 쌍은 존재할 수 없다. '번역은 반역traduttore traditore'이라고 말하는 이유도 그 점에서 찾을 수 있다. 위에서 언급한 바와 같이 앎과 잘남은 'sophia'와 'aretē'의 어감을 살리는 훌륭한 번역어라 생각된다. 하지만 그것들은 단순히 번역어만이 아니며, 각각의 말 사이의 상응 관계에는 한국 정신사와 희랍 정신사의 조우를 함축하고 있다. 더 나아가 그것들은 특정 민족의 정신 · 지성사 서술 차원을 넘어서 인간성 및 인간의 역사적 삶 일반을 포괄할 수 있는 보편적인 분석 개념들이기도 하다는 점이 중요하다.

앞에서 설명했듯이 앎이라는 말은 어원상 '아가리', 즉 말이 나오는 입

---

8 이 말은 드라비다어 및 타밀어의 'cāl'과 의미 세계가 비슷하다고 한다.

과 함께 그 입을 움직이면서 말이라는 소리를 지르는 생명력인 '얼'이라는 의미를 갖고 있다. 앎 또는 지식과 관련된 세계 어느 민족의 언어가 이 앎이라는 말과 같이 앎의 본질적인 속성을 절묘하게 함축하고 있는 어휘를 갖고 있는지 모르겠다.[9] 거기에는 지식이란 단순히 수동적으로 외우고 획득해야 할 '말들의 축적'이 아니라 본질적으로 이 세계와 자신을 파악하고자 하는 인류 전체 차원의 얼의 작동이며, 그 작동의 결과인 축적된 지식을 토대로 끊임없이 스스로를 새롭게 작동시키는 행위라는 의미가 함축되어 있다. 간단히 말해서 앎이라는 말은 얼이라는 생명력이 말이라는 타자와의 소통 행위를 통해서 자신과 세계를 이해하고 규정하는 능동적인 활동이라는 심오한 의미를 담고 있는 것이다. 즉 앎이라는 순우리말에는 바로 얼의 활동으로서의 말 및 말을 통해 스스로를 드러내

9 영어의 'know'는 희랍어 'gignōskō'와 같은 어원의 동사로 보이며, 본디 독일어의 'kennen'과 함께 'can' 또는 'können', 즉 '할 수 있다'의 의미를 갖고 있다. 그리고 앎의 대상이자 본질인 플라톤의 '에이도스' 및 '이데아'가 희랍어 동사 '보다eidō'에서 유래한 사실에 전형적으로 암시되어 있지만, 독일어 'wissen'을 포함하여 '알다'를 의미하는 많은 유럽 언어들은 '보다'를 의미하는 라틴어 'videre'가 어원이라고 한다. 또한 만일 희랍어 'gignōskō'가 명사형인 'gnōmē'로부터 파생한 동사라면 — 현재로서는 확인할 수 없다 — 이 명사는 지식과 함께 '표시' 또는 '표지'를 의미하므로, 그 희랍어 동사는 본디 사물에 대한 인식의 원초적인 행위인 '표시하기'에서 유래했을 가능성도 있을 것이다. 참고로 용인대학 중국학과의 장현근 교수에게 한자어 知에 관해 문의한 결과는 다음과 같다. 이 글자는 현재까지 독해된 갑골문 사전엔 없으며 금문에는 있었을 것으로 추정되는데, 그 이유는 『시경』, 『서경』, 『주역』 모두에서 이 글자가 분명한 의미로 등장하기 때문이라는 것이다. 허신許愼의 『설문해자說文解字』에 이 말은 소전체로 화살과 입을 결합한 회의문자로 기록되어 있는데, 이 경우 발음은 矢(화살 시)를, 의미는 口(입 구)를 따른 것으로 추정되며, 허신은 그 의미를 '사詞(알려주다, 말씀하다, 고하다 등)'로 풀이한 바 있다는 것이다. 결국 知라는 문자는 중국인들이 입에서 화살처럼 나가는 소리에서 앎의 원초적 형태를 파악했다는 사실을 암시한다고 말할 수도 있을 것이다. 그럼에도 문자 이전 중국인들 구어의 어떤 소리내기가 앎에 해당하는지 알 수는 없다는 문제는 남으며, 그러한 점에서 표의문자인 한자어의 정신사적 비극성을 찾을 수 있을 것이다.

는 얼이라는 존재론적 성찰이 함축되어 있는 것이다. 그런데 하이데거Martin Heidegger의 존재론적 언어철학이나 야스퍼스의 실존적 소통 이념 또는 아렌트Hannah Arendt의 언어적 인성론을 오래전부터 예고한다고 할 수 있는 우리말 얾의 이러한 심원한 의미는 도외시된 채 현재 한국의 학계는 언어의 문제에 대한 이해를 주로 현대 서양의 언어학 및 언어철학, 해석학 또는 사회과학의 소통 이론 등을 수입하여 그것들에 일방적으로 의존하고 있다.[10] 이러한 문제는 잘남이라는 말의 경우에도 발견된다.

잘남이라는 말은 아직 학술적인 개념어로 사용된 적은 없지만 얾과 더불어 세계 보편적인 학술어로서 사용하기에도 전혀 손색이 없다는 점 또한 위의 인용문에서 지적한 바 있다.[11] 한국인의 언어 생활에는 의식적 및

10 대표적으로 Heidegger(1979), Jaspers(1969), Arendt(1958) 참조. 이와 관련하여 한 가지 언급할 점은 소쉬르F. Saussure의 이론에 기반을 둔 구조주의 언어학의 기본 입장이라고도 할 수 있는 정신주의mentalism 배격의 문제이다. 잘 알려져 있듯이 소쉬르에게 언어는 기본적으로 기표signifiant와 기의signifié로 구성된 기호signe의 체계이며, 그것에서는 의미를 규정하는 기능의 체계인 '랑그langue'와 실제의 발화 행위인 '파롤parole'의 두 차원을 엄격히 구분한다. 그리고 그와 같이 객체화되고 구조화된 언어 체계를 떠난 사고의 불가능성과 독자적인 정신의 존재를 부정함이 핵심적인 입장이다. 이에 따라 그의 '인간 언어학'은 바로 동물 언어와의 연속성 속에서의 단절을 설명하지 못하는 한계가 있다. 다시 말해서 그의 언어 개념으로서는 빛, 색깔, 화학 물질의 분비, 몸동작 등 물리적 · 화학적 · 생물 및 생리학적 온갖 수단을 통한 '의사' 소통 행위를 설명할 수 없다. 즉 언어란 기본적으로 모든 생명체를 포괄하는 정신 활동 가운데 하나라는 사실을 제대로 포섭할 수 없다는 것이다. 본격적인 논의를 위해서는 별도의 방대한 작업을 필요로 하지만, 같은 차원에서 인간성 일반의 맥락을 떠나 '언어 및 언어 행위 자체'만을 연구하는 현대 언어철학이나 사회과학적 소통 이론이 갖는 근본적인 한계도 찾을 수 있을 것이다. 동물행동학의 연구 결과는 이러한 점에서 언어라는 인간성의 중요한 요소의 본질을 밝히는 데 많은 도움이 됨은 물론이다.

11 여기서 '님비Not In My Backyard 현상'과 같이 개념어가 아닌 본질적으로 유치한 비유적 표현을 멋있는 학술용어처럼 사용하고, '불펜(소우리)'이나 '도그레그홀(개다리홀)'과 같이 사물을 보는 미국인들의 기묘한 시각이 담긴 표현을 보편적인 스포츠 용어처럼 수입해서 사용하고 있는 우리의 언어 현실이 환기될 필요가 있다. 그러한 언어 행태와 관련하여 다음과 같은 '학설'이 있을 수 있다. 사물 자체는 변하지 않기 때문에 어떤 언

무의식적으로 잘남과 관련된 여러 가지 복합적인 감정이나 관념이 풍부하게 존재한다. '그 사람 참 잘났군!' 하는 부러움과 칭송의 표현으로부터, '그래 너 잘났다!'나 '자기 잘난 맛에 산다!'와 같이 질시와 폄하의 감정이 복합된 반어적인 서술, '아는 체'와 더불어 '잘난 체'와 같이 앎과 잘남과 관련된 질시의 감정이나 위선 또는 허위의식 등을 일종의 명사 형태로 승화시킨 것까지, 일상적으로 빈번하게 사용하고 있는 것이다. 그리고 수년 전에 세상을 놀라게 했던 '지존파'의 살인 행각에 '잘난 놈들'에 대한 일반인들의 포한의 감정이 비극적으로 표출되기도 했지만, '배고픈 것은 참아도 배 아픈 것은 못 참는다'는 속언에 집약되어 있듯이 스스로가 잘난 놈이라는 자부심이나 남보다 잘나고자 하는 욕망과 관련된 복합적인 감정이나 관념들이 한국인의 정신세계에서만큼 풍부하게 나타나 있는 민족도 없을 것이다.[12] 그것은 단순히 언어 차원의 문제가 아니라 한국인들의 정신세계 속에 인간적 잘남의 속성 및 여러 측면에 대해서 잠재의

어 기호를 사용하든 그것은 부차적이거나 사소한 문제이며, 오히려 고유 언어의 사용을 고집하는 것은 과도한 민족주의적 발상이라는 관념이 그것이다. 그러한 관념의 오류에 대해서는 근대 서양 철학사에서 루소Rousseau, 헤르더Herder, 피히테Fichte, 헤겔Hegel 등을 통해 오래전에 논박되었음에도 불구하고 아직도 많은 지식인들을 사이에서도 제대로 이해되지 않는 경향이 있다. 희랍 지성사의 맥락에서 그러한 관념의 오류를 밝히는 것이 이 책의 또 다른 목적이기도 하다.

12 『앎과 잘남』 1권과 이 책 전체를 통해서 논의할 고대 희랍의 'aretē' 개념을 제외하고, 서양 학계에서 우리말의 잘남 개념에 투영된 인간성의 문제에 대한 가장 비슷한 성찰은 1990년대 이후 테일러Charles Taylor(특히 Taylor, 1994), 호네트Axel Honneth (Honneth, 1995), 리쾨르Paul Ricœur(특히 Ricœur, 2005) 등에 의해 발전된 '인정Anerkennung' 및 '인정투쟁Kampfür Anerkennung' 개념일 것이다. 그것은 주지하듯이 헤겔의 『정신현상학』에 제시된 "주인과 노예의 변증법Die Dialektik von Herrschaft und Knechtschaft"을 원용하여 사회과학적 분석 개념으로 발전시킨 것이다. 여기서 자세히 논의할 수는 없지만, 지은이는 그러한 개념적 원용은 헤겔 철학에 대한 파편적인 이해에 기초한 것으로 간주하며, 그들이 희랍의 'aretē' 개념을 좀 더 깊이 천착했다면 좀 더 정치한 개념 세계를 발전시켰을 것으로 믿는다.

식적인 수준에서나마 인지가 이루어져 있음을 의미할 것이다.

앎과 잘남이라는 말에 그와 같이 심오하고 풍부한 의미가 함축되어 있다는 사실은 다른 민족들이 자각하지 못한 사물과 인간의 본질적 요소들에 대한 인식이 한국인의 언어 생활이나 정신세계 속에 잠재되어 있음을 의미할 것이다. 심리적으로 '뒤틀린' 요소도 있지만 그것은 기본적으로 한국인 고유의 정신적 자산이다. 그러나 그러한 정신적 자산이 존재한다는 것과 그러한 자산에 함축되고 잠재된 의미나 정신 내용을 구체적이고 명시적으로 체계화하여 학문적으로 발전시키는 작업은 전혀 별개이다. 분명한 사실은 이 점이다. 한국의 학문은 외국 학문의 언어 체계를 개념어 자체로 받아들임으로써 스스로의 언어에 대한 학문적 분석과 성찰을 기초로 한 앎을 추구하지는 못하고 있다는 것이다. 그것은 앎이나 잘남 자체가 무엇인지 또는 진정한 앎이나 진정한 잘남이 무엇인지 주체적으로 탐구하지는 못하고 있음을 의미하며, 과거에는 중국 학문, 근대에는 서양 학문의 인성론, 윤리학, 정치철학 또는 사회과학에 일방적으로 의탁하여 사물과 삶을 이해하고 있음을 의미하는 것이다. 다시 말해서 한국의 학문은 독자적으로 앎이라는 스스로의 언어에 내포된 심오한 의미를 철학적 인식론이나 해석학, 언어학 등의 학문으로 체계화하지 못한 것은 분명하며, 잘남과 관련된 다양한 직관이나 통찰력을 윤리학이나 정치철학 또는 사회과학적으로 승화 · 발전시키지 못한 것도 분명하다.

여기서 소박한 의문들이 떠오른다. 왜 한국의 학문은 자신의 고유한 언어, 나아가 자신의 신화와 전설 등 고유의 세계관이나 정신세계에 내포된 정신적 자원을 독자적으로 발전시키지 못하고 오랫동안 중국이나 서양의 학문에 일방적으로 의존하고 있는가 하는 것이다. 왜 한국의 학문은 스스로의 언어를 통해서 사물과 인간을 이해하고, 스스로의 판단에 따라 자신과 다른 사람의 사고 내용을 평가하면서 스스로를 끊임없이 새롭게 발전시키려 노력하지 않는가? 왜 한국의 학문은 정치적 또는 사회적 사태가 발생할 때 스스로의 사고력으로 그것의 실상을 파악하려 노력하는 대신에 처음부터 외국의 이론을 인용하고 그것에 일방적으로 의탁하는가? 왜 한국의 학자들은 외국 학자의 학설이나 주장이라면 그 학문적 경박성 여부를 불문하고 무조건 권위를 부여하는가? 왜 한국의 학자들은 그 내용의 타당성 자체에 대한 독자적인 검토 노력 없이 외국의 이론과 사상을 수입이나 소개만 하려 드는가? 왜 한국의 학문은 외국 학계의 판단에 의존함으로써만 스스로의 앎의 내용에 타당성을 부여하고 스스로 안도하며, 자신의 현실을 외국인의 사고 체계에 의거해서만 이해하려 하는가?

바탕으로 돌아가기는 바로 이러한 소박한 의문들에서 출발해야 할 것 같다. 우리 자신의 정신세계의 그와 같은 헐벗음에 대한 자각에서 출발해야 한다는 것이다. 그리고 그 헐벗음에 대한 자각의 출발은 역설적이지만 바로 모방의 대상인 서구 학문의 원형에 대한 철저한 이해라는 것이며, 이 책에서 시도되는 희랍 지성사에 대한 탐구도 그러한 목적에서 시작된 것이다. 여기서 다시 『앎과 잘남』 1권에 제시한 진술을 인용할 필요가 있다.

> "문제의 진정한 해결을 이루려면 문제의 근원에서 출발해야 한다. 인간사회에서 일어나는 모든 문제의 근원은 인간들 자신에게 있다. 인간들이 빠져 있거나 범하는 문제나 오류의 근원은 대체로 정보 부족이나 계산 미숙이 아니라, 스스로 당연하고 자명하게 여기는 대상이나 가치, 목적이 과연 진정으로 무엇인지에 대해 반성적으로 성찰하지 않거나 성찰하지 못하는 데 있다. 현재 한국 사회의 정신적 빈곤의 핵심은 바로 그토록 치열한 경쟁의 목표인 '잘나게 되는 것', 즉 '잘남'이 진정으로 무엇인지 성찰하지 않은 채 경쟁하고 있으며, 그렇게 잘나기 위한 수단으로서의 지식, 즉 앎이

진정으로 무엇인지 성찰하지 않은 채 교육에 온갖 노력과 막대한 비용을 쏟아 붓고 있다는 데 있을 것이다. 더불어 스스로의 정신사적 전통에 대해 이해하려는 노력 없이, 그리고 동경과 모방의 대상인 서구 문화나 학문의 원형이 무엇이며 어떠한 역사적 과정을 거쳐 현재에 이르렀는지에 대한 깊은 이해 없이 그저 현재의 서구 사회 및 서구 대학의 표면적인 양상들을 일일이 추종하려는 태도 역시 한국 사회의 정신적 빈곤의 핵심으로 지적 되어야 할 것이다." (앞의 책, 54~55)

그러한 의문들을 가지는 것이 자각의 출발이라면, 그러한 자각의 구체적인 진전은 바로 우리 스스로의 생각의 근저에 대해서 생각하는 것, 즉 아리스토텔레스가 생각함의 본질을 환상적일 정도로 간결하게 표현한 "생각함은 생각함을 생각하기noēsis noēseōs noēsis"라는 문구의 의미를 끊임없이 확인하는 데 있을 것이다.[13] 다시 말해서 학문하기를 운위하기에 앞서 학문하는 우리의 정신세계 자체를 학문해야 한다는 것이다. 그러한 학문하기의 핵심은 다음과 같이 정리될 수 있다. 일단 '철학하기'란 'XX

13 『형이상학*Ta Meta Ta Physika*』 12(Book Λ)권, 1074b. 이 말은 쉽게 번역하기 어려운 말이다. "생각함을 생각하기"는 그 핵심적 내용이긴 하지만 희랍어 'nous', 'noeō', 'noēsis' 어휘 사이의 관계나 그것에 담긴 존재론적 의미를 적확하게 전달하지 못하는 결함이 있다.『형이상학』 12권에는 로스W. D. Ross가 이 책의 "관석coping stone"으로 표현했듯이(Aristoteles, 1924, vol. 1, p. cxxx), 아리스토텔레스의 이신론理神論적 신학이 제시되어 있으며, 그 이신론의 핵심에 "생각함을 생각하기"로 표현되는 정신의 자기규정성 및 자기원인성이 있다. 이 책과 후속 저작들에서 본격적으로 설명될 내용이긴 하지만, 정신의 본질에 대한 이러한 이해는 소크라테스의 유명한 경구인 '너 자신을 알라Gnothi Seauton!'라는 신화적 언어를 통해서 표현된 희랍 정신사의 혁명적 전환이 순수한 로고스의 언어로 새롭게 정립되고 있음을 의미한다고 할 수 있다. 신화를 철학에 포섭한 스승 플라톤과는 달리 아리스토텔레스는 희랍 지성사를 신화로부터 이탈시킨 인물로 간주될 수 있으며, 그것이 희랍 문화의 '세계화(헬레니즘 시대의 본격적인 개막)'에 따른 희랍 학문의 교과서화와 더불어 희랍 학문이 정치 · 사회적으로 권위를 확립함에 따른 학문의 세속화 · 정형화의 시작을 의미할 수도 있다.

철학' 같이 — 그 'XX'는 경영, 예술, 사회에서 극단적으로는 '개X'과 같이 모든 어휘와 결합될 수 있다 — 특정 개념이나 사고의 틀 안에서 사유하는 방식의 철학이 아니라는 점에 대한 인식에서 출발해야 한다. 그러한 부분적이고 파편적인 사유를 넘어 인간과 사물 전체를 총체적으로 사유함과 아울러 그와 같이 총체적으로 사유하는 내용 자체를 사유할 때 정치철학이 등장한다. 정치철학적 사유가 정치사상사 및 지성사적 연구를 필연적으로 수반해야 하는 것은 바로 이 때문이다. 왜냐하면 그러한 학문하기는 곧 우리 학문 및 정신세계가 헐벗게 된 상황이 어떠한 역사 및 정신 · 지성사적 변화의 결과인가를 탐구하는 데 있기 때문이며, 그것에 수반된 학문적 빈곤의 극복 또한 비슷한 상황에서 그것을 극복한 민족의 정신 · 지성사를 역동적으로 서술 및 설명하는 연구에서 출발해야 하기 때문이다. 전자의 탐구의 핵심이 왜 우리의 전통 학문이 서구 학문의 유입과 더불어 그토록 무력하게 되었는지 그 역사 및 정신 · 지성사적 변화 과정에 대한 서술과 설명에 있다면, 후자의 연구 대상으로서 희랍 정신 · 지성사가 등장하는 것이다.

다시 말하지만, 고대 희랍인들은 고대 세계에서 문명적으로 낙후되어 있으면서도 외래 학문의 수입에 그치지 않고 자신들의 고유한 언어와 — 당대의 문명어인 이집트어나 바빌로니아 언어가 아닌 — 신화, 세계관을 바탕으로 새로운 학문을 발전시키면서 서양 문명의 토대를 이룩한 민족이다. 『앎과 잘남』 1권에서는 미케네 문명이 쇠망한 이후 한동안 문명사적으로 황폐화되고 후진적이었던 희랍 민족이 신화적 세계관에서 자연철학을 발전시키고, 나아가 소피스트들을 통해 인문학을 발전시킨 정신 · 지성사적 전개 과정을 서술한 바 있다. 이 2권에서는 그러한 희랍 정신 · 지성사의 전개의 연장선상에서 '소크라테스의 문제'로 표현되는 — 그의 존재나 사상이 엄밀하게 말해서 역사적 서술의 대상이 아니므로 '소크라테스'라는 표현 대신에 '소크라테스의 문제'라고 표현할 것이다 — 정치철학의 탄생 과정을 서술하게 될 것이다.

이 책의 논의 과정을 통해 해명될 주제이지만, 정치철학의 탄생은 단순히 새로운 철학 한 분야의 탄생을 의미하는 것이 아니다. 그것은 앎과 잘남의 본질에 대한 인식 노력, 이와 더불어 인간성, 교육, 윤리, 국가의 본질에 대한 탐색, 그리고 국가 생활의 이상과 현실 간의 관계에 대한 탐구가 인류 지성사에서 최초로 총체적이며 유기적인 지적 체계를 이루면서 등장하는 새롭고 혁명적인 지성적 과업의 출현을 의미한다. 현대의 용어로 그것은 자연과학, 인식론, 윤리학, 사회과학 등을 총체적으로 종합하려는 시도에 다름 아니다. 다시 말해서 앞에서 언급한 윌슨의 '통섭' 이념은 결코 새로운 것이 아니라 이미 오래전에 시도된 것이고, 그 시도의 지성사적 흐름이 바로 정치철학의 역사라는 것이다. 그러한 인식 노력, 탐색, 탐구의 과정에서 여러 학파의 이론들 사이의 비판과 대립이 나타나며, 아울러 인류 지성사에 영속화된 지성 활동과 사회 권력 간의 조화나 대립의 공존이라는 변증법적 긴장 관계의 원형이 나타나게 된다. 즉 지성 활동이 사회나 정치 현실에 대하여 초월적으로 군림하거나 아니면 동화되어 범속화되는 것, 또는 지성 활동이 정치권력에 종속되거나 혹은 박해의 대상이 되는 상황 등 인류 지성사의 그 본원적이며 보편적인 속성이 본격적으로 드러나게 되는 것이다.

그러한 지성사적 근원의 발생 및 형성 과정에 대한 구체적이고 체계적인 이해 없이 희랍 정치사상은 물론이고 서양 학문 및 사상의 근본적인 성격을 제대로 이해할 수 없음은 물론이다. 이 책은 바로 그러한 점을 밝히는 데 조그만 기여라도 하겠다는 목적에서 저술되었다. 따라서 이 책은 소크라테스에 대한 연구 문헌은 물론이고 희랍의 문화사, 지성사, 철학사 또는 정치사상사와 관련된 기존의 방대한 연구 문헌에 새로운 추가를 의미한다. 물론 이 책이 독자적인 연구 문헌으로서 그것들과 어떠한 의미 있는 차별성을 갖는지는 일단 독자들이 이 책을 직접 읽으면서 판별할 사항이다. 다만 독자의 그러한 판별 행위를 돕는다는 의미에서 현대의 서양 학계에서 아레테aretē 개념에 대한 대표적인 연구이자 이 책과 비슷하게 정신사 및 개념사 차원에서—그들이 그러한 연구 방식을 명시적으로 의식하고 저술한 것은 아니지만—접근한 두 저작의 학문적 기여에 대해서도 간략하게나마 평가의 말을 제시할 필요가 있다. 두 저작이란 예거Werner Jaeger의 *Paideia*(1939, 1943, 1945)와 애킨스Arthur W. H. Adkins의 *Merit and Responsibility*(1960)이다.[14]

예거의 *Paideia*는 아레테 개념의 변천 과정 차원에서 희랍의 교육 문

14 이들 저작 이외에 여기서 간단히 언급할 만한 저작으로는 일종의 개념사적 연구로서 해블록Eric Havelock의 *The Greek Concept of Justice from its Shadow in Homer to its Substance in Plato*(1974)와 라플로브Kurt Raaflaub의 *The Discovery of Freedom in Ancient Greece*(2004)가 있으며, 정확하게 개념사적 연구라고는 할 수 없지만 베일럿Ryan K. Balot의 *Greed and Injustice in Classical Athens*(2001) 등이 있다. 해블록의 저작은 정의 개념의 맹아를 호메로스의 저작에서 발견하고, 그러한 맹아가 희랍 정신사에서 어떠한 변화 과정을 거쳐 플라톤에 이르러 체계적이고 실질적인 내용을 갖게 되었는지를 탁월하게 서술한 연구이다. 라플로브의 저작 또한 희랍 세계에서 자유 개념의 형성 및 발전과 이에 따른 시민들의 자유의식의 성장과 자유의 이데올로기화 과정을 각 역사적 단계의 맥락에서 치밀하게 서술한 훌륭한 연구이다. 그러나 두 저작 모두 정의 개념과 자유 개념의 형성 및 발전을 정의의 의식 및 자유의식의 성장에 필연적으로 수반될 수밖에 없는 자아의식의 문제 및 이와 연관된 앎의 발전 문제를 설명하지 못한 근본적인 한계를 갖고 있다. 다시 말해서 개념사적 서술의 한계를 넘어 그것에 내포된 철학 및 정치철학적 문제를 해명하는 데 이르지는 못했다는 것이다. 고전시대 아테네의 역사를 탐욕과 이에 수반된 불의不義의 문제 차원에서 설명함과 동시에 그러한 문제에 대한 인식의 지성사를 서술한 베일럿의 저작은 그 서술 내용이 주제의 중요성을 충분히 뒷받침할 만큼 문헌학적 연구의 풍부함이나 철학적 천착이 제시되어 있지는 못하다. 그럼에도 이 저작 또한 희랍 사회의 한 중요한 측면일 뿐만 아니라 인간성 일반의 이해와도 연관된 중요한 문제들을 해명하는 데 기여를 한 것은 분명하다. 위의 저작들은 이 책의 저술에도 많은 참고가 되었을 뿐더러 대학생 독자들이 희랍 정신사 전반의 흐름을 이해하기 위해 일독할 주요 문헌으로 추천한다.

화, 즉 '파이데이아paideia' 이념의 발전을 연구한 저작이자 희랍 문화사에 대한 19세기의 부르크하르트Jakob Burckhardt의 업적에 이어지는 20세기 최고의 명저이다. 그것은 희랍의 호메로스 시대에서 태생의 우월함이나 탁월한 무용武勇 또는 강렬한 기백과 동일시되었던 아레테가 점차 교육을 통한 교양의 형성과 도덕적 판단력으로 이해되는 정신사적 변화 과정, 그리고 그러한 변화 과정에 수반된 문화의 발전과 교육의 제도화, 그러한 발전 및 제도화 과정 속에 나타난 지식인과 권력 또는 지식인 내부의 대립과 갈등 등을 저자의 날카로운 분석력과 깊이 있는 해석력을 바탕으로 탁월하게 서술한 저작이다. 그리고 희랍인의 파이데이아 관념은 결국 앎의 문제로 귀착되기 때문에 그의 서술에도 아레테의 변화에 수반된 앎의 발전 문제가 지속적으로 나타나 있다. 그러나 그의 저작에는 현실에서 작동하는 아레테의 관념과 언제나 긴장 관계에 있는 앎과의 개념적 상호 작용 및 그러한 개념적 상호 작용이 교육과 정치 속에서 작동하면서 연출하는 지식인과 현실 사이의 변증법적 긴장 관계의 역동성이 체계적으로 명확하게 설명되지는 않았다. 저자의 그러한 철학적 사변의 한계는 이 책의 제재이기도 한 *Paideia* 2권에(Jaeger, 1943: 13~76) 제시된 소크라테스와 관련된 희랍 지성사의 서술에도 나타나 있다. 특히 그의 서술에는 그러한 지성사적 변화·발전의 기저를 이루는 언어 생활의 변화에 대한 언어철학적 탐구가 결여되어 있으며, 그러한 정신사적 변화·발전 속에서 정치철학이 태동하고 형성될 수밖에 없는 지성사적 필연성이 제대로 인지되지 못한 결함도 있다. 또한 예거는 하이데거-가다머에 의해 정초된 20세기 철학적 해석학의 발전에 대한 참고는 물론이고 전혀 언급조차 하고 있지 않기 때문에, 이 책이 시도하는 고대 희랍의 대화 및 아이러니 개념에 대한 문헌학적 및 언어철학적 분석은 예거의 명저가 간과한 희랍 정신사 및 지성사의 중요한 측면을 새롭게 조명하면서 그것을 보완하려는 노력이기도 하다.

애킨스의 저작은 서구의 윤리철학 연구에서 1970년대 후반 이후 종전의 칸트의 의무론적 윤리학이나 벤담의 효용론적 또는 결과론적 윤리학에 대한 반성 속에서 새롭게 부활하기 시작한 소위 '덕 윤리virtue ethic'에 대해 고전학적 기반을 제공한 저작으로 평가될 수 있다. 그런데 그의 저작은 예거의 저작에 비해 아레테 개념을 통한 분석과 서술의 대상이 희랍의 교양 문화 전반의 변화·발전이 아닌 '도덕적 책임moral responsibility' 개념의 변화에 한정되어 있고, 문헌에 대한 해석력이나 서술 내용 면에서 예거 저작의 심원함에는 미치지 못한다. 또한 그 주제는 근본적으로 예거의 희랍 문화사 서술 속에 포괄될 수 있는—애킨스 스스로는 예거의 저작에 대한 구체적인 검토나 논의 없이 참고문헌에 언급한 것으로 그치고 있지만—성격의 것이기도 하다. 그럼에도 불구하고 그것은 아레테를 포함하여 희랍인들의 주요 가치들의 의미를 분석하면서 호메로스에서 아리스토텔레스에 이르는 희랍인들 도덕관의 변천을 체계적으로 서술한 역작임에는 틀림없다.

애킨스는 칸트의 의무 개념으로 대변되는 근대 서구의 도덕적 책임 관념과 대비되는—그의 통찰대로 도덕적 당위ought는 마치 그것을 수행할 능력can을 함축하고 있다는 것처럼 전제하고 있는 도덕적 책임 관념과 대비되는(Adkins, 1960: 2)—고대 희랍인의 그것이 어떠한 정신사적 변화 과정을 거쳐 아리스토텔레스의 윤리학 체계로 나타나게 되었는지 관련 문헌들에 대한 나름대로 세밀한 분석을 통해 설명한다. 그러한 변화 과정의 바탕에는 바로 저자가 'merit'로 표현한 아레테 개념의 변화 과정이 있다. 그러한 변화 과정은 간단히 말해서 인간의 능동적이고 경쟁적인 자질이나 역량, 곧 기존의 도덕률이나 관습의 제약을 넘어서서 인간들 사이에서 작동하는 잘남 또는 빼어남의 문제가 인간의 행동에 대한 평가를 지배하는 기준으로 작동했던 정신사적 상황이 일상적 의미의 도덕성 관념으로 변화하는 과정이다. 즉 기존의 도덕률이나 관습에 대한 수동적이고 조용한 순응이 점차 바람직한 인간 행동의 기준으로 변화하게 되는 과정이며,[15] 그러한 변화의 정점에 아리스토텔레스의 윤리학이 있는 것이다. 그럼에도 불구하고 아리스토텔레스의 아레테 개념에는 근대의 의무론과는 대비되는 능동적 탁월성의 도덕적 책임 관념이 공존하고 있다는 것이 저자가 강조하는 점이기도 하다.[16] 그리고 바로 그 점에서 아리스토텔레스의 윤리학이 앞에서 언급된 최근의 '덕 윤리' 및 이와 관련되면서 개인주의적 윤리관에 대한 비판적 극복의 시도로 출현한 소위 공동체주의communitarian 윤리학의 지적 원천으로 간주되고 있는 이유를 찾을 수 있다.

그렇다면 애킨스 스스로가 좀 더 깊이 탐구했어야 했던 것은 아리스토텔레스의 아레테 개념 및 윤리철학에 잔존하고 있는 그와 같은 절충론eclecticism적 요소이다. 즉 하나의 윤리학 체계에 근대의 의무론적 윤리와 고대의 아레테 윤리가 병존한다는 사실에 함축된 미해결의 철학적 과제를 어떻게 해석할 것인가의 문제가 그것이다. 스스로의 학문적 소업을 고전학자로 규정했기 때문인지는 모르겠으나, 그는 아레테 개념의 그와 같은 변화 및 발전에 대한 정신사 및 지성사적 서술에 그치면서 아리스토텔레스의 윤리철학이 그와 같이 절충론에 머무를 수밖에 없는 지성사적 또는 철학사적 근원이 무엇인지 탐구하지는 않았다. 그리고 그러한 한계는 단순히 연구 영역의 전문성 차원의 문제가 아니라 그가 소크라테스-

15 저자의 표현을 직접 인용하면 "the two will be distinguished as 'competitive' values or excellences and 'co-operative' or 'quiet' values or excellences"(Adkins, 1960: 7).

16 애킨스 스스로 기술하듯이(Adkins, 1960: 351, n. 1 참조), 아리스토텔레스의 경우 아레테는 본질적으로 영혼이 최고도로 기능하는 상태를 의미하며, '행복eudaimina'이란 바로 영혼이 아레테와 조화를 이루는 능동적인 활동이기 때문이다.

플라톤의 도덕적 주지주의를 과연 제대로 이해하는가의 의문을 제기한다. 그러한 의문은 결국 아레테 개념 자체에 내재한 소피아의 문제를 제기하게 한다. 곧 인간의 잘남은 타인과의 경쟁이나 타인으로부터의 평판이나 부러움이나 인정의 문제가 아니라 — 앞으로 이 책의 논의를 통해서 자세히 설명될 개념의 하나인 'doxa'의 문제가 아니라 — 인간이 스스로 잘났다고 느낄 때 바로 그 잘났다는 것 자체가 과연 무엇인지 제대로 '알려는' 노력의 등장은 인간의 사고 활동이 존재하는 한 필연적이라는 것이다. 그것이 바로 『앎과 잘남』 1권에 이어 이 책 전체를 통해 소크라테스의 행적을 중심으로 해명될 앎과 잘남 사이의 변증법적 관계이다. 지은이가 보기에 애킨스는 그러한 변증법적 관계를 제대로 파악하지 못했기 때문에 소크라테스를 — 니체Friedrich Nietzsche와 그 논거는 다르지만 결과적으로 비슷하게 — 희랍 정신사에서 호메로스 전통의 능동적 아레테에서 수동적 아레테로 또는 경쟁적 도덕주의에서 의무론적 도덕주의로의 결정적인 전환이 이루어진 인물로 해석하게 된 것 같다.[17] 그러한 해석에 어떠한 문제가 있는지는 이 책 전체의 논의를 통해 밝혀지겠지만, 무엇보다도 이 책 6장과 7장에 제시된 플라톤의 『변명*Apologia*』과 『크리톤*Kritōn*』에 대한 해석학적 논의는 애킨스의 해석에 대한 직접적인 비판의 의미도 갖는다는 점을 미리 밝혀둔다.

어쨌든 아레테의 문제는 단순히 '누가 더 잘났고 훌륭한가?' 하는 개인들 사이의 경쟁 관계에서 등장하는 탁월성의 문제나 사회적 삶에서 등장하는 도덕적 책임과 관련된 윤리철학의 문제에 한정되지 않는다. 그것 자체에 보편적인 앎의 문제가 내재하고, 나아가 그것 자체에 인간성의 필

---

17 이에 대해서는 저자가 같은 책(1960: 259~266)에 간단하게 제시한 플라톤의 『변명』과 『크리톤』에 대한 해석 논의 참조.

연적 외연으로서 영속성을 갖는 공동체적 삶의 질서의 이상이 무엇인가의 문제, 즉 정치철학의 근본적인 문제가 내재하고 있다는 점을 밝히는 것에 이 책에서 제시될 논의의 핵심이 있다. 그리고 그와 같이 인간성에 보편적으로 내재하는 문제는 그 등장의 시기나 구체적인 내용에서 차이가 날 뿐 신화적 사고를 넘어 로고스의 사고 활동이 존재하는 인간 사회에서는 언제나 정치 · 사회적 문제이자 체계적인 지성적 탐색의 대상으로 표면화될 수밖에 없다. 희랍 정신사 및 지성사에서는 소크라테스라는 인물을 통해 그러한 지성 활동이 본격적으로 구현된다. 다시 말해서 희랍 세계, 나아가 서양의 지성사에서는 소크라테스를 통해 윤리철학을 넘어서는 정치철학이 최초로 태동하게 된 것이다. 이 책은 소크라테스를 통해 태동하는 정치철학이라는 사유 형태의 실체 자체가 어떠한 역사적 · 지성사적 맥락을 떠나 태동하게 되었는지에 대한 연구이다. 그러한 이해의 출발은 먼저 정치철학이란 말의 일상적인 의미에서 벗어나 그 말 자체가 어떻게 태동했는지부터 탐색할 필요가 있다. 그러한 탐색 작업이 다음 2장에서 이루이질 것이다.

제2장

정치철학이라는 말과 이념, 그리고 희랍 지성사

> "빠져나갈 구멍이 전혀 없는 쳇바퀴에 갇혀 있는 신세가 아닌데도
> 쳇바퀴에서 벗어나지 못하고 있는 것은
> 그 쳇바퀴가 자신을 더 높은 곳으로 끌어올릴 수 있다는 사실을
> 알지 못하고 있기 때문이다."[1]
>
> - 버트런드 러셀

먼저 '정치철학political philosophy'이라는 말 자체를 살펴보는 것으로 이 장을 시작할 필요가 있다. 그 말 자체는 일단 고대 희랍인의 조어가 아니다. 잘 알려져 있듯이 19세기 명치 시대 일본의 지식인이 '철학'으로 번역한 영어 'philosophy'의 어원은 희랍어 'philosophia'이다. 이 희랍어는 대체로 피타고라스Pythagoras(기원전 570~500 추정)의 조어로 믿어지고 있으며,[2] 소크라테스-플라톤을 거쳐 기술적 지식이나 지엽적이고 부분적인 지식이 아닌 인간을 포함하여 사물에 대한 동태적이면서 총체적인 인식을 의미하게 된다. 바로 이 책을 통해서 설명될 주요 대상이지만, 고

---

1 "It is very singular how little men seem to realize that they are not caught in the grip of a mechanism from which there is no escape, but that the treadmill is one upon which they remain merely because they have not noticed that it fails to take them up to a higher level." 참고로 위의 번역문은 고 법정스님의 『내가 사랑한 책들』에 나온 것을 인용한 것이다. 이 인용문은 러셀의 원문에 대한 오역에 가까운 번역이지만, 그 번역문 자체가 러셀의 의도를 오히려 승화시켜 표현한 문장으로 생각되어 그대로 전재했다. Bertrand Russell, *The Conquest of Happiness*.

2 이에 관해서는 양승태(2006: 321) 참조.

대 희랍에서 소크라테스-플라톤을 통해 체계화된 'philosophia'라는 개념의 핵심은 '주관성과 객관성이 융합된 사물에 대한 동태적이고 총체적인 인식'에 있으며, 별도의 용어의 존재 여부를 떠나 그러한 인식의 완성된 형태가 고대적 정치철학의 등장을 의미하는 것이다. 이 책의 핵심 내용은 바로 고대적 언어 개념의 발전, 그리고 이에 수반한 대화 및 아이러니 개념 발전의 지성사적 변화 맥락에서 정치철학 등장의 지성사적 필연성을 기술하는 것이다.

동양의 언어에서 서양의 'philosophy'라는 말에 가장 가깝게 상응하는 어휘는 '학문'이며, 굳이 철학이라는 말로 새롭게 조어할 필요가 없었다는 것이 지은이의 생각이다. 다만 서양철학사란 어떤 의미에서 바로 'philosophy'라는 개념 자체의 변천사라고 할 수 있고, 특히 근대 철학사란 철학과 신학의 분리, 더 나아가 철학과 과학의 분리 과정이었기 때문에, 19세기 동양의 지식인이 'philosophy'를 학문 일반과는 별도로 구분하여 '철학'이라는 말로 번역한 것은 나름대로 고심한 결과라고 할 수 있다. 정치철학은 물론 정치와 철학이라는 말의 결합어이며, 이 책의 주제는 이미 앞에서 표명한 바와 같이 소크라테스를 중심으로 그것의 기원과 형성 및 발전을 설명하려는 연구이다. 그런데 바로 연구 대상인 정치와 철학의 결합어인 그 말 자체의 조어는 고대 희랍인들이 아닌 근대 지성사의 산물이라는 사실은 이 책이 수행할 연구가 단순히 과거의 지성사에 대한 흥미나 관심의 차원을 넘어 현대 지성사와의 연속성을 갖고 있음을 암시하고 있다. 따라서 그 연속성의 의미가 해명의 대상으로 등장한다.

현재 『국가*Politeia*』라는 저작 등을 통해 널리 알려진 플라톤의 사상에 대해 언급할 경우 '플라톤의 정치철학'이라는 말을 사용하는 것이 일반적이다. 그런데 『국가』 등을 통해 제시한 자신의 사상을 플라톤 스스로 '정치철학philosophia politikē'이라고 명명한 것은 아니다. 또한 일반적으로 아리스토텔레스의 정치철학을 대표하는 것으로 이해되는 그의 저작 『정치학*tōn Politikōn*』[3]은 영어 'politics'의 어원이고 당대의 정치 현상 전반에 대한 자신의 철학적 성찰을 집약한 것이지만, 제목 자체에 나타난 바와 같이 그 역시 정치철학이라는 어휘를 별개의 학문 분야를 지칭하는 용어로 사용하지는 않았다. 그는 오히려 '정치적 지식politikē epistemē'이라는 — 정확한 의미는 '국가통치술politikē에 관한 전문 지식epistemē' — 표현을 즐겨 사용했다. 서구 지성사의 두 거인이 당대의 정치 현실과 관련하여 수행한 '철학하기philosophein; to philosophize'의 산물이 그들의 정치철학인 것은 분명하지만, 그들 자신은 그러한 탐구 행위 및 업적을 정치철학이라는 말로 별도로 지칭한 것은 아니라는 것이다. 더구나 그들은 현대에 일반적으로 통용되는 그 말의 의미와 같이 경제철학, 사회철학, 윤리철학 등 다른 철학들과 구분되는 별개의 철학 분야의 존재를 상정하지도 않았으며, 더 나아가 여타 자연과학들이나 사회과학들, 특히 사회과학의 여러 분야들 가운데 '정치과학political science'과 구분되는 정치철학의 영역을 상정한 것도 아니었다.

결국 정치철학의 실질적인 내용과 형태는 고대 희랍 지성사의 산물이지만 정치철학이라는 말 자체는 그들의 조어가 아니다. 또한 현대 학문에서 정치철학은 철학의 완성이 아니라 철학의 한 분야로 일반적으로 간주되게 된 것도 바로 현대 서구 지성사의 산물이다. 그렇다면 그와 같이 되어버린 이유가 무엇인지 지성사의 맥락에서 탐구할 필요가 있다. 즉 정치철학의 개념 및 용어와 관련하여 서양의 고대 지성사와 현대 지성사 사이에 존재하는 간극의 의미에 대해서 간단하게나마 좀 더 부연 설명이

---

3 희랍어 제목 그대로의 의미는 '정치적인 것들에 관하여of things political', 좀 더 정확하게는 '국가pokis와 관련된 것들에 관하여'이다.

필요하다는 것이다. 존 스튜어트 밀John Stuart Mill에 대한 논의는 그러한 맥락에서 요구된다.

1. 정치철학이라는 말과 존 스튜어트 밀

영어 'political'은 희랍어 'politikos'가 어원으로 16세기 중엽의 문헌에 처음 나타난 것으로 보인다. 그 이후 이 형용사는 수많은 명사들과 결합하게 되는데, 'philsophy'와의 결합은 1785년에 출간된 페일리William Paley의 책 제목 '*The Principles of Moral and Political Philosophy*'에 등장하며, 문장으로는 밀J. S. Mill(1806~1873)이 그의 나이 19세 때인 1825년 벤담Jeremy Bentham 추종자들의 기관지라고 할 수 있는 *Westminster Review* 4월호에 "명예훼손법과 언론의 자유Law of Libel and Liberty of Press"라는 제목으로 기고한 논문에 처음 나타나 있다. 그의 이름을 유명하게 만든 『자유론*On Liberty*』(1859)의 내용을 예고하는 이 논문에서, 그는 '명예훼손법'이 "정치철학의 타당한 원리들에 의해 옹호될 수 있는warranted by sound principles of political philosophy" 언론의 자유 원칙에 위배되며, "토론의 자유에 대한 적대자들이 제기하는 궤변을 드러내고 유치한 의도들을 폭로하겠다는unravel the sophistry, and expose the mischievous designs of the enemies to free discussion" 목적을 표명하고 있다(Mill, 1984: 4).

10대의 젊은 밀이 다소간은 흥분된 어조로 제기하는 이러한 주장에서 분명히 드러나고 있는 것은 '올바르고 타당한 주장으로서 정치철학'과 '잘못되고 왜곡된 주장으로서 궤변'의 대비이다. 정치 문제, 나아가 현실 문제들에 대해서 정확하고 올바른 지식과 판단에 기초한 주장과 부정확하고 잘못된 지식과 판단에 기초한 주장을 정치철학과 궤변으로 대비시키는 것이다. 그리고 밀은 자신의 '정치철학적' 주장의 논거가 되는 "정치철학의 타당한 원리들"이란 그의 아버지인 제임스 밀James Mill이 *Encyclopaedia Britannica*에 기고한 언론의 자유에 관한 항목에 제시된 공리주의적 원리들이며, 일반 대중은 정확한 의견을 형성할 수 없다는 논리 등으로 명예훼손법을 옹호하는 그의 논적들의 주장은 '궤변'이라고 자신만만하게 표명하고 있는 것이다. '철학-궤변philosophy-sophistry'의 대비는 이미 교과서적으로도 잘 알려진 것이며, 『앎과 잘남』 1권에서도 소피스트 운동에 대해 기술하면서 설명한 바 있고,[4] 앞으로 이 책에서 소크라테스 문제를 중심으로 그것의 또 다른 측면이 탐구될 것이다. 어쨌든 '철학과 궤변'의 대비와 관련하여 먼저 지적되어야 할 점은 이것이다. 그러한 대비는 일단 전형적으로 소피스트들을 비판한 소크라테스와 그의 철학을 계승·발전시킨 플라톤 철학의 산물이라는 사실이다. 그리고 역설적인 것은 벤담이나 제임스 밀의 공리주의는 플라톤이 바로 소피스트 이념의 핵심으로 비판한 감각주의 인식론, 쾌락주의 윤리론, 통속주의 현실참여론을 대변하던 이념이라는 사실이다. 다시 말해서 밀은 소크라테스-플라톤적인 대비를 원용하여, 그리고 플라톤이 당대에 살아 있었다면 철학이 아니라 '궤변'이라고 비판할 수 있는 벤담의 이념을 근거로 자신

---

4 이에 관해서는 양승태(2006, 6장) 참조. 참고로 영어 'sophistry'는 번역어라기보다는 희랍어 'sophisteia' 또는 'sophistikē'를 글자의 외양만 약간 변형한 '직수입' 용어라고 할 수 있다. 그리고 밀이 위의 논문에서 사용한 'sophistry'의 의미는 '궤변'이라는 말로 번역될 수 있다. 그러나 지은이도 위의 책에서 지적한 바와 같이 희랍어 'sophisteia' 또는 'sophistikē' 자체에 궤변이라는 의미는 없다(특히 444~446; 481~482; 502~504 참조). 그것은 대체로 '인문학'이라는 말로 번역될 수 있으며, 그것이 궤변으로 번역될 수 있는 것은 소피스트들의 지성 세계나 행적에 대한 지성사적·역사적 평가 또는 해석에 따라 그 말의 의미가 변화한 결과일 뿐인 것이다.

이 제기하는 주장의 철학적 타당성을 강조하고 있는 것이다.[5] 그런데 흥미로운 것은 이렇게 사용된 정치철학이라는 말이 밀 이후 전개된 현대 서구 지성사에서 일반적으로 통용되는 의미를 예고하고 있다는 점이다. 이 점을 설명하기 위해서는 간단하게나마 위의 논문을 작성한 이후 밀이라는 지식인 개인의 내적인 정신적 변화에 대해서 설명할 필요가 있다.

밀 스스로 『자서전*Autobiography*』에서 고백하고 있듯이, 젊은 밀에게 아버지인 제임스 밀과 지적 · 재정적 후견인이었던 벤담이 공동으로 주창한 공리주의 '철학'은 소위 "유산으로 물려받은 관념"이었으며, 그것의 진리성이나 타당성에 대해서는 오랫동안 전혀 의심을 품지 않았다.[6] 그런데 밀은 위의 논문을 작성한 직후인 1826년에 들어 그 스스로 명명한 소위 "정신적 위기"를 겪게 된다.[7] 즉 20대 초반에 들어선 밀은 자신이 진리로 믿은 '철학'에 대해서 회의가 들기 시작했고, 그러한 회의와 어린 시절부터 동년배 아이들과 분리되어 천재 교육을 받은 데 따른 정서적 불안정성 등이 상승작용을 일으켜 몇 년 동안 젊은 그를 정신적으로 방황하게 만들면서 일종의 자아 정체성의 위기를 겪게 된 것이다.[8] 밀은 공리주의 철학의 근본 가정에 대해 나름의 비판적 시각으로 성찰하고, 콜리지

---

5 이와 관련하여 『자유론*On Liberty*』에서 밀은 사상과 토론의 자유를 옹호하는 논리를 전개하면서 바로 소크라테스의 도덕성을 당대 모든 현인들의 그것을 넘어서는 것으로, 그의 사상을 소피스트 이념을 포함하여 당대의 모든 지식 체계를 넘어서는 최고의 철학으로 평가하고 있는 점도 참고할 만하다(Mill, 1975: 24~25 및 32 참조). 여기서도 역설적인 사실은 소크라테스가 19세기 생존해 있었다면 바로 밀이 숭배했던 벤담의 철학을 바로 소피스트 이념으로 비판했을 것이라는 점에 있다.

6 이에 관한 자전적 설명은 Mill(1924, 4장 "Youthful Propagandism. The Westminster Review") 참조.

7 그 '정신적 위기'에 대한 자전적 고백은 위의 책(5장 "A Crisis in My Mental History. One Stage Onward") 참조.

8 밀의 '정신적 위기'에 대한 전기적 서술 및 그것에 관한 학자들의 여러 가지 해석에 관해서는 Packe(1954: 74~86) 참조.

Samuel Taylor Coleridge 등 소위 낭만파 시인들의 문학 세계에 대해 새롭게 이해하는 시간을 가지면서 자신의 '정신적 위기'를 극복해간다. 그리고 이러한 위기 극복 과정은 공리주의 철학에 대한 비판과 수정의 시도와 함께 나름대로 전통적인 자유주의 철학을 새롭게 정립하려 한 지적 모색의 과정으로 볼 수 있고,[9] 그러한 모색의 산물이 『자유론*On Leberty*』, 『대의정부론*Considerations of Representative Government*』, 『정치경제학 원론*Principles of Political Economy*』, 『논리학 체계*A System of Logic*』 등 현재 알려진 밀의 주요 저작들이라고 할 수 있다.

그러한 저작들에 대한 철학사적 · 지성사적 평가를 떠나서,[10] 이 글의 맥락에서 주목할 것은 노년의 밀이 같은 『자서전』에서 젊은 시절 자신이 추구한 새로운 지적인 모색과 관련하여 다음과 같이 진술한 사실이다. "포기했던 철학을 어떠한 정치철학의 체계로 대체했는가를 내게 묻는다면, 나는 무無체계no system라고 답할 것이다"(Mill, 1924: 113).[11] 이 문장에

---

9 그러한 지적 모색에 관한 전기적 사실에 관해서는 Packe(위의 책, 특히 87~111) 참조. 지은이는 오래전 박사학위 논문에서 정신적 위기를 극복한 밀의 지성 세계에서 그가 '유산으로 물려받은 관념'으로부터 본질적으로 변한 것은 실질적으로 없으며, 그러한 사실은 소위 '정신적 위기'가 과연 진정으로 지성적인 위기였는지 의문의 대상임을 지적한 바 있다(Yang, 1982: 73, #2 참조).

10 그의 그러한 노력이 19세기 후반의 서구에서 자본주의 경제와 대중민주주의의 진전에 따라 부각된 여러 가지 정치적 · 경제적 · 사회적 · 윤리적 문제들을 새롭게 이해하고 새로운 해결책을 모색하는 데 많은 기여를 한 것은 사실이다. 그러나 지은이로서는 그것이 전통적인 영국의 경험주의 및 자유주의 철학의 근본 문제들을 그 근원에서 해명하면서 새로운 철학의 제시에 이르지는 못했으며, 대체로 절충주의 수준의 해명 및 해결책의 모색에 그친 것으로 평가한다. 그리고 밀의 그러한 지적 한계의 핵심에는 이 책 전체를 통해서 설명할 철학 및 정치철학의 본질 자체를 탐구하지 못한 밀의 철학적 사유의 빈곤이 있다고 믿는다.

11 "If I am asked, what system of political philosophy I substituted for that which, as a philosophy, I had abandoned, I answer, *no system* ……." 이 문장에서 이탤릭체의 강조점은 밀 자신의 것이다.

대해서는 지은이의 박사학위 논문에서 논급한 바 있으므로 여기서 그것을 인용할 필요가 있다.

> "이 문장은 도덕적 · 사회적 문제들을 대하는 밀의 기본적인 입장을 대변한다고 할 수 있다. 포기한 낡은 체계란 잘 알려져 있듯이 벤담주의이며, '무체계'라는 말로 그는 인간에 대한 연구에서 어떠한 '형이상학적' 또는 '철학적' …… 진단에 반대하면서 '과학' 또는 '과학화'의 목표에 대한 자신의 헌신을 표명하려 한 것이다. 그는 그러한 과학을 '도덕론moral art'과 구분하여 '도덕과학moral science'이라 명명했다. 그것이 도덕적인 이유는 인간 정신human mind의 작용에 의해 야기된 문제들을 어떻게 해결하느냐의 의문과 관련되기 때문이며, 그것이 과학이 되어야만 하는 이유는 그가 믿기에 과학 및 과학적 탐구만이 궁극적인 답안을 줄 수 있기 때문이다." (Yang, 1982: 73~74)

『논리학 체계』, 특히 제6권은 그러한 도덕과학의 인식론적 기초를 마련하려는 시도이며, 그러한 시도의 핵심은 그가 인간 현상의 원천인 인간 정신을 설명하는 보편적 학문으로 믿은 로크John Locke 이후 영국에서 발전한 연상심리학의 법칙들을 자연과학에서 뉴턴의 운동법칙과 같이 원용하려는 것이었다.

밀의 그러한 시도의 성공 여부를 떠나, 밀이 명명한 '도덕과학'의 이념은 독일 학계에 수용되면서 '정신과학Geistes Wissenschaft' 또는 '문화과학Kultur Wissenschaft' 등으로 번역되고, 그것과 독일 고유의 정신사적 · 인문학적 전통이 결합하여 19세기 후반 이후 서구 학계에서 딜타이Wilhelm Dilthey, 빈델반트Wilhelm Windelband, 릭케르트Heinrich Rickert, 베버Max Weber 등을 통해 촉발되어 현재까지 이어지는 사회과학의 본질 또는 방법론에 관한 논쟁의 단초를 제공하게 된 것이다. 물론 사회과학의 본질이나 방법론과 관련된 서구 학계의 지극히 방대한 문헌들 및 논의 내용들에 대한 검토가 이 2장의 목적은 아니다. 여기서 주목되어야 할 점은 위에서 소개된 젊은 밀의 '지성적 결단'에 내포된 지성사적 의미이다.

비록 당시의 영국 사회에서 밀은 천재적인 젊은 지식인으로 간주되기는 했지만, 20대 중반의 한 젊은 지식인이 그와 같은 '결단'을 내렸다는 사실 자체가 지성사적으로 중요한 것은 아니다. 그러한 사실 자체는 한 젊은 지식인의 미성숙한 지적 판단의 결과로서 지성사적으로는 가벼운 에피소드 정도로 무시될 수도 있는 것이다. 그런데 그것이 무시될 수 없을 뿐더러 지성사적으로 중요한 의미를 가지면서 진지한 검토의 대상이 될 필요가 있는 이유는 기본적으로 다음 두 가지 점에서 찾을 수 있다. 하나는, 그러한 결단은 자유주의의 전통 내에서 18세기의 고전적인 자유방임적 자유주의에 대한 수정 시도의 — 대중 사회의 도래에 따른 '다수의 폭정' 가능성을 제도적으로 방지하기 위한 조치나 자본주의적 경쟁의 심화에 따른 사회적 불안정을 해결하기 위한 복지 정책의 필요성 대두 등 — 시작을 의미한다는 점이다. 이 점은 정치사상사적으로 이미 잘 정리되고 설명되어 있기 때문에 여기서 별도로 논의할 필요는 없을 것이다.[12] 다른 하나는 그 '결단'과 연관된 정치철학의 개념 문제로서, 그것은 학계에서 거의 주목을 받지도 않았을 뿐더러 정치철학의 기원을 설명하려는 이 책의 주제와 직접 관련되기 때문에 여기서 좀 더 깊게 검토할 필요가 있다.

젊은 밀이 지적 정체성의 위기에 직면하여 내린 '결단'의 내용 가운데 정치철학의 개념과 관련하여 주목할 점은 그가 오랫동안 당연한 진리로 여겼던 벤담의 정치철학을 포기했다는 사실에 있지 않다. 주목할 점은

12 이에 관한 대표적인 교과서적 정리로는 Sabine(1973: 638~651) 참조.

그것을 새로운 정치철학으로 대체한 것이 아니라 철학 체계 자체를 버리고 과학을 선택했다는 사실인 것이다. 그것은 실질적으로 — 밀 스스로 그러한 사실을 의식했는지 여부를 떠나서 — 정치철학의 종언과 더불어 사회과학 시대의 도래를 예고하는 언명이다. 또한 그것은 특히 아리스토텔레스를 통해 국가 통치의 학문이기 때문에 제왕의 학문이며 모든 학문을 통할하는 학문이기 때문에 최고의 학문으로 간주되었던 정치철학이 이제는 — 특히 미국의 학계를 중심으로 — 여러 학문 특히 여러 사회과학 가운데 하나로 간주되는 '정치과학political science'으로 대치되기 시작하는 시대의 본격적인 개막을 선언한 것으로 해석될 수 있다.[13] 이 점은 특히 밀이 정치철학이라는 말과 더불어 사회과학이라는 말도 최초로 사용한 지식인으로 기록될 수 있기 때문에 더욱 역설적이다.[14] 즉 정치철학

---

13 현재 한국에서 대학의 정치학과는 — 그나마 대학의 학과가 직업과 연관되지 않으면 실용적이지 않다는 관념 때문에 대체로 정치외교학과라는 명칭으로 설치되어 있지만 — 미국 대학의 예를 좇아 'Department of Political Science'로 번역되고 있다(미국에서는 예외적으로 하버드대학은 'Dept. of Government'로, 프린스턴대학은 'Dept. of Politics'의 명칭으로 설치되어 있다). 따라서 'political science'라는 말은 현재의 언어 관행을 존중할 경우 '정치학'으로 번역하는 것이 일반적이다. 그러나 여기서는 그러한 명칭 자체의 지성사적 의미를 검토함이 목적이므로 말 그대로 '정치과학'이라는 용어를 사용하기로 한다.

14 이에 관해서는 Senn(1958) 참조. 센Senn이 조사한 바를 소개하면 다음과 같다. *Oxford English Dictionary*에 의거하면 'social science'라는 말은 1846년에 문헌상 최초로 나타난 것으로 기록되어 있다. 루이스George H. Lewes(1817~1878)의 저작인 *A Biographical History of Philosophy*에서 콩트Comte에 관해 기술된 내용이 그 문헌학적 근거라는 것이다. 그러나 센의 주장으로는 그 말이 그보다 10년 전인 1836년 간행된 *Westminster Review*에 30세의 밀이 기고한 글에 나타나 있으며, 따라서 그를 'social science'라는 말의 창안자로 간주할 수 있다는 것이다. 참고로 *Oxford English Dictionary*에 의거하면 'political science'라는 말은 1779년 출간된 흄David Hume의 *Dialogues concerning Natural Religion*에 처음 기록되어 있다고 한다. 곧이어 논의되겠지만 흄의 경우 'political science'라는 말은 그의 경험주의적 인식 논리와 일관되게 경험적 정치 현상에 대한 지식을 지칭한다는 점에서는 현대 미국에서 통용되는

이라는 말을 최초로 사용한 사람에 의해서 그 말 자체가 용도 폐기되어야 한다는 주장이 암시되고 있다는 사실에 지성사적 아이러니가 있으며, 바로 그러한 아이러니 속에 현대 지성사에서 정치철학이 갖는 학문적 의미나 위상을 이해하는 요체가 있는 것이다.

밀 이후 전개된 서구 지성사에서 사회과학은 그 이념이나 방법 등과 관련된 학문적 논쟁을 떠나 연구와 교육 면에서 점차 확산되고 세분화된 것은 사실이며, 그것의 흐름은 사회과학의 여러 분야들이 대학에서 독립된 학과 설립 등을 통하여 점차 제도적 위상을 확립하는 과정이었다고 할 수 있다. 특히 20세기 전반 미국의 학계에서는 밀이 추구한 도덕과학의 이념과는 무관하게 '과학주의scientism'의 이름으로 자연과학의 방법을 사회 현상의 연구에 적용하지 않으면 사회에 대한 과학이 될 수 없다는 믿음이 점차 확산되었으며, 이에 따라 그러한 경향이 더욱 촉진되었다.[15] 그러한 결과가 현재의 대학들에서 일반적으로 발견되는 바와 같이 종래의 전통적인 인문학 연구 및 교육과 분리되어 운영되는 사회과학 연구 및 교육 관련 제도들인 것이다. 반면에 정치철학의 경우 현대의 대학들에서는 일반적으로 그러한 이름으로 설립된 독립된 학과가 존재하지 않

'political science'라는 말과 본질적으로 그 의미가 같다. 다만 흄은 현대 일부 행태주의 '정치과학자들'과 같이 통계학, 수학 모델, 실험 등 자연과학의 방법을 사용해야만 '과학'이 될 수 있다고 믿은 것은 아니라는 사실에서 그들과는 구분된다. 앞으로 이 책 전체의 논의를 통해서 설명되겠지만, 근대 경험주의란 본질적으로 고대 소피스트 이념이 근대 자연과학의 발전에 고무된 지적 분위기 속에서 체계적이고 정교하게 변형된 것일 뿐이다. 그리고 경험적 현상이나 사실 또는 경험 세계와 관련된 지식들을 무시하거나 중요시하지 않는 철학자가 있다면 그는 철학자란 이름의 독단적인 종교인일 뿐이며, 흄의 경험주의는 그 철학적 한계에도 불구하고 인간성에 대한 탁월한 통찰과 함께 그러한 종교적 또는 형이상학적 독단론에 대한 비판의 의미를 갖고 있는 것이다.

15 그러한 경향에 관한 체계적인 지성사적 서술로는 Ross(1991, 특히 10장 "Scientism") 참조.

을 뿐더러,[16] 그러한 이름의 과목이나 정치사상 또는 정치사상사 등 일반적으로 그것과 유사한 것으로 간주되는 과목들은 '정치과학과department of political science' 교과과목의 일부로 설정되어 있을 뿐인 것이다.

현대의 대학에 나타난 정치철학과 정치과학 사이의 그와 같은 기묘한 공존은 적어도 정치철학을 포기하고 사회과학을 추구하겠다는 젊은 밀의 '결단'과는 배치된다. 또한 그 본질적인 내용이나 학문적 지향점의 실체 또는 그것과 관련된 현대 철학의 논쟁을 떠나서, 밀 이후에도 철학이라는 이름의 학문 활동은 계속되고 있고, 철학과라는 학과는 대학에서 계속 유지되고 있는 것도 자명한 사실이다. 다시 말해서 밀의 '결단'이 밀 이후 전개된 서구 지성사의 대체적인 내용이나 방향을 어느 정도 예고한 것은 사실이지만, 그것들을 전적으로 결정한 것은 아닌 것이다. 현대 서구 지성사의 그러한 양상과 관련하여 제기되어야 할 일차적인 질문은 밀의 결단이 과연 타당했느냐 하는 것이며, 좀 더 근본적인 질문은 물론 '사회과학이란 무엇인가'와 더불어 '정치철학이란 무엇인가'일 것이다. 그런데 전자의 질문과 관련된 방대한 논의는 이 책의 제한된 범위를 벗어난다. 그것에 관해서는 밀이 『논리학 체계』에서 도덕과학의 이념을 제시한 이후 사회과학의 이념 및 방법과 관련된 논의가 서구 지성사의 주요 흐름을 구성한다는 앞의 논급 정도로 그치고자 한다. 이에 비해 후자의 질문과 관련해서는 이 책에서도 좀 더 깊은 논의가 필요하다. 일단 정치철학의 포기라는 밀의 '결단'에 대해 설명할 필요가 있으며, 그 이후 전개된 서구 지성사에서도 그것은 전자의 경우와는 달리 결코 체계적이며 포괄적인 논의나 논쟁의 대상이 아니었다는 사실을 주목해야 하기 때문이다.

---

16 지금까지 지은이가 조사한 바로는 'department of political philosophy' 명칭의 학과를 설치한 대학은 없는 것 같다.

후자의 질문과 관련하여 먼저 주목해야 할 사실은 밀에 대해서 정치학 또는 정치사상사 교과서 등에 소개된 내용과 관련된다. 그러한 교과서들에서는 스스로의 결단을 통해서 정치철학을 포기했다는 밀 자신의 언명에 대한 검토나 언급 없이 그를 '19세기의 탁월한 자유주의적 정치철학자' 정도로 소개한다. 그리고 밀 이후에도 마르크스Karl Marx, 스펜서Herbert Spencer, 그린Thomas Hill Green, 라스키Harold Laski, 롤스John Rawls 등의 학자들이 저술한 저작들이 많이 나왔고, 그들을 일반적으로 정치철학자나 정치사상가로 부르는 것도 사실이다. 그런데 이들 학자들이 정치철학의 본질에 대한 직접적이고 체계적인 해명을 기초로 스스로의 정치철학을 제시한 것은 아니라는 사실을 먼저 환기할 필요가 있다. 또한 그들 대부분은 스스로의 학문 영역이나 학문적 직능을 정치철학 또는 정치철학자로 규정하지 않았다는 사실도 주목해야 한다. 그리고 그들은 실제로 사물이나 인간을 보는 각기 다른 관점을 — 세계관까지는 아니더라도 — 갖고 있었고, 각각의 연구 주제나 내용 및 결론 등에서 많은 차이가 있었음 또한 사실이다. 그럼에도 불구하고 그들 모두를 정치철학자 및 정치철학 연구라는 하나의 범주로 분류하려면 당연히 엄밀한 개념적 기준이 요구될 것이다. 그런데 서양의 학계에서 그러한 개념적 기준을 구명하기 위해 필수적으로 요구되는 질문인 '정치철학이란 무엇인가'를 제기하면서 단편적이거나 일방적인 정의를 제시하는 수준을 넘어서서 정치철학 자체가 무엇인가에 대한 체계적이고 심도 있는 논의나 논쟁이 이루어진 경우는 거의 없었다. 레오 스트라우스Leo Strauss는 이러한 점에서 예외를 이룬다. 따라서 그의 정치철학 이념에 대해서 별도의 검토가 필요하다.

2. 레오 스트라우스의 정치철학 이념과 희랍 지성사의 문제

현대 서구 학계에서 정치철학은 대체로 다음과 같이 이해되고 있다. 정치철학이란 정치 현상에 대한 구체적이고 경험적인 또는 과학적인 연구와는 구분되며, 정치에 대한 추상적이고 사변적이며 형이상학적인 성찰 정도로 규정하는 것이다. 그리고 그러한 정도의 규정으로 정치철학의 실체는 충분히 파악될 수 있다는 믿음이 지배해왔다고 볼 수 있다.[17] 문제는 물론 그러한 규정으로 정치철학의 본질이 충분히 해명될 수 있는지 여부에 있다. 구체적이고 경험적이거나 과학적인 연구와 구분되는 추상적이고 사변적이며 형이상학적 성찰이 과연 무엇인지 당연히 의문이 제기된다. 그리고 그러한 사변이나 성찰 또한 인간의 사고 행위인 점이 분명하다면, 그러한 사변이나 성찰이 정치에 대해서 전자의 연구가 제

---

17 이와 관련하여 한 정치사상사 교과서의 저자가 정치철학, 정치사상, 정치 이론 각각에 대해 내린 정의를 소개할 필요가 있다. "나는 정치철학을 인간이 다른 인간 동료들과의 공동체적 삶에 대한 이해를 시도하는 가운데 발전시키고 정연화한 가장 포괄적이고 자의식적인 성찰의 형태로 이해할 것이다. 정치 이론이란 정치철학과 같은 정도의 이해와 비판적 각성을 추구하지만 전형적으로 단지 인간의 정치적 실존의 한 단편이나 한 차원만을 명확히 설명하는 노력에 국한됨에 따라 오직 묵시적으로만 정치철학 고유의 포괄적 성찰을 포함한다. 정치사상을 나는 진지한 사고자에게 진지하게 고찰할 만한 가치가 있는 조리가 선 정치적 논의를 의미한다"(Germino, 1972: 2). 이러한 정의는 '진지한 사고자에게 진지하게 ……'의 표현과 같이 그 의미가 불명확하거나 의미상 동어반복의 요소와 더불어 세 개념 사이의 관계가 명확하게 규정되어 있지 않은 결함이 있으나, 대체로 세 용어의 의미에 대한 일상적인 이해를 대변함은 분명하다. 다만 그러한 정의로는 정치철학, 정치 이론, 정치사상의 실체가 무엇인지 결코 명확히 파악할 수는 없다는 근본적인 문제는 있다. 그러한 정의를 구성하는 각각의 명제들의 의미를 제대로 설명하기 위해서는 장문의 깊은 검토와 논의가 필요한데, 교과서 저자인 저미노의 경우 자신의 논의를 대체할 다른 학자들의 — 스트라우스를 포함하여 — 저술을 추천하지도 않았거니와 단순히 그러한 정의를 제시하는 것으로 그쳤다는 사실에 바로 그의 정치철학적 사유의 한계가 나타나 있다고 할 것이다.

공할 수 없는 지식을 제공할 수 있다는 근거는 과연 무엇인가 하는 의문도 제기되어야 하는 것이다. 이러한 맥락에서 바로 『정치철학이란 무엇인가*What is Political Philosophy?*』나 다른 저작들(Strauss, 1959; 스트라우스, 2002; Strauss, 1953; Strauss, 1988)을 통해서 그러한 질문을 직접 제기하고 해명을 시도한 레오 스트라우스에 대해서 논급할 필요가 있는 것이다.

스트라우스는 자신의 시대에서 정치철학이 완전히 사라지지는 않았다 하더라도 쇠퇴 또는 부패의 상황에 처해 있다는 인식에서 출발하고 있다. 쇠퇴하지 않고 부패하지 않은 상태, 즉 정치철학의 순수한 원형은 고대 희랍의 정치철학이며, 그 가운데서 특히 소크라테스-플라톤의 정치철학이다. 그러한 인식의 타당성 문제를 떠나, 그러한 문제 제기 자체가 스스로의 연구 활동 및 연구 대상의 본질이 무엇인지 체계적으로 설명하려는 노력이나 그러한 문제의 존재 자체에 대한 자의식 없이 연구를 수행하는 정치철학자 또는 정치사상사 연구가라 불리는 많은 학자들의 비성찰적 태도와는 구분되는 것이다. 다만 앞에서 언급한 바와 같이 소크라테스나 플라톤을 포함한 고대 정치철학자들은 자신의 학문적 소업에 대해서 정치철학이라는 말을 직접 사용하지는 않았는데, 스트라우스는 정치철학의 본질에 대해서 논의하면서 바로 그러한 사실의 의미를 주목하지 않은 결함은 지적되어야 한다. 그러한 결함은 비록 지엽적이고 사소한 듯하지만, 실제로는 그가 확립하려는 정치철학 이념의 불완전함과 연관된다. 물론 왜 그러한지는 그의 논지에 대한 직접적인 검토를 통해 확인할 대상이다.

그러한 검토 및 확인과 관련하여 먼저 스트라우스의 『정치철학이란 무엇인가』가 논의의 중심이 될 필요가 있다. 그 책에서 '정치철학이란 무엇인가'라는 주제에 대한 직접적인 해명의 성격을 갖는 것은 1~3장의 논의들로 각각 "정치철학은 무엇인가", "정치철학과 역사", "고대 정치철학에 관하여"의 글들이다. 그것들은 서양 정치사상의 전통에 대한 스트라우스 나름대로의 심원한 성찰의 산물이자 서양 철학 및 정신사 전통의 핵심적인 저작들 거의 대부분을 포괄하는 방대한 사유 세계를 보여주며, 아울러 그의 여러 다른 저술들에 제시된 논지들을 압축적으로 표현하고 있다. 그 깊은 의미를 어느 정도 단순화하거나 훼손시킬 위험을 무릅쓰고 그 핵심적인 논지를 간략히 정리하면 다음과 같다.

모든 정치적 행동은 변화나 보존을 목적으로 하며, 보존은 더 나쁘게 되는 것을 방지하고 변화는 더 나은 것을 이룩하고자 하는 행동이므로, 모든 정치적 행동은 필연적으로 좋음과 나쁨에 대한 지식을 전제로 한다. 그러한 지식에 대한 탐구와 더불어 좋은 삶과 좋은 사회가 무엇인지를 알고자 함을 삶의 목표로서 추구할 때 정치철학이 등장한다. 따라서 정치철학에서 정치는 그러한 탐구의 내용과 기능을 지칭하며, 철학이란 그 탐구 방식을 지칭한다. 여기서 철학적 탐구 방식이란 부분적인 지식의 소유가 아닌 보편적이고 총체적인 지식의 '추구quest'를 — 잘 알려진 바와 같이 '지혜에 대한 사랑'을 의미하는 philosophy라는 말의 어원대로 — 의미하며, 바로 그러한 의미에서 정치철학은 정치적인 것들에 대해 진정으로 알려는 시도인 것이다. 이에 따라 정치철학은 정치사상과 구분된다. 후자는 정치 이념이나 관념들에 대한 불명확한 이해이면서 동시에 정치적인 것들에 대한 정확하고 엄밀한 지식과 의견을 구분하지 않기 때문이다. 정치철학은 또한 정치 이론이나 정치신학과 구분된다. 정치 이론이란 공공 여론이 수용하는 원리들의 타당성을 독단적으로 가정하여 정책적 제안을 제시하는 것이 목적이며, 정치신학은 신적인 계시에 기초한 가르침이기 때문이다. 아울러 그것은 자연과학적 방법론에의 일방적인 의존을 과학으로 믿는 미국의 비非철학적인 '정치과학'과도 구분된다. 정치철학은 결국 정치적인 것들의 본질에 대한 탐구이자 그것들에 대한 엄밀한 지식 추구라는 의미에서 진정한 의미에서 과학적인 정치학인데, 현대 미국의 '정치과학'과는 명칭만 공유할 뿐 전혀 무관하다. 그런데 그와 같은 정치철학은 현대에 이르러 쇠퇴 또는 부패의 상황에 있다. 그와 같은 상황이 전개된 지성사적 — 비록 스트라우스 자신은 '지성사'라는 표현을 사용하지는 않지만 — 근본 동인이 근대 사상에 등장한 과학주의와 역사주의다. 정치철학은 비과학적이거나 비역사적이거나 또는 둘 다이기 때문이다. 다시 말해서 정치철학과 과학 및 역사라는 두 지적 영역은 양립할 수 없다는 논리인데, 이 논리에는 스트라우스 정치철학 이념의 핵심이자 근대 철학 및 근대 사상사의 근본 성격에 대한 스트라우스 특유의 이해 방식이 나타나 있으므로 별도의 정리가 필요하다.

스트라우스가 보기에 근대 과학은 전통적인 신학과 형이상학에 대한 부정 또는 비하에서 출발했을 뿐만 아니라, 그것들과는 달리 더 이상 '왜'에 대한 절대적인 지식이 아니라 '어떻게'라는 상대적인 지식을 목표로 한다. 이에 따라 그러한 과학주의를 표방한 근대의 실증주의적 사회과학은 정치적인 것들에 대한 몰가치적 혹은 윤리적으로 중립적인 태도를 취하게 되는데, 그것은 도덕적 불감증이 사회과학 분석의 전제임을 의미한다. 그러한 도덕적 불감증으로부터 나타날 수 있는 것은 삶의 목적이나 가치에 무관심한 도덕적 허무주의이다. 그런데 인간에게는 어떠한 내용이나 성격의 것이든 가치나 목적을 떠난 삶은 존재할 수 없다. 실제로 사회과학자들이란 그와 같은 허무주의자들도 아니기 때문에, 사회과학자의 윤리적 중립성은 "허무주의가 아니라 순응주의와 속물주의를 배양하고 있는 것이다"(스트라우스, 2002: 25).

사회과학에서의 그와 같은 과학주의는 가치판단을 떠나서는 사회 현상에 대한 연구 자체가 불가능하다는 사실에 결정적인 이론적 취약점이 있다. 현실 정치에 관여한다고 해서 위대한 정치가와 범인 또는 사기꾼을 구분하지 않고 정치인이라는 동일한 범주로 처리하여 분석하는 사람은 훌륭한 서지학자는 되어도 현실 정치에 대해 의미 있는 진술을 할 수 없다. 심오한 종교 사상과 미신을 구분하지 않는 사람은 통계학자는 되어도 진정한 의미에서 종교사회학자는 되지 못한다. 사회 현상에 대한 가치판단이나 평가 없이는 그것 자체를 이해할 수 없는 것이다. 사회 현상이나 사실을 무비판적으로 받아들이는 것은 기존의 사회 질서나 정치 질서에 대한 절대화를 의미하며, 이에 따라 과학주의는 근원적인 문제들을 포기하고 기존의 의견을 무사고적으로 받아들이게 한다. 그것은 과학이라는 이름으로 근본적인 문제들에 관해서 엄밀하지 못한 지식을 낳게 하며, 그러한 과학주의에 기초한 대학 교육은 결코 자유롭고 독자적인 지성인을 양성할 수 없다는 것이 스트라우스 교육 이념의 요체이기도 하다.[18] 과학주의의 그러한 성격 및 한계로 인해 과학주의는 필연적으로 역사주의로 대체되며, 그리하여 역사주의는 정치철학에 대한 또 하나의 적대자라는 논리가 스트라우스 정치철학 이념의 또 하나의 핵심적 요소이다.

역사주의에 대한 스트라우스 나름의 이해 방식 및 규정은 다음과 같다. 모든 이해는 그 대상에 대한 평가를 내포한다는 점을 근거로 역사주의는 과학주의와 달리 가치와 사실을 구분하지 않는다. 사실에 대한 이

18 〈책머리에〉의 모두에 금언으로 인용된 스트라우스의 제자인 블룸Allan Bloom의 문구는 그러한 스승의 교육 이념을 체계적이고 구체적으로 발전시킨 『미국 정신의 종말 *The Closing of the American Mind*』이 그 출처이다. 미국의 대학 교육에 대한 그의 비판의 핵심은 바로 관용이나 과학주의의 이름으로 무엇이든 포용하고 객관적으로 받아들인다는 개방성의 교육 이념이 실제로는 진정으로 자신만의 사고를 형성하지 못함에 따라 기존의 지식이나 사고 수준을 넘어선 차원의 심오하고 어려운 관념이나 정신세계를 이해하려는 노력 자체를 포기할 뿐더러, 오히려 그것들을 형이상학적 또는 비과학적이라고 손쉽게 배타적이고 폐쇄적인 태도를 취하게 만드는 정신적 상황을 낳게 했다는 것이다. 한국의 대학 교육은 그러한 문제의 존재 자체를 인식하고 있는지조차 의심스럽다.

해는 바로 가치판단을 전제로 하기 때문에, 역사주의의 입장에서 근대과학이나 진화론, 진보의 사관 등을 포함한 모든 이론은 역사적으로 나타난 수많은 사고방식 또는 주관적 평가들 가운데 하나일 뿐이다. 모든 인간의 생각이란 본질적으로 역사적이기 때문에 — 다른 말로 표현해서 역사적으로 상대적이기 때문에 — 역사주의는 '가장 최선의 사회가 무엇이냐'와 같이 정치철학이 제기하는 보편적인 질문들을 추구하지 않는다. 역사주의자들도 인간성에서 영속적이고 보편적인 것들의 존재는 인정한다. 그러나 어떤 사회가 좋은 사회이고 어떤 사회가 나쁜 사회인가의 문제와 같이 "운명에 대한 훌륭한 처방과 나쁜 처방을 구분하기 위한" 문제들에 대한 판단 기준으로 그러한 영속적인 속성들이 사용될 수는 없다는 것이다. 왜냐하면 그러한 속성들이 그와 같은 기준으로 사용되기 위해서는 완성된 형태로 나타나야 되는데, 그것의 완성은 바로 미래의 역사에서나 기대할 수밖에 없고, 현실적으로 그것은 언제나 피상적이고 초보적인 성격을 가질 수밖에 없기 때문인 것이다(앞의 책, 34). 즉 역사주의적 관점에서는 철학과 역사란 구분될 수 없고 모든 철학은 역사적으로 상대적이다. 따라서 정치적인 것들에 대한 보편적인 인식을 추구하는 정치철학은 역사주의와는 양립할 수 없다.

역사주의의 그러한 관점은 정치철학과 정치철학의 역사도 근본적으로 다른 것으로 파악하는 스트라우스의 입장과 정면으로 배치된다. 스트라우스는 정치철학 역사의 맥락을 떠나서 또는 앞 세대로부터 물려받은 지식에 의존하지 않고도 정치적인 것들의 본질 또는 최선의 정치 질서가 무엇이냐에 대한 독자적인 철학적 탐구는 가능하다고 믿기 때문이다. 역사주의 및 과학주의에 대한 그와 같은 비판과 이해로부터 고대 정치철학의 학문적 성격에 대한 스트라우스 특유의 이해와 동경이 나타난다. 고대 정치철학이란 정치철학의 원형이자 이상을 — 영어로 'political philosophy par excellence' — 의미하는 것이다. 그 이유는 다음과 같다.

스트라우스에게는 고대 정치철학이 정치철학의 출발이라는 일견 상식적인 사실이 중요한 의미를 지닌다. 희랍 정신사에 대한 그의 이해에 따르면, 고대 희랍에서는 유산으로 물려받은 과거의 정치철학이 없는 상황이었기 때문에, 기존의 철학이나 이론에 의존한 추상적인 관념을 통해서가 아니라 정치적인 것들을 정치적 삶과 직접 관련시킴으로써 실천성을 갖는 철학이 가능했다는 것이다. 이에 따라 고대 희랍에서는 언제나 민회나 집정관회의 등 정치 공동체에서 실제로 이루어졌던 논쟁 속에서 제기되었던 문제들, 즉 정치 생활의 목표는 '덕' 또는 '인간의 탁월성'이라는 — 이 책의 핵심적인 주제로서 지은이가 '잘남'의 개념으로 포괄한 — 합의를 기초로 '훌륭한 사람', '훌륭한 시민', '좋음', '올바름', '최선의 정치 질서' 등의 보편적인 문제들을 철학적으로 성찰하고 해명할 수 있었다는 것이며, 그러한 정신적 분위기 속에서 정치적 갈등에 대한 최고의 중재자로서 정치철학자가 나타날 수 있었다는 것이다.

근대의 정치철학이나 현대의 정치과학은 그러한 고대의 정치철학과 대비된다. 그것들은 역사주의나 과학주의의 이름으로 고대 정치철학을 비현실적인 것으로 부정하지만, 실제로는 고대 정치철학이 창안한 개념들에 의존한다. 그것들은 유산으로 물려받은 지적 전통에 대한 그와 같은 의존성 때문에 정치 현실을 처음부터 추상적인 개념을 통해 파악할 수밖에 없었으며, 고대 정치철학과 같이 현실의 정치적 삶에 대한 직접적이고 구체적인 체험을 기초로 정치적 삶의 가치나 이상을 실천적으로 탐색하지 못했다는 것이다. 그 결과 근대 정치철학은 고대 정치철학의 중심이었던 현인이나 덕성에 대한 탐색 대신에 무無도덕적인, 즉 도덕의 문제나 쟁점 자체가 존재하지 않는 자연 상태의 가정 하에서 평등한 인간들을 통치하기 위한 제도, 권리, 의무의 문제들을 주요 쟁점으로 등장시킨다. 아울러 근대 정치철학은 "영원성의 망각, 다시 말해서 인간의 가장 깊숙한 욕망으로부터의 소외"(같은 책, 76) 속에서 인간이 본디부터 이 세계의 절대적인 주체이고 자연에 대한 지배자이며 소유자가 된다는 잘못된 세계관을 정립하게 한다.

이상이 스트라우스의 정치철학 이념에 대한 지은이 나름의 간략한 정리이다. 앞에서 언급한 바와 같이, 정치철학의 이념을 설파하기 위한 그의 논의는 서양 정신사 및 정치사상사 전반에 대한 심원한 통찰이며, 지은이 또한 그의 해석 내용의 많은 부분에 공감하는 것이 사실이다. 그리고 정치철학의 본질에 관한 그와 같은 수준의 장문의 글을 저술했다는 사실만으로도 스트라우스는 일단 스스로 행하는 학문적 소업의 실체가 무엇인지 제대로 설명하지 못하면서 정치철학이나 정치사상사의 연구와 교육에 종사한다고 하는 많은 범용한 학자들과 구분된다. 그의 정치철학 이념에 대한 비판이나 옹호 여부를 떠나서,[19] 스트라우스의 글은 적어도 다음의 덕목은 가지고 있다. 즉 정치철학을 한다는 이름으로 스스로의 사유 행위를 신비화하면서 현실에 대한 근원적인 탐구와는 관계없이 구체성이 결여된 추상적인 주장을 일방적으로 제기하는 지식인들, 이와 대

---

19 지은이는 스트라우스의 그의 저작들 전체를 깊이 있고 치밀하게 검토하면서 그의 정치철학 이념을 포함한 사유 세계 전체를 진지하면서도 제대로 평가한 저서는 아직 없다고 단언한다. 그의 '사상'에 대해서 — 그 자신은 스스로를 학자scholar일 뿐 위대한 사상가great thinker로는 규정하지 않았지만 — 엘리트주의, 반자유주의, 반민주주의, 제국주의, 보수주의 등으로 규정하고 비판하는 학자들이나, 그러한 규정을 부정하면서 그를 옹호하는 학자들이 있다. 스트라우스의 사상에 대한 여러 차원의 비판들에 대한 정리로는 Minowitz(2009) 참조. 그런데 그들 비판자나 옹호자 대부분은 대체로 학문적 포괄성이나 지성적 깊이 면에서 스트라우스의 사유 세계를 따라가지 못하는 범용한 지식인들로서, 무엇보다도 그들 모두가 위에서 간략하게 정리한 근대 정치철학에 대한 그의 비판적 통찰에 함축된 깊은 의미를 제대로 파악하지 못하고 있다고 지은이는 평가한다.

비되어 스스로 이해하지 못하는 추상적인 개념이나 일견 정치 현실과는 직접적인 관련성이 없는 듯이 느껴지는 철학이나 사상에 대해서는 무조건 비현실적인 형이상학으로 간단히 '속편하게' 규정하면서 자신의 한정된 사유 세계에 안주하는 지식인들, 그러한 수준의 지식인들에게 그의 글은 스스로의 사유 세계를 새롭게 반성할 계기를 제공하는 지적 귀감이나 자극제가 될 수 있는 것이다. 그럼에도 불구하고 정치철학이 무엇인가에 대한 스트라우스의 논의는 여러 가지 문제점을 제기한다.

스트라우스의 글은 일단 문헌적 근거들을 상세하게 제시하면서 체계적이고 치밀한 해석학적 논의를 제시한 것으로 보기는 어렵다. 아마 그렇게 되려면 그의 책이 현재의 분량보다 세 배 정도 확대되어야 할 것이다. 다시 말해서 그의 논의에는 지극히 광범위하고 복잡한 문헌학적 · 정치철학적 해석상의 쟁점이 함축된 주장들이 경우에 따라서는 지나치게 간단한 서술이나 설명에 그치고 있다는 것이다. 예를 들어 과학주의나 역사주의의 본질에 대해서는 지나치게 간략한 설명이나 일방적인 규정 차원의 서술에 머무르고 있으며, 근대 정치철학의 성격과 관련된 설명에는 그것과 근대 역사 사이의 연관성이 제대로 조명되어 있지 않다. 아울러 루소, 헤겔, 니체의 정치철학은 표면적으로 제시된 주장만 고려하더라도 근대 정치철학에 수용 또는 융합된 고대적 세계관의 부활로도 해석될 수 있는 소지가 많은데도 불구하고, 그것들을 단순히 근대 역사철학의 발전 맥락에서 간략히 설명하는 데 그치고 있음도 사실이다. 이러한 문제들 이외에 그의 논의에 함축된 가장 근본적인 의문점은 바로 정치철학에 대한 그의 정의와 관련하여 제기된다. 즉 정치철학을 정치에 대한 보편적이고 전체에 대한 지식이라는 정의를 내리고 있지만, 바로 보편적이고 전체적인 지식이 어떻게 가능한지의 근본적인 물음과 관련해서 "신, 세계, 그리고 인간에 대한 탐구, 혹은 모든 사물들의 본성이 무엇이냐의 지식에 대한 탐구"(앞의 책, 12)라는 진술을 제시하는 것으로 그친 것이다. 그러한 의문점과 관련하여 비록 아직 미출간된 원고지만 최근 스트라우스의 제자이자 시카고대학 정치학과 타코프Nathan Tarcov 교수의 "Leo Strauss and the Problem of Political Philosophy: A Brief Survey"라는 제목의 글(Tarcov, 2012)과 그 글에 대해 토론한 지은이의 글(Yang, 2012)에 대해 언급할 필요가 있다.[20]

타코프 교수의 상기 발표문은 지은이도 토론문에서 언급했듯이 스트라우스의 정치철학 이념에 대한 일종의 고전적 요약문이다. 그것은 현재까지 출간된 스트라우스의 사상에 대한 소개서와 같이 단순히 그의 저술 전체의 내용을 피상적으로 정리한 수준의 요약이 아니며, 스트라우스의 정치철학 이념에 함축된 본원적이면서 미해결의 쟁점들을 제시하면서 그것들을 중심으로 스트라우스 정치 이념의 총체적 형태를 압축적으로 표현한 글이다. 그 글에 제시된 본원적인 쟁점들은 8개의 개념, 관계, 대립 개념antithesis 차원으로 정리되어 있는데, 그것들은 다음과 같다. 철학, 정치철학, 정치철학과 정치생활의 관계, 이성과 계시, 역사주의, 해석학, 고대와 근대, 자유주의와 보수주의 등이다. 이러한 쟁점들의 제시와 함께 타코프 교수는 스트라우스의 사상에 내재한 몇 가지 모호한 점들을 지적하고 있다. 지은이로서는 그 모호한 점들이 바로 스트라우스의 정치철학을 비판적으로 이해하는 첩경으로 판단하므로, 그것들을 표현한 문장들을 직접 인용할 필요가 있다.

---

20 2012년 9월 15일 서울의 아산문화재단에서 개최된 한국정치사상학회 월례회의에서 발표된 원고이며, 앞으로 미국의 루틀리지Routledge 출판사를 통해 타코프 자신이 편집한 책의 한 장으로 출간될 예정이라고 한다. 지은이는 당시 그에 대한 토론자로서 "Doing Political Philosophy and Thinking in History of Political Philosophy: Some Remarks on Nathan Tarcov's Version of Straussianism"의 제목으로 별도의 토론문을 발표했는데, 그 토론문 또한 상기의 책에 함께 수록될 예정이다.

> "위대한 근대 정치철학자들에 대한 스트라우스의 해석이 근대성에 대한 그의 담론 전체와 합치하는지 여부는 의문이다. …… 스트라우스는 1932년에 출간한 그의 유명한 논문 「슈미트Carl Schmitt의 정치적 개념에 대한 주석」에 대한 결론으로서…… 자유주의에 대한 근원적인 비판은 오직 자유주의의 지평을 획득할 경우에만 가능하다고 선언한 바 있는데, 그 광범위한 지평이 무엇이 될 수 있는지에 대해서는 명확하게 밝히지 않았다. …… 스트라우스가 일생 동안 추구한 신학적 · 정치적 문제들의 실천적 의미가 무엇인지는 모호하다." (Yang, 2012: 2 각주 #2 참조)

지은이는 위 발표문과 관련하여 토론문에서 다음의 사항을 지적했다. 스트라우스의 정치철학 이념 체계에서 그와 같이 모호한 요소들을 지적만 하고 있지 그것들이 나타나게 된 이유가 무엇인지 타코프 교수는 설명하지 않았다. 그 이유는 바로 타코프 교수 스스로가 스트라우스 사상의 복잡성의 핵심으로 명명은 했으되 설명은 하지 않은 요소에서 찾을 수 있다는 것이다. 그 핵심이란 "철학과 정치 사이의 근본적인 긴장"으로서, 그것은 "정치철학과 정치 생활 및 정책 사이의 복잡한 관계"에 대한 간략한 표현이다. 스트라우스 정치철학 이념의 그 모호한 요소들과 더불어 그와 같은 내적 긴장은 바로 스트라우스 정치철학 이념의 모태인 소크라테스-플라톤 철학의 이념 자체 및 그것에 기초한 '의견과 지식doxa and epistemē'의 대립 개념에 찾을 수 있으며, 같은 차원에서 그가 다른 저술들에서 역사주의와 과학주의에 대해 비판하거나 이성과 계시의 관계에 대해 해명한 것이 이해될 수 있다는 것이다. 여기서는 그러한 지적들을 넘어 스트라우스의 정치철학 이념은 철학과 정치 사이의 그와 같은 긴장 관계를 철저히 그리고 완벽하게 해명한 것은 아니라는 점을 좀 더 구체적이고 체계적으로 설명하고자 한다.

그러한 목적과 관련하여 일단 먼저 전제되어야 할 것이 있다. 정치와 철학 사이의 긴장 관계와 관련된 다양한 물음들을 직접 명시적으로 제기하면서 그것에 함축된 의미나 문제들을 철저하고 일관된 논의를 통해 해명하는 것, 그리고 정치철학 고전들에 대한 해석을 통해 — 스트라우스의 저술들 대부분이 그러한 해석 연구들이다 — 그러한 문제들을 간접적인 방식으로 해명하는 것, 이 두 가지는 구분되어야 한다는 것이다. 그것은 한 학자가 독자적인 정치철학자가 되느냐 아니면 단순히 고전에 대한 연구가로 그치느냐의 차이인 것이다. 비록 여기서 서구 정신사 전반과 관련된 방대한 의미를 함축한 스트라우스의 정치철학 이념 전체 및 그것의 불완전한 요소들을 자세하게 검토할 수는 없지만, 그것에 대한 철저한 이해와 비판적 극복의 노력은 정치철학의 학문적 실체를 새롭게 밝히고 현대 세계에서 정치철학의 지성사적 위상을 새롭게 정립하기 위해 현재의 학계가 반드시 수행해야 할 작업이다. 그리고 그러한 작업의 출발점이자 핵심적인 내용이 되어야 할 것은 스트라우스가 정치철학의 본질과 관련하여 제기한 현대 지성사적 쟁점의 근원인 동시에 정치철학의 원형이자 이상으로 간주한 고대 정치철학의 실체를 밝히는 일이다.

지은이는 고대 정치철학을 정치에 대한 보편적이고 총체적인 지식 추구의 원형인 동시에 정치 생활과의 직접성 및 실천성을 갖는 정치철학의 이상으로 간주한 스트라우스의 해석에는 기본적으로 동의한다. 그러나 그의 논의는 자세하게 해명되고 구체적으로 서술되어야 할 부분이 생략되어 있다는 점에서 또한 기본적으로 고대 정치철학의 성격에 대한 거칠고 불완전한 설명으로 평가한다. 무엇보다도 고대 정치철학 자체가 어느 날 갑자기 존재하게 된 것이 아니라 신화 시대를 거쳐 호메로스 이후 본격적으로 전개된 희랍 정신사 및 지성사적 발전의 결과라는 사실이 환기되어야 한다. 『앎과 잘남』 1권을 비롯하여 이 책 전체가 그 점을 밝히기 위한 지성사적 작업이기도 하다. 어쨌든 그러한 평가와 관련하여 먼저 주의할 점은 스트라우스 스스로 철학의 본원적인 속성을 "진리에 대한 소유가 아니라 진리에 대한 추구"로, 철학자의 그것 또한 "모른다는 것을 안다는 데" 있다는 소크라테스적 명제를 확인하고 있다는 사실이다(앞의 책, 12). 그와 같은 소크라테스의 명제는 고대 정치철학 자체도 결코 정치에 대한 완벽한 형태의 보편적이고 총체적인 지식, 즉 정치철학의 완성은 아니라는 것을 의미한다. 그럼에도 불구하고 근대 정치철학에 대한 그의 비판적 관점이나 근거는 결국 고대 정치철학이 정치철학의 원형 및 이상에 귀착한다는 주장에 있을 것이다. 그렇다면 스트라우스는 의식적이든 무의식적이든 고대 정치철학의 특정한 내용을—단순히 '모름의 앎'이라는 소극적 차원의 철학적 지식이 아니라—진리 자체로 믿고 있었다는 것을 암시한다. 그리고 바로 그 점에서 고대 정치철학의 근본성격에 대한 그의 해석 논리의 근본적인 비非엄밀성에서 찾을 수 있다.

스트라우스의 해석 논리의 비엄밀성은 일단 앞에서 지적한 바와 같이 고대 철학에서는 정치철학의 이념은 존재해도 정치철학이라는 용어는 별도로 존재하지 않았다는, 언뜻 보기에 사소한 듯 느껴지는 사실에 주목하지 않았다는 사실에서 찾을 수 있다. 물론 고대 철학자들은 정치철학이라는 용어를 사용하지 않고도 정치적인 것들에 대해서 실제로 철학적 성찰을 했기 때문에 용어의 존재 여부는 중요하지 않을 수 있다. 그러나 정치철학이라는 용어의 부재는 다음 여러 가지 가능성 가운데 하나 또는 여럿을 의미할 수 있다.

1) 현대에 유행처럼 등장한 경제철학, 경영철학, 예술철학, 종교철학, 문화철학, 교육철학 등의 용어 또한 당시에는 부재했듯이, 그들 고대 철학자들 가운데는 개인에 따라서 정치적 문제들을 철학적 성찰의 대상에서 제외했음을 의미할 수 있다.

2) 고대 철학에는 철학의 분화 또는 전문화가 미발달하여 철학의 하위 범주를 지칭하는 그러한 별도의 용어가 부재했을 수 있다.
3) 고대 철학에서 정치철학은 철학의 한 영역이 아니라 철학함에 필수적으로 포함될 수밖에 없는 본질적인 요소로 간주했기 때문에 별개의 용어 자체가 무의미하다고 믿었을 수 있다.
4) 정치철학은 철학의 한 영역이 아닐 뿐만 아니라 모든 철학함이 지향하는 철학의 완성을 의미했기 때문에 정치철학이라는 별개의 명칭을 사용하면서 그것을 철학의 하위 범주로 규정할 수 없었을 수 있다.

이러한 여러 가지 해석의 가능성을 검토하지 않을 경우 고대 정치철학의 실체 자체가 제대로 구명될 수 없음은 물론이다.

그런데 스트라우스가 제시한 해석 논리의 더욱 근본적인 거침이자 한계는 고대 철학의 본질로서 스스로 규정한 '모름의 앎'이라는 의미를 좀 더 정교하게 밝히지 못한 데 있다. 정치 생활과 관련하여 무엇이 모름의 영역에 속하고 무엇이 앎의 영역에 속하는지는 바로 그것에 대해 앎을 추구한 결과에 따라 판단될 수밖에 없다는 사실이 중요하다. 알 수 있는 영역에 속하는 문제인데도 불구하고 모름의 영역으로 남겨두었을 경우에는 지적 겸허함으로 칭송받을 일이 아니라 바로 앎의 탐색을 제대로 철저하게 수행하지 않았다는 학문적 직무 유기로 비판받을 수 있는 것이다. 아울러 고대 정치철학이란 하나의 동질적인 철학이 아니라는 사실도 중요하다. 같은 고대 정치철학이라 할지라도 다른 철학 체계나 학파에 따라서 앎의 내용이나 의미가 달라질 수 있는 것이다. 따라서 '모름의 앎'이라는 앎의 개념이 고대 정치철학이 이룩한 대표적인 지적 성취일 수는 있어도, 그것을 고대 철학 전체를 관통하는 핵심적인 성격으로 규정하게 되면 고대 정치철학 자체 내의 갈등이나 대립 또는 갈등과 조화 속의 공존이라는 지성사적 긴장 관계를 설명할 수 없게 된다. 고대 정치철학이 추구한 앎의 다양한 성격과 발전의 구체적인 양상을 설명함이 없이는 고대 정치철학의 실체를 구명할 수 없는 것이다. 스트라우스 차원의 해석 논의를 넘어 고대 정치철학의 형성과 발전에 대한 지성사적 접근이 필요한 이유는 바로 이러한 맥락에서 제기된다.

고대 정치철학이 과연 어느 수준의 철학인가의 여부는 그 철학의 내용에 대한 지성사적 검토를 통해서만 가능하다. 즉 그것이 정치 생활에 대한 보편적이고 총체적인 앎을 추구하기 위해 자연과 인간에 관한 당대의 자연과학적 지식이나 역사 및 인문·사회과학적 지식과 정보 등을 최대한 넓고 깊게 파악하면서 포괄적으로 종합하는 데 과연 최선을 다했는지 여부는 지성사적으로 연구 및 검토의 대상인 것이다. 처음부터 그들은 당연히 보편적이고 총체적인 지식을 추구했다고 전제할 수는 없는 것이다. 그들은 진리 탐구에 있어 대부분의 — 모두가 아니라 — 근대 철학자들보다 좀 더 진지한 태도로 임했었을 수도 있다. 물론 사고의 진지성 없이 진리 탐구에 성공할 수는 없지만, 전자의 존재가 반드시 후자를 가능하게 하는 충분조건은 아닌 것이다. 아울러 고대 세계에서 철학자로 불린다고 해서 모두 진리 탐구에 진지했다고 당연시할 이유는 없으며, 그들 모두가 스트라우스의 기준을 충족하는 진정한 의미에서의 철학자였는지 여부도 철학사적 검토의 대상이다. 누가 단순히 철학자가 아닌 지식인이나 학자의 범주에 속하는지 여부, 철학자라고 해서 모두 동일한 정신세계를 갖는 것은 아니므로 누가 진정한 의미에서 철학자이고 누가 사이비 철학자인지 여부, 그리고 누구의 삶의 세계가 철학자의 원형이나 이상에 가까운지 여부 등등의 문제들 자체가 철학적 판단의 대상인 것이다.

앞에서 언급했듯이, 스트라우스가 소크라테스-플라톤의 철학을 철학의 원형 및 이상으로 받아들였음은 일반적으로 인지되고 있다. 앞으로 이 책의 논의를 통해서도 구체적으로 설명되겠지만, 고대 희랍 세계에서 정치철학의 탄생은 분명히 소크라테스와 플라톤이라는 천재적인 지식인의 출현에 결정적으로 기인한다. 그러나 자명한 사실은 당대에 그들만이 철학자로 불린 것은 아니라는 것이다. 고대 정치철학은 일반적으로 이해되듯이 소피스트라는 지식인들과의 대립 속에서 소크라테스라는 지식인의 결정적인 역할을 통해 탄생한 것은 사실이다. 그런데 그러한 사실 자체가 일단 지성사적으로는 플라톤-아리스토텔레스의 학문적 영향력과 더불어 후대인들에 의한 철학사적 평가의 결과라는 사실이 중요하다. 소피스트와 철학자의 구분이 당시의 일반인들은 물론이고 지식인 사회에서도 쉽게 파악되거나 이해되는 것은 아니었다. 따라서 정치철학의 실체 및 이와 관련된 고대 정치철학의 성격 문제는 단순히 특정한 철학적 관점에 의거한 규정 차원의 문제를 넘어 고대 철학사 및 지성사의 흐름은 물론이고 고대 일반인들의 역사 및 정신사 흐름과의 연관 속에서 파악되어야 하는 것이다.

스트라우스의 이해와 같이 고대 정치철학이 정치 현실과의 직접성 및 실천성을 갖게 된 것은 고대 희랍의 지식인들만 유별나게 천부적으로 정치 현실과 직접 부딪치는 삶 속에서 실천적인 사고력을 발휘할 수 있는 능력을 갖추었기 때문은 아니다. 그러한 사고력의 발휘는 아테네 민주정의 발전이라는 역사적 특수성을 떠나서 이해될 수 없는 것이다. 다시 강조하지만 정치철학이라는 앎의 체계이자 정신 활동은 고대 희랍인들의 정신세계에 어느 날 갑자기 출현한 것은 아니라는 사실이 중요하다. 그것은 천재적인 지식인들이 오직 홀로 사색하여 산출한 결과가 아니다. 그것은 희랍의 지식인들이 함께 연구하고, 서로 지식과 정보를 나누고, 때로는 비판하고 논쟁하는 그러한 지적 교류 과정을 통해 이루어진 공동 정신 활동이 이루어낸 지성사적 발전의 소산이다. 『앎과 잘남』 1권에서 기술한 바와 같이, 그러한 정신 활동은 희랍 신화라는 원초적 세계관이자 지식 체계에서 기원하여 발전한 정신사적 전통과 그들이 당면한 역사적 현실에 대해 새롭게 이해하려 노력하고 연구한 지적 탐색의 결과인 것이다. 간단히 말해 그것은 역사적으로 형성되고 발전된 것이며, 또한 그러한 발전과 변화 과정 속에서 끊임없이 새롭게 변형되어간 역동적인 지성사적 실체인 것이다. 소크라테스는 그러한 정신사 및 지성사의 흐름에 획기적인 변환을 가져온 인물이다. 이 책의 나머지는 그러한 역사적 연속성 속에서 소크라테스의 문제를 해명하려는 시도이다. 그러한 시도의 출발로서 다음 3장에서는 그 연속성의 의미 자체를 먼저 설명하게 될 것이다.

제3장

기원전 5세기 말 아테네의 민주 정치와 소크라테스

"대부분의 사람은 다른 사람들이다. 그들의 생각은 다른 누군가의 의견이며,
그들의 삶이란 흉내이고, 그들의 감정이란 차용한 것들일 뿐이다."[1]

- 오스카 와일드

현대 사회에서 민주주의는 더 이상 그 말의 어원인 'dēmokratia'라는 희랍어 본래의 의미에 국한되어 사용되지는 않는다. 희랍 시대에서 그 말은 일단 어떤 숭고한 이념을 의미하지 않는다. 그것은 왕이나 소수 귀족들의 통치가 아닌 국가 구성원의 다수를 이루는 'dēmos', 즉 민중 또는 일반 시민의 '통치kratia'라는 의미의 '민주 정치' 또는 '민주정체'로서, 여러 가지 가능한 정치 체제들 가운데 하나로 간주될 뿐이다. 그런데 현대 정치사의 전개 과정에서 그것은 동양에 전파되면서 '주의'라는 언어 표상을 새롭게 획득해 일종의 이념으로 인식되었을 뿐만 아니라, '정당하고' '정상적인' 국가라면 당연히 가져야 할 보편적인 정치 체제의 대명사처럼 되었다. 시민 혁명의 형태이든 계몽 군주 또는 지배 세력의 주도에 의한 점진적인 정치 개혁의 형식이든, 근대 정치사의 흐름 속에서 민주주의의 확립 과정, 즉 민주화는 왕정의 폐지나 입헌왕정의 성립 또는 자유로운 선

---

1 "Most people are other people. Their thoughts are someone else' opinions, their lives a mimicry, their passions a quotation." 〈Quotations by author〉 from Google.

거에 의한 대통령의 선출 등 피치자에 의한 최고 통치자의 선택, 다당제에 의거한 의회 제도의 확립, 언론 · 출판 · 집회 · 결사의 자유 등의 제도적 보장 등을 의미하게 되었다. 그러한 역사적 상황의 전개는 현대에 이르러 그러한 제도들이란 정상적인 국가라면 당연히 갖추어야 할 요소라는 관념이 다수 인간들의 마음을 지배하는 정신적 상황으로 발전하게 된 것이다.[2] 그러한 의미에서 민주주의는 현 시대의 지배적인 이념, 즉 시대정신이기도 하다.

그런데 민주주의가 현대의 시대정신이라는 의미는 그와 같은 제도들의 확립 차원에만 한정되는 것은 아니다. 그리고 그렇지 않다는 사실에 민주주의와 관련된 정치의 역동성이 있다. 또한 바로 그러한 역동성 속

2 지은이는 다른 저작에서 이 점에 대해 좀 더 구체적으로 다음과 같이 기술한 바 있다. "현재 우리는 분명히 민주주의의 시대를 살고 있다. 2,500여 년 전 지구촌의 한구석 아테네라는 조그만 도시국가 및 그것의 식민 도시들을 중심으로 200여 년간 존속했다 사라진 정치 체제, 그 후 비슷한 규모의 도시국가에서 어느 정도 그와 유사한 것들은 잠시 동안 출현했었지만 세계사 속에서 오랫동안 사라졌던 정치 체제, 극소수 지식인들의 정치철학적 사유 속에서 이론적으로 가능한 여러 가지 정치 체제들 가운데 하나로 간주되기는 했지만 대체로 실현 가능하지도 바람직하지도 않은 것으로 간주되었던 정치 체제, 더구나 이론적으로 선택 가능한 정치 체제들 가운데 하나를 지칭하는 이름이었지 어떤 체계적이고 심오한 이념을 지칭하지는 않았던 말, 그 정치 체제 및 그 말이 20세기 후반에 인류 전반의 정치 현실과 정신세계를 지배하고 있는 것이다. 그것은 19세기 후반 동양 세계의 한자문화권에 소개되면서 '주의'라는 이념으로서의 확실한 언어 표상까지 획득하더니, 이제는 여러 가지 가능한 정치 체제들 가운데 하나가 아니라 '정당하고' '정상적인' 국가라면 당연히 가져야 할 보편적인 정치 체제의 대명사처럼 된 것이다. 나치즘과 파시즘이 2차 세계대전의 결과 사라진 후, 이제 의회주의와 민주주의 또는 자유주의와 민주주의의 결합을 부정하는 국가는 존재해도 적어도 공식적인 입장에서 민주주의 자체를 부정하는 국가는 '일단' 역사적으로 사라졌다고 볼 수 있다. 명시적 합의 차원이든 혹은 암묵적 동의 차원이든 그와 같은 공통적인 관념이 범세계적으로 인간들의 행동을 지배하고, 제도 및 정치적 규범으로서 현실 정치에 투영되어 있다는 의미에서 현대가 민주주의 시대인 것은 분명하다는 것이다"(양승태, 2007: 71~72).

에서 비록 역사적 맥락은 다르지만 기원전 5세기 후반 고대 아테네의 정치사와 지성사 사이의 상호 변증법적 관계와 더불어 소크라테스의 출현 및 정치철학 태동의 정신사적 의미를 이해하는 요체가 있다.

민주주의가 시대정신으로서 그것의 정당성과 보편타당성이 당연시되었다는 것은 적어도 현실 정치나 공론 영역의 담론이나 논쟁 또는 정치적 수사 차원에서는 민주주의 자체에 대한 거부나 부정의 언설이 사라졌거나, 아니면 적어도 그러한 언설들이 사적인 대화나 비공개적인 토의의 영역을 넘어 확산될 수 없음을 의미한다. 기원전 5세기 후반의 아테네에서는 페리클레스의 개혁이 정착되면서 민주주의가 바로 그와 같은 시대정신의 성격을 갖게 된 정신적 상황이 전개되었다고 볼 수 있다.[3]

민주주의가 시대정신이 된 상황에서는 현실 정치의 — 단순한 행정 행위와 구분하여 — 움직임이 단순히 이미 확립된 민주주의적 제도들의 보존과 운영에 그치지 않는다는 점이 중요하다. 현실 정치에서는 폭력의 사용이 불가피하게 요구되는 비상 상황이 전개되지 않는 한 정치권력은 어떠한 수준이나 내용이든 언어의 — 또는 최근의 유행하는 학술 용어로 담론discourse의 — '힘'에 의해 결정되기 마련이다.[4] 그리고 민주주의가 보편적인 제도로서 당연시되는 역사적 · 정신사적 상황에서 정치가나 정치 집단이 향유하는 '언어의 힘'이란 그들의 언어가 바로 민주주의라는

---

3 이에 관해서는 양승태(2006, 5장 2절) 참조.

4 이 '힘'의 의미는 희랍 지성사의 흐름을 교육과 정치 사이의 변증법적 관계로 설명 및 서술하는 책 전체의 논의를 통해 설명될 것이다. 다만 여기서도 밝혀두어야 할 것은 그러한 '언어의 힘'은 단순히 한 인간이나 집단이 구사하는 언어의 합리적인 설득력만을 의미하는 것도 아니고, 논변의 합리성 여부를 떠나 어떠한 방식이든 상대방의 주장을 무조건 압도할 수 있는 — 『앎과 잘남』 1권에서 소개한(양승태, 2006: 489~490) 프로타고라스의 논쟁술과 같이 '근거가 약한 주장을 강력한 주장으로 만들기ton hēttō logon kreittō poiein' 식으로 — 논쟁력만을 의미하지도 않는다는 점이다.

말에 대한 다수의 대중이나 시민들이 일반적으로 이해하는 의미와 얼마나 긴밀하게 호응하느냐에 따라 결정된다고 할 수 있다. 그리고 민주주의라는 말 자체에는 원천적으로 '국민, 민중, 또는 일반 시민의 통치'라는 동어반복의 의미 이외의 다른 구체적인 의미가 필연적으로 부과되어 있는 것은 아니라는 사실이 중요하다. 민주주의라는 말 자체의 그러한 의미 개방성은 특정 시대 특정 국가의 국민 다수가 민주주의라는 말에 부여하는 의미가 지극히 가변적일 수밖에 없다는 사실을 의미하며, 이에 따라 그러한 '언어의 힘' 또한 민주주의를 표방하는 국가들에 따라 또는 동일한 국가에서도 시기에 따라 다양한 성격 및 형태로 표출될 수밖에 없다. 이 점은 좀 더 부연 설명이 필요하다.

'민주주의=국민의 통치'라는 가장 일반적인 등식을 살펴보자. 이러한 등식에서 국민은 국가 구성원 전체를 지칭할 수도 있고 그들 가운데 다수를 지칭할 수도 있다. 특정한 지배 체제나 권력자의 존재를 이데올로기적 세뇌나 종교 등 신비적인 방법에 의거해서 또는 폭력을 동원한 억압 장치를 통해 국가 구성원 전체의 이름으로 정당화할 경우 민주주의라는 이름의 전체주의 체제가 등장할 수 있다. 또한 현대의 대의민주주의 체제에서와 같이 '국민의 의사=국가 구성원 다수의 의사'로 등식화하는 경우에도 또 다른 문제가 발생한다. 즉 그 다수를 구성하는 인간들의 면면은 언제나 가변적이고, 또한 시기에 따라 그 다수의 의사가 끊임없이 변할 수 있으므로, 어떤 구성원들의 어떤 시기의 의사가 진정한 의미에서 다수의 의사인가의 문제가 제기될 수 있는 것이다.[5] 또한 현대에서 자유민주주의와 사회민주주의 사이의 대립에서 그 대립의 근거로 일반적으

5 이에 관한 설명은 양승태(2007, 3장 "'민주화 시대', 자명한 현실인가?", 4장 "'민주주의와 시장경제'라는 구호와 그 이데올로기") 참조.

로 표명되는 등식, 즉 '민주주의=자유' 또는 '민주주의=평등' 등의 등식도 비슷한 문제를 발생시킨다.

일단 자유나 평등 등의 이념들은 그 의미가 자명하지도 않을 뿐더러 정치철학의 소위 '영원한 질문'의 항목에 속하는 것들이다. 그것에 대한 진정한 이해는 오랜 시간에 걸친 지적 성찰을 요구한다는 것이다. 그러한 본원적인 문제를 떠나 각 이념의 의미에 대한 일반인들의 이해 내용이나 수준은 시대적 상황에 따라 달라진다는 사실이 중요하다. 자유는 인권의 이름으로 경우에 따라서는 무차별적이고 무분별한 욕망 추구에 대한 법적 또는 사회적 허용이나 고무로 이해될 수도 있다. 평등의 경우에도 단순히 보통선거의 '1인 1표주의'의 평등성에부터, 공산주의에서와 같이 사적 소유의 폐지, 나아가 개인들 사이의 모든 차이를 부정하는 획일적인 평준화의 추구까지 다양하게 이해될 수 있는 것이다. 아울러 특히 서구의 근대 정치사나 한국의 현대 정치사가 현시하듯이, 민주주의의 일반적인 제도적 원칙들로 간주되는 요소들, 즉 법치주의나 언론 · 출판 · 집회 · 결사의 자유 등도 법으로 강제될 수 있는 규범의 내용이나 한계, 그리고 각 자유의 내용과 관련하여 바로 법으로 허용될 수 있는 범위 또한 시대적 상황에 따라 달라져온 것이 사실이다.[6]

---

6 이 책에서 본격적으로 다룰 주제는 아니지만, 동서양의 역사 및 정신사는 앎과 잘남의 특정한 관념이 사회적으로 전파되고 확산되며 전수되는 방식에 따라, 또는 대중 매체가 민주주의를 기본적으로 어떻게 규정하느냐에 따라 민주주의에 대한 관념이 변천한 역사로 규정될 수 있다. 그러한 변천의 동인들은 인쇄술이나 통신 기술의 발전 등 지식 전파 수단의 발전과 병행한 문자 생활의 확산 정도, 국가 설립의 교육 기관, 교회, 수도원, 사찰, 서원 등 종교 조직이나 사설 교육 기관 등이 수행하는 지식 전파 기능의 양상, 특히 현대의 대중 사회에서는 바로 대중화된 고등 교육이나 인터넷을 포함한 대중 매체들을 중심으로 발생하는 공론 영역의 담론 행위 등이다. 서양 근 · 현대사의 경우 민주화 과정은 단순히 입헌주의의 확립이나 일반 시민들에 대한 선거권 확대의 과정만은 아니다. 정당 활동이나 대중 운동 또는 종교 단체들에 의한 다양한 형태의 폭

결국 현실 정치에서 작동하는 민주주의의 성격은 궁극적으로 국가 구성원 다수가 민주주의를 어떻게 이해하느냐에 따라 달라진다고 할 수 있다. 이 점은 일단 민주정체가 가장 이상적인 체제인지 여부의 문제를 떠나 그것은 국가 통치 체제의 하위 범주로서 여러 가지 가능한 국가 통치 체제들 가운데 하나라는 자명한 사실 속에 함축되어 있다. 국가란 근본적으로 살아 있고 생각하는 — 그 생각의 내용이나 수준에서의 다양한 차이나 차원의 존재를 떠나 —[7] 인간들의 집단이라는 자명한 사실이 바로 민주주의가 실현되는 구체적인 양상은 다양할 수밖에 없음을 일차적으로 확인시켜준다는 것이다.[8] 이 지극히 자명한 사실의 본원적인 중요성이 국가에 대한 형식화된 이론들과 교과서적인 진술들의 영향으로 자주 잊히고 있는 것이다.

그러한 이해 내용과 수준에는 두 가지 측면이 있다고 할 수 있다. 한편으로는 현실적인 문제로서, 적극적 차원이든 소극적 차원이든 통치의 주체에 포함될 수 있는 자격 기준이 무엇인가와 관련된 것이다. 다른 한편으로는 근본적인 문제로서, 국가라는 정치 공동체의 존재 의의 및 통치의 목적이 무엇인가와 관련된 것이다. 이 두 가지 측면의 관계는 이해 내용이나 수준에 있어서 일종의 개념적 상승 과정으로 파악될 수 있다.

력적 또는 비폭력적인 혁명이나 개혁 운동과 맞물린 다양한 이데올로기들의 등장 및 전개와 더불어, 민주화는 자유, 평등, 공화, 인권, 인류애, 정의, 복지, 참여, 평화, 환경 등의 이념들이 민주주의와 일방적으로 동일시되거나 그것들 사이의 다양한 조합이 민주주의의 핵심적인 요소로서 간주되고 주장되어온 역사라고 할 수 있다. 근대 민주주의의 두 대표적인 패러다임이라고 할 수 있는 자유민주주의와 전체주의적 민주주의 사이의 대립 또한 그러한 맥락에서 이해될 수 있는 것이다.

7 그러한 다양한 차이나 차원의 존재가 이 책에서 서술 및 설명될 기원전 5세기 말 희랍 정치사상사의 역동성을 이해하는 요체이기도 하다.

8 이 점에 대해서는 지은이가 다른 책(양승태, 2010, 특히 3장, "국가 및 state라는 말과 개념, 그리고 국가 정체성의 문제")에서 나름대로 비교적 자세하게 논구한 바 있다.

즉 '인간에 의한 인간의 다스림'이 왜 필요하고, 다스림의 행위에서 구체적으로 어떠한 혜택을 기대할 수 있으며, '다스리는 자와 다스림을 받는 자'는 어떻게 구분되는가의 현실적인 질문들 자체에 근본적인 문제들이 내재되어 있는 것이다. 즉 그러한 질문들은 필연적으로 다스림의 목적은 무엇이고, 다스림은 어떠한 방식으로 이루어져야 하며, 다스림의 경계는 — 즉 적과 동지 또는 국민과 비국민의 경계는 — 어떻게 설정되어야 하는지 등, 국가 통치의 본령과 관련된 질문으로 이행될 수밖에 없는 것이다.

결국 고대의 아테네와 현대 국가들 사이의 시간과 공간의 차이를 떠나, 민주주의가 실제적으로 어떻게 작동하는지에 대한 진정한 이해는 각 시대 특정 국가의 구성원들이 국가의 본질이나 국가 생활의 본령 및 민주주의의 본령에 대해서 갖고 있는 이해 내용이나 수준에 의해 결정된다고 할 수 있다. 민주주의가 무엇인가는 민주주의 국가들의 정치 현상에 대한 일반화로 파악되거나 민주주의에 관한 별개의 이론에 의해 규정되는 것이 아니다. 그것은 국가가 무엇인가의 문제를 떠나서 이해될 수 없다. 그리고 특정 국가에서 이루어지는 민주주의의 실제적인 작동은 일차적으로는 민주주의의 본령과 관련하여 그 국가의 구성원들이 갖고 있는 관념 또는 이해 내용이나 수준에 의해 결정되며, 그러한 관념 또는 이해 내용이나 수준 자체는 별개로 존재하는 것이 아니라 그들이 국가 생활의 본령에 대해서 갖고 있는 앎의 내용 및 수준에 의해 결정되는 것이다. 여기서 이 책의 주제, 즉 정치철학의 형성 및 발전과 관련된 근본적인 질문이 제기된다. 그러한 앎 자체는 또한 어떻게 형성되고 결정되는가 하는 것이다.

국가의 본질 및 국가 생활의 본령과 관련된 일반인들의 앎의 내용이나 수준은 국가 발생의 원인이나 국가의 설립 목적이 무엇이고, 그러한 목적에 적합한 제도나 법이나 규칙은 무엇이며, 다스리는 자가 가져야 할 인간적 자질 즉 다스림에 요구되는 잘남은 무엇이고, 다스림을 받는 자들에게 요구되는 인간적 자질은 무엇인지 등등의 문제들에 대해 그들이 갖고 있는 앎의 내용이나 수준의 다른 표현이다. 그런데 인간의 앎 자체가 각 개인의 선천적 지적 능력이나 후천적 노력에 따라 다르게 나타나듯이, 그러한 앎의 내용이나 수준 또한 각 개인의 지적 역량이나 판단력의 수준에 따라 달라짐은 당연하다. 특히 국가 생활이나 인간적 자질과 관련된 앎은 생산 기술들과 관련된 앎과는 다르다. 그것은 각 개인이 겪은 삶의 체험이나 교육 — 공적 · 사적인 교육 기관을 통한 교육만이 아니라 가정이나 사회적 삶 자체가 부여하는 교육을 포함하여 — 내용에 따라 달라지며, 동일한 인물이라도 자신의 이해관계나 스스로 처한 사회적 상황이나 정치적 입장의 변화에 따라 다르게 나타날 수 있다. 또한 한 개인의 삶의 체험이나 교육이란 가족, 씨족, 부족, 국가 등 그가 속한 삶의 공동체가 집단적으로 체험하는 역사적 과정을 통해서 결정된다. 그렇기 때문에 그러한 앎은 고정된 것이 아니라 바로 역사적이다. 다시 말해 그러한 앎은 한 국가의 역사 및 정신 · 지성사적 상황, 특히 전통적 종교나 도덕적 관념 또는 사회적 관행의 형태로 나타나는 그 국가의 구성원들이 공유하고 있는 가치관이나 세계관이 무엇이고, 그러한 가치관과 세계관을 정당화라는 지식 체계 및 그러한 지식 체계를 전파하고 전수하는 교육 체계는 무엇이고, 어떠한 성격의 지식이나 정보가 그 국가에서는 정치적으로 또는 사회적으로 정통적인 것으로 간주되고 있으며, 그러한 정신적 · 지적 전통과 제도에 어떠한 변화가 일어나고 있느냐의 문제들이 그러한 앎의 내용과 성격을 결정하는 것이다.

국가의 본질 및 국가 생활의 본령과 관련된 앎의 그와 같은 성격 속에서 가장 근본적인 쟁점이 부상한다. 개인이나 집단 또는 국가들 사이에서 나타나는 다양한 형태 및 내용의 그러한 앎들 가운데 어떤 것이 타당한가의 문제, 그리고 더 나아가 무엇이 그것에 관한 진정으로 보편적인 앎이냐 하는 문제가 그것이다. 정치철학 등장의 역사적 및 정신 · 지성사적 상황에 대한 탐구의 학문적 당위성은 그러한 맥락에서 이해된다. 앞서 2장에서 레오 스트라우스의 정치철학 이념에 대한 비판 맥락에서 언급했지만, 정치철학의 등장은 단순히 철학자로 불리는 사람 또는 특정의 지식인이 정치에 관해 자신의 철학적 사유를 자유롭게 또는 자의적으로 발전시킨 결과물은 아니다. 그것에는 바로 국가의 본질 및 국가 생활의 본령과 관련하여 일반인들이 갖고 있는 관념 또는 앎의 — 바로 레오 스트라우스가 원용한 소크라테스 · 플라톤의 'doxa'에 해당하는 — 내용과 수준에 대한 불만족이나 회의가 그 출발이다. 그런데 여기서 또 다른 의문이 제기된다.

정치철학의 발생 훨씬 전부터 국가라는 조직체는 분명히 존재했다. 그리고 현재 정치철학자라 불리는 인물들이 등장하기 이전에도 어떠한 내용이나 수준이든 국가의 본질 및 국가 생활의 본령과 관련된 개개의 지식인들 나름의 사유나 앎이 존재했음은 분명하다. 또한 그러한 문제에 대한 일반 대중의 정치적 관념 또한 분명히 존재했을 것이다. 그렇다면 어떠한 의미에서 소크라테스의 철학 또는 플라톤의 철학을 정치철학의 출발로 — 다시 강조하지만 희랍 시대에 정치철학이라는 말은 별도로 존재하지 않았다 — 간주할 수 있는지 해명되어야 한다. 그리고 어떠한 역사적 · 지성사적 상황의 변화가 그들 지식인들로 하여금 국가 생활의 근본에 대한 새로운 성찰을 추구하게 만들었는지도 해명되어야 한다.

『앎과 잘남』 1권에서도 설명한 바와 같이, 아테네에서 본격적인 '민주화 시대'의 출발은 일반적으로 기원전 6세기 초엽에 이루어진 클레이스테네스의 개혁에서 찾는 것이 서양 고대사 학계의 정설이다. 그렇다면

'민주화 시대'라는 '같은' 시대적 상황 내의 어떠한 새로운 변화가 그들 지식인들로 하여금 민주주의라는 정치 현실에 대해서 새로운 시각으로 접근하면서 정치철학으로 불릴 수 있는 새로운 사고 체계를 탄생시키게 했는지 의문이 제기될 수밖에 없다. 바로 의 의문을 구명하려는 시도의 차원에서 소크라테스의 정신세계 및 철학이 등장하게 된 역사적 · 정신사적 · 지성사적 맥락에 대한 서술과 설명이 필요하게 되는 것이다. 특히 이 책의 6~7장에서 다룰 '소크라테스 재판'은 그러한 맥락에 함축된 모든 요소들이 농축된 사건이다. 그리고 소크라테스의 지적 후계자로서 정치철학의 발전에 본격적으로 기여하게 되는 크세노폰Xenophōn(기원전 428~354), 아에스키네스Aeschinēs(기원전 397~322), 리시아스Lysias(기원전 459~380), 나아가 이소크라테스Isokratēs(기원전 436~338)와 플라톤의 지성세계에 대한 서술과 설명이 이 책의 후속편에서 다루어질 이유도 그러한 맥락에서 찾을 수 있는 것이다. 어쨌든 소크라테스가 활동했던 '기원전 5세기 후반 아테네 민주정과 앎과 잘남의 문제'는 이러한 문맥에서 논의의 출발점으로 등장한다.

1. 기원전 5세기 후반 아테네 민주정과 앎과 잘남의 문제

이 책의 전편 『앎과 잘남』 1권에서는 고대 희랍에서 호메로스의 시대로 표상되는 약탈 전쟁이라는 역사적 상황과 구술 시대라는 정신사 및 지성사적 상황에서 앎과 잘남의 내용이나 성격이 정치와 교육이라는 외적 상황과의 변증법적 상호 작용 속에서 어떻게 변화했는지 서술한 바 있다. 그리고 그러한 상황에서는 음유시인들의 문예 또는 연예 활동 혹은 지식인 활동에 의한 앎의 전파나 전수가 그러한 변증법적 상호 작용 역사의 중요한 동인들 가운데 하나임을 밝힌 바 있다. 아울러 그러한 변증법적 상호 작용의 연속성 맥락에서 호메로스에서 소피스트에 이르는 희랍 정신 · 지성사의 흐름을 설명했다. 특히 소피스트 등장의 역사 및 정신 · 지성사의 배경과 관련하여, 위에서 언급된 클레이스테네스의 개혁을 통해 도입된 도편추방 제도라는 민주적인 방식을 통해서 국가 통치의 주체로 등장하게 된 일반 시민들에게서 나타나는 정치의식의 변화를 설명한 바 있다(양승태, 2006, 특히 5장 2절 참조). 즉 민주화 개혁의 초기에는 다수의 시민 대중이 그러한 개혁을 주도한 전통적인 귀족 계층의 의사에 대체로 순응하는 정치적으로 수동적인 역할에 머문다. 하지만 여러 가지 사회 구조적 변화 및 우연적인 요인들이 작동하면서 다수의 일반 시민들은 통치의 능동적인 주체로 등장하게 된다.

적극적으로 통치 행위에 참여하고 자신들의 의사를 적극적으로 국가의 주요 정책의 결정에 반영한다는 의미에서 그들 일반 시민 다수가 국가 통치의 능동적인 주체인 점은 분명하다. 하지만 그들이 과연 진정한 의미에서 통치의 주체인지 여부는 의문의 대상으로 남겨두어야 한다. 그것은 인간이 자신의 행위의 주체가 된다는 것이 무엇인가 하는 근원적인 문제와 연관되기 때문이다. 아울러 그러한 의문은 이 책에서 논의될 소크라테스의 삶과 사유에 나타나고 이 책의 후속편에서 본격적으로 논의할 플라톤 정치철학의 핵심적인 쟁점들 가운데 하나라는 점도 먼저 환기될 필요가 있다. 어쨌든 어떻게 해서 일반 시민들이 통치의 주체로 등장하게 되었는지, 그것을 가능하게 만든 역사적 요인들은 무엇이었는지를 먼저 정리할 필요가 있다.

희랍 세계에서 도시국가의 등장 자체가 호메로스의 세계가 상징하는 약탈 전쟁의 시대가 끝나고 정치 · 사회적으로 어느 정도 안정된 시대에서 상업 활동이 활발해지고, 이에 병행하여 도시화가 진척됨에 따른 결과임은 『앎과 잘남』 1권에서 설명한 바 있다.[9] 그러한 사회적 변화의 결과 전통적인 귀족 계층 스스로가 어느 정도 상업화되고, 이에 따라 그들의 전통적인 권위 또한 약화되면서 일반 시민들에 대한 그들의 정신적 통제력도 약화되는 양상이 전개된다.[10] 그러한 지배력의 약화는 보수파와 진보파의 대립이라는 그들 내부의 분열로 인해 더욱 심화된다. 또한 페르시아 전쟁의 승리, 무엇보다도 시민 모두가 육군과 해군으로 동원되어 직접 참전한 전쟁에서 승리를 거두었다는 사실은 그들로 하여금 스스로가 역사의 주역이라는 자존감과 더불어 그들이 바로 아테네라는 국가의 실질적인 구성원이자 주체라는 의식을 발전시키는 결정적인 계기로 작동하게 된 것이다. 물론 서양 고대사 연구자들이 일반적으로 지적하듯이, 소수 탁월한 무술을 가진 장수들의 무용이 아니라 팔랑크스phalanx라 불리는 일사분란한 대형을 짠 중무장보병hoplitēs의 집단적 전투 행위가 전쟁 승패의 결정적인 요인으로 등장한 군사 전술상의 변화가 그러한 상황의 도래에 기여한 것도 사실이다. 그 중무장보병을 구성하는 병사들은 주로 시민들 다수를 이루는 기능공이나 소상공인들인 '제우기테스zeugitēs' 계층의 — 앞으로 기술하겠지만 소크라테스가 속한 계층인 — 사람들이었기 때문이다. 그러한 변화가 아니더라도, 아테네라는 소규모 도시국가에서 '시민 = 군인'이라는 등식은 언제나 군사적으로 조직화될 수 있는 시민 집단의 존재를 의미하고, 그러한 존재 자체에 잠

9 그러한 역사적 변화 과정에 대해서는 핀리Finley(1982), 그러한 변화에 수반한 자유의식의 생성 및 변화 과정에 대해서는 라플로브Raaflaub(2004)의 탁월한 연구가 있다.

10 『앎과 잘남』 1권에서도 설명했듯이, 헤시오도스Hesiodos의 서사시 『일과 나날*Erga kai Hemerai*』은 그러한 정신적 상황에 대한 문학적 기술이다. 엘리트와 일반 시민들 사이의 관계의 여러 측면 및 그것에 수반한 정치 · 신화적 담론 행위의 내용 및 성격의 변화 과정에 대해서는 비록 서술 내용이 주제별로 단편화된 결함은 있으나 Ober(1989)가 체계적으로 정리한 바 있다.

재되어 있는 정치적 영향력은 언제라도 실제적인 정치권력으로 나타날 수 있었던 것이다.

그러한 역사적 · 정신사적 상황은 당연히 그들 일반 시민들로 하여금 국가 생활의 수동적인 구성원 역할에서 벗어나 직접 현실 정치에 적극적으로 가담하려는 욕구, 즉 그들 스스로의 언어로 '파레시아parrēsia' 또는 '이세고리아isēgoria'[11]로 표출하게 된다. 그리고 페르시아 전쟁 승리 후 아테네 중심의 제국질서[12] 확립에 따른 재정 수입의 증대 또한 그러한 정치 참여 욕구의 실현을 재정적으로 뒷받침할 수 있는 요인이 된다. 이와 같은 복합적인 요인들이 하나의 일관된 흐름의 정치 개혁으로 집약되어, 일반 시민들의 정치 참여를 고무하는 정책의 시행이나 그것의 확대를 제도적으로 보장하기 위한 법적 장치들이 마련되는 결과로 나타나게 된 것이다. 그러한 정책이나 제도 개혁들은 '민주화 시대 이후의 민주화 개혁'으

---

11 파레시아는 모두를 의미하는 'pas'나 연설 또는 선언을 의미하는 'rhēsis'의 결합어로서 말 그대로는 '모두가' 또는 '누구나' '말함'의 의미가 전화하여 '솔직함'의 의미와 함께 '언론의 자유'의 의미도 갖는다. 이세고리아는 '같음' 또는 '평등'을 의미하는 형용사 'isos'와 사람들이 모여 있는 곳을 뜻하는 'agora'라는 말에서 파생한 동사로서 '대중 앞에서 떠들어대다'의 의미를 갖는 동사 'agoreuō'와의 결합어이다. 그 말 자체는 '떠들어댐의 평등'을 의미하나 당시의 정치적 맥락에서는 귀족과 평민 사이의 '발언권의 평등'을 지칭한다.

12 이 시기의 아테네 외교 정책을 제국주의로 규정하는 것은 어느 정도 타당성은 있지만 동시에 그 역사적 실체를 왜곡시킬 위험도 있다. 일단 아테네의 제국주의가 언급된 문헌은 투키디데스의 『역사』인데, 그 말을 지칭하는 실제의 희랍어는 'archē'이다. 이 말은 시작, 기원, 지휘, 명령, 통치, 지배 질서, 주권 등 다양한 의미를 갖고 있는데, 그 말 자체에 19세기의 '제국주의imperialism'와 같이 국력이나 문화 면에서 우월한 민족이나 국가가 열등한 민족이나 국가를 지배한다는 의미는 없다. 그것은 오히려 아테네 중심의 단일한 지배 질서를 기초로 희랍 세계를 통합한다는 이념이 내포되어 있다. 다시 말해 도시국가들의 분열과 대립 속에 후일 알렉산드로스 대왕에 의해 이룩되는 '하나의 희랍 세계'를 위한 새로운 통합의 움직임이 묵시적으로 태동하고 있음을 의미하는 것이다. 이것의 의미는 이 책 전체를 통해 설명될 것이다.

로 — 현대 정치학의 수사로 '민주화 시대 이후의 민주주의' 또는 '민주주의의 공고화consolidation of democracy'에 비견될 수 있는 — 규정될 수 있는 것으로서, 그와 같은 '민주화 시대 이후의 민주화'의 중심에 페리클레스Periklēs(기원전 495~429)라는 인물이 있었던 것이다.[13]

정치가 페리클레스의 등장에 대해서는 『앎과 잘남』 1권에서도 이미 설명한 바 있지만(특히 401~406 참조), 페르시아 전쟁 직후 아테네 정치의 개혁과 관련하여 전개되었던 보수파와 진보파 사이의 권력 투쟁, 즉 밀티아데스Miltiadēs-키몬Kimon으로 대표되는 보수파와 에피알테스Ephialtēs-페리클레스로 대표되는 진보파 사이의 대립에서 진보파가 승리한 결과이다.[14] 두 정파 사이의 대립은 '민주주의의 공고화' 방향 자체에 있었던 것은 아니고, 그 공고화의 정도, 특히 전통적인 귀족 권력의 핵심이자 마지막 보루였던 '귀족법정Areopagos' 권한이 갈등의 중심이었다. 이미 역사적 상황 전개의 필연성이 클레이스테네스의 민주화 개혁을 좀 더 심화시키는 방향에 있었으므로,[15] 그러한 방향으로 정치 개혁을 추진한 진보파

13 지금까지 출간된 페리클레스에 대한 연구들 가운데 가장 탁월한 것은 케이건Donald Kagan의 저작(1991)이다. 페리클레스 자신은 아무런 저술을 남기지 않았고, 그에 대한 '역사적' 기록의 대부분은 동시대인인 투키디데스의 『역사』에 남아 있다. 그 외에 그에 관해 알려진 이야기들은 대부분 문학적 기술이나 단편적으로 전해지는 일화 그리고 그의 시대로부터 500여 년이 지나 저술된 플루타르코스의 『영웅전』에 수록된 내용이 전부이다. 케이건은 그 모든 단편화된 기록들을 토대로 그의 일생 및 인간상의 여러 측면을 최선을 다해 총체적으로 생생하게 재구성하는 데 성공했다고 볼 수 있다.

14 이들은 '~파'로 지칭될 수는 있으나 근대적 의미의 정당은 아니다. 이에 대해서는 케이건이 다음과 같이 적절하게 설명한 바 있다. "아테네의 정치 생활은 빼어난 인물들과 그들의 주위에 모여든 지지자들을 중심으로 이루어졌다. 고대의 저술가들은 그러한 파벌들을 '테미스토클레스 사람들' 또는 '키몬과 그의 친구들'이라고 지칭했다. 경우에 따라 그들은 'stasis'로 지칭되기도 했는데, 그것은 어떤 정치적 목적을 위해 함께 '서 있음stood'을 의미한다. 어느 날에는 함께 서 있다가도 그다음 날에는 떨어지더라도 말이다"(Kagan, 1991: 27).

15 페리클레스는 아테네를 대표하는 귀족 가문 출신이다. 그리고 페리클레스의 어머니

가 보수파와의 권력 투쟁에서 승리하게 된 것 또한 일종의 역사적 필연이라고 할 것이다. 다만 어느 국가의 역사에서나 대체로 개혁을 처음 주도한 인물은 그것의 역사적 필연성에도 불구하고 상대 정적들로부터 증오의 표적이 되어 개혁의 와중에 희생되고, 그 열매 또한 그의 후계자가 — 대표적으로 로마의 카이사르와 옥타비아누스 관계의 경우나, 구체적인 정치사의 내용과 성격은 다르지만 중국에서 진시황과 한고조 유방의 관계와 같이 — 누리게 된다. 아테네 정치사의 경우에도 진보파의 지도자인 에피알테스는 기원전 461년에 암살되고,[16] 그의 젊은 동료인 페리클레스가 진보파의 지도자로 부상하면서 일반적으로 '페리클레스의 시대'로 불리는 아테네 민주주의의 '공고화' 시대를 열게 되는 것이다.

에피알테스가 이룩한 새로운 민주화 개혁의 주요 내용은 다음과 같다.[17] 귀족법정의 권한을 상임위원회boulē와 인민법정hēliaia에 분산하여 그것을 실질적으로 무력화시키고,[18] 상임위원회와 법정의 배심원에의 참여를

아가리스테Agariste가 민주 정치의 본격적인 제도적 정착을 의미하는 정치 개혁을 주도한 클레이스테네스의 조카라는 사실은 아테네 민주화 과정을 주도한 가문의 계보에 함축된 정치적 리더십의 의미를 암시하는 요소이기도 하다. 즉 만일 민주화의 추진이 평민 출신의 지도자에 의해 주도되었다면 실제보다 더 큰 정치적 갈등과 희생을 낳았을 것이라는 점이 그것이다.

16 아테네의 정치에서 정적 암살은 드문 일이다. 보수파의 지도자인 키몬의 부재중에 보수파의 정치적 보루인 아레오파고스의 존재를 유명무실하게 만든 '개혁입법'을 에피알테스가 주도해 통과시켰고, 그에 더해 키몬에 대한 도편추방ostrakismos을 민회에서 통과시킨 데 대해 보수파가 감정적으로 격앙된 상태에서 발생한 사건이 에피알테스의 암살이다. 이 사건은 두 정파 사이에 암묵적으로 존재했던 정치적 신사협정을 깨트린 것에 대해 보수파가 일시적으로 격분한 데 기인한 일회성 사건으로 보인다. 그것이 정치적 보복의 연쇄로 이어지지는 않았기 때문이다.

17 새로운 '개혁입법'에 관한 탁월한 정리로는 MacDowell(1978: 27~40) 참조.

18 상임위원회의 주요 직능은 민회ekklēsia의 토의 안건을 결정하고 한시적으로 민회의 의장이자 대외적으로 국가를 대표하는 직책인 프리타네이스prytaneis를 추첨으로 선임하는 데 있다. 반란죄, 신성모독 등 종교적 범죄, 살인죄 등 흉악범죄의 재판권은 오

적극적으로 권장하기 위해서 참여 시민들에게 3오볼로스obolos의[19] 수당을 지급하며, 집정관archon들의 정책 집행을 감시하기 위한 제도로서 '에우티나euthyna'로 불리는 회계 감사 제도 등이 포함되어 있다.[20] 에피알테스의 그러한 개혁은 페리클레스의 주도로 기원전 457년 집정관직을 '제우기테스zeugitēs'와 '테테스thetēs' 계층의 하층 시민들에게도 개방하는 법의 도입,[21] 더 나아가 일반 시민들의 교양을 증진하기 위한 정책으로 — 또는 하층민들에 대한 선심 정책의 일환으로 — 빈곤층 시민들에게 극장 관람 보조비로 2오볼로스의 돈을 제공하는 '테오리카theōrika' 제도를 도입하면서 정점에 이른다고 할 수 있다.[22] 이에 따라 페리클레스의 시대는 일반적으로 아테네 민주주의 최고의 번영기로 간주되게 된 것이다.

랫동안 귀족법정의 관할이었는데, 에피알테스의 개혁으로 인민법정으로 그 권한이 이관되었다. 뒤에 가서 소개될 소크라테스의 재판은 잘 알려져 있듯이 신성 모독이 주요 피소 사항인데, 그가 인민법정에서 재판을 받고 사형에 처해진 것도 그러한 민주화 개혁의 '덕분'인 것이다. 앞으로 자세히 논의되겠지만, 소크라테스의 죽음은 — 더 나아가 이소크라테스 및 플라톤 정치철학의 발전은 — 아테네 민주정과의 연관을 떠나서는 그 의미가 제대로 이해될 수 없는 것이다.

19 당시 인금 노동자 하루 일당이 6오볼로스로 추정된다. 이에 관해서는 Pomeroy et al.(1999: 343) 참조.

20 'euthyna'는 '곧은' 또는 '똑바른'을 뜻하는 형용사 'euthys'에서 파생한 말로, 말 그대로는 '바로잡기' 또는 '교정'을 의미한다.

21 아테네의 시민은 솔론의 개혁 당시 곡물 소출의 정도에 따라 '펜타코시오메딤노이pentakosiomedimnoi(말 그대로는 우리말의 '500석 지기'에 해당한다; 'pentakos'는 500, '메딤노이'는 'medimnos'의 복수로 1메딤노스는 40리터 정도로 우리의 척도로 반 가마 정도에 해당)', '히페이스hippeis(말 그대로는 전쟁 시 말 타고 싸울 수 있는 계층을 의미하는데 솔론의 개혁 당시 300~500메딤노이를 산출할 수 있는 계층으로 규정)', 그리고 위에서 기술된 두 계층으로 구성된다. 참고로 제우기테스는 200~300메딤노이, 테테스는 200 메딤노이 이하 소출의 계층을 지칭한다. 고대 희랍의 사회경제적 구조에 관한 연구로는 대표적으로 Finley(1982) 참조.

22 이 말 자체는 '축제festival'를 의미하는 'theōrikon'의 복수형인데, 제도 명칭으로는 '관람료 보조 제도'로 번역될 수 있다. 이 제도 도입의 정확히 연도는 알려지지 않았다. 테오리카 제도에 관한 자세한 설명은 Buchanan(1962) 참조.

물론 그와 같이 재정 지출이 불가피한 '참여민주주의' 제도의 운영은 단순히 정치 지도자나 일반 시민의 '민주화 의지'만으로 가능한 것은 아니다. 그것은 앞에서 언급한 바와 같이 국가 재정이 그러한 제도의 운영을 뒷받침할 경우에만 가능하다. 페르시아 전쟁 이후 패권국이 된 아테네가 소위 '50년간의 번영기pentēkontaetia'에[23] 추구한 제국주의 정책은 파르테논 신전의 건축 등으로 대표되는 국가 주도의 문화 정책을 위시해 그와 같은 참여민주주의 및 '복지 정책'의 확대에 따라 늘어나는 국가 재정 수요를 뒷받침하기 위한 수단이기도 하다. 그런데 정치사에서 언제나 반복되는 현상이지만, '좋은' 정책에는 언제나 그것을 가능하게 하기 위

---

23 이것은 투키디데스의 『역사』 1-118에 기술된 명칭. 그런데 여기서 참고로 언급하고 지나갈 점은 이 시기가 전쟁이 없는 평화 속의 번영기는 아니라는 사실이다. 적어도 기원전 449년 아테네 및 그 동맹국과 페르시아 아르타크세르크세스Artaxerxes 1세 사이에 '칼리아스의 평화the Peace of Callias'로 불리는 종전 협정이 맺어지기 이전까지 아테네가 맹주인 델로스 동맹국과 페르시아 사이에는 대-소규모 전투가 끊임없이 전개되었다. 희랍 세계 내부 차원에서도 2차 페르시아 전쟁이 끝난 후 곧 아테네와 스파르타 및 델로스 동맹과 펠로폰네소스 동맹 사이의 경쟁과 갈등, 아테네의 대외정책의 일환에 의한 정벌과 정복 전쟁, 또는 각 동맹 내부의 갈등에 따른 소규모의 전투와 휴전이 끊임없이 이어진 것이다. 한 역사학자의 표현대로 이 기간 "아테네는 거의 매년 전쟁 중이었던 것이다"(Sagan, 1991: 228). 그러한 전쟁 상황은 404년 아테네의 항복으로 펠로폰네소스 전쟁이 종료된 후에도 계속되었으며, 그러한 상황은 338년 마케도니아의 필리포스Philipos 왕이 카에로네아Chareonea 전투에서 희랍 연합군을 패퇴시키며 희랍 세계를 통일하기까지 사실상 지속되었던 것이다. 역사적 맥락이 다른 사건들의 비교에는 언제나 무리가 따르지만, 마케도니아에 의한 희랍 세계의 통일 및 그의 아들 알렉산드로스에 의한 대제국의 설립이 중국에서 진秦에 의한 전국 시대의 종식에 비교될 수 있다면, 로마에 의한 지중해 세계의 통일은 진시황의 죽음과 더불어 다시 분열되어 전국시대로 복귀한 중국을 재통일한 한漢 제국의 성립에 비교될 수도 있는 것이다. 어쨌든 이 책에서 다루어질 기원전 5세기 후반에서 기원전 4세기 전반에 이르는 희랍 세계는 그와 같은 대내적 갈등과 전쟁 지속의 상황이 전개되었다는 사실이 정치사적으로 물론이고 정치철학을 탄생시킨 모태인 정신사의 차원이나 그 이후 전개된 정치사상의 발전 차원에서도 중요한 의미를 갖는 것이다. 그 중요한 의미는 이 책의 논의가 전개되면서 점차 밝혀지게 될 것이다.

한 '나쁜' 정책이 있게 마련이다. 다만 일반 시민들은 대체로 '좋은' 과실만 즐기고 환호하지, 그것을 가능하게 하는 '나쁜' 정책에는 눈감기 마련이다. 그러한 경향은 아테네 최고의 번영기로 간주되는 페리클레스 시대를 이해하는 데도 물론 필수적이다. 다만 그것의 실체를 제대로 파악하기 위해서는 그러한 차원을 넘어 좀 더 폭넓은 역사적 · 지성사적 시각에서 그 시대에 접근할 필요가 있다.

교과서적으로 잘 알려져 있듯이, 페리클레스 시대는 희랍 세계에서 정치적 · 경제적 강대국으로서 아테네가 최고의 번성기를 누린 '50년간의 번영기'의 후반에 해당한다. 그 시대는 아테네가 델로스 동맹의 맹주로서 희랍 세계의 국제정치를 주도한 시기이자 아테네 최고의 경제적 · 문화적 번영기인 것이다. 그런데 그와 같은 번영의 끝은 펠로폰네소스 전쟁의 시작이며, 그 전쟁은 기원전 404년 아테네가 스파르타에 항복하면서 종결되고, 이와 함께 아테네는 그 짧았던 소규모의 영광과 위세를 잃으면서 점차 희랍 세계 및 지중해와 근동 지역의 국제정치사 무대에서 사라지게 되는 — 비록 기원전 4세기 중엽에 스파르타, 테베, 마케도니아 등과의 각축 관계에서 일시적으로 다시 희랍 세계의 국제정치를 주도한 적은 있으나 — 것이다. 그리고 그 결과는 교과서적으로 잘 알려져 있듯이 아테네와 희랍 세계 전체가 알렉산드로스 제국, 마케도니아 왕국, 로마 제국에 편입되는 과정이다.

그렇다면 여기서 아테네 시민들의 국가 생활이나 국가 운영에 무엇이 잘못되어 아테네의 역사적 영광이 그처럼 짧게 끝나고 말았는지, 페르시아라는 대국을 패배시킨 아테네 시민들이 스스로 명실상부한 통치의 주체가 되었던 민주주의의 '공고화' 기간이자 국가적 번영기에 어떠한 변화가 일어나서 국가가 쇠망에 이르게 되었는지, 이와 관련하여 특히 아테네의 민주정체는 실제로 어떻게 작동한 것이어서 국가가 쇠망에 이르는 길을 막지 못했는지와 같은 기초적이면서도 상식적인 의문이 제기된다. 당대의 지식인들이나 일반인들은 민주주의의 실체에 대해 어떻게 이해했으며, 민주주의에 대한 그들의 정서적 공감이나 애착은 어떠했는지 등도 의문의 대상이 될 것이다. 더 나아가 아테네를 포함한 희랍 도시국가들은 지배질서나 사회 경제적 구조 또는 세계관 등과 같은 정신 질서와 사고방식에 어떠한 근본적인 문제나 한계가 있었길래 역사의 무대에서 사라질 수밖에 없었는지도 궁금해진다.

희랍 고대사 연구의 궁극적인 목표는 그러한 의문들에 대한 해명에 있다고 할 것이다. 희랍 지성사 서술 또한 그러한 의문들에 대한 해명에 기여해야 한다는 학문적 당위성에서 출발한다. 그러한 학문적 당위성의 실현은 다음의 질문들에 대한 해명 노력을 통해 접근되어야 할 것이다.

1) 당대의 지식인들은 자신들이 처한 현실적 상황이나 당대의 역사적 변화에 대해서 어떻게 파악하고 이해하려 노력했는가.
2) 그들 지식인들 사이에 나타나는 당대의 현실에 대한 이해 방식과 내용의 차이는 무엇이고, 그러한 지성적 활동이나 업적에 나타나는 지적 수준이나 내용 면에서 차이는 무엇이며, 그 이유는 무엇인가.
3) 그들의 지성적 업적들은 사회적으로 어떻게 전파되고 어떠한 교육을 통해서 전수되면서 어떠한 정치·사회적 영향을 끼쳤는가. 이와 관련하여 특히 당대의 대중이나 지배층 및 권력자들과 그들 지식인들의 관계는 무엇인가. 즉 그들 다수의 인간들은 지성 활동이나 업적을 어떻게 이해했고, 지식인들의 활동과 업적에 대해서 어떠한 반응을 보였으며, 그러한 반응은 구체적으로 어떠한 태도나 행동으로 나타났는가.

『앎과 잘남』 1권에서 이미 설명했듯이, 선천적인 자질인 기백이 뒷받침된 탁월한 무용武勇이 잘남의 결정적인 요소였던 약탈 전쟁의 시대를 지나 안정적인 사회적 삶과 국가 생활이 이루어지면서 앎은 잘남의 필수적인 요소로 부각된다. 앎의 추구와 형성은 그것의 전파 및 전수 차원에서 필연적으로 교육의 문제를 파생시키고, 교육을 통한 잘남의 정치 · 사회적 경쟁은 — 사회적 출세나 권력 획득을 위한 경쟁 등 — 필연적으로 지성 활동이나 앎의 내용 자체가 사회적 논란이나 정치적 · 법적 대응의 대상으로 부각되는 것이다. 그것은 물론 오랜 시간에 걸친 정신적 진화 과정의 결과이다. 무용의 탁월성이 더 이상 인간적 잘남의 전부가 아닌 것으로 받아들여지는 정신적 · 지적 상황이 도래하긴 했지만, 아직 귀족정이 민주정체로 대체되기 전이나 안정된 농업 사회가 상업적 경쟁 사회로 대체되기 전에는 귀족적 교양이 잘남의 원천으로 계속 작동하게 마련이다. 다시 말해서 잘나게 되기 위한 원천은 포괄적인 앎의 획득과 더불어 그로부터 형성되는 판단력이 사회적 · 정치적 잘남의 원천이라는 것이다. 정치 · 사회적 잘남, 즉 세속적 출세의 원천은 그러한 교양이 빼어난 언변으로 표현될 수 있을 경우에만 가능하므로, 언변의 탁월함이 잘난 인간이 되기 위한 필수적인 자질로 정치 · 사회적으로 인지되고 부각됨은 당연하다. 그것이 수사학 등장 및 발전의 역사적 · 정신사적 배경이다.[24]

---

24 한 연구가(Cole, 1991)는 본격적인 수사학의 등장은 기원전 5세기가 아닌 기원전 4세기의 산물이며, 희랍 정신사에서 플라톤 이전은 '수사학적'이 아닌 '비수사학arhetorical'의 성격으로 규정되어야 한다는 주장을 제기한 바 있다. 즉 플라톤 이전 시대도 웅변eloquence과 논변argument으로 가득 찼으나, 그것들은 근본적으로 정보나 감정이나 이념의 전파를 저해 또는 촉진시키는 것과는 무관한 본질적으로 투명한transparent 구어적 방편verbal medium에 의존해 표출되었다는 것이다. 따라서 그와 같은 수준의 전파가 이루어지게 된 것은 웅변과 문필 활동이 본격적으로 결합한 기원전 4세기가 되어야 가능했으며, 그것이 바로 수사학 시대의 도래를 의미한다는 것이다. 그러한 주장은 전적으로 틀리지는 않더라도 과장된 진술이다. 일단 구어적 소통은 직접성은 있지만 그것이 반드시 의미 전달의 투명성을 보장하는 것은 아니므로, 그의 주장은 잘 이해가 되지도 않는다. 물론 기원전 4세기에 '말하기'가 나름대로 하나의 체계성을 갖춘 전문화된 기예technē로 확립된 원인들 가운데 하나는 그 이전 시대보다 문자 생활이

이것이 간단히 표현하여 앎과 잘남의 변증법적 관계 및 그러한 관계의 현실세계 속 외연으로서 교육과 정치의 변증법인 것이며, 그것이 『앎과 잘남』 1권에 이어 이 책에서도 시도되는 희랍 지성사 서술을 위한 핵심적인 분석틀인 것이다. 또한 1권에서는 위에서 언급된 기원전 5세기 중엽의 활성화된 민주 정치가 소피스트들의 지성 및 교육 활동을 통해서 '남에게 과시하고 드러내는 말'이라는 의미의 희랍어 'rhētra'나 'rhēsis', 즉 공중 연설에서 자신의 언변을 과시하거나 민회나 법정에서 타인과의 논쟁에서 승리함으로써 남에게 자신을 잘나고 똑똑하게 '보이기' — 진실로 그러한지 여부를 떠나 — 위해 그러한 성격의 말하기 능력을 배양하는 기술이자 학문인 수사학rhētorikē을 실천적이고 실용적인 학문으로서 사회적으로 부각시켰음을 설명한 바 있다. 여기서 이 책 기술의 편의상 그 내용을 간단히 다시 정리할 필요가 있다.

수사학 교육의 핵심은 지식의 배양이나 언어 능력의 함양을 통해 타인과의 정치 · 사회적 경쟁에서 승리하는 데 있다. 즉 소피스트 운동에 이르러 이제 언어는 그 내용의 문제가 부차적이 되었으며, 외면적인 언어의 표현을 통해서 다른 인간의 언어를 어떻게 압도하느냐가 핵심적 요소로 바뀌게 된다. 소피스트 운동을 통해서 인간의 언어란 권력이나 부, 명예

좀 더 확산되었다는 사실일 것이다. 그리고 이 책의 후속편에서 본격적으로 논의될 주제이지만, 수사학의 실체가 무엇인가를 중심으로 전개되는 플라톤과 이소크라테스의 대립은 바로 수사학이 하나의 전문적 기예로서 확립되었다는 사실을 전제로 한다. 하지만 『앎과 잘남』 1권에서 자세히 설명했듯이, 희랍 정신사 전반의 흐름과 발전은 구어 시대에서 문자 시대, 문자 생활이 사회의 극소수에게만 허용되었던 상황에서 그 범위가 '좀 더' 확산되는 과정일 뿐이며, 인쇄술이 발명되기 전의 고대 시대에는 그러한 차이는 사소하다고 말할 수 있을 정도의 차이일 뿐이다. 따라서 고대 시대를 수사학과 비수사학의 이분법적으로 재단하는 것은 언어 생활의 내용과 형식을 결정하고 그 발전을 제약하고 촉진하는 정치 · 사회적 상황 변화의 연속성을 제대로 파악하지 못한 데 기인한다고 판단된다.

등 세속적인 이익을 누가 더 많이 획득하느냐 하는 인간들 사이의 상호 경쟁 및 투쟁의 언어가 된 것이다. 그러한 수사학은 자식들을 남보다 잘나게 키우기 위한 교육을 필요로 하는 시민들의 수요를 촉발하여 그들 소피스트들을 인기 있는 '고액 과외교사'로 만들었다. 그들은 민주정의 핵심인 권력을 향한 자유 경쟁의 지적 수단을 제공한다는 의미에서 한편으로 당대의 민주정과 친화적이다. 하지만 다른 한편으로 그것은 '고액 과외'를 재정적으로 감당하지 못하기 때문에 그러한 교육에서 소외된 다수의 인간들, 바로 민주정의 주체인 대중에게는 불만과 질시와 혐오의 대상이 된다는 의미에서 민주정과 갈등이나 대립의 관계에 있게 된다. 다시 말해서 소피스트들의 지성 활동과 교육은 당대의 민주 정치에서 출세하기 위한 지적 수단을 제공하기 때문에 그것과 조화를 이루지만, 동시에 그러한 교육의 기회가 부유층 시민들의 자제들에게만 국한되기 때문에 민주 정치가 지향하는 평등성과 조화를 이루지 못한다는 의미에서 당대의 현실과 이율배반의 관계에 있는 것이다. 그런데 당대 현실과의 그러한 이율배반적 관계만이 소피스트 운동의 지성사적 실체의 전부는 아니다.

말하는 내용의 진리성이나 말하는 마음가짐의 진실성, 태도의 진지성 여부를 떠나, 무조건 사회적으로 잘나고 똑똑하게 '보이고' 다른 사람들에게 그렇게 평가받는 것 자체를 목적으로 하는 교육은 당연히 교육의 진정한 목적이 무엇이냐의 차원에서 반성과 비판의 대상이 될 수 있다. 다시 말해서 인간이 진정으로 잘나거나 똑똑하다는 것이 무엇인지에 대해 의문을 품고, 그와 같이 진정으로 잘나게 되기 위한 진정한 교육이 무엇인가를 나름대로 진지하게 모색하는 사람들은 어느 시대 어느 사회에나 존재할 수 있다. 그러한 사람들에게 세속적 목적의 성취를 교육의 최우선 목표로 설정한 소피스트 교육은 당연히 비판의 대상이 될 수 있는 것이다. 물론 그러한 반성과 비판을 나름대로 체계적으로 수행할 수 있는 사람은 소수일 수 있다. 그리고 같은 반성과 비판이라도 스스로의 정신세계 및 앎의 내용 자체를 반성적으로 깊이 검토하면서 자아의 진정성과 진실성을 추구하고, 그러한 반성적 검토와 자아 추구의 바탕 위에서 사회적 허식과 위선을 포함한 일반인들 정신세계의 허위의식을 비판할 수 있는 사람은 더욱 소수일 수 있다. 더 나아가 기존의 가치관과 관념을 정당화하는 기존의 이론들에 대해 엄밀하고 포괄적인 비판 작업을 철저히 수행할 수 있고, 그러한 비판 작업의 토대 위에서 새로운 삶의 이상 및 국가 생활의 새로운 이상을 체계적으로 제시함과 아울러 그러한 이상들을 구현시키기 위한 제도 및 법적 장치를 고안하는 사람은 더욱 극소수일 수 있다. 즉 기원전 5세기 후반에 전개된 희랍 지성사의 맥락에서 소피스트들에 대한 비판은 여러 가지 다양한 형태와 내용이 있을 수 있고 실제로도 그러했다. 하지만 그것이 어떠한 지적 내용과 수준의 비판인가는 전적으로 개개 지식인의 지적 능력에 따라 좌우되는 것이다.

기원전 5세기 후반의 희랍 세계에서 어떠한 성격과 지적 수준의 지식인이 출현하는가는 그 시대 인간의 의도나 목적 또는 능력을 초월하는 일종의 섭리에 속한다. 그리고 어떠한 성격의 지식인이 출현하는지, 또 그가 어떠한 내용과 수준의 학문 활동이나 교육 활동을 하는지는 그 시대까지 축적된 희랍 정신사 및 지성사의 전통과 아울러 당시의 역사적·정신적 상황에 의해 결정되는 것이다. 소피스트들의 지성 활동과 교육이 제기하는 이념과 현실 사이의 그러한 변증법적 상황이 기원전 5세기 말 희랍 지성사 흐름의 역동성을 구성한다. 희랍 지성사의 그러한 역동적인 맥락에서 철학자의 대명사로 불리는 소크라테스(기원전 469~399)라는 평민 출신의 인물이 그와 같은 섭리의 차원에서 등장한다.[25] 비록 정신 질

25 이미 널리 알려진 바와 같이 소크라테스는 아버지는 석공인 소프로니스코스

환이 시작된 시기의 작품인 『우상의 황혼 *Götzen-Dämmerung*』에 나타난 니체의 과도한 표현이긴 하지만, 그는 희랍 세계에서 '천민Pöbel' 출신이자 '못생긴hässlich' 사람으로서, 당대의 희랍인들에게는 '못생김hässlichkeit' 자체가 거부감Einwand의 대상이기 때문에 괴물Monstrum로 여겨졌던 사람들 가운데 유명하게 된 최초의 인물이다(Nietzsche, 1966: sec. 3~12 참조).[26] 그런데 그 이름의 유명함만큼 그 인물의 존재성, 즉 '그가 누구인지' 자명한 것은 아니다. 그것이 바로 '소크라테스 문제'의 핵심이다.

2. 소크라테스의 문제

〈책머리에〉에서 언급했지만, 이 시대의 한국에서 소크라테스의 이름을 운위하거나 그에 대해 논의하겠다는 것은 스스로의 지적 세계의 진부함을 고백하는 것과 다를 바 없을 수도 있다. 다시 강조하지만, 소크라테스 연구에 대한 그러한 학문적 비하나 부정적 또는 회의적 태도는 사상사나 철학사를 포함하여 지성사 연구의 본령은 물론이고 역사 연구 자체

Sophroniskos와 산파인 파에나레테Phaenaretē 사이에서 태어났다. 석공이나 산파란 당시에 'banausos'에 — 이 말은 명사로서 기술자 또는 수공업자tradesman라는 의미와 함께 형용사로서 '속물스러운' 또는 '천박한'의 의미가 있다 — 속하는 직업으로서, 그들은 계층 면에서 '제우기테스'에 속하는 하급 중산층 출신이라고 볼 수 있다.

26 참고로 니체의 초기 저작인 『비극의 탄생*die Geburt der Tragödie*』에서도 소크라테스는 비판의 대상이다. 하지만 1888년 출간된 『우상의 황혼*Götzen-Dämmerung*』에서와 같이 도덕이라는 이름의 퇴폐성décadence을 상징하는 인물로 간주된 일방적인 악평의 대상은 아니다. 전작에서 니체의 소크라테스에는 경모와 비판이 공존하며, "미학적 소크라테스주의äesthetischer Sckratismus"라는 표현에 함축되어 있듯이 그의 철학적 이상인 예술과 철학의 통합 가능성을 찾기도 한다. 그리고 앞에서 언급했듯이 소크라테스가 천민 출신은 아니다.

의 본령에 대한 이해 부족에 기인한다. 역사 연구 일반에서도 절대적으로 고정되고 객관화된 사실은 존재할 수 없으며, 끊임없는 새로운 역사 해석을 통해 역사적 사실 자체의 의미가 끊임없이 변화하고 새롭게 이해된다. 지성사나 사상사의 경우는 특히 그러하다. 그것의 연구 대상 자체가 지성적인 업적이나 사유 및 연구 활동 등 바로 인간의 정신세계이기 때문에, 그것들은 해석의 대상이면서 동시에 그러한 해석 행위 자체가 연구 대상이 된다. 이에 따라 연구 대상과 연구자 사이에는 끊임없는 정신적 대화가 존재하며, 그러한 대화가 바로 연구자 자신의 정신세계를 구성하는 것이다.[27]

따라서 소크라테스를 포함하여 고전적 또는 준準고전적 철학자들이나 지식인들의 지성 세계가 비록 이미 널리 알려져 있다 하더라도 그것에 대한 이해 수준에는 무한한 차이가 있다. 그리고 어떠한 이해 수준이든 그들의 위대한 정신세계를 나름대로 해석하고 새롭게 파악하려는 끊임없는 정신 활동을 떠나서 한 개인이 진정한 의미의 독자적인 정신세계를 형성하는 것은 불가능하다. 특히 소크라테스와 같이 서양 철학의 원류로 간주되는 인물의 경우는 더욱 그러하다. 소크라테스를 어떻게 경험하느냐가 한 인간 사유의 근본적인 틀을 좌우할 수도 있다는 야스퍼스Karl Jaspers의 언명은 결코 과장어법이 아닌 것이다(Jaspers, 1988: 125). 그런데 야스퍼스의 그러한 언명에 함축된 전언, 즉 소크라테스를 경험하는 방식이나 내용은 개인에 따라 무한한 변용을 가질 수 있음은 무엇보다도 소

27 해석 행위의 이러한 성격을 체계적으로 탐구하여 '철학적 해석학Philosophische Hermeneutik'으로 승화시킨 작업을 수행한 학자가 가다머Hans-Georg Gadamer(대표적으로 Gadamer, 1982)라고 할 수 있다. 가다머의 해석학 이념과 변증법 개념은 이 책에서 소크라테스와 플라톤의 변증법 개념의 발전에 대한 설명의 맥락에서 자주 참조되고 논급될 것이다.

크라테스라는 인물과 그의 사상의 성격 자체에서 연유한다.

서양 고전학classical philology 연구의 전통에서 '소크라테스의 문제the Socratic question'라는 정형화된 주제에 대한 오랜 기간에 걸친 논쟁과 축적된 연구 자체가 증언하고 있지만,[28] 소크라테스라는 인물은 여러 가지 의미에서 그 실체가 불분명하고 파악하기 어려운 존재이며, 그의 사상 또한 석가모니나 예수와 마찬가지로 자신의 저작을 글로 남기지 않았다는 사실 — 이러한 사실 또한 오랜 역사의 위작僞作 논쟁을 통해 확립된 것이다 — 등의 이유로 명확하게 규정하거나 체계화할 수 없는 성격의 것이다.[29] 한 소크라테스 연구가의 견해와 같이(마르틴, 2004: 17~20 참조), 플라톤의 대화편에 기록된 소크라테스의 일종의 자전적 고백, 즉 "가장 기이하고atopotatos 사람들을 당황스럽게 하는poiō tous anthrōpous aporein 사람"이라는(*Theaitētos*, 149a)[30] 표현이 그 인물의 성격에 대한 가장 적절한

28 서양 고전학계에서 제기된 소크라테스라는 인물 및 그의 사상과 관련된 문헌 자료상의 문제와 해석 논쟁에 관한 소개로는 대표적으로 Guthrie(1971: 5~57)와 Chroust (1945) 참조.

29 특히 대부분의 작품을 소크라테스를 등장시켜 저술한 플라톤의 철학과 그의 사상과의 관계에 대한 논쟁은 아직도 간헐적으로 지속되고 있다. 그러나 그 두 인물 사이뿐만 아니라 소크라테스와 안티스테네스Antisthenēs나 이소크라테스 등 다른 제자들과의 영향력 관계도 명확하게 규정하기는 어렵다. 아울러 그러한 규정 자체가 철학사나 지성사적으로 본원적인 중요성을 갖는 것은 아니라는 점이 이 책의 논의를 통해서 설명할 대목이기도 하다.

30 여기서 희랍어 'atopotatos'와 'aporein'은 우리말로 번역하기 어려운 말들이다. 전자는 'atopos'라는 형용사의 최상급이다. 이 형용사는 부정의 접두어 'a'와 자리나 장소를 의미하는 'topos'의 결합어로서, 말 그대로는 자리나 상황에 어울리지 않는 행위나 인물을 묘사할 경우에 사용된다. 그러한 의미가 전화하여 '어색한', '기이한', 경우에 따라서는 '괴상망측한' 정도의 의미도 갖게 되는데, 한 인물의 성격을 그러한 의미의 형용사의 최상급으로 표현한 점에 묘미가 있는 것이다. 참고로 미국의 대표적인 플라톤 연구가인 블라스토스Gregory Vlastos는 플라톤의 『고르기아스*Gorgias*』 494d에서 칼리클레스Kaliklēs가 소크라테스라는 인물을 규정한 언어로 사용한 'atopos'에 대한 최적의 영어 번역어는 'strange'가 아니라 'outrageous'라고 주장한 바 있다(Vlastos, 1991: 1 참

묘사라고 규정한 바도 있다. 이에 따라 소크라테스 연구에는 필연적으로 연구자 자신의 주관성을 배제할 수 없다는 입장(Guthrie, 1971: 29), 이와 더불어 또 다른 연구자의 고백대로 그러한 사실 자체가 소크라테스 산파술의 목표, 즉 연구자는 소크라테스에 대한 연구를 통해서 소크라테스가 아니라 연구자 스스로를 알게 된다는 논법 또한 제기된 것이다.[31] 앞으로의 논의를 통해서 좀 더 자세하게 설명될 개념이지만, 그러한 인물 규정은 소크라테스라는 인물 자체에 이미 그의 사상의 핵심적인 요소이면서 동시에 그의 대화 행위의 핵심적인 성격인 '아이러니irony(희랍어로

조). 그리고 이 'aporein'이라는 말 또한 전자와 마찬가지로 부정의 접두어 'a'와 본래는 강이나 시내에서 건널 수 있는 얕은 지점, 우리말로 '여울목'과 비슷한 — 같지는 않은 — 'poros'의 결합어이다. 따라서 이 말 자체는 물을 건너려 하는데 건널 수 없는 상황에서 느끼는 당혹스런 상태를 지칭하는데, 그러한 의미가 전화되어 기존의 사고 체계로는 이해할 수 없는 새로운 현상이나 지식에 접하여 일어나는 당황하고 혼란스러운 마음 상태를 지칭하는 의미를 갖게 되었다. 이에 따라 그 말의 명사형인 'aporia'는 플라톤 철학에서 앎의 과정에 필수적인 혼란과 당황의 상태를 지칭하는 심오한 개념어로 사용되게 된다. 두 희랍어 모두 부정의 접두어 'a'로 시작되면서 공간을 지칭한 말들이 심원한 의미를 형성하게 된 점에 묘미가 있고, 그러한 언어적 묘미와 희랍어 특유의 뉘앙스를 살리는 번역어의 발견이 어려운 것이다. 이 희랍어들의 독일어 번역과 관련해서는 독일학자 마르틴Gottfried Martin이 세밀한 논의를 제시한 바 있으므로 참고할 만하다(마르틴, 2004: 17~24 참조). 또한 참고로 서정주의 「마른 여울목」이라는 시는 비슷한 형상의 자연물과 관련하여 우리와 고대 희랍인이 바라보고 느끼는 상상의 세계 및 정감의 차이를 잘 나타내준다.

"말라붙은 여울바닥에는 독자갈들이 들어나고/ 그 우에 늙은 巫堂이 또 포개어 앉아/ 바른 손 바닥의 금을 펴어 보고 있었다./ 이 여울을 끼고는/ 한켠에서는 少年이, 한켠에서는 少女가/ 두 눈에 초롱불을 밝혀 가지고 눈을 처음 맞추고 있던 곳이다./ 少年은 山에 올라/ 맨 높은데 낭떠러지에 절을 지어 지성을 디리다 돌아 가고,/ 少女는 할수없이 여러군데 후살이가 되었다가 돌아간 뒤....../ 그들의 피의 소원을 따라 그 피의 분꽃같은 빛갈은 다 없어지고/ 맑은 빗낱이 구름에서 흘러내려 이 앉은 자갈들우에 여울을 짓더니/ 그것도 할일 없어선지 자취를 감춘 뒤/ 말라붙은 여울바닥에는 독자갈들이 드러나고/ 그 우에 늙은 巫堂이 또 포개어 앉아/ 바른 손바닥의 금을 펴어 보고 있었다."

31 베르세니L. Versényi의 고백. Guthrie, 앞의 책, 같은 곳에서 재인용.

eirōneia)'가 내재되어 있음을 암시하는 것이다.[32]

어쨌든 소크라테스라는 인물이 누구이고 그의 사상의 실체가 무엇인지에 대한 해석학적 논쟁이 현재까지도 계속되고 있는 주된 이유는 그에 관한 주요 정보를 제공한 고대의 저술가들이 오늘날의 학술논저 기술 방식에 익숙한 인물들이 아니었다는 사실에 있다. 즉 그토록 치열하게 엄밀한 사고를 추구한 플라톤을 포함하여, 크세노폰, 아리스토파네스, 아리스토텔레스 등등 고대의 지식인들이란 자신의 주장 및 이론과 다른 사람의 그것들을 엄격하게 구분하고, 글을 전개하는 과정에서 제시된 역사적·전기적 사실들을 입증하는 자료나 다른 사람들 주장의 근거가 되는 문헌들에 대해서 각주를 달고 소상하게 해명하는 학문적 관행이 체화된 인물들은 아니었다는 것이다. 일단 그 점에 소크라테스와 관련된 해석학적 논쟁의 문헌학적 원천이 있다.

그러나 역사적 인물로서 소크라테스가 누구인지 명확하게 파악할 수 없다는 것이 그가 누구인지 전혀 알 수 없다는 것을 의미하는 것은 아니다. 앞에서 언급한 플라톤, 크세노폰, 아리스토파네스, 아리스토텔레스 등이 제공한 그에 관한 문헌적 근거들 이외에도 여러 가지 단편적인 문헌들의 존재는 그의 인물이나 사상의 대체적인 성격을 파악하게 한다. 그리고 위대한 사상가일수록 — 바로 소크라테스를 독자적으로 해석하고 연구하면서 자신의 철학 체계를 확립한 플라톤이나 아리스토텔레스와 같

32 본디 영어의 'speak'와 같이 소리 내기의 측면이 강조되는 '말하다' 의미의 동사 'eirō'에서 파생된 말로서, 앞에서 언급된 희랍어 'rhētra'나 'rhēsis' 모두 이 동사에서 파생된 명사들이다. 이 말 자체의 어원에 대한 분석과 더불어 그것의 개념에 대한 분석이 아래의 논의에서 제시될 것이다. 참고로 아이러니스트로서의 소크라테스는 젊은 니체 특유의 시적 감흥의 형태로 다음과 같이 표현된 바도 있다. "오 신비에 가득 찬 아이러니스트여, 그 비밀이란 아마도 당신 자신의 아니러니?O geheimnisvoller Ironiker, war dies vielleicht deine — Irone"(『비극의 탄생』, "자기비판의 시도" sec. 1).

이 — 그 인물 및 사상의 성격은 고정적인 객체로서 주어져 있는 것이 아니라 끊임없는 새로운 해석과 이해의 대상이라는 앞에서 언급된 해석학의 일반론 역시 소크라테스와 관련해서도 다시 강조되어야 하는 것이다.

그런데 이보다도 더 중요한 점이 있다. 희랍 지성사 연구자로서는 실제적으로 소크라테스라는 인물에 대한 나름대로의 성격 규정 및 그의 사상에 대한 나름대로의 이해를 떠나서는 기원전 5세기 후반 및 그의 사후 기원전 4세기에 전개된 희랍 지성사나 철학사를 서술 또는 설명할 수 없다는 사실이다.[33] 바로 이 점에 소크라테스라는 인물 자체의 아이러니와 더불어 그의 지성사적 위치와 관련된 아이러니가 있는 것이다. 즉 분명히 역사적으로 존재한 인물이되 그 존재성을 명확히 규정할 수 없는 인물에 대해서 그 역사적 존재성을 나름대로 파악하고 적절히 규정하지 않고는 지성사적 서술 자체가 불가능한 것이다. 이에 따라 이 책에서도 소크라테스라는 인물과 그의 사상의 성격을 어떻게 나름대로 파악하고 적절히 규정하느냐가 일종의 불가피한 학문적 책무로 부과된다. 그러한 학문적 책무의 수행과 관련하여 소크라테스라는 인물 및 사상의 역사성 문제를 고전학계의 연구 결과를 토대로 탁월하게 비판적으로 평가, 정리한 거스리(Guthrie, 앞의 책, 특히 5~13 참조)의 서술을 간략하게나마 먼저 소개할 필요가 있다.

---

33 사실 예수 탄생을 분기점으로 하는 서력 기원 전과 후의 구분은 고대 희랍인들의 시간관과는 전혀 관련이 없다. 그들의 세계관 및 시간관을 대표하는 연대 표기는 '기원전' 776년에 시작된 올림픽 경기이며, '몇 번째 올림피아드olympiad'라는 표현이 그들에게 공통적인 시간의식의 표상이다. 따라서 독실한 기독교도인 로마 황제 테오도시우스 Theodosius 1세가 올림픽 경기를 폐지한 '기원 후' 393년이 적어도 시간의식 차원에서는 고대의 종언 및 중세의 시작으로 간주될 수 있다. 그런데 그들 희랍인들의 시간의식과는 아무런 관련이 없는 '기원전' 399년이라는 '세기의 전환기'에 소크라테스가 처형되었고, 그의 처형이 지성사적으로도 시대적 전환기에 해당한다는 사실에 바로 지성사적 아이러니가 있다.

거스리는 먼저 소크라테스의 가르침은 여러 문헌에 산발적으로 묘사된 그의 언행과 행적에 나타난 그의 인간성과 긴밀하게 연관되어 있다는 명제의 타당성을 확인한다(앞의 책, 6). 소크라테스의 경우를 떠나, 자신의 인간성과 분리된 언행이나 행적을 보인 인물의 가르침이란 — 그러한 인물에게 과연 경청하고 배울 만한 '가르침'이 있을 수 있는지도 의문이지만 — 역사학적 관심은 될 수 있어도 적어도 지성사적으로는 별도로 연구할 만한 가치가 없을 것이다. 아울러 거스리는 뒤프렐Eugène Dupréel이나 크루스트Anton-Hermann Chroust 등의 학자들이 대표적으로 제기하는 주장으로서, 소크라테스는 어디까지나 상징적이고 지성사적으로 영원한 인물은 되어도 그의 역사적 실재를 심각하게 고려할 인물은 되지 못한다는 논리를 반박한다(같은 책, 6~8). 즉 소크라테스는 그 이후의 지식인들이 각기 주관적으로 그를 어떻게 이해하면서 스스로의 사유 세계를 어떻게 형성했느냐의 차원에서만 의미 있는 인물이라는 주장은 잘못되었다는 것이다. 그러한 주장은 역사적 인물로서의 소크라테스에 대해서는 역사적으로 신뢰할 만한 기록이 없다는 이유, 다시 말해서 현존하는 문헌들에 나타난 소크라테스에 대한 진술들이란 그에 관한 역사적 사실에 대한 보고이기보다는 그의 제자나 추종자 또는 반대자들의 해석이자 그들의 정신세계를 통해 여과되어 있다는 이유, 그러한 진술을 제공한 저자들의 의도란 실제로 역사적 탐구가 아닌 그에 관한 전설이나 픽션을 만들려는 의도 이외의 다른 것이 아니라는 이유 등에 기초하고 있다는 것이다. 그런데 그러한 이유들이 설사 타당하더라도 그것들이 역사적 인물로서의 소크라테스를 재구성함이 불가능함을 의미하는 것은 아니라는 것이 거스리의 논점이다. 그러한 논점을 정당화하기 위해 그는 다음과 같은 논의를 제시한다.

일단 역사적 소크라테스를 증언하는 문헌들과 관련하여 거스리는 앞서 언급된 플라톤, 크세노폰, 아리스토파네스, 아리스토텔레스 이외의 것들로는 그의 추종자들 가운데 하나였던 아에스키네스Aeschines Socraticus 저작들의 편린들이 남아 있을 뿐이며,[34] 후대의 관련 문헌들에서도 플라톤이나 아리스토텔레스에서 인용된 것들 이외에 관심을 가질 만한 내용은 없다는 점을 확인한다. 그런데 그러한 문헌들 각각이 소크라테스에 대한 묘사 내용에서 불일치를 보인다는 사실이 역사적 인물로서의 소크라테스에 대한 지식 획득이 불가능함을 의미하지는 않는다는 것이다. 그러한 사실은 바로 소크라테스라는 인물 자체가 누구에게나 동일하게 나타나고 이해되는 단순하고 흥미 없는 존재가 아니라 복잡한 성격의 소유자라는 징표이며, 따라서 그를 접하는 사람들의 지적 능력이나 성향에 따라서 다르게 그려질 수밖에 없음이 당연하다는 것이다.

예를 들어 소크라테스가 플라톤과 크세노폰에 의해 다르게 묘사되고 있다는 사실은 각각의 묘사가 잘못되었다는wrong 것이 아니라 단지 불완전하다는incomplete 표현일 뿐이며, 각각의 묘사들은 모순되는 것이 아니라 상호 보완적일 수 있는 것이다(같은 책, 8~9).[35] 특히 중요한 점은 소

---

34 소피스트인 아에스키네스(기원전 397~322 추정)와는 다른 인물이며, 아티카의 한 구역 dēme인 스페토스Sphettos 출신으로서 생몰 연대 미상이지만 대체로 플라톤과 동시대의 인물로 간주된다. 소크라테스 추종자라는 의미에서 일반적으로 'Aeschines Socraticus'라 불린다. 그는 소크라테스가 등장한 7개의 대화편(*Alkibiadēs*, *Axiochos*, *Aspasia*, *Kallias*, *Miltiadēs*, *Rhinōn*, *Teleagēs* 등)을 저술한 것으로 알려져 있다. 그것들 가운데 *Alcibiadēs* 한 편만 어느 정도 그 전체 내용을 짐작할 수 있을 정도의 분량이 남아 있고, 나머지는 지극히 파편화된 문장들만 전해져 있을 뿐이다. 플라톤 연구 학자인 필드G. C. Field는 *Alkibiadēs*의 현존하는 부분 모두를 번역하고 그 내용과 아에스키네스의 다른 단편들을 토대로 소크라테스 문제에 대해서 논의한 바 있다(Field, 1967: 146~152).

35 이에 따라 — 소크라테스 해석의 역사에서 계속 반복되듯이 — 관련 문헌들에 대한 독해는 거스리의 요구와는 달리 하나의 문헌에 묘사된 소크라테스에 일방적으로 의존하거나 또는 그것에 좀 더 많은 비중을 두면서 하나를 위해 다른 것을 배제하거나 무시

크라테스 관련 기록에 관한 네 명의 권위자 모두가 스스로의 성격이나 정신적 자질 또는 취향 등을 충분히 알 수 있을 정도의 방대한 저작을 남기고 있으므로, 그들 저자들에 대한 지식이 소크라테스에 대한 저술 내용에 반영된 각 사람의 인상들을 비교하고 평가하면서 그의 실체를 밝혀내는 데 귀중한 도움이 된다는 것이다(같은 책, 9). 이 점은 특히 네 권위자 모두가 나름대로 자신의 독자적인 정신세계를 가진 인물들로서, 적어도 다른 사람의 저술이나 주장을 그대로 표절하거나 일방적으로 의존하는 수준의 지식인은 결코 아니라는 사실을 통해서 좀 더 확인될 수 있다. 결국 학술적으로 지극히 자명한 당위이지만, 소크라테스를 제대로 파악하기 위해서는 관련 문헌들 전체에 대한 종합적인 접근이 필요하다는 것이 거스리의 기본 논지인 것이다.

소크라테스의 실체를 파악하기 위해 거스리가 제기하는 해석학적 요구 자체의 타당성을 부인할 사람은 없을 것이다. 다만 실제적인 연구에서는 그와 같은 해석학적 요구가 의도한다고 해서 자동적으로 실현되는 것은 아니며, 언제나 한 차원 높은 종합적인 사고력을 필요로 한다는 점이 강조될 필요가 있다. 특히 한 연구자가 하나의 문헌에 결정적인 중요성을 부여하면서 다른 문헌들의 중요성을 무시하거나 그 역사적 또는 문헌학적 가치를 상대적으로 낮게 평가할 경우에도, 그러한 해석학적 행위가 맹목적으로 이루어지는 경우는 거의 없으며 나름대로의 학문적 근거를 가지고 행해지고 있다는 사실이 인지되어야 한다. 따라서 언제나 학문적으로 요구되는 것은 그러한 근거가 관련 문헌이나 자료에 대한 얼마

함으로 나타날 수 있다는 것이다. 거스리는 그러한 종합적 접근의 어려움을 표현하기 위해 또 다른 플라톤 연구가인 디에Auguste Diès의 재미있는 비유를 인용한다(같은 책, 9). 그 네 권위자를 사두마차의 말에 비유할 때, 그 사두마차에 올라타 네 마리 말 모두를 한 번에 부리려는 용기를 가진 학자가 거의 없다는 것이다.

나 깊은 독해와 포괄적인 판단의 결과인지 비판적으로 검토하는 것이다. 거스리는 실제로 그러한 비판적 관점에서 '크세노폰의 소크라테스는 플라톤의 소크라테스의 복제'라는 테제에 대해서(같은 책, 10), 그리고 20세기 초 영국의 학계에서 버넷John Burnet과 테일러Alfred Edward Taylor 등이 제기한 '플라톤이 소크라테스의 입을 통해 제시한 이론이나 주장들은 실제로 소크라테스가 생전에 말한 내용'이라는 테제에 대해서 그 근거가 박약함을 논증하려 노력한 것이다(같은 책, 31~32).

이 책에서 '호메로스의 문제'와 더불어 서양 고전문헌학의 오래된 논쟁들 가운데 하나이자 그것 자체만으로도 방대한 문헌이 연관된 '소크라테스의 문제'에 대해서 별도로 새롭게 논의하거나 검토할 필요는 없을 것이다. 그 이유는 무엇보다도 그러한 문제란 문헌에 담긴 문학적 직관이나 사상의 창의성이나 보편성 문제 또는 학문 및 문화·예술적 가치에 대한 평가가 중심이 아니기 때문이다. 대체로 위서僞書 문제 또는 한 문헌 전체 또는 특정 부분의 저자가 누구인지의 문제 등 문헌 자체의 진위성 여부의 문제, 누가 그것을 어떻게 읽고 이해했는지의 문제, 그것이 당대나 후대에 어떠한 영향을 끼쳤는지의 문제 등, 문헌들과 관련된 '사실들'에 대한 해명이 주요 과제인 문헌학자들에게는 앞에서 언급한 성격의 '소크라테스의 문제'가 의미 있는 논쟁거리일 수 있다. 그러나 그러한 문제는 문헌학 차원에서는 영원히 해결될 수도 없거니와,[36] 특히 철학사나 지성사적으로는 결정적인 중요성을 갖는 문제는 아니라고 지은이는 판단한다.

---

36 그러한 논쟁의 종결은 언뜻 작품의 저작과 관련된 소크라테스나 플라톤이 직접 고백한 문서의 발견을 통해 이루어질 수 있다고 생각할 수 있지만, 실제로는 그러한 문헌의 존재가 자동적으로 판단을 내려주는 경우는 없다. 일례로 존재론적 원리와 관련된 자신의 저술이 소크라테스의 것이라는 고백이 플라톤의 『제2서한』에 제시되어 있지만(*Epistle II*, 314c), 그 서한은 '대체로' 위서로 인정되기 때문에 그러한 진술 자체의 사실성이 부정되고 있는 것이다.

인류의 철학사나 지성사에서 이념이나 사상 또는 지식에 절대적인 창조자란 존재할 수 없으며, 세대와 세대를 이어가는 정신 · 지성 활동 속에서 연속 속 단절, 단절 속 연속의 흐름과 발전이 있을 뿐이다. 따라서 특정한 이념이나 사상 또는 지식의 창조자가 단정적으로 누구인가를 밝히는 작업은 실질적으로 성공할 수도 없을 뿐더러, 그것 자체는 본질적으로 지적 호기심의 대상은 되어도 학문적으로 그리 중요한 의미를 갖는 작업이 아닌 것이다.

어쨌든 지은이는 일단 '소크라테스의 문제'에 관한 한 기본적으로는 거스리의 그러한 비판적 태도와 설명 내용이 타당하다고 판단하며, 그것을 소크라테스와 플라톤의 관계와 관련하여 오랫동안 서양 고전학에서 논쟁의 중심에 있던 세 가지 해석을 나름대로 비판적으로 종합한 것으로 간주한다. 각각의 해석 또한 나름대로의 학문적 진지성과 치밀한 문헌학적 논증을 통해서 제기된 것이기 때문에, 각 주장의 요지만 간단히 소개하는 것에는 단순화에 따른 왜곡의 위험이 있을 수 있다. 그러나 이미 각 해석 논리 및 논쟁의 구체적인 내용은 잘 알려져 있기 때문에, 이 책의 제한된 목적상 여기서는 그러한 위험을 무릅쓰고 세 해석의 핵심적인 입장을 간략히 소개하면 다음과 같다. 첫째는 딜스Hermann Diels나 기곤Olof Gigon 등의 독일 학자들로 대표되는 것으로서, 소크라테스는 플라톤이 자신의 철학을 설파하기 위한 수단이며 단순히 플라톤 대화의 등장인물에 불과하다는 해석이다. 둘째는 버넷과 테일러 등의 영국 학자들이 대표하는 입장으로서, 플라톤은 소크라테스의 실제 발언들에 대한 충실한 기록자라는 해석이다. 셋째는 슐라이어마허F. D. E. Schleiermacher(1768~1834)로 대표되는 중간적인 입장으로서, 플라톤의 저작들에서 소크라테스의 철학을 전달하는 부분과 플라톤이 스승의 입을 빌려서 자신의 철학을 설파하는 부분이 구분될 수 있다는 해석이 그것이다.[37]

거스리의 입장은 기본적으로 슐라이어마허의 견해를 받아들이면서 동시에 그것을 넘어 소크라테스-플라톤의 관계를 철학사적 발전 맥락에서 파악하는 것이라고 할 수 있다. 즉 소크라테스에게서 미완성의 상태로 남아 있거나 잠재적 또는 맹아 형태로 제기되었던 철학적 사변들이 플라톤을 통해서 좀 더 완성되고 명시적인 형태로 발전한 것으로 파악한 입장인 것이다.[38] 지은이는 근본적으로 거스리의 입장을 공유하면서 동시에 그것의 한계를 극복하고자 한다. 지은이는 철학사 연구뿐만 아니라 진정한 의미의 '철학하기'는 그와 같은 철학사적 사유 발전에 대한 이해와 그러한 이해를 통한 비판적 '철학하기'에 있다고 믿는다. 그리고 이 책의 후속편에서 시도할 소크라테스와 그의 제자들의 관계에 대한 지성사적 서술도 철학사 연구와 '철학하기'에 대한 그와 같은 이해에 기초하고 있는 것이다. 이러한 맥락에서 위의 세 입장에 대한 지은이 자신의 견해를 밝혀둘 필요가 있다.

지은이는 일단 그러한 문제 제기 자체는 문헌학자들 특유의 꼼꼼한 고전 읽기의 표현이지만, 읽기를 넘어 요구되는 철학적 상상력의 부족에 기인하는 것으로 판단한다. 예수의 제자들에게서 발견되는 바와 같이, 위대한 스승의 말 하나하나를 맹목적으로 외우고 신봉하는 추종자의 경우에도, 그 외우고 신봉하는 행위 자체에 어떠한 수준이나 형태이든 스승과는 구분되는 자신의 사고 세계가 반영될 수밖에 없다. 녹음기를 그대로 틀

---

37 이러한 오래된 논쟁에 관한 간결한 정리로는 마르틴(2004: 21~30) 참조.

38 이러한 입장은 거스리가 독일의 플라톤 연구가 슈텐첼(Julius Stenzel, 1883~1935)의 다음 문구를 플라톤의 저작과 관련된 '소크라테스 문제'의 논의를 시작하기 위한 인용문으로 사용한 점에서 압축적으로 나타나 있다. "스승에 대한 감사는 바로 플라톤이 스승을 넘어 나아간 방식 이상의 더 아름다운 것이 있을 수는 없다Man kann einem Lehrer einen schöneren Dank nicht abstatten, als es Platon gerade tat, dass er so ueber ihn hinausging"(Guthrie, 1971: 29 재인용).

어놓는 것과 같은 스승의 언어에 대한 기계적인 반복이나 전달은 다를 수밖에 없는 개개인 정신세계의 본질상 불가능하다는 것이다. 플라톤의 경우 소크라테스의 말이나 행동이 그의 인생 항로를 결정한 전환점이 되었을 정도로 그의 스승의 지적 영향력이 그의 사고 세계의 형성에 결정적인 영향력을 끼쳤을 가능성은 크다. 그러나 일단 스승의 죽음 이후 전개된 그의 삶 전체를 조망할 때, 그의 사고 세계는 스승의 그것에 일방적으로 지배받기에는 너무나도 큰 것으로 보인다. 그는 독서 범위는 물론이고 사고 능력이나 정신세계가 너무나 넓고 깊고 풍부한 인간이다. 이러한 문제를 떠나 '소크라테스-플라톤' 관계의 문제와 관련된 문헌학자들의 해석 논리 자체가 여러 가지 결함을 내포하고 있다.

일단 딜스 등의 견해는 플라톤의 저작에 묘사된 소크라테스의 사상 및 행동과 동시대의 다른 문헌들에 묘사된 그것들 사이의 유사성과 차이성을 제대로 설명할 수 없는 근본적인 한계가 있다. 다시 말해서 플라톤의 저작에 등장한 소크라테스가 플라톤이 자신의 철학을 설파하기 위한 수단의 기능을 하고 있다는 해석은 분명히 가능하다. 하지만 그러한 사실이 플라톤의 소크라테스가 소크라테스의 인간성과 사상 전부를 나타낸다는 논리를 성립시키지는 않는다. 플라톤의 저작에 나타난 소크라테스와 다른 문헌들 속의 소크라테스가 유사성과 차이성을 공히 가지고 있다는 사실은 그 실체가 무엇이든 플라톤의 소크라테스와 구분되는 소크라테스 자신의 독자적인 철학의 존재를 결코 부정할 수 없게 만든다. 두 위대한 인물 사이의 철학사적 영향력 및 발전 관계를 떠나서는 결코 각 인물의 철학 자체를 이해할 수 없게 만드는 것이다.

버넷-테일러 테제의 경우에도 근본적인 한계가 있다. 그 한계는 해석 논리의 일관성과 관련된다. 그들의 논리대로라면, 『법률*Nomoi*』의 경우와 같이 소크라테스가 등장하지 않거나, 『소피스테스*Sophistēs*』, 『파르메니데스*Parmenides*』, 『티마이오스*Timaios*』, 『크리티아스*Kritiās*』 등의 경우와 같이 그가 등장하더라도 대화의 도입을 인도하는 지엽적인 역할에 그치는 저작들에 제시된 사상의 실제적인 창안자는 플라톤이 아니라 익명의 엘레아Elea 출신의 철학자, 파르메니데스, 티마이오스, 크리티아스 등으로 간주해야 할 것이다. 또한 『테아이테토스』에서 에우클리데스 Euklidēs의 경우와 같이 소크라테스의 대화를 전달하더라도 그것을 기록한 인물을 별도로 소개하는 형식의 대화편이나, 『파이돈』에서 파이돈Phaidōn의 경우와 같이 소크라테스와의 대화 내용을 회상하는 형식의 대화편의 경우에도, 실제적인 저자는 플라톤이 아니라 그들 전달자가 되어야 하는 것이다. 그와 같은 해석 논리가 성립할 경우, 다시 말해서 플라톤 저작들의 성격을 그 표면적인 기술에만 근거하여 파악할 경우, 플라톤은 단순히 소크라테스의 행적이나 연설 또는 그와 다른 철학자나 지식인들과의 대화들을 직접적 또는 간접적으로 기록한 사람에 불과할 뿐 독자적인 철학은 전혀 갖고 있지 못한 인물로 간주될 수밖에 없을 것이다.

물론 그러한 결론을 처음부터 무조건 배제할 이유는 없다. 만일 그러한 결론이 필연적이고 타당하다면 그것을 회피함이 비학문적인 것이다. 문제는 그러한 결론이 필연적이지도 않고 타당하지도 않다는 데 있다. 일단 버넷-테일러의 해석 논리는 플라톤 자신이 그의 동시대인들에게 단순히 다른 사람들의 철학이나 주장의 전달자가 아니라 분명히 소크라테스와는 구분되는 위대한 철학자로 숭상되었다는 자명한 사실에 직면하여 설득력의 한계를 드러낸다. 아울러 한 플라톤 연구가의 지적대로 (Field, 1967: 62), 플라톤의 그것과는 다른 철학 이념을 피력한 다양한 인간들이 소크라테스의 제자로 간주된다는 사실 자체가 플라톤의 소크라테스가 소크라테스의 세계 전부가 아니라는 사실을 뒷받침한다. 이 점은 위서가 아니라 플라톤 자신의 자전적 고백으로 일반적으로 인정되고 있는 『제7서한*Epistle VII*』의 내용이나 아리스토텔레스의 저작들, 그리고 플라톤과 관련된 다른 문헌들의 존재와 더불어 현재까지 확인된 역사적 · 지성사적 사실들이 증언하고 있다. 결정적인 단서로 간주하기는 어렵지만, 『제7서한』(324d~e)에서 플라톤이 소크라테스를 '선생님'이 아니라 "나의 연로한 친구 소크라테스philon andra emoi presbyteron Sokratē"로 묘사하거나, '정의가 무엇인지 탐구한 위대한 철학자'가 아니라 "당대에서 가장 정의로운 사람dikaiotaton einai tōn tote" 정도로 묘사하고 있는 사실도 이와 관련하여 참고가 된다. 그러한 묘사는 둘 사이의 관계뿐만 아니라 소크라테스 철학의 성격이나 수준이 무엇인지 참고할 만하다는 것이다.

플라톤이 설사 소크라테스의 언행에 대한 단순한 기록자에 불과하더라도, 그의 저작들에 묘사된 대화의 상황이 대체로 플라톤이 출생하기 전이나 어린 시절에 이루어진 것으로 설정된 것들이라는 사실 또한 당연히 주목되어야 한다. 당시의 소통 수단을 고려할 때 그러한 기록 행위 자체가 결코 범상한 수준의 지적 능력을 가진 인물로는 수행할 수 없는 작업인 것이다. 그와 같이 기록된 내용이나 문체 자체가 그 기록자를 결코 범상한 지식인이 아닌 체계적인 사고자이면서 동시에 문학적으로도 탁월한 인물로 간주하게 만든다는 것이다. 특히 소크라테스가 등장하는 대화편들 사이에는 문체상의 변화도 보이고,[39] 소크라테스가 대화를 주도하는 경우에도 대화 내용을 단순히 객관적으로 전달하는 방식의 — 대체로 위에서 언급된 대화편들 이외에 『라케스*Lachēs*』, 『리시스*Lysis*』 등 일반적

39 이에 따라 소위 '문체론stylometrics'에 의한 플라톤 저작의 분류법이 존재한다. 이에 관해서는 대표적으로 Brandwood(1992 및 1990) 참조. 이밖에 플라톤이 'mēn'이나 'de' 등 희랍어 불변화사particle의 사용 빈도 등을 토대로 플라톤 저작의 저술 선후 관계를 측정한 디텐베르거(Dittenberger, 1881)의 연구는 그 학문적 타당성 여부를 떠나 문체론적 접근의 고전적 연구이다.

으로 플라톤의 초기 저작으로 간주되는 대부분의 대화편들과 같이 — 묘사가 있는가 하면, 그러한 전달과 더불어 그의 내면세계를 묘사하는 방식의 대화편들도 있다는 사실이 방증하듯, 플라톤의 작품이 소크라테스의 언행에 대한 단순한 기록이라 할지라도 기록이라는 행위 자체가 여러 차원으로 나타나고 여러 차원에서 해석될 수 있는 것이다.[40] 그것은 소위 '역사 소설' 작가의 문학적 역량이란 표면적인 역사적 사실 자체를 왜곡하지 않거나 그것과 상충되지 않은 범위에서 역사적 사실 및 사건 속에 함축된 인간성의 근본 문제를 허구의 창조를 통해 해석해내는 능력에 있다는 점과 비견될 수 있는 것이다. 소크라테스의 행적이나 사상에 대한 플라톤의 묘사는 단순히 소크라테스의 것에 대한 객관적인 묘사가 아니라 그의 삶 자체 및 사상 내용이나 행적에 내포된 철학적 의미에 대해 플라톤 자신이 천재적인 통찰력을 통해서 독자적으로 해석하고 재구성한 것이며, 그러한 작업을 통해 소크라테스의 철학이 플라톤의 철학으로 변형 · 발전되어 나타난 것이다.[41] 그리고 바로 그 점이 그가 크세노폰 등 소크라테스의 다른 제자나 동시대의 다른 지식인들과 플라톤을 지성적 차원에서 구분해주는 요소이며, 또한 '소크라테스의 문제'에 대한 문헌학적 연

40 후자의 범주에 해당하는 대화편으로 『리시스』, 『카르미데스』, 『국가*Politeia*』를 들 수 있다. 지은이는 『국가』가 플라톤 저작의 대표로 간주될 수 있는 이유 가운데 하나가 그 철학 내용의 심원함이나 포괄성과 함께 그 전달 방식의 심오함과 미려함에 있다고 평가한다.

41 이러한 관점에서 지은이는 독일 학자 프리트렌더Paul Friedländer의 견해에 전적으로 동의한다. 소크라테스와 플라톤의 관계 문제에 대한 자신의 논의를 정리하면서 그는 다음과 같이 진술한다. "소크라테스가 질문을 제기한 후에 플라톤이 그에 대한 답을 제시했다고 말하는 것은 맞지 않을 것이다. 그러한 질문 — 명확성에 대한 요구 및 소크라테스라는 실존을 (질문의) 대상으로 전환시킴과 동시에 (플라톤이라는) 제자 또한 그러한 대상을 향하게 한다는 의미에서 — 속에 이미 뚜렷한 답이 함축되어 있는 것이다. 나아가 소크라테스의 삶 전체가 플라톤이 철학의 형태로 제시한 답인 것이다" (Friedländer, 1969: 136).

구의 근본적인 한계를 보여주는 것이다.

소크라테스와 플라톤의 관계에 대해 어떠한 입장을 취하든, 근본적으로 '소크라테스의 문제'에 대한 문헌학적 연구는 스스로 해명하고자 하는 문제에 대해 결코 최종적인 결론을 제시할 수 없다는 숙명적 한계를 지닌다. 소크라테스를 포함하여 플라톤의 저작에 등장하는 각각의 인물들은 어떠한 성격이나 내용의 것이든지 그의 이름을 통해 제시된 사상이나 이론과 — 나름대로의 창안자나 체계화한 인물 또는 소개자나 대표적인 주창자 등 — 분명히 관련이 있을 수 있다. 하지만 그들 각각이 절대적인 의미에서 자신이 제시한 사상이나 이론의 최초의 창안자는 아닌 것이다. 어떠한 사람의 사상이나 이론의 생성과 발전은 결코 다른 사람의 그것들에 대한 배타적인 독립 속에서 홀로 이루어지는 법은 없다. 개개인의 사고는 근본적으로 다른 사람들과의 끊임없는 직간접적인 사고의 교류 및 영향력 관계를 떠나 형성될 수 없는 것이다. 이 점은 가다머 해석학 이론의 핵심이기도 하지만,[42] 희랍 지성사의 맥락에서는 지은이도 『앎과 잘남』 1권의 서술 과정에서 그 점을 밝히려 노력한 바 있다.

어쨌든 중요한 점은 어떠한 사상이나 이론도 절대적인 의미에서 그것을 최초로 창안한 사람은 존재할 수 없다는 것이다. 따라서 소크라테스와 플라톤과 같이 스승과 제자라는 상호 영향의 관계에 있을 경우에는 특히 어떤 사상은 이 사람의 것이고 어떤 사상은 저 사람의 것이라고 엄밀하게 구분하는 것 자체가 불가능하며, 아울러 사상의 그러한 본질적인 속성상 그와 같은 구분의 시도가 문헌학적으로 흥미로운 탐구의 대상은 될 수 있어도 학문적으로 본원적인 중요성을 갖지는 않는 것이다. 정도

42 대표적으로 『진리와 방법』(Gadamer, 1982) 참조. 가다머는 그와 같은 교류 및 영향력 관계의 총체적인 기반을 '전통Tradition'으로 개념화한 바 있다. 특히 제2부 2장 1절 b) '이해의 조건으로서 선입견Vorurteile als Bedingungen des Verstehens' 참조.

의 차이는 있지만 어떠한 사상이나 이론도 필연적으로 그것이 속한 정신사적 전통 또는 앞선 시대나 동시대의 다른 인물들의 생각이나 관념과의 교류 및 영향력 관계 속에서 형성될 뿐더러, 그러한 역사적 · 정신사적 연관성을 떠나 그것의 출현을 이해할 수 없는 것이다. 그런데 역설적인 사실은 희랍 지성사에서 소크라테스 출현에 내포된 핵심적인 의미 또는 그의 지성사적 위상은 바로 개인의 존재 및 정신세계나 개인적 사고가 다른 사람의 사고 및 정신세계와의 교류를 통해서 형성된다는 것, 다시 말해서 개인적 정체성이나 주체성은 현대 철학의 용어로 타자성(altérité; alterity 혹은 otherness)에 의해[43] 규정된다는 인식에 있다는 것이다. 지은이

---

43 현대 철학에서는 대표적으로 레비나스Emmanuel Levinas에 의해 체계화된 개념이지만, 지은이는 그것에 근본적으로 새로운 것은 없으며 헤겔 철학의 근본 테제인 '동일성과 비동일성에 의한 동일성' 개념에 이미 예고되어 있는 것으로 평가한다. 레비나스의 대표적인 저작으로 *Alterity and Transcendance*(1999), *Time and the Other*(1987), *Totality and Infinity*(1969) 등 참조. 지은이는 레비나스의 타자성 이념은 '부분적으로' 그의 지적 후예라고도 할 수 있는 데리다Jacques Derrida의 언어학을 — 그의 용어로 문자학grammatologie — 통해 좀 더 포괄적인 지적 체계성을 획득하게 되었다고 판단한다. 다만 레비나스의 사상은 인간성에 대한 이해의 깊이 면에서는 데리다의 그것을 능가하지만, 타자성의 전제가 되는 주체의 문제를 제대로 설명하지 못하는 근본적인 한계를 지니고 있다고 평가한다. 그리고 그러한 한계의 근원은 일단 그가 현상학적 '삶의 세계Lebenswelt' 개념에 집착한 나머지 정통적 형이상학적 논제의 현실성 및 구체성과 더불어 칸트에서 헤겔에 이르는 근대 독일 철학의 주체 개념을 제대로 파악하지 못한 데 기인한다고 생각한다. 나아가 그의 궁극적인 한계는 이 책의 주제인 고대 희랍 철학에서 기원한 변증법 및 아이러니 개념을 깊이 천착하지 못함과 아울러 그것들이 그 이후 전개된 서양 철학사에서의 발전 과정을 제대로 이해하지 못한 데 있다고 판단한다. 이 점은 데리다의 경우에도 해당된다. 특히 데리다의 혁명적인 발상이자 소위 해체 철학의 바탕을 이룬다고 할 수 있는 논리, 즉 음성 언어에 이미 문자 또는 기호가 — 그의 용어로 'écriture' — 내재한다는 논리의 한계는 대화 및 변증법 개념과 아이러니 개념에 대한 이 책의 논의 과정을 통해서 부분적이나마 해명될 수 있기를 기대한다. 그 논의의 핵심을 미리 강조한다면 다음과 같다. 플라톤 철학에서 이미 철학하기는 본질적으로 끊임없는 해체의 — 데리다 해체 개념의 기원인 하이데거의 'Abbau' 개념에 더욱 특징적으로 나타나듯이 — 작업이자 동시에 해체를 넘어선 절대성을 향한

는 그것을 헤겔 철학을 원용하여 '개인적 정체성의 타자 규정성'으로 명명하고자 한다.

앞으로 이 책 전체의 논의 과정을 통한 설명의 대상이기도 하지만, 바로 '개인적 정체성의 타자 규정성'이 기원전 5세기 말 정치철학 등장의 지성사적 필연성을 포함하여 소크라테스와 플라톤의 사유 세계 전체 및 그 스승과 제자 사이의 철학적 발전을 이해하는 요체이다. 그리고 바로 그것이 교과서적으로 소크라테스의 언행과 철학을 압축적으로 상징하는 징표로 소개되는 '대화dialogos'와 '아이러니eirōneia'의 핵심적인 요소이기도 하다. 그것은 소크라테스 개인 차원은 물론이고 희랍 지성사 차원을 넘어 인류 지성사 차원의 보편성을 갖고 있는데, 왜 그러한지를 설명하기 위해서는 그 말의 출현 및 개념적 발전 과정에 대한 희랍 정신사 및 지성사 차원의 추적이 요구된다. 그것이 다음 4장을 구성한다.

통일의 작업이며, 바로 절대성을 향한 작업이기 때문에 철학은 본질적으로 '신비'의 영역으로 남을 수밖에 없다는 것이다.

제4장

소크라테스와 말, 대화, 아이러니

"행동은 쉽고 생각은 어렵다.
생각한 바에 따라 행동하기는 불편하다."[1]

- 요한 볼프강 폰 괴테

앞에서 언급했듯이, 대부분의 철학사 교과서들은 소크라테스의 철학을 소개하면서 대체로 대화와 아이러니를 그의 철학을 상징하는 말로 내세우는 경우가 많다. 그리고 대부분의 교과서들은 대화에 대해서는 '소크라테스 논박법Socratic elenchus'과 연관하여 나름대로 설명하지만, 아이러니에 대해서는 일종의 문학적 표현 방식으로 간주하여 그 의미를 직관 차원의 이해에 맡기는 경우가 많다. 그런데 앞으로의 논의를 통해 설명되겠지만, 정확하게 말해서 그것들은 소크라테스의 정신세계에서 철학적 개념이기보다는 삶을 통해 표출된 '언어 행태'이다. 그 언어 행태가 플라톤을 통하여 변증법dialektikē이라는 철학적 개념으로 승화 · 발전된다는 것이다. 이 점에 대한 논의를 시작하기 위해 먼저 편의상 그의 대화 개념과 관련된 대표적인 교과서적 설명을 소개할 필요가 있다. 그것은 바커Earnest Barker의 간략한 설명으로서, 비록 오래전에 출간된 것이지만 소

1 "Handeln ist leicht, Denken schwer; nach dem Gedanken handeln unbequem." Johann Wolfgang von Goethe, *Wilhelm Meisters Lehrjahre*(빌헬름 마이스터의 수업시대).

크라테스에서 대화의 의미에 대한 일상적인 이해를 대변한다.

플라톤 이전 정치사상사의 흐름과 관련하여 소크라테스, 그리고 크세노폰, 이소크라테스, 견유학파, 회의학파 등 소위 '군소 소크라테스주의자들'에 대해 논의하는 장에서, 바커는 소크라테스 "특유의 방법"이라는 변증법에 대해 다음과 같이 설명한다(Barker, 1918, chap. 5)[2]. 바커 특유의 영어 표현 때문에 번역이 오히려 이해를 저해할 수 있고, 이하 본문의 논의 과정을 통해 의미를 해설할 것이므로 먼저 원문 그대로를 제시하면 다음과 같다.

> "The method is the method of dialectic. In place of the Ionic method of adumbration, in cryptic prose or riddling verse, of results already obtained; in place, again, of the sophistic method of ordered argument of topics according to a set scheme in an eloquent discourse, Socrates pursued the method of question and answer, and he pursued it everywhere and among all sorts of men. It was a definite method, as much (we may almost say) as the scholastic method of the Middle Ages: there were rules for the adoption of the theme of discussion, and rules for the relevant answering of questions. It was a method of unpleasant for the victim, and a method which might become merely eristic, turning to argument in any direction for the sake of argument; but it was, all the same, in the hands of Socrates, a

2 그의 서술은 바로 교과서적이라고 규정될 정도로 간단하며, 소크라테스를 통한 정치철학의 태동과 플라톤에 의한 정치철학의 형성을 매개하는 그들 군소 소크라테스주의자들이 갖는 지성사적 필연성 및 그 구체적인 현실적 역동성을 충분히 설명하지 못하는 근본적인 한계를 갖고 있다. 이 책의 목적 가운데 하나가 그러한 결함을 보충하는 데 있기도 하다.

genuine organ of truth." (앞의 책, 100~101)

위의 인용문에서 '윤곽 그리기adumbration'로 규정한 이오니아식the Ionic 방법이란 근본적으로 문학의 이름으로 통용되는 방법이라고 할 수 있다. 그것은 '이미 존재하는 것으로 인지된of results obtained 사물들에 대한' 이해를 그것들과 관련된 상징이나 직유와 은유 등을 사용한 묘사와 서술을 통해 접근하는 방식을 의미한다. 그리고 소피스트들의 방법이란 사물에 대한 한 개인의 이해를 "주장 형식의 체계적인 서술 방식으로 설득력 있게 개진하는 방식으로서ordered argument of topics according to a set scheme in an eloquent discourse", 그러한 주장의 근거나 타당성을 뒷받침하는 사실을 제시하거나 혹은 그것과 다르거나 모순되는 다른 사람의 주장을 논박하는 형태로 이루어진다.

소크라테스의 변증법은 일단 바커가 위에서 지적하듯이 — 그리고 일반적으로 잘 알려져 있듯이 — 다른 사람의 주장에 대해 논박하는 방법이다. 그것은 '귀류법reducio ad absurdum'이라는 용어로 정형화된 바와 같이, 다른 사람이 제기하는 주장의 성립 근거나 전제를 검토하면서 그 주장 자체가 자기모순에 이르게 됨을 밝히는 방법이다. 소크라테스에게 그것은 "진리에 도달하기 위한 진정한 도구a genuine organ of truth"이지만, 그러한 방식에 "당하는 사람the victim" 대부분에게는 자신의 의견이 공개적으로 논박당하는 망신이나 명예의 실추로 받아들여지기 때문에, 깨달아 기쁜 게 아니라 "기분 나쁜unpleasant" 경험이 될 것이다.

소크라테스의 변증법을 기본적으로 진리를 추구하는 방법이자 상대방의 잘못된 주장을 논박하는 방법으로 규정한 바커의 진술에 틀린 것은 없다. 다만 소크라테스 스스로는 사물에 대한 자신의 이해 방식을 변증법dialektikē이라는 학문의 '방법'으로 개념적으로 명확하게 규정하여 사용한 것으로 보기는 어려우며, 오직 대화dialogos라는 인간들 사이의 일상적인 말의 소통 방식을 '즐긴' 것이라는 사실을 바커의 진술은 제대로 설명하지 못하는 한계가 있다. 이러한 비판의 근거는 특히 플라톤의『국가』6권에 체계적으로 제시된 변증법 개념에 대한 설명이 소크라테스 언행의 기록이기보다는, 소크라테스를 등장인물로 사용하여 원숙기에 이른 플라톤 자신의 철학적 사유의 극적인 재구성으로 보는 것이 타당하다는 지은이 나름의 해석에 있다. 왜 그러한 해석이 타당한지는 앞에서 제시된 '소크라테스의 문제'에 대한 설명을 통해서 부분적으로 해명되며, 궁극적으로는 이 책 전체의 논의를 통해서 해명될 것이다. 어쨌든 변증법에 대한 바커의 그러한 간단한 설명은 소크라테스의 대화에 함축된 생생하고 구체적인 삶의 역동성과 더불어 그것의 정신사 및 지성사적 의미를 충분히 파악하지 못한다는 근본적인 한계도 가지고 있다. 그러한 한계를 극복하기 위해서는 'dialogos'의 의미를『앎과 잘남』1권에서 희랍 정신사 및 지성사의 발전 맥락에서 '말'이라는 말 자체의 의미 변화 과정에 대한 설명으로 제시한 'mythos', 'epos', 'logos', 'rhētra'라는 말들과의 연관 속에서 검토할 필요가 있다. 그와 같은 설명 맥락에서 '대화'와 '아니러니' 사이의 필연적인 개념적 연관성도 밝혀지게 된다.

1. 말과 말의 결합으로서 말: 말하기의 사회성과 대화

현대 철학에서는 야스퍼스, 하버마스, 아렌트 등의 언어철학 및 소통 개념을 통해 부활하고 있지만, 한 개인의 생각이란 오직 자신만의 것이 아니라 타인의 생각에서 비롯되고, 타인의 생각과 공유하며, 타인의 생각에 대한 반응이나 그것과의 교류 속에서 형성 및 변화·발전이 이루어진다는 자각이나 인식이 인류의 정신 속에 처음부터 존재했던 것은 아니다. 일단 그러한 자각이나 인식이 나타나기 위한 전제 조건은 나의 생각이나 정신세계는 타인의 그것과는 다르다는 개인적 자아의식의 형성이며, 동시에 나의 사고 내용은 나 스스로 생각해낸 것이라는 의식, 즉 자신의 사고 내용에 대한 소유의식 또는 '작가의식authorship'의 형성을 전제로 한다. 그러한 개인적 자아의식 및 '작가의식'이 형성될 경우에만, 개인에게는 자신이 속한 공동체나 사회적 유대 관계에 무조건적으로 또는 일방적으로는 종속되지 않는 독립적인 존재라는 개인적 자존의식도 형성되는 것이다. 자신의 존재가 독자적이고 개별적이라는 자의식 없이 다른 사람의 존재를 의식한다거나 다른 사람에 대한 반응을 운위한다는 것은 무의미할 것이며, 자신의 정신세계의 독자성이나 개별성에 대한 자의식 없이 다른 사람의 정신세계와의 교류나 그로부터의 영향을 운위함도 무의미할 것이다.[3] 자신의 독자성이나 개별성에 대한 자의식 없이 이루어지는 타인에 대한 행동이나 타인과의 교류는 주체나 타자의 구분 자체를 무의미하게 만들며, 그러한 행동이나 교류란 뉴턴 물리학의 물체 운동과 같이 단순히 무차별적인 개체들 사이의 외면적인 작용-반작용 운동에 지나지 않는 것이다.

『앎과 잘남』 1권에서는 그와 같은 개인적 자아의식, 작가의식, 개인적 자존의식의 형성 및 발전 과정과 연관된 희랍 정신사 및 지성사의 흐름

---

3 중국 지성사에서는 소크라테스-플라톤보다 100여 년 이상 앞서 이러한 인간관계의 도덕성 문제가 공자孔子(기원전 551~479)를 통해 제기된 바 있다. 『논어論語』「자로子路」편의 "君子和而不同 小人同而不和" 문구가 대표적으로 그러한 문제의식의 표현이다. 다만 중국 지성사는 희랍 지성사와는 달리 이 문제가 영혼의 본질 문제와 더불어 자아나 주체의 개념에 대한 깊은 성찰을 기초로 체계적인 정치철학으로 승화 · 발전되지 못한 아쉬움이 있다. 고대 희랍의 지식인들이 추구한 이 문제에 대한 철학적 성찰의 내용이 이 책의 희랍 지성사 서술 및 설명의 주요 대상들 가운데 하나이다.

을 '미토스mythos', '에포스epos', '로고스logos', '레트라rhētra' 등의 — 희랍어에서 모두 '말'을 의미하지만 언어 행위의 각각 다른 의미 및 측면을 갖는 — 말들을 중심으로 자세하게 설명한 바 있다. 간단히 요약하자면 그러한 서술 및 설명은 개개인의 개별성이나 언어의 주체가 드러나지 않는 공동체적 언어인 '미토스mythos', 화자의 생각이나 의도가 분명히 드러나는 언어인 '에포스epos', 언어의 개별적인 주체 및 작가의식의 존재와 더불어 그러한 주체의 사고 작용인 계산과 헤아림과 판단이 나타나는 언어인 '로고스logos', 로고스의 언어이면서 동시에 타인 앞에서 자신의 존재를 드러내거나 과시하는 언어인 '레트라rhētra' 등, 말 자체의 의미 내용의 차이 및 어떠한 성격의 말이 한 시대를 지배하는가에 따라 희랍 정신·지성사의 근원적인 변화가 파악될 수 있다는 것이었다. 그러한 맥락에서 바로 미토스mythos의 언어로서 희랍 신화, 에포스epos의 언어로서 호메로스와 헤시오도스의 서사시에 나타나기 시작한 개인적 자아의식 및 작가의식의 형성·발전 과정, 아르킬로코스나 티르타이오스 등의 시elegeia; elegy에 나타난 개인적 자아의식 및 작가의식의 뚜렷한 부각, 자연철학자들의 연구 및 교육 행위에 나타난 로고스적 언어의 발전, 그러한 로고스적 언어의 인문학적 외연이자 민주정의 발전이라는 정치사적 맥락에서 등장한 소피스트 운동이 주도한 수사학rhētorikē의 언어인 레트라가 기원전 5세기 후반의 아테네 사회를 지배하는 현상을 설명했다.

소크라테스 언어 행위의 특징인 대화와 아이러니, 그리고 일반적으로 그의 철학 전체를 상징하는 문구로 사용되는 '너 자신을 알라Gnothi Seauton'라는 격률의 출현은 당연히 그와 같은 희랍 정신·지성사적 맥락에서 이해되어야 한다.[4] 앞으로의 논의를 통해서 구체적으로 설명되겠지

4 이 유명한 격률은 일반적으로 잘 알려져 있듯이 델포이Delphoi 신전 앞에 새겨진 경구

만, 소크라테스 철학의 등장이라는 희랍 지성사 혁명의 핵심적인 의미는 바로 개인적 자아의 존재성 자체 그리고 한 개인의 정신세계나 사고 내용이 오직 개인만의 것이 아니라 타인의 존재 및 정신세계에서 비롯되고, 타인의 생각과의 상호 작용과 교류 속에서 형성 · 발전된다는 자각에 있다. 간단히 말해서 그것은 언어 자체의 사회성에 대한 자각이자, 개인적 자아 자체가 본원적으로 사회적이라는 사실에 대한 자각을 의미한다. 이 책의 후속편에서 다루어질 크세노폰 등 소크라테스의 군소 제자들, 그리고 이어지는 이소크라테스의 철학과 플라톤 철학의 등장 및 발전의 지성사는 그러한 소크라테스적 자각에 함축된 철학 및 정치철학적 의미를 각각 다르게 이해하고, 둘 사이의 지적 대립 속에서 그것을 각각 다른 차원 및 규모의 철학적 체계로 발전시키는 과정으로 해석될 수 있는 것이다. 이 절에서 희랍어 'dialogos'라는 말 자체의 의미부터 검토할 필요가 있는 이유도 바로 그러한 지성사적 해석의 근거에 대한 설명과 연관된다.

희랍어 'dialogos'는 영어 'dialogue'의 어원이자, 한자어로 '대화' 그리고 순우리말로 '댓말' 또는 '말대거리'로 — 조금 어색하게 느껴질 수도 있지만 — 번역될 수 있는 말이다. 그것은 'dia'와 'logos' 두 말의 합성어이다. 접두어 'dia'와 결합된 희랍어는 무수히 많은데, 현존하는 문헌들 가

이자, 소크라테스 훨씬 전에 이미 솔론Solon이 제시한 많은 도덕적 경구들 가운데 하나로도 알려져 있다. 지성사적으로 중요한 점은 누가 어떤 말을 처음 했느냐가 아니라 특정한 말의 개념적 의미를 얼마나 깊이 체계적으로 파악했느냐에 있다. 앞으로 이 책의 논의를 통해서 보여줄 점 또한 이 격률이 전통적인 관념 수준을 넘어 소크라테스나 플라톤의 지적 사변을 통해서 어떻게 철학적으로 승화되고 체계화되었는지에 있다.

운데 'dialogos'라는 말이 최초로 나타난 플라톤의 『소피스테스*Sophistēs*』에서 저자는 그것을 서술어로 사용하면서 별도의 특별한 설명을 부기하지 않고 있다. 그러한 사실로 미루어볼 때 이 말 자체가 플라톤 자신의 조어는 아니며 그 이전에도 사용된 것으로 보인다. 그러한 어원상의 문제를 떠나, 그 말은 일단 접두어나 전치사로서, 영어의 'through'와 같이 어떠한 일을 추구하는 방식이나 방법 또는 어떤 방식의 추구가 일관되고 철저하게 '제대로' 이루어진다는 의미를 함축한 'dia'라는 말과, 위에서 언급한 바와 같이 헤아리며 계산하고 판단하는 사고 행위의 주체가 명확히 드러나는 말을 지칭하는 'logos'의 합성어이다.[5] 따라서 이 희랍어 자체 또한 말을 의미하면서 동시에 '말을 통해서dia logos 이루어지는 말', 즉 말과 말의 결합을 통해 이루어지는 말 또는 '어떤 주제에 대해서 끝까지 제대로 하는 말'이라는 의미가 함축되어 있다. 그리고 그러한 의미는 이 말이 최초로 등장한 플라톤의 『소피스테스』의 관련 문장을 검토할 경우 확인된다.

플라톤의 전체 대화편들 가운데에서도 이 'dialogos'라는 말 자체가 — 앞으로 좀 더 자세히 설명하겠지만 변증법으로 번역되는 'dilaektikē'라는 말과 일단 구분하여 —[6] 직접 등장하는 곳은 『소피스테스』가 유일하다.

---

5 『앎과 잘남』 1권에서 설명한 바 있지만, 라틴어 동사 '생각하다' 의미의 동사 'sapio'가 본디 '냄새 맡다'라는 감각적인 언어에서 기원하여 사물을 분별하고 생각한다는 의미로 전화한 것과 비슷하게, 'logos'의 동사형 'legō'도 본디 '줍다'라는 감각적 행위를 지칭하는 말이 전화하여 분별하고 헤아리며 계산하고 판단하는 행위를 지칭하는 말로 발전한 사실이 흥미롭다. 언어의 변화 속에 사물에 대한 인식의 변화와 더불어 감각적이고 구체적인 행위에 내포된 개념적이고 추상적인 의미가 명시화되는 과정이 나타나 있는 것이다. 앞으로 설명되겠지만 이 점은 단순히 언어의 차원을 넘어 플라톤의 철학, 특히 그의 변증법 개념을 이해하는 데 중요하다.

6 영어 'dialectic'의 어원인 희랍어 'dialektikē'의 말 그대로의 의미를 정확하게 살린 번역어는 '변증법'이 아니라 '대화법'이다. 그리고 그렇게 번역될 경우에만 그 말과

그리고 그것에서도 단 두 곳에서만 같은 문장이 반복되면서 이 말이 등장한다. 『소피스테스』는 플라톤의 인식론이 집약된 대화편으로, 여기서는 그 전체적인 내용을 떠나 'dialogos'라는 말이 등장하는 그 문장만을 별도로 인용할 필요가 있다.

> "그렇다면 생각dianoia과 말logos은 같네. 단지 영혼psychē이 자신과의 내적인 소리 없는 대화dialogos인 전자에게 생각이라는 특별한 이름이 부여된 것일 뿐이네." (*Sophistēs*, 263e; 264a)[7]

일단 위의 인용문에서 주목되는 점은 dialogos의 의미가 첫 문구에 제시된 'dianoia=logos'의 등식을 해명하는 형식을 통해 설명되고 있다는 사실이다. 따라서 'dianoia'라는 말의 원초적 의미부터 검토할 필요가 있다.

이 말은 일반적으로 '사고thought', '지성intelligence', '이해understanding'로 번역되는데, 이 말 자체가 처음부터 그러한 개념적인 의미를 갖는 것은 아니다. 그 말 자체는 앞에서 언급된 'dia'라는 말과, 호메로스에도 등장하는 'nous'라는 말의 변형으로서 그것이 작동하는 상태를 지칭하는

'dialogos'의 개념적 관계도 명확하게 나타날 수 있다. 희랍어 '~tikē'는 대체로 'technē(기예)'를 지칭하는 어미이고, 앞으로 이 책의 논의를 통해서 자세히 설명되겠지만 그 'technē'라는 말은 소크라테스-플라톤을 통해서 약간 가치 비하의 의미가 함축된 '술術'에서 법法 또는 '도道'의 의미로 승화되어 사용되었으므로, 플라톤의 경우 철학의 완성이자 지성의 최고의 경지를 의미하는 'dialektikē'는 '대화법'으로 번역해도 무방하다. 다만 19세기 서세동점 시기에 서구의 다른 여러 학술용어들의 번역 과정을 통해 한자문화권에 유입된 '변증법'이라는 말이 이제는 'dilectic'의 번역어로 정착되어 있고(『앎과 잘남』 1권 47쪽 각주 참조), 한자문화권에서 '술'은 아직 어느 정도 가치 비하의 의미가 함축되어 있기 때문에 이 책에서는 '변증법'이라는 번역어를 그대로 사용하기로 한다. '대화'에 함축된 개념적 의미가 어떻게 해서 '변증법'이라는 심오한 개념으로 승화되어 나타나는지에 대한 설명이 이 책의 주요 논제들 가운데 하나이다.

7 264a 부분에서는 단지 "내적인entos 소리 없는aneu phonēs"이라는 말이 생략되어 있다.

추상어인 'noia'라는 말의 결합어이다. 'nous'라는 말은 호메로스에서도 인지하고 판별하는 행위를 하는 마음을 지칭하며, 그러한 행위를 포괄하면서 신진대사와 생식生殖 행위 그리고 불끈하는 기백의 작동 등 생명력 일반을 지칭하는 'psychē'의 하위 개념이다.[8] 따라서 'dianoia'는 원초적으로 'nous'의 활동이 '제대로dia' 이루어지는 상태를 지칭하는 말이라고 할 수 있으며, 그러한 상태는 바로 헤아리고 판별하는 말들의 활동, 즉 '미토스mythos'나 '에포스epos'나 '레트라rhētra'가 아닌 '로고스logos'의 언어로 나타나는 마음의 활동인 것이다. 위의 인용문에서 소크라테스가 생각과 말은 같다고 한 진술은 일단 이러한 맥락에서 이해될 수 있다. 그리고 그 이하의 문장은 그것에 대한 부연 설명이라고 할 수 있다. 즉 그러한 마음의 활동이 '제대로' 이루어지려면 말logos을 행하는 궁극적인 주체인 영혼이 말을 일방적으로 내뱉는 것이 아니라 자신의 말이나 다른 영혼의 말을 제대로 헤아리고 판별하는 말을 해야 한다. 그와 같이 스스로가 스스로의 말을 통해 이루어지는 자아 내적인 말의 교류가 'dianoia'라면, 타인과 말하면서 그의 말을 통해서 헤아리고 판별하는 외면적인 행위가 'dialogos'인 것이다. 따라서 내적인 생각이든 외면적인 대화의 형태이든 제대로 헤아리고 판별하는 모든 사고 행위는 'dialogos', 곧 '생각에 대해 생각하기'일 수밖에 없는 것이다.[9]

---

8 각각 'logismos', 'epithymia', 'thymos' 등으로 구분되는 'psychē'의 이러한 요소들의 존재는 호메로스에도 나타나며 일반 희랍인들의 의식 속에도 인지되고 있지만, 특히 플라톤이 『국가』에서 세 계층의 존재 및 올바름dikaiosynē; justice의 실체에 대한 논증과 관련된 인성론적 논의의 핵심을 이룬다. 이에 대해서는 이 책의 후속편에서 플라톤의 정치철학을 논의할 때 좀 더 구체적으로 설명될 것이다. 'psychē'의 번역어로는 한자어 '영혼'보다는 순우리말인 '얼'이 더 적합하지만, 현재 우리말 사용의 관행에 따라 영혼이란 번역어를 그대로 사용하기로 한다.

9 이 점이 〈책머리에〉에서 인용한 바 있는 아리스토텔레스의 『형이상학』의 문구, 즉 '생각noēsis'이란 '생각함을 생각하기noēseōs noēsis'라는 문구의 핵심적 의미이기도 하다.

결국 'dialogos'라는 말의 등장은 단순히 말을 지칭하는 또 하나의 말의 조어가 아니라 로고스logos라는 말에 잠재된 의미의 세계가 'dialogos'라는 새로운 말을 통해서 명시적으로 드러남을 의미한다. 로고스라는 말로 표현되는 모든 헤아림과 판별의 정신 활동은 바로 'dialogos'라는 말을 통해서 그 본질적인 요소와 성격이 규정되는 것이다. 다시 말해서 헤아리고 판별하는 로고스의 언어를 사용하는 주체의 사고에는 마찬가지로 로고스의 언어를 사용하는 다른 주체가 헤아리고 판별한 결과인 로고스의 언어를 다시 헤아리고 판별하는 로고스적 사고의 상호 작용이 필연적으로 발생한다. 그러한 과정에서 새로운 사고가 창출되고 각각의 로고스적 사고는 스스로의 사고의 세계를 새롭게 형성한다는 사실에 대한 자각이 'dialogos'라는 말의 등장에 함축되어 있는 것이다. 이와 더불어 한 개인의 로고스적 사고가 수행하는 헤아림이나 판별의 행위가 아무리 정확하고 치밀하더라도, 그것이 다른 사람의 로고스적 사고와의 교류를 통한 상호 작용이 없을 경우 그 진리성은 검증되지 못하고 편벽된 독단에 머문다는 사실에 대한 인식 또한 'dislogos'라는 말의 등장에 수반되어 있는 것이다. 즉 정신의 진정한 발전을 위해서는 개인들이나 집단들 사이의 말의 자유로운 상호 교류라는 소통의 개방성을 통한 사고의 자유로움 및 보편성의 추구가 요구된다는 깨달음이 'dialogos'라는 말의 등장에 병행되고 있는 것이다. 그리고 그것이 바로 20세기에 이르러 야스퍼스를 통해 새롭게 개념화된 "실존적 소통"의 원형인 것이다(Jaspers, 1969).[10]

그 문구에 함축된 의미의 광대함은 이 책 전체를 통한 해명의 대상이다.

10 그런데 야스퍼스의 '실존적 소통' 개념은 플라톤의 대화 개념에 대한 비판을 통해 제기되었다는 사실이 주목된다. 그 비판의 핵심은 플라톤의 대화는 바로 실존적 소통이 없이 사유와 지식의 대화적 구조만을 표현한 데 있다는 것이다. 그러한 비판은 플라톤의 대화에 전제된 소위 '실존성'을 제대로 파악하지 못한 데 기인한 잘못된 해석이라는 것이 지은이의 판단이다. 이 점은 오래전에 프리트렌더(Friedländer, 1969: 231)도 지적한

따라서 희랍 정신사 및 지성사에서 'dialogos'라는 말의 등장은 로고스의 등장에 이은 또 하나의 혁명적인 사건이다. 그것은 자연철학의 등장과 더불어 본격적으로 전개된 합리성의 언어인 로고스의 언어 자체도 독단적이 되고 우상 숭배의 대상이 될 수 있는 위험성에 대한 자각이기도 하다. 즉 본디 자연물에 대한 인간의 순수한 태도의 발현이었던 '미토스'의 언어인 신화가 지배 질서의 일부가 되는 종교가 되면서 우상 숭배의 언어로 변질되듯이, 그 로고스의 언어도 우상 숭배의 대상이 될 수 있다는 사실에 대한 자각인 것이다. 이에 따라 그것은 자연철학의 전통만이 아니라 서사시와 서정시 및 비극 등의 형식을 통해 작가들 나름대로 개별적으로 추구했던 인간성에 대한 문학적 탐색들이나 소피스트들의 인문학적 연구 및 인간성에 대한 그들 나름의 합리적 성찰 등 인간의 지성 활동 전반에 대한 본격적인 비판이 시작되고 있음도 의미한다. 그런데 그와 같은 자각과 깨달음 또는 비판의 가능성이 그 말의 등장에 내포되어 있다는 것과 그러한 가능성이 명시적으로 인식되고 실제로 구현되고 있다는 것은 별개이다.

일반인들의 대화란 대체로 통속적인 화제들과 관련된 '수다 떨기'라고 할 수 있다. 이 점은 사투리나 방언을 의미하는 영어 'dialect'도 'dialogos'와 같은 어원에 속한다는 사실에도 암시되어 있다.[11] 사회적 교양인들의

바 있는데, 플라톤의 대화에 전제된 '실존성'의 의미는 이 책의 논의가 진행되면서 밝혀질 것이다.

11 희랍어로는 'dialektos'. 이 말은 일상적인 회화conversation와 더불어 희랍 세계에서 도리아어, 이오니아어 등 희랍의 지방 언어를 지칭한다. 사투리나 방언은 바로 인간들 사이에서 일상적이고 감각적인 언행을 배경으로 생생한 삶의 현장에서 발생 및 형성된 언어이므로, 방언과 대화를 지칭하는 각각의 어휘가 동일한 어원에서 유래했다는 사실은 충분히 수긍할 만하다. 참고로 헬레니즘 시대의 희랍 세계에서 일종의 '표준말'로 간주되고, '일반 희랍어common Greek'와 구분하여 현재 '고전 희랍어classical Greek'로 알려져 있는 언어는 아테네가 있는 아티카 지방의 방언이 그 기반이다.

대화 또한 상대방 의견의 근거나 타당성에 대한 비판이나 검토는 우호적인 분위기를 해칠 수 있으므로, 진정한 의미에서의 정신적 교류는 없이 단지 표면적으로 우아하고 예의 바르게 경청하는 태도를 보이는 것으로 끝날 수 있다. 전문적인 학자들 사이의 대화 역시 진지한 사고의 교류를 통한 비판적 자기 성찰이나 깨달음에 이르는 과정이 아닌 경우도 많다. 그것은 오직 자신의 학문적 주장을 일방적으로 내세우면서 스스로의 학문적 우월성을 공개적으로 과시하거나, 통속적 야합 형태의 상호 치켜세우기를 통해서 진정한 학문적 가치와는 무관한 사회적 명예 창달의 수단으로 나타날 수도 있다. 그리고 고도의 상업적 협상에서와 같이 외면적으로는 세련되고 교양 있는 언어가 교환되지만 내적으로는 음험한 의도나 교묘한 계산을 바탕으로 통속적인 목적이나 이익을 달성하기 위한 수단으로서의 대화, 정파들 사이의 공개 토론이나 법정의 논쟁에서처럼 그 내용의 진실성이나 주장의 정당성 여부와 관계없이 오직 자신의 정치적 명성을 높이기 위한 수단이거나 상대방의 주장을 표면적으로 논파함 자체가 목적인 대화 등이 있을 수 있다. 그것들은 모두 일상생활에서 흔히 발견되는 말과 말의 교류인 것이다.[12]

여기서 진정한 의미에서의 대화와 의사擬似 대화, 즉 외양상 말의 교류는 있으되 의도의 진지성과 내용상의 진실성이 수반되지 않은 대화를 어떻게 구분할 수 있느냐는 문제가 발생한다. 더 나아가 인간의 사회적 삶에서 진정한 의미에서의 대화 자체가 가능한가 하는 근본적인 의문도 제기될 수 있다. 대화가 궁극적인 깨달음 또는 진리에 대한 인식을 목표로 한다고 할 때, 과연 영원하고 불변하는 진리가 존재할 수 있으며, 그것이

12 특히 후자의 성격의 대화들은 소피스트 운동을 다룬 『앎과 잘남』 1권 6장에 구체적으로 설명되어 있다.

존재하더라도 인간은 진리를 인식할 수 있는 능력이 있는지 여부가 의문의 대상으로 부각되기 때문이다. 그리고 진리의 문제를 떠나서, 인간은 과연 자신의 말에 진정으로 진실할 수 있고 타인의 말을 진정으로 이해할 수 있는 능력이 있느냐는 것도 의문의 대상이 될 수 있다. 확신에 찬 어조로 표현되는 자기주장이나 식견이 진실로 자신의 것이며, 스스로 자신의 진실을 드러낸다는 말이 과연 진정으로 자신의 실체 전부를 드러내는 말인지 회의를 불러일으킬 수 있는 것이다. 그러한 문제와 의문은 대화라는 개념 자체에 필연적으로 수반될 뿐만 아니라, 실제적인 대화 상황에서 언제나 실제로 느끼고 접하는 문제이기도 하다. 그리고 그 점은 대화란 본질적으로 살아 있는 정신 활동으로서, 그것에는 필연적으로 앎의 활동이 개입된다는 사실을 고려할 때 더욱 분명해진다.[13]

지적 수준, 도덕적 자질, 예술적 취향 등 대화 상대방의 정신적 성향이나 수준, 대화의 의도나 진실성 또는 말을 통해서 나타나는 지식의 타당성 여부 등에 대한 탐색은 대화가 제대로 이루어지고 대화의 목적이 성

13 이와 관련하여 — 앞에서 언급된 데리다에 대한 경우와도 연관되지만 — 현대 언어철학의 문제에 대해서 언급할 필요가 있다. 후기의 비트겐슈타인(Wittgenstein, 1953)이나 오스틴(Austin, 1962) 등이 주도한 20세기 영미 언어철학의 발전, 가다머(Gadamer, 1982)를 지적 대부로 하는 20세기 철학적 해석학의 발전, 또는 푸코(Foucault, 2002)의 지식 고고학archeology of knowledge을 통해 체계적으로 밝혀진 사실은 다음과 같이 정리될 수 있을 것이다. 언어를 구성하는 각 단어들이란 고정된 의미를 가지면서 단순히 특정 사물이나 현상에 각각 상응하는 기호나 소리가 아니라, 언어 사용의 주체인 인간들의 일상적인 삶을 통해서 끊임없이 생성되고 변화하는 하나의 행위라는 것이다. 일반적으로 '담론discourse'으로 통칭되는 그 일상적인 언어 행위의 개념은 본질적으로 고대 희랍의 '대화' 개념의 변형에 지나지 않으며 진실로 새로운 내용은 없다는 점을 밝히는 것이 이 책의 저술 목적 가운데 하나이기도 하다. 그리고 가다머를 제외하곤 현대의 언어철학자들은 고대 희랍의 대화dialogos 이념 및 변증법dialektikē 개념에 대한 철저한 검토 없이 자신들의 언어 이론을 전개했다는 사실도 20세기 영미 언어철학의 지성사적 위상이 어떠한지를 암시한다고 할 것이다.

립하기 위해 필수적으로 요구된다. 그러한 탐색이 없을 경우 대화는 무의미한 수다나 말장난 또는 내용 없는 의례적인 말의 교환에 불과하게 된다. 그리고 그러한 탐색은 각각의 대화 참여자 나름의 지식에 대한 욕구, 이 세계의 본질 및 삶의 목적에 대한 이해, 대화를 통해 실현하고자 하는 구체적인 목표에 대한 지식 등 앎이라는 정신 활동의 총체를 전제로 한다. 그러한 앎은 곧 대화라는 행위의 내적인 측면인 것이다. 그리고 그러한 앎의 내용이나 수준은 개인에 따라 무한한 변용이 있을 수 있으며, 대화 상대방의 정신적 성향 전반이나 앎의 내용과 수준에 대한 고려는 앞에서 언급된 대화의 진정한 목적, 즉 말의 자유로운 상호 교류라는 소통의 개방성을 통해서 사고의 자유로움과 보편성에 도달하려는 목적을 위해서도 필수적으로 요구된다. 그러한 탐색 행위의 존재를 떠나서는 대화의 실체가 결코 제대로 파악될 수 없는 것이다.

스스로 내뱉는 말의 의미에 대해 전혀 진지한 성찰이 없이 말장난을 즐기는 인간에게는 대화 자체가 무의미하다. 그들에게는 오직 침묵 속의 무시가 미래의 대화 가능성을 여는 방법이 될 수 있다. 진지함이나 독실함을 가장하여 사고의 독단에 빠져 있는 상대방에 대해서 그 사고 내용 자체를 직접 공격하는 직설적인 언어는 대화뿐만 아니라 인간관계 자체의 파국을 불러올 뿐이다. 그러한 인물에게도 침묵으로 그것에 대한 무시나 부정의 의사를 표현하거나, 아니면 겉으로는 그의 '진지하고 경건한 이념'을 제대로 알고 싶다는 존숭과 겸손의 태도를 취하면서 그것과 관련된 의문들을 제기하는 것은 그의 사고 경직성을 완화시킬 수 있는 효율적인 방법이 될 수 있다. 외양상 적절한 절제력을 발휘하면서 통속적인 계산속을 사교적이고 예의 바른 교양의 언어로 포장하고 있는 인물의 경우도 마찬가지이다. 그러한 인물의 위선과 허식, 예의의 외양에 숨겨진 상대방의 존재에 대한 본질적인 비례非禮 등에 대한 직설적인 공격 또한 자신의 태도에 대한 반성이 아니라 스스로의 실체를 감추려는 더욱 위선적인 형태의 야비한 대응을 촉발할 뿐이다. 그러한 성격의 인물일수록 바로 자신의 세속적 지위의 손상으로 돌아오는 직설적인 화냄이나 폭력적인 대응을 자제하는 능력이 강하기 때문이다. 현실적으로 성사될 경우가 희소하지만, 그러한 인간에게도 앞의 방법과 더불어 풍자와 해학의 언어로 포장된 비아냥거림을 통해 그러한 형태의 교양의 근본적 공허함을 느끼게 함이 대화의 진정한 목적의 실현일 수 있는 것이다. 그것은 역설적이지만 가식성의 진솔성이고, 경박성의 진지성이며, 이중성의 단순성일 수 있다. 그런데 그러한 역설은 단순히 대화 상대방에 대한 탐색의 차원을 벗어나 인간의 삶 전반에 대한 보편적인 태도이자 도덕적 당위가 될 수도 있다. 여기서 대화와 아이러니eirōneia 사이의 필연적 상호연관성 또는 상호결정성이 드러난다.[14]

인간들이 발견하고 구성한 앎이란 본질적으로 불완전한 것일 수 있다. 그것은 절대적인 앎에 비하면 지극히 지엽적이고 사소한 것에 불과할 수 있다. 만일 인간의 언어나 행동이 바로 그러한 불완전한 앎에 기초한 것이라면, 인간이 스스로 잘났다고 하는 언행, 나아가 인간들의 잘남 자체 또한 본질적으로 지엽적이고 사소한 것에 불과할 것이다. 『앎과 잘남』 1권 전체 및 앞의 1장 〈들어가는 말〉에서 대체로 설명했지만, 사회적으로 출세한 '잘난 인간'의 '잘남'이나 그 '잘남'에 대한 자의식 속에 표현되는 — 직설적인 오만의 형태이든 외면적인 겸양의 형태이든 — '잘난 체'

---

14 지은이는 서양 철학사 및 지성사 전반에서 아이러니 연구의 최고봉은 젊은 천재 키르케고르Kierkegaard의 박사학위 논문(1965)이라고 평가한다. 이 책의 논의 전체를 통해서 그 탁월한 저작의 공헌과 한계가 설명될 것이다. 다만 그가 아리스토파네스의 『구름』에 묘사된 소크라테스를 그의 실체에 가장 가까운 것으로 해석한 것에는 동의할 수 없다는 점, 그리고 그가 대화와 아이러니 사이의 필연적 상호연관성을 제대로 설명하지 못했다는 사실을 먼저 지적하는 것에 그치겠다.

란 인간이 추구해야 할 본원적 잘남에 비추어 지엽성이나 사소함을 넘어 '부질없음'에 불과할 수도 있다. 어쨌든 그러한 역설의 적용은 단순히 특정의 독단적이거나 위선적인 인간들의 정신세계에만 국한되지 않는다는 점이 중요하다. 그것은 인간의 언어와 행동이나 삶 전반, 더 나아가 이 세계 전체에 대한 이해의 핵심이자 그것에 대해 당연히 취해야 할 도덕적 태도가 될 수도 있는 것이다. 아이러니eirōneia 개념은 이와 같이 대화 개념의 필연적 외연 차원에서 등장한다. 아이러니에 대해서 그와 같이 접근할 때 소크라테스의 아이러니뿐만 아니라 플라톤의 변증법에서 아이러니의 의미를 이해할 수 있으며, 왜 서양의 근대 지성사에 이르러 아이러니 개념이 괴테Goethe, 쉴레겔Friedrich Schlegel 등 소위 낭만주의 문학가들 사상의 중심을 차지하게 되었는지도 파악할 수 있고,[15] 그들의 영향을 받은 키르케고르Kierkegaard를 통해 왜 그 개념 자체가 최초로 체계적으로 설파되게 되었는지 그 지성사적 배경을 짐작할 수 있으며, 나아가 만Thomas Mann의 문학을 통해 그것이 현대적으로 부활하게 된 이유 또한 알 수 있게 된다.[16]

15 이들 낭만주의 문학가들은 실제로 플라톤으로부터 깊은 영향을 받았다. 이에 대한 개괄적인 소개로는 바이저(2011, 4장 "초기 낭만주의와 플라톤주의 전통") 참조. 그런데 바이저는 그 영향의 핵심적인 요소로서 아이러니 개념의 중요성을 전혀 인지하지 못하고 있는 것 같다. 이 책의 목적 가운데 하나가 간략하게나마 그 점을 설명하는 데 있다.

16 서양 문학사 전체에 투영된 아이러니의 이미지에 대한 간략한 정리로는 Muecke (1983) 참조. 괴테의 『파우스트*Faust*』에 나타난 아이러니에 대해서는 Warde(1974), 쉴레겔의 문학 전체에 투영된 아이러니에 대해서는 Albert(1993) 참조.

2. '사회적 말하기'로서 아이러니

한국인들에게 아이러니라는 말은 '~의 아이러니'[17] 또는 '아이러니하게도'라는 표현이 글들에서 자주 눈에 띌 정도로 이제는 외래어라는 느낌도 희박해진 상태이다. 그런데 일상적인 언어 사용이 대체로 그러하듯이, '~의 아이러니'에서 그 아이러니가 구체적으로 무엇을 의미하는지 불분명하며, '아이러니하게도'라는 표현 또한 영어 'ironically'를 그대로 한글로 변형한 것일 뿐 그 의미가 명확히 정의되어 사용되는 경우는 드물다. 그것은 대체로 얄궂고 기묘하고 모순된 상황 등 합리적으로 설명할 수 없는 사건의 미묘함을 묘사하는 어휘로 사용되는 경우가 많은 것 같다.

앞으로 이 글을 통해 해명되겠지만, 아이러니라는 말에 부가된 그러한 의미가 그 말에 내포된 본원적인 개념으로부터 전적으로 유리된 것은 아니다. 다만 '합리적으로 설명할 수 없다'는 느낌이나 직관이 단지 아이러니라는 말 하나로만 표현될 수 있는 것은 아니라는 사실이 먼저 지적될 필요가 있다. 그러한 느낌이나 직관과는 어느 정도 다른 의미가 아이러니라는 말에 있음을 밝힐 수 있고, 그와 같은 의미가 경우에 따라 '합리적으로 설명할 수 없는 기이함'을 외연으로 가질 수밖에 없음이 설명될 경우, 아이러니라는 개념의 실체가 진정으로 설명될 수 있는 것이다. 그러한 설명은 희랍어 'eirōneia' 이전에 아이러니라는 수입 언어의 원산지인 영어 'irony'의 일상적 의미에 대한 검토에서부터 시작할 필요가 있다.

'irony'라는 영어 단어는 1502년 라틴어 'ironia'의 변형으로 영어에 유입되었는데, 영어에서도 한국어의 경우와 비슷하게 그 의미가 불명확하게 사용되는 경우가 있다. 다만 한국어의 경우와는 달리 그 주요한 의미

---

17 그 '~'에는 역사, 운명, 삶 등 다양한 요소가 등장할 수 있다.

들은 '시치미 떼기dissimulation', '야유sarcasm', '조롱ridicule', '경멸contempt' 등으로 정리되어 있다.[18] 아이러니라는 한 단어에는 이와 같이 무엇인가 비슷한 것 같으면서도 다양한 다른 의미가 있기 때문에 그 핵심적 의미가 무엇인지 파악하기 어렵게 만든다. 물론 언어란 역사적 변천과 문화의 경계를 넘어 전파되면서 그 의미가 끝없이 새롭게 생성되고 변화하는 속성을 갖고 있으므로, 아이러니라는 말이 그와 같이 다양한 의미를 갖게 된 사실 자체가 그리 기이할 것은 없다. 다만 흥미로운 사실은 그 말의 원초적 의미에 함축된 개념 세계를 추적할 때 그러한 다양한 의미가 나타나게 된 인성론적 근거가 무엇인지 밝혀준다는 점이다. 그리고 바로 그러한 밝힘을 통해서 소크라테스적 아이러니의 의미 및 그것과 플라톤적 변증법의 관계가 무엇인지도 파악할 수 있게 된다.[19]

소크라테스의 아이러니에 대한 전통적이면서 일반적인 이해는 '알면서 모르는 체하기', 즉 '무지無知의 가장假裝'이다. 그러한 이해에 대해 거스리가 간결하게 정리한 문장을 인용하자면, "그것은 단지 '소크라테스의 일상적인 젠체하기, 무식을 가장하여 정작 질문에는 답하지 않으면서 다른 짓만 하기', '스스로는 절대로 명확한 답을 내놓지 않으면서 다른 사람의 답을 잡아내어 논박하는 오래된 장난'이라는 것이다"(Guthrie, 1971: 126). 그런데 이어지는 소크라테스의 아이러니에 대한 거스리의 해설은 1쪽 분량으로서 실망스러울 정도로 간단하고 짧다. 즉 자신의 무지에 대한 소크라테스의 고백을 진지성이 전혀 없는 젠체하기로 간주해서는 안 되며, "그의 임무는 명확한 교설을 주입하는 데 있는 것이 아니라, 사람들로 하여금 지적인 욕구를 처절히 느끼게 한 다음에 그들을 질문과 답변

---

18 이상 *Oxford English Dictionary* 참조.

19 아이러니irony 개념의 역사에 대한 간략한 서술로는 Knox(1978) 참조.

이라는 대화의 방법을 통해서 진리의 탐색에 동참하게 하는 데 있었다"는 것이다(앞의 책, 127). 이것이 소크라테스의 아이러니에 대한 거스리 설명의 전부이며, 결국 거스리는 아이러니를 소크라테스의 철학적 삶을 구성하는 특징적 행위인 대화의 효율적 촉진제 정도로 해석한 것으로 보인다(앞의 책, 128~129 참조).

앞으로 이 책의 논의를 통해 밝혀지겠지만, 거스리의 그러한 해석이 전적으로 틀린 것은 아니다. 그것은 소크라테스의 대화 이념, 나아가 플라톤에 의해 완성되는 변증법 개념의 다른 측면이다. 다만 그것이 거스리의 위의 해석과 같이 그리 간단한 관계는 아니다. 무엇보다 소크라테스는 일관되게 자신의 무지를 내세우지도 않았거니와,[20] 그러한 해석은 기본적으로 소크라테스가 굳이 '아이러니적' 태도를 취할 필요가 있는지 의문을 제기하게 만든다. 진리 탐구를 위한 진지한 대화를 위해서는 자신의 무지를 굳이 강조할 필요가 없이, 솔직하게 "나는 이 정도까지는 이해가 되는데 아직도 이러이러한 부분이 이해가 안 된다, 너는 어떠한가?"라고 말해도 되는 것이다. 특히 거스리의 그러한 해석은 자신의 저서 참고문헌란에 분명히 게재되어 있는 독일의 고전학자 프리트렌더Paul Friedländer의 플라톤 철학에 대한 탁월한 해설서인 *Plato: An Introduction*의 7장 "Irony" 부분(Friedländer, 1969: 137~153)[21]을 과연 읽었는지 의심이 들게 한다. 그것을 읽었을 경우 그와 같은 해석으로 그칠 수는 없기 때문이다.

---

20 앞으로 특히 6장에 제시될 플라톤의 『변명*Apologia*』에 대한 주석적 검토를 통해 설명되겠지만, 'aretē=sophia', 즉 '잘남=앎' 또는 '도덕=지식'이라는 명제는 그 대표적인 예이다.

21 이 저작은 본디 독일에서 '*Platon: Seinswahrheit und Lebenswirklichkeit*'라는 제목으로 1928년에 출간되었다. 최초의 영문판은 1958년에 출간되었다.

프리트렌더의 위 저작은 당시까지 출간된 플라톤 연구서들 가운데 가장 탁월한 저작이며, 플라톤 철학을 구성하는 주요 개념들과 쟁점들에 대한 깊이 있고 포괄적이며 체계적인 해설서이다. 이 책은 무엇보다 소크라테스의 아이러니를 전통적인 이해와 같이 '젠체하기'나 거스리의 경우와 같이 효과적인 교육을 위한 의도적인 방법 차원을 넘어 플라톤의 존재론 및 인식론 전체의 필연적 외연으로 파악했다는 점에서 획기적이다. 지은이도 그의 해석에 대체로 동의한다. 그리고 그가 그와 같이 해석할 수 있었던 것도 그 스스로 서술 과정에서 논급하고 있듯이 괴테와 쉴레겔 등 독일 낭만주의 운동과 더불어 스스로를 "위대한 아이러니스트"라 명명한 동시대 문학가 만Thomas Mann의 영향을 받은 것으로 보이며, 그 영향의 의미 또한 앞으로 이 책의 논의를 통해 설명될 것이다. 다만 그는 플라톤의 저작에 나타난 아이러니의 의미에 대한 탐구에 집중한 나머지 소크라테스 자신의 아이러니를 별도로 논의하지 못하고 있다. 그것은 일단 지적으로 완숙해진 플라톤의 철학적 사유를 통해 고도의 개념적 심원함에 도달한 아이러니를 소크라테스의 아이러니와 동일시하는 오류를 범할 위험이 있다.

이 책을 통해 부분적으로 해명될 것이고 이 책의 후속편에서 별도로 자세하게 논의할 대상이지만, 실제로 플라톤의 아이러니는 그의 변증법 개념에 포섭된다는 것이 지은이의 판단이다. 그리고 무엇보다도 프리트렌더의 아이러니에 대한 설명은 희랍 정신사 및 지성사의 흐름에 나타난 아이러니의 개념적 발전 과정을 전혀 설명하지 못하는 근본적인 한계가 있다. 다시 말해서 프리트렌더의 설명은 마치 아이러니라는 말이나 개념이 희랍인들의 정신세계 속에 처음부터 존재했고, 소크라테스나 플라톤은 그것을 그들의 철학하기에 원용한 것 정도로 이해하고 있다는 것이다. 언어의 본질이나 인간 사고의 본질상 그러한 경우는 성립하지도 않거니와, 앞으로 이 책의 논의를 통해서도 결코 그렇지 않음이 설명될 것이다. 그런데 프리트렌더의 그와 같은 한계는 미국의 대표적인 고전학자인 블라스토스Gregory Vlastos의 소크라테스 아이러니 연구(Vlastos, 1991)를 통해 어느 정도는 극복된다. 그러나 일생에 걸친 자신의 서양 고전학 연구를 마무리하는 의미도 있는 블라스토스의 저작 또한 소크라테스의 아이러니에 대한 이해에서 철학적 사변력의 빈곤으로밖에 표현할 수 없는 한계를 보인다.[22]

블라스토스는 아이러니 문제가 소크라테스의 철학에서 가장 해명이 미진한 부분이라는 점을 인식하고 있다는 점에서 거스리와 같이 그것의 의미를 쉽게 단정적으로 기술하는 데 그친 다른 학자들과 일단 구분된다(앞의 책, 13 참조). 그리고 그는 개념적 의미에 대한 검토에 앞서 'eirōneia' 및 그것의 파생어들이 고전 문헌들에 나타난 용례들을 먼저 치밀하게 추적하는 작업을 선행하고 있는데(앞의 책, 21~44), 그러한 치밀함은 특정 언어의 일상적 의미를 그것의 의미 전부로 쉽게 받아들이는 다른 많은 고전학자들과도 구분된다. 그러한 문헌들에 나타난 용례들을 토대로 그가 그 희랍어 및 그것의 파생어에 공통된 의미는 결국 앞에서 제시된 현재 영어 '아이러니irony'라는 말에 함축된 의미들의 확인이다. 그런데 고전학자로서 그의 탁월성을 보여주는 부분은 그가 제기하는 다음의 질문이다. "앞에서 아리스토파네스에서 테오프라스토스Theophrastos에 이르는 고전 시대 아테네의 텍스트들에 나타난 'eirōneia'의 모든 용례에서 다음의 잘

22 블라스토스는 1907년에 태어나 앞의 저작이 출간된 해인 1991년에 사거했다. 실제로 그 책의 서론에서(앞의 책, 1~20) 그는 소크라테스의 아이러니가 자신이 일생 동안 수행한 고전학 연구 및 소크라테스 연구의 최종적인 단계라고 술회하면서, 그것을 위해 노력한 자신의 지적 편력을 경우에 따라서는 자신의 과거 업적을 부정하는 솔직함과 함께 상세하면서도 사뭇 감동적으로 기술하고 있다.

못된 결론으로 쉽게 비약할 수 있다. 그 말이 이 시대에는 아주 일상적으로 간교하고 사람을 의도적으로 현혹시키는 언설이나 행동을 지칭한다는 이유 때문에, 플라톤의 소크라테스 또한 반드시 언제나 그러한 의미로 사용했겠는가?"(앞의 책, 25; 강조점은 블라스토스).

당연히 그러할 필연적인 이유는 없다. 블라스토스는 그러한 판단을 기초로 소크라테스의 아이러니는 진실성의 표현이며, 그와 같은 진실한 언어 행위 속에서 그가 파악하기에 소크라테스 도덕 이론의 핵심 논제로 제시한 '도덕성과 행복의 동일성 논제' 및 '도덕성의 충분성 논제'가 설명될 수 있다는 것이다.[23] 그런데 고전학자로서 나름대로의 성실성을 보여주는 바로 그러한 작업 속에서 고전학자로서의 결함이 발견되고, 또한 그러한 결함 속에 'aretē' 개념 자체에 대한 이해의 빈곤도 발견된다.

일단 블라스토스는 아이러니와 관련하여 프리트렌더와 마찬가지로 플라톤의 소크라테스와 소크라테스 자체를 구분하여 설명하지 않고 있다. 물론 이 책에서도 이미 설명한 바와 같이 둘 사이의 구분은 쉽게 이루어질 수 없다. 그러나 둘이 다르고 분명히 구분되어야 한다면, 그 차이를 역사적 자료에 대한 세밀한 조사나 관련 문헌들에 대한 세밀한 독해를 통해서 가능한 한 밝히려고 노력하는 것이 고전학 차원을 넘어 학문적 당위일 것이다. 그런데 'eirōneia' 및 그 파생어가 나타난 문장들에 대한 블라스토스의 검토에는 문헌들 사이의 관계에 대한 지성사적 논의가 없으며, 그러한 문장들 하나하나가 별개의 공시적이고 각각 시간성과 무관한 경험적 자료들이고, 그것들의 의미가 역사적 문맥을 떠나서도 파악될 수 있는 것처럼 분석이 이루어지고 있다. 아리스토파네스(기원전 457~385 추

23 두 논제에 대한 해명은 같은 책 8장 "Happiness and Virtue: Socrates' Moral Theory"(200~235)에 제시되어 있다.

정)와 테오프라스토스(기원전 371~287) 사이에는 100여 년의 시간적 간격이 존재하는데, 블라스토스는 그 스스로 의식하는지 여부를 떠나 마치 그 시간적 간격이 큰 의미가 없는 것으로 가정하여 문장 분석을 하고 있는 것이다. 물론 그러한 가정이 유효할 수도 있다. 특히 사회적 변화가 심하지 않을 경우 어휘들의 의미는 변하지 않은 채 원래의 의미를 유지할 수도 있는 것이다. 그러나 앞으로의 논의를 통해 해명되겠지만, 희랍 정신사에서 'eirōneia'라는 말의 출현 자체가 아테네의 민주화와 상업화라는 고대 세계에서는 급격한 수준의 사회적 변화와 이에 따른 정신사적 변화의 산물이기도 하거니와, 그 말 자체에 국한하더라도 블라스토스의 의미 분석은 면밀성이 결여되어 있다.

그러한 분석의 거칢은 소크라테스의 'virtue', 즉 'aretē' 개념에 대한 이해에도 이어진다. 소크라테스의 'aretē' 개념과 관련하여 그가 제시한 두 논제의 핵심적 의미는 간단히 말해서 다음과 같이 정리될 수 있다. 소크라테스에게 도덕성은 곧 행복을 의미하며, 그것은 더 나아가 '도덕성 충분론', 즉 도덕성의 완성 자체에 행복이 포섭될 수 있다는 것, 그의 다른 표현으로 '도덕성 주권론the sovereignty of virtue'이다. 앞으로 이 책의 논의를 통해 설명되겠지만, 그러한 해석이 전적으로 틀린 것은 아니다. 그러나 그것은 희랍 정신사에서 'aretē' 개념의 역사적 변화에 대한 몰이해와 더불어 소크라테스의 철학 자체의 지성사적 의미를 제대로 설명하지 못하는 형식화된 이해에 그칠 뿐이다. 그리고 그와 같은 형식화된 이해 때문에 그가 도덕과 정치를 마치 별개의 영역처럼 간주하게 된 것이며, 이에 따라 그가 쉽게 소크라테스에게는 정치 이론이 없다고 단정하게 된 것이다. 그러한 단정은 앞으로 이 책의 중심 논제인 '소크라테스와 정치철학의 태동'과 직접 연관되므로 그의 논지를 좀 더 부연하여 소개하면 다음과 같다.

소크라테스는 '민중 친화적demophilic'이기는 하지만 엄격히 말해 '민주주의적democratic'은 아니다. 그에게는 분명히 강력한 정치적 감정이나 의무감은 있으나 민주주의 이론은 없는데, 그 이유는 그에게는 정치 이론 자체가 없기 때문이다. 그의 정치적 감정이나 의무감은 넓은 의미에서 민주적이며, 그 점에서 플라톤과 대비된다. 플라톤이 도덕의 본질에 대한 탐구를 극소수의 엘리트에게만 한정시킨 것은 소크라테스가 유명한 '성찰이 없는 삶은 살 만한 가치가 없다'라는 논제를 통해 철학적 삶을 모든 사람에게 개방한 입장과 배치된다. 그러한 제한은 다수 인간의 삶을 가치 없는 것으로 만들기 때문이다(Vlastos, 1991: 18).[24]

위의 해석 논리 하나하나의 결함이나 한계는 앞으로 이 책의 논의를 통해 밝혀질 것이다. 다만 미리 지적해둘 점은 있다. 블라스토스는 일단 그가 말하는 정치 이론이 무엇인지 명확한 정의를 제시하지 않고 있다는 것이다. 추측하건대 그는 의미 분석을 통해 진리 판단이 가능한 분석철학적 명제 형태의 정치에 관한 진술이 그의 철학에는 존재하지 않는다는 판단에 따라 그러한 견해를 피력한 것 같다. 그런데 소크라테스의 문제를 떠나 명제 형태의 진술이 존재하느냐 여부는 한 철학 체계 자체의 철학적 가치와는 관계가 없을 뿐더러, 하나의 명제는 진리성 문제를 떠나 그것 자체로서 독자적이고 고정된 의미를 가질 수도 없다. 그것은

24 이러한 해석과 관련하여 블라스토스는 자신의 동료 두 고전학자의 견해를 언급한다. 하나는 해블록Eric Havelock의 것이고 다른 하나는 크라우트Richard Kraut의 것이다. 전자에 의하면 희랍인들은 '교양을 대중화democratized literacy'한 사람들이라는 것인데, 바로 그러한 의미에서 소크라테스는 도덕을 대중화한 사람이라는 것이다. 그리고 소크라테스에게는 정치 이론이 없다는 자신의 견해는 후자의 견해와 대비된다는 것이다. 후자의 견해가 제시된 저서는 *Socrates and the State*(Kraut, 1984)인데, 그것에 대해서는 소크라테스에게서 정치철학의 존재를 인정하고 그것의 내용을 구체적으로 설명한 많은 연구들의 대표로서 곧이어 논급될 것이다.

언제나 다른 명제들이나 그것을 표명하는 인간의 정신세계 전체, 나아가 그 인간이 사고하는 시대 전체의 정신세계를 떠나서는 그 의미가 제대로 파악될 수 없는 것이다. 그리고 소크라테스의 철학에서 대화나 아이러니의 존재 자체가 단편적이고 파편화된 사고에 대한 비판적 극복 노력을 의미하는 것이다. 블라스토스는 바로 그 점을 제대로 이해하지 못했기 때문에 소크라테스의 아이러니에 대한 키르케고르의 해석의 핵심인 "영원하고 절대적인 부정성infinite and absolute negativity"의 개념을 소크라테스의 아이러니에 대한 "절망적일만큼 곤혹스러운hopelessly perplexed 현란한 신비화dazzling mystification" 정도로 파악하게 된 것이다(위의 책, 43 n. 81).[25]

또한 소크라테스에게 정치 이론이 없다는 주장은 그에게 'aretē'는 정치적 개념이 아니라 도덕적 개념이라는 주장과 같다. 그러나 그러한 주장도 잘못된 것이다. 소크라테스의 삶, 특히 그의 재판과 처형 자체가 그것에 대한 실제적인 반증이다. 이미 『앎과 잘남』 1권에서 호메로스의 세계에 대한 분석을 통해 설명했지만, 'aretē' 개념 자체에 이미 정치가 내재되어 있다. 그와 같이 내재된 정치의 의미를 철학적 사유를 통해 얼마나 체계적이고 명시적으로 파악했느냐가 한 철학자의 철학이 도덕철학을 넘어 정치철학으로 승화·발전한 정도를 보여준다. 소크라테스의 철학은 그러한 의미에서 미완성의 철학이자 미완성의 정치철학이라는 것이며, 그에게는 정치 이론이 없기 때문에 도덕철학이라는 견해는 정치철학의 본령만이 아니라 철학 자체의 본령을 이해하지 못한 소치일 뿐이다. 그리고 플라톤과 달리 소크라테스는 철학적 삶 또는 도덕적 탐구 능력의 평등성을 신봉하고 아테네 시민들에게 그러한 삶을 살 것을 충고했다는

25 키르케고르의 소크라테스 아이러니 이해에 관해서는 뒤에 가서 다시 언급할 것이다.

점에서 넓은 의미에서 민주주의자라는 주장 또한 같은 맥락에서 그 한계가 지적될 수 있다. 그것은 바로 그러한 신봉과 충고 자체에 함축된 아이러니를 이해하지 못한 데 기인한다. 즉 소크라테스 자신은 그러한 충고를 자신에게 부과된 도덕적 · 정치적 덕성의 실현이자 시민적 의무로 생각하면서 진심으로 충고는 하지만 일반 시민들이 그것을 받아들일 것으로 기대하지는 않는 아이러니가 그것이다. 그러한 아이러니 속에 그의 철학적 삶 전체의 아이러니가 있으며, 또한 그러한 아이러니를 통해서 자발성과 비자발성이 공존하는 그의 죽음에 내포된 아이러니도 이해될 수 있는 것이다. 어쨌든 블라스토스의 소크라테스의 철학 전체 및 아이러니에 대한 이해에 어떠한 문제가 있는지는 독단적 판단이 아니라 구체적인 검토와 논의를 통해 밝혀질 과제이다. 이제부터의 논의는 그것이 목적이다.

영어 'irony'의 어원인 라틴어 'ironia'는 희랍어 'eirōneia'의 변형이다. 이 희랍어는 '말하다'를 의미하는 동사 'eirō'의 현재분사 'eirōn'에 영어 '~ism'과 같이 추상적인 행위나 이념을 뜻하는 접미어 '~eia'가 결합된 말이다. 현재분사로서 'eirōn'이라는 말 자체가 구체적인 행동으로서 '말하기'를 의미하므로,[26] 'eirōneia'는 '말하기'라는 행동에 내포된 어떤 추상적인 의미를 표현하는 어휘라고 할 수 있다. 그런데 '말하기'란 기본적으

26 'eirōn'은 인칭명사로서 '시치미 떼는 사람'을 의미하기도 한다. 그런데 그 인칭명사는 아리스토텔레스의 저작에서 처음 발견되므로, 그것의 출현은 오히려 'eirōneia' 뒤에 나타난 것으로 추정된다. 다시 말해서 'eirōneia'라는 말이 일상적인 언어로 정착된 상황에서 'eirōneia'의 태도가 — 그 구체적인 내용이 무엇이든지 — 체화된 인물을 지칭하는 용어가 나타나게 되었다는 것이다.

로 소리가 입 밖으로 나오는 행동을 지칭하므로, '말하기'에 함축된 추상적인 의미가 무엇인지를 알기 위해서는 일단 'eirō'라는 동사가 'epō'나 'legō' 등 말하기를 의미하는 비슷한 동사와 어떠한 의미상 또는 뉘앙스상의 차이가 있는지를 밝혀야 한다. 특히 'eirō'라는 동사에서 파생한 명사가 연설과 같이 사람들을 향해 발화된 말을 뜻하는 'rhētra'나 'rhēsis', 그리고 이 말에서 수사학을 의미하는 'rhētorikē'도 파생되었다는 사실을 주목해야 한다. 즉 'rhētra'와 'eirōneia'의 관계 또한 바로 'eirō'라는 동사와의 연관 속에서 파악되어야 하는 것이다. 아울러 그러한 차이는 'eirō'로 표현되는 말하는 행위에 화자의 특정한 성격이나 의사意思 또는 심리 상태가 있다면 그것이 무엇인지도 밝혀야 한다.

'epō'나 'legō' 동사 및 그것의 명사형인 'epos'와 'logos'의 의미에 관해서는 'mythos'의 의미와 더불어 『앎과 잘남』 1권에서 설명한 바 있고, 앞에서도 반복하여 부연한 바 있다. 즉 'mythos'와 같이 화자의 주체가 불분명한 공동체적 언어가 아니라 'epos'가 말하는 사람 개인의 의도와 목적이 수반된 개별화된 주체의 언어를 지칭한다면, 'logos'는 '모으다', '줍다' 또는 '세다count'를 의미하는 동사 'legō'의 명사형이라는 사실이 암시하듯이 외면적인 주체성을 넘어 화자의 주체 내에서 헤아리고 식별하는 논리적 사고 행위가 전제된 말이라는 것이다. 이에 비해 'eirō'라는 동사의 성격은 묘하다.[27] 이 동사는 '말하다'와 더불어 '묶다'나 '엮다' 또는 '묻다'의 의미도 가지고 있는 동사이다. 특히 세 가지 다른 행동을 지칭하면

27 이 동사의 발생에서부터 용례에 함축된 의미를 체계적으로 구명한 언어학적 연구는 아직 없는 것 같다. 아울러 지금까지 '아이러니irony'를 연구한 서구 학자들 가운데 그 말의 어원이나 원초적 의미에 대한 탐색을 바탕으로 그 개념적 의미를 해명한 사람도 없음은 기이하다. 어쨌든 현재의 논의는 논리적 추론의 수준을 벗어나지는 못한다는 점을 밝혀둔다.

서도 어떤 공통된 의미를 찾을 수 있다는 점이 흥미롭다. 여기서 먼저 '묶다' 또는 '엮다'와 말한다는 행동 사이의 연관성을 추적할 필요가 있다.

일단 'eirō'가 '말하다'와 '엮다'의 의미를 공유한다는 사실은 말하기란 화자가 여러 말들을 엮어서 하나의 이야기를 만들어낸 결과라는 측면을 부각시키는 의미가 함축되어 있는 것으로 해석될 수 있다. 그것은 말하기에서 강조되는 요소가 화자의 개별적 주체성이나 말 내용의 논리성이 아니라, 일상의 언어 생활에서 실제로 발생하는 말하기의 기능이기도 하다. 즉 일상생활에서 말하기란 실제로 말 내용의 진리성이나 타당성이 직접 문제가 되는 것은 아니며, 화자가 말하는 존재로서 스스로를 드러내기 위해서는 어떠한 내용이든 일단 말들을 '엮어내어' 표현해야 한다는 것, 다시 말해서 언어 생활의 본원적 사회성이 'eirō'라는 동사 속에 함축되어 있는 것이다. 그와 같이 해석될 경우 'eirōneia'는 일단 현대 언어철학의 '담론discourse' 개념과 유사하다고 말할 수 있다. 'eirōneia'는 일단 말하기를 지칭하지만, 좀 더 세분화하여 사회적 존재로서의 말하기라는 언어 활동의 특정한 측면을 지칭하는 말하기인 것이다. 이 점은 호메로스가 'eirō'라는 동사를 사용한 용례를 통해 확인할 수 있다.

『오디세이아』 2권에서는 오디세우스의 아들인 텔레마코스가 구혼자들에 대해 자신의 처지에 동정을 구하는 심약한 태도 속에서 그들에게 더 이상 횡포를 그만둘 것을 호소하는 장면이 있다. 이 장면에서 점술가이자 현인으로 등장하는 할리테르세스Halithersēs는 텔레마코스 편에 서서 구혼자들을 설득하는 연설을 하는데, 그것에 대한 묘사에서 호메로스는 특이하게도 'eirō' 동사를 'epō' 동사와 병렬적으로 사용한다. 먼저 그 문장을 인용할 필요가 있다.

"이타카인들이여 자 들으시오 내가 '말하는epō' 바를.

특히 구혼자들에게 나는 다음을 '선언하면서piphauskomenos' '말하고자 eirō' 하오." (『오디세이아』 II-161~162)[28]

여기서도 두 '말하다' 동사 사이의 의미의 차이는 대체로 다음과 같이 구분될 수 있을 것이다. 위의 'epō'는 할리테르세스 자신의 의도가 전달된다는 사실이 강조되는 말하기이다. 반면에 'eirō'는 자신의 말을 들으면서 그 의도가 전달되어 이해와 설득을 기대하는 말하기이다. 다시 말해서 자신의 말에 대해서 상대방이 어떻게 받아들이고, 그것이 상대방의 정신세계 또는 심리 상태에 어떠한 영향을 주는지에 대한 나름대로의 지식과 판단을 전제로 하는 말이라는 것이다. 이 경우에도 말하는 행위는 듣고 그것에 반응하는 상대방의 존재를 전제로 한다는 말하기의 사회성이 부각되고 있다.

'eirō' 동사에 대한 이러한 해석의 타당성은 그것이 말하는 행위에 내포된 다양한 측면들 가운데 하나임은 분명하다는 사실에서 일단 확인될 수 있을 것이다. 사회적 존재로서 인간은 그 언어 또한 본질적으로 사회적이기 때문에, 인간 언어의 그러한 측면이 'eirō' 동사를 통해 투영되었다는 것이다. 그리고 이 점은 한편으로 이 동사가 호메로스의 『오디세이아』에서만 능동태로 사용되고, 일반적으로는 수동형이나 재귀동사형으로 — 희랍어 문법 용어로 '중간태middle voice' — 사용된다는 사실을 통

28 이 문장은 지은이가 논의 전개를 위해 의도적으로 두 말을 '말하다'로 번역하면서 문장 구조 그대로를 재현하여 직역한 것이다. 희랍어 두 문장은 시적 압운에 맞추어 각각 'epō'와 'eirō'로 끝난다. 참고로 천병희 교수의 번역을 소개하면 다음과 같다. "이타카인들이여, 내가 할 말이 있으니 그대들은 지금 내 말을 들으시오! 특히 구혼자들에게 나는 이 일들을 일러두고자 하오." 천 교수는 'piphauskō'와 'eirō'를 합쳐 '일러두다'라는 한 동사로 표현한 것 같다. 그러나 '표명하다make manifest' 또는 '선언하다proclaim'의 의미를 갖는 동사와 '말하다' 동사를 '일러두다' 한 단어로 표현함은 무리라고 생각된다. 이 문맥에서는 'eirō' 동사 하나의 번역어로서 '일러두다'가 적합할 것 같다.

해서도 어느 정도 확인된다.[29] 즉 '그가 말한다he says'가 아니라 '그가 말한다고 한다he is said'라는 표현은 이미 듣는 상대방의 존재를 전제로 하는 말하기인 것이다. 이러한 맥락에서 'eirō' 동사가 '묻다'의 의미를 갖게 된 연유도 추정할 수 있다. '묻다'라는 행위란 결국 적극적으로 상대방의 의사를 확인하는 말하기, 굳이 '말하기'의 변형으로 표현한다면 '말 거는' 행위에 속하므로, 본원적으로 사회성이 투영된 또 다른 말하는 행위에 불과하기 때문이다. 이러한 사실들과 아울러, 이 'eirō' 동사에서 연설을 의미하는 'rhētra'가 파생했고, 바로 이 말에서 연설하는 기술로서 수사학으로 번역되는 'rhētorikē'라는 말 또한 파생되었다는 사실을 앞에서 이미 지적한 바 있다. 그러한 사실들이 바로 그 동사를 통해 희랍인들이 표현하고자 한 '말하기'의 측면이 무엇인가를 좀 더 확실하게 증언하고 있다.

결국 'eirōneia'의 본원적인 의미는 이 절의 제목으로 표현했듯이 '사회적 말하기'이다. 이 책의 논의가 진행됨에 따라 좀 더 명확하고 구체적으로 설명되겠지만, 그것은 앞에서 지적한 바와 같이 비트겐슈타인Ludwig Wittgenstein과 푸코Michel Foucault에 의한 현대 언어철학의 발전 및 하버마스Jürgen Habermas의 소통 이론을 통해 학문적인 유행어가 되다시피 한 소위 '담론discourse' 개념과 본질적으로 같다. 다만 그 발생의 역사적 · 지성사적 맥락이나 그 개념적 체계성 및 포괄성 면에서 또는 강조점 차원

---

29 희랍어는 수동태형이면서 능동형의 의미를 갖는 동사, 소위 이태동사deponent verb가 많다. 'eirō' 동사에서 파생된 이태동사로는 'eirōneuomai'가 있다. 따라서 이 말 자체는 '말해지다'를 의미할 수 있는데, 아리스토텔레스는 소크라테스의 아이러니 개념에 기초하여 이 동사를 '무지한 체하다feign ignorance'의 의미로 사용하고 있다. 소크라테스-플라톤-아리스토텔레스라는 위대한 스승-제자의 계보는 아이러니 개념의 발전에도 투영되어 있는데, 그 발전의 의미에 대한 철학사적 해명이 이 책 및 후속편을 통해 제시될 논의의 목적이기도 하다.

에서 두 말이 다를 뿐이다. 다만 그들 석학들이 자신의 이론을 스스로의 정신세계가 속한 서양 정신사 및 지성사의 근원으로부터 도출하지 못한 사실은 아쉬운 점이다.

어쨌든 모든 말하기는 물론 상대방을 전제로 한다는 점에서 본질적으로 사회적이다. 하지만 그 사회성 자체가 인지되어 직접 '말하기'라는 말 속에 투영되고, 그 결과 '말하기'를 나타내는 다른 비슷한 언어와 구분하여 새로운 언어가 등장했는데, 그 언어가 바로 'eirōneia'라는 것이다. 따라서 문맥에 따라서 다르게 번역될 수 있지만, 이 희랍어에 대한 가장 적절한 우리말 번역어는 '말투'라고 할 수 있다. 우리말의 '말투'는 각 개인 특유의 말하기 행태가 다른 사람들에 의해서 인지된, 곧 사회적으로 인지된 결과를 표현하는 어휘이기 때문이다. 다만 그러한 규정은 'eirōneia'에 대한 이해의 출발일 뿐이다. 바로 말하기의 대상인 상대방을 — 그것은 특정 개인일 수도 있고 집단이나 사회나 국가 또는 인류 전체가 될 수 있다 — 어떻게 파악하고 그에 따라 어떠한 말하기를 하는가는 전적으로 화자의 정신세계 및 지적 능력에 따라 결정될 것이기 때문이다. 다시 말해서 말하기의 사회성이 어떻게 파악되는지는 화자에 따라 무한한 변용이 가능하며, 이에 따라 그 사회적 말하기의 내용이나 말하는 태도도 개인에 따라 무한한 변용이 가능한 것이다.

결국 '말하다'를 의미하는 희랍어 동사 'eirō'라는 일상적인 단어 속에 특정한 개념 내용이 잠재되어 있음은 분명하다. 그런데 한 동사에 그와 같은 개념적 의미가 잠재되어 있다는 것과, 그것이 'eirōneia'와 같이 실제적으로 추상화된 언어로 변형되어 독립적인 추상명사로 등장하거나, 더 나아가 그러한 추상명사가 학문적인 용어로 사용되면서 명시적인 개념으로 정립되는 것은 별개다. 'eirōneia'의 개념사는 이 점을 확인한다.

고대 희랍의 문헌에서 'eirōneia'라는 말이 처음으로 등장한 곳은 플라톤의 『국가*Politeia*』 1권의 337a이다. 그런데 플라톤과 같이 'eirōneia' 라는 말을 사용하지는 않았지만, 그것의 출현을 예고하는 'eirō' 동사의 파생어들은 소크라테스와 동시대 사람으로서 'eirō' 동사의 파생어를 나름대로 인간성에 대한 문학적 묘사에 사용한 희극작가 아리스토파네스의 두 작품에서 먼저 발견된다. 먼저 그 용례들에 나타난 의미의 세계를 검토할 필요가 있다. 그것은 그 시대의 '사회적 말하기'에 이미 인간들이 사회적 삶 속에서 일어나는 위선이나 허풍 또는 이중성 등 언어 생활의 허식이나 왜곡이 보편화되고 있음의 징표인 것이다. 다시 말해서 인간들의 삶이 각박해지고 계산적이 되면서 사회적 언어 행위 자체를 비하하는 정신적 태도가 점차 나타나고 있음이 아리스토파네스를 통해 확인된다.

아리스토파네스의 작품에는 'eirō' 동사의 현재분사형인 'eirōn'이 『구름*Nephelai*』의 449행에서, 그리고 그 현재분사에서 파생한 부사형이라고 할 수 있는 'eirōnikōs'라는 말이 『벌*Sphēkes*』의 174행에 등장한다. 전자의 경우 'eirōn'이라는 말은 주인공인 스트렙시아데스Strepsiadēs가 소크라테스를 찾아가서 언변을 제대로 배워 빚을 변제받을 수만 있다면 사회적으로 어떠한 비난을 받아도 좋다고 애원하는 장면에 나타나 있다. 여기서 사회적 비난과 동시에 은밀하게는 부러움의 대상이 되기도 하는 언어 행태들을 지칭하는 말들의 목록이 아리스토파네스 특유의 말재간을 통해서 제시된다. "배짱 좋고thrasys, 입심 좋고euglōttos, 뻔뻔스럽고tolmēros, '앞뒤 가리지 않고itēs', 치사하고bdelyros, 허풍 떨고pseudōn sygkollētēs, 잘 꾸며대고eurēsiepēs, 약삭빠르고masthlēs" 등이다. 'eirōn'이라는 말도 그 목록 속에 포함되어 있는 것이다.

따라서 이 문맥에서 그 말이 도덕적으로 비난받을 만한 말하기 행태를 의미함은 분명하지만, 정확하게 어떠한 의미이고 어떠한 번역어가 적절한지 명확하게 제시하기는 어렵다.[30] 다만 지은이는 그 말이 '사회적 말하기'라는 기본적인 의미가 퇴화된 형태라는 점을 기본적인 사실로 받아들이면서, 다른 사람을 의식하면서도 그의 기분을 상하게 하지 않으려는 조심스러운 태도가 담겨 있다는 점에 착안하여 그 말을 '능청 떨기' 정도로 번역함이 가장 적당하지 않을까 생각되며, 조금 더 의역하면 '의뭉스러움' 또는 그 말들보다 좀 더 도덕적으로 퇴화된 의미로 '음흉함'도 번역어로 가능할 것으로 판단된다. 그 말은 곧 인간들 사이의 대화가 순수성을 잃고 상대방에 대해 복선을 깔고 말하는 태도가 일반적인 사회적 언어 현상으로 나타난 데 따른 의미의 전화로 파악할 수 있기 때문이다. 일반인들은 물론이고 작가인 아리스토파네스 자신을 포함하여 대체로 문학인들이란 스스로 사용하는 용어의 개념적 의미를 엄밀하게 규정하는 언어 습관이 체화된 인물들은 아니므로, 당시의 희랍인들도 이 말의 의미를 명확하게 규정하고 사용하지 않았을 수도 있다. 어쨌든 분명한 것은 이 문맥에서 'eirōn'은 단순히 'eirō' 동사의 현재분사형이 아니라 나름대로 별도의 독립적 의미를 갖는 형용사로 사용되고 있다는 사실이다. 그것은 곧 '사회적 말하기'에 어떤 특정한 사회성이 부가되어 '말하기'라는 말의 의미 자체를 변형시켜 새로운 의미의 말을 탄생시키는 언어사 및 정신사적 변화가 발생하고 있음을 의미한다. 이 점은 아리스토파네스의 『벌』에 나타난 'eirōnikōs'라는 말의 의미를 통해서도 확인될 수 있다.

『벌』은 '재판광philēliastēs'으로서 재판의 배심원dikastēs으로 참여하는

---

30 참고로 천병희 교수는(아리스토파네스, 2000) 후대의 의미 그대로 "시치미 잘 떼고"로 번역했고, 〈Loeb Classical Library〉판의 번역자인 로저스B. B. Rogers는 "well worn in deceit(속이는 데 닳아빠진)"로 번역했다. 로저스가 그 말에 대한 일상적인 번역어라고 할 'dissimulating'이라는 말을 사용하지 않은 점에서 번역자로서의 고심을 읽을 수 있다. 한국어나 영어나 이 문맥에서 한 어휘로 그 희랍어 어휘의 의미에 적절히 상응하는 번역어를 찾기가 어려운 것이다.

일이 유일한 취미이자 생업인 친親클레온파 아버지 필로클레온이 재판에 참석하는 것을 막기 위해 반反클레온파인 아들 브델리클레온이 아버지를 감금하는 데서 시작되는 희극이다.[31] 앞에서 이미 기술했듯이, 페리클레스는 시민들의 정치 참여를 독려하기 위해 인민법정에 배심원으로 참여하는 시민에게 일당으로 2오볼로스를 지급하는 정책을 결정했다. 그런데 페리클레스가 죽은 후 권력의 중심으로 등장한 민중파demagogos 지도자인 클레온Kleōn[32]은 '친親서민 정책'의 일환으로 일당을 3오볼로스로 인상했다. 당시 3오볼로스는 미숙련 노동자의 하루 평균 임금에 해당되기 때문에, 배심원 활동은 특히 한가한 노인들에게 용돈도 벌고 '권력도 행사하는' 즐거움을 맛볼 수 있는 직책이었다.[33] 아리스토파네스의 『벌』은 그러한 현실에 대한 풍자이다. 그 작품에서 아버지는 감금 상태에서 빠져나가기 위한 책략으로 아들에게 초하루 장날에 자신이 장터에 나가서 당나귀와 당나귀 용구를 내다팔아야 하기 때문에 집에서 나가야 된다고 말한

---

31 이 희극 또한 아리스토파네스 특유의 재기와 정치적 성향이 잘 나타난 작품이다. 특히 주인공인 아버지의 이름을 '클레온애호가Philokleōn', 아들 이름을 '클레온혐오가Bdelykleōn('bdelyros'는 극도의 혐오감을 표현하는 형용사로서 영어 'loathsome'에 해당)'로 설정한 것 자체가 그러하다.

32 출생연대는 미상이고, 집정관archon으로서 422년 암피폴리스 전역에서 전투 중 상대방인 스파르타의 전쟁 영웅 브라시다스Brasidas와 더불어 전사한 인물. 클레온이 민중선동가demagogue(이 말의 어원인 희랍어 'demagogos'라는 말 자체는 '민중을 이끄는 사람'을 의미한다)의 대명사가 된 것은 대체로 아리스토파네스와 투키디데스 덕분이다. 클레온에 대한 그들의 평가는 대체로 타당하지만, 그 대중 선동의 실체를 정확히 이해하기는 결코 쉽지 않다. 그러한 이해의 시도가 이 책 서술의 목적 가운데 하나이기도 하다.

33 이 '제도 개혁'은 뒤에 가서 논의될 소크라테스의 재판과도 연관된다. 아테네의 법제에 대한 한 연구가가 지적한 바와 같이(MacDowell, 1978: 34~35), 그러한 배심원 수당의 인상은 직업적인 숙련 노동자의 일당은 되지 못하기 때문에 일종의 '노인연금'의 기능과 더불어 노인층 배심원 수의 증가에 기여했으며, 이에 따라 그것은 사법 행위에 빈자들도 참여시켰다는 의미에서 재산상 불평등성의 해소에는 기여했지만 세대 간 불평등의 해소에 기여한 것은 아니었다.

다. 이에 대해 아들은 당나귀는 자신이 더 잘 팔 수 있다고 면박하면서 감금을 풀지 않는데, 그러한 장면을 지켜보던 노예가 핑계 말을 잘 둘러대는 아버지의 태도를 'eirōnikōs'라는 부사로 표현한 것이다. 그것은 곧 자신의 음흉한 의도를 숨기고 말하는 태도의 전형인 것이다. 이러한 언어 사용의 관행 속에서 'eirōneia'라는 말이 출현하게 된 것 같다.

앞에서 언급한 바와 같이 고대 희랍의 문헌에서 'eirōneia'라는 말이 처음으로 등장한 곳은 플라톤의 『국가*Politeia*』 1권의 337a이다. 그리고 플라톤의 전 저작에서도 그곳에서만 유일하게 그 말이 직접 사용되고 있다. 그런데 그곳에서 그 말은 개념어로 사용되기보다는 소크라테스의 일상적인 행태를 묘사하는 언어로 사용되고 있다는 사실이 중요하다. 『국가』 337a는 정의 또는 올바름dikaiosynē의 본질과 관련하여 소피스트인 트라시마코스Thrasymachos와의 논쟁이 시작되는 부분이다. 그 논쟁에 앞서 소크라테스는 폴레마르코스Polemarchos와 같은 주제를 놓고 대화를 하는데, 그 대화 과정에서 소크라테스가 자신의 견해는 제시하지 않고 폴레마르코스에게 질문만 던지는 태도에 대해서 트라시마코스가 격분하면서 비아냥거리는 대목이 그 부분이다. 이 대목에서는 흥미롭게도 'eirō'에서 파생한 어휘가 세 개 등장하는데, 『국가』의 해당 문장을 인용하면 다음과 같다.

> "저게 바로 소크라테스의 상투적인eiōthyia 말투eirōneia인 줄 나도 알지. 당신은 정작 답변이 필요할 경우에는 거절하거나 말 돌리면서eirōneusoio 물어본erōta 것에 대해서는 어떻게든 대답은 회피하려고만 하지." (『국가』 1권, 337a; 번역 및 밑줄은 지은이)[34]

34 참고로 플라톤 『국가』의 대표적인 한국어 번역서를 출간한 박종현 교수의 같은 문장에 대한 번역을 소개하면 다음과 같다. "저게 바로 소크라테스의 상투적인 그 '시치미

위 문장에서 어떠한 문제에 대해 자신의 견해를 적극적으로 피력하지는 않고 남의 의견을 묻고 그것을 논박하기만 하는 소크라테스의 특유의 언어 행태를 — 따라서 '말투'로 번역될 수 있는 — 표현하는 말이 'eirōneia'이다. 그런데 이 문장에서도 'eirōneia'가 심오한 의미를 함축한 학문적 개념으로 사용되고 있지 않지만, 앞에서 언급한 바와 같이 플라톤의 전 저작에서 이 문장 이외에는 'eirōneia'라는 명사가 등장하지도 않는다는 사실이 주목된다. 앞의 각주에 소개된 바와 같이 그것에는 단지

떼기 술법'이죠. 그거야 제가 알고 있었죠. 그래서 제가 이 사람에게도 미리 말해두었습니다. 선생께서는 누군가가 무엇에 대해서 선생께 질문을 하더라도 결코 대답을 하시려 들지 않을 것이며, 시치미 떼는 술법을 쓰거나 온갖 수단을 다 쓸지언정 대답하는 것만은 하고자 하시지 않을 것이라고 말입니다." 이 번역문은 일단 대화라는 구어적인 분위기를 제대로 살리지는 못한 것으로 판단된다. 무엇보다 소크라테스와 트라시마코스의 대화 상황을 경어로 표현하는 것은 어색하다고 지은이는 생각한다. 둘의 연배 차이가 10년 정도에 불과하고, 논쟁의 분위기가 지극히 공격적이며, 그러한 와중에서 트라시마코스가 소크라테스에 대해 '역겹다bdelyros(338d)' 등과 같은 극단적인 표현을 사용하는 점을 고려할 때 그러하다. 그리고 이 문장의 'eirōneia'를 영어권의 번역가들은 대부분 'irony'로, 박종현 교수는 '시치미 떼기 술법'으로 번역하고 있다. 비록 영어의 문법 구조상 토속어인 'saying'이나 'speech'를 변형시킨 번역어를 개발할 수 없는 한계는 있지만, 일찍부터 외래어인 'irony'의 사용이 정착되었으므로 그러한 번역에 불가피한 요소는 있다. 그리고 세밀한 개념사적 또는 의미론적 논의가 없는 아쉬움은 있지만, 그 문맥에서의 'eirōneia'를 'irony'로 번역하는 것은 의미를 불분명하게 만드는 "물 타기water down"라는 거스리(Guthrie, 1976: 126)의 지적은 어느 정도 타당성이 있다. 어쨌든 이 문맥에서 'eirōneia'를 'irony'로 번역함에는 사상사적 시대착오의 여지가 있다. 그리고 한국어 번역어인 '시치미 떼기 술법'은 한 단어의 번역어로 세 단어를 사용한 것으로 일단 매끄러운 번역이라고는 볼 수 없다. 그리고 소크라테스와 트라시마코스의 대화 상황에서는 아직 'eirōneia'가 '술법'으로 불릴 정도로 구체적인 의미 내용을 갖춘 특정한 화법을 지칭하는 말은 아니라는 — 그러기 위해서는 아리스토텔레스의 『수사학*Rhētorikē*』의 출현을 기다려야 한다 — 사실이 참작되어야 한다. 따라서 특히 이 문맥에서는 'eirōneia'를 가장 일반적인 의미로 '말투' 정도로 번역하는 것이 적합할 것이다. 마찬가지로 'eirō'의 이태동사로서 앞에서 언급된 'eirōneuomai'의 어미변화들인 'eirōneusoio', 그리고 '묻다' 의미의 'erōta'도 가능하면 '말하다'라는 말의 변화형으로 번역함이 적절할 것이다.

'eirō' 동사의 변형을 통해 조어된 수식이나 묘사의 언어가 나타나 있을 뿐이다. 위 인용문에서도 '소크라테스의 상투적인'이라는 한정어가 부기되어 있다. 하지만 그러한 표현의 존재는 소크라테스 특유의 언어 행태에 심오한 사상이 함축되어 있음을 암시하고는 있어도, 그 'eirōneia' 말 자체가 학문적 개념어로 사용되고 있다는 의미는 아니다. 다시 말해서 그것을 통해서 언어의 본원적인 사회성이나 그와 연관하여 분기되는 다양한 개념 세계, 특히 그것과 연관된 인간성의 문제들이나 정치적 문제들을 설명하려는 시도는 나타나 있지 않다는 것이다. 그렇다면 기원전 5세기 말경 희랍인들의 정신세계에는 '말하기'와 관련하여 어떠한 변화가 일어났으며, 그러한 변화가 어떻게 'eirōneia'라는 말의 출현으로 집약되게 되었으며, 이에 따라 결국 아리스토텔레스에 이르러 그것이 어떻게 하나의 학문적 개념어로 승화되게 되었는지 추정의 형태로라도 설명할 필요가 있다. 그러한 설명에 앞서 먼저 '사회적 말하기'의 의미를 좀 더 구체적으로 정리할 필요가 있다.

모든 어휘가 고정된 의미를 갖는 것도 아니지만, 개인이든 집단이든 다른 사람을 의식하는 말하기의 내용이나 성격 또한 고정된 것이 아니다. 그것은 말하는 주체의 성정이 무엇이고, 앎의 정도가 어느 수준이며, 그가 존재를 의식하는 개인이나 집단이 누구이고, 앎의 내용이나 도덕성 또는 성정과 관련하여 어떠한 성격의 사람(들)이며, 그러한 성격에 대해서 말하는 주체가 어떻게 인식하고 있느냐 등등의 문제에 따라 달라질 것이다. 위에서 인용된 『국가』 337a의 문장에서도 'eirōneia'는 일반적인 의미에서 말투를 지칭하지만, 동시에 그것이 결코 가치중립적인 언어로서가 아니라 소크라테스의 말투에 대한 가치 비하 또는 비우호적인 평가와 관련된 어휘임도 분명하다. 그 말 자체에 가치 비하의 의미는 없더라도, 그 말이 소크라테스의 언어 행태에 대한 트라시마코스의 부정적인 인식을 담지하고 있다는 것, 즉 진심을 감추거나 속임수의 언어 행태를 지칭하기 위해 사용되고 있다는 사실이 중요하다는 것이다. 실제로 플라톤의 다른 저작에는 비슷하게 부정적 의미의 '사회적 말하기'의 사례가 나타나 있다.[35] 그런데 '사회적 말하기'의 사회성이 반드시 타인에 대한 부정적 태도일 이유는 없다. 그것은 타인에 대한 친밀감이나 우호적 태도도 수반할 수 있는 것이다. 실제로 플라톤의 다른 저작에 나타난 'eiro' 동사 파생어의 용례들은 그 점을 확인해준다.

플라톤의 경우, 'eirōneia'라는 말 그대로는 아니지만 앞에서 언급한 'eirō'의 이태동사인 'eirōneuomai'의 분사형인 'eirōneuomenos', 그리고 'eirō' 동사의 현재분사형인 'eirōn'에서 파생한 부사형인 'eirōnikōs'라는 말로 소크라테스의 말투가 표현되어 있는 저작이 있는데, 『향연 *Symposion*』이 그것이다. 이 대화편에서 알키비아데스Alkibiadēs는 소크라테스를 찬양하는 연설을 하는데, 그는 소크라테스의 전 생애를 주위 사람들과 'eirōneuomenos'하고 '장난치며paizōn' 보낸 것으로 묘사하고 있다(『향연』, 216e). 여기서 'eirōneuomenos'의 정확한 의미가 무엇이며, 어떠

35 예를 들어 『법률*Nomoi*』 10권 908e에는 'to eirōnikōn'이라는 말이 등장하는데, 그것은 진정성 없이 신을 찾고 부르짖으면서 사람들을 속이는 위선적인 인간을 묘사하는 표현으로 사용되고 있다. 그것을 'the hypocritical'로 번역하는 것 또한 불가피한 점은 있지만 그 말의 미묘한 의미를 제대로 살리는 번역어는 못 된다. 또한 『고르기아스』 489e에는 '강한 것이 훌륭한agathos 것'이라는 칼리클레스Kalliklēs의 주장에 대해, 그렇다면 칼리클레스보다 힘이 더 센 노예가 그보다 더 훌륭하다는 것이냐고 반문하는 소크라테스에게 "eirōneuēi, ō Sōkrates"라고 대꾸하는 장면이 있다. 그 표현은 우리말로 "당신 말장난하는군" 정도가 가장 원의에 가까운 번역어가 될 것으로 지은이는 판단한다. 다시 강조하지만 순우리말이 오히려 같은 인도유럽어인 영어보다 희랍어의 원의를 살릴 수 있는 최적의 번역어가 많다는 것이 지은이의 생각이다. 이 문장에 대한 영어 번역으로는 블라스토스의 "you are mocking me" 정도가 최선으로 생각되며(Vlastos, 1991: 25), 영어 번역서에 발견되는 "you are sarcastic" 또는 "you are ironical" 등의 문장은 일종의 개념사적 시대착오에 해당된다.

한 번역이 원문의 의미를 가장 적확하게 전달하느냐가 문제이다. 지은이는 그 말 자체의 적확한 의미는 '말로 사람들을 놀리기'라고 생각한다.[36] 같은 대화편의 218d에는 소크라테스 특유의 태도를 묘사하는 말로서 'mala(exceedlingly) eirōnikōs'라는 말이 등장한다. 이 말도 번역하기 어려운 표현인데, 문맥으로 보아서는 소크라테스가 '사랑을 고백하는' 알키비아데스의 말귀를 못 알아듣는 듯한[37] 태도를 묘사하는 말로 사용되고 있다. 그것이 인간의 태도에 수반된 감정의 복합성을 지칭함은 분명하지만, 반드시 위선이나 허식을 의미하지는 않는 것이다. 그 말로 표현된 소크라테스의 태도는 이중적일 수 있지만, 그 이중성에는 알키비아데스라는 젊은이의 '어리석은' 의도를 모른 체하면서 그러한 어리석음을 깨우치려는 정신적으로 성숙한 어른의 삶의 지혜가 나타나 있는 것이다. 그리고 뒤에 가서 설명하겠지만, 그러한 이중성이 재판 과정에서 시민들 전체를 향해 시연하는 소크라테스 아이러니의 핵심이기도 하다.[38] 어쨌든 이들 파생어가 소크라테스의 어투에 대한 친밀감의 표시로서 부정적 의미 또는 가치비하의 의미가 없음은 분명하다.

플라톤은 아리스토파네스보다 스무 살 정도 나이가 적은 인물이다. 따

36 〈Loeb Classical Library〉판 『향연』의 영어 번역자인 램W. R. L. Lamb은 그 문맥에서의 'eirōneuomenos'를 'chaffing'으로 번역했는데, 원 동사의 의미를 나름대로 살리려 고심한 번역어로 판단된다. 반면에 〈Everyman's Library〉판의 조이스Michael Joyce는 이 부분을 "playing his little game of irony"로 번역했는데, 그것은 마치 아이러니라는 말이 이 대화의 상황에서도 이미 일종의 개념어로 정착된 것으로 착각한 데 기인한 것으로서 의역의 범위를 넘은 오역이라고 할 수 있다.

37 현재의 젊은 세대에게는 생소하겠지만, 오래전 1970년대에 방영된 바 있었던 미국의 TV 드라마 〈형사 콜롬보〉에서 콜롬보 형사 역의 피터 포크Peter Falk가 그 비슷한 태도를 정형화된 연기 행위로 표현한 바 있다.

38 『향연』에 나타난 그 표현을 영어 번역자들은 'putting on that innocent air', 'with that ironical simplicity' 등으로 번역하고 있는데, 그러한 번역 또한 영어 어휘의 한계상 불가피한 점은 있으나 핵심인 '말하기'의 변용이라는 점을 나타내지는 못한 것이다.

라서 소크라테스의 언어 행태를 묘사하는 말로서 앞에서 인용된 『국가』에 등장하는 'eirōneia'라는 명사는 아리스토파네스의 작품에 등장하는 형용하는 말들인 'eirōn'과 'eirōnikōs'에 함축된 의미가 추상화되어 독립된 의미를 갖게 된 결과라고 할 수 있다. 그리고 앞에서 언급한 바와 같이 플라톤은 'eirōneia'라는 말 자체를 개념어로 사용하지 않았지만, 그러한 변화의 언어사적 결과가 그의 제자인 아리스토텔레스에 이르러 그 말이 하나의 개념어로서 정착되어 현재와 같은 의미를 갖게 된 것이라고 할 수 있다.

아리스토텔레스는 그의 『수사학*Rhētorikē*』(1419b)에서 소피스트의 원조인 고르기아스Gorgias(기원전 483~376)를 인용하면서, 논쟁 중에는 상대방의 진지함spoudē을 익살geloios로, 익살을 진지함으로 혼란시킬 필요성을 제기한다. 그런데 'eirōneia'는 자기를 낮추는 방식의 익살로서,[39] 상대방을 비하하는 농지거리bōmolochos; buffoonery보다 '신사답다는eleutheros(말 그대로는 노예가 아닌 자유 시민에게 어울리는)' 것이다. 그리고 그의 『윤리학』 2~5권은 '아레테aretē' 개념에 대한 아리스토텔레스 나름의 논의가 제시되어 있는데,[40] 그는 지적인 능력이나 탁월성과 구분되는 '행동 방식의 잘남aretē tēs ēthikēs'에 대한 논의 과정에서 유명한 중용mesotēs 개념을 해

39 〈Loeb Classical Library〉판 아리스토텔레스의 『니코마코스 윤리학*Ethikōn Nikomacheiōn*』(앞으로 『윤리학』으로 약기)의 번역자인 래크햄H. Rackham은 이러한 의미를 강조하여 'eirōneia'를 'self-depreciation'으로, 'eirōn'을 'self-depreciator'로 번역했다. 이것은 '말하기'라는 어원의 의미를 살리지 못한 번역이기는 하지만, 『윤리학』의 이 문맥에서 표현된 그 말의 의미를 적절히 전달하는 타당한 번역어이기도 하다. 그것은 또한 아리스토텔레스 시대에 이르러 'eirōneia'가 본래의 '사회적 말하기'로부터 의미의 전화가 상당히 진행되었음을 보여준다.

40 아리스토텔레스의 『윤리학』에 제시된 아레테 개념에 대한 논의는 포괄성과 체계성 면에서 그것에 관한 고전적인 설명임이 분명하다. 하지만 그 내용은 근본적으로 플라톤의 아레테 개념에 대한 교과서적 도식화인 동시에 불충분한 이해의 요소도 있다는 것이 지은이의 견해이다. 이에 대한 설명은 물론 관련 문헌에 대한 치밀한 검토 및 방대한 논의를 필요로 하며, 앞으로 이 책의 후속편에서 본격적으로 다루어질 주제이다.

설하는 가운데 'eirōneia' 개념에 대해 언급한다.[41] 즉 대화나 행동에서는 '진실함alēthes'이 중용인데, 허식prospoiēsis 가운데 의도적으로 과장함이 허풍alazoneia이라면, 의도적으로 낮춤이 'eirōneia'라는 것이다. 그리고 그와 같은 형태의 자기비하는 허풍보다는 '좀 더 세련된 행동 방식 chariesteroi ēthe'인데, 그러한 형태의 비진지성은 이득을 위해서가 아니라 허식에 대한 혐오에 기인하기 때문이라는 것이다. 그리고 소크라테스가 그랬던 것처럼, 그러한 사람들이란 대체로 세속적으로 숭상되는 가치들이 자신과는 관련이 없는 것 같은 태도를 취한다는 것이다.[42]

---

41 『윤리학』 1103a, 20~25 및 1127b14~17 참조. 아레테 개념에 대한 논의를 시작하는 『윤리학』 2권 모두에서(1103a, 14~25) 아리스토텔레스는 아레테를 '지적인 아레테aretē tēs dianoētikēs'와 '행동 방식의 아레테aretē tēs ethikēs'로 구분한 바 있다. 희랍어 'ethos'는 본디 행동 방식을 의미하며, 그것에 대한 학문이 윤리학이다. 따라서 전통적인 번역의 방식으로 'aretē'를 무조건 '덕성'으로, 'ēthikos'를 '윤리'로 번역하면 앞의 표현은 '윤리적 덕성'이라는 동어반복 성격의 기이한 용어가 되고 만다. 어쨌든 지은이는 아리스토텔레스의 그러한 구분 자체도 — 6권에서 논의되는 지적 잘남의 두 종류로서 'sophia'와 'phronēsis'의 구분과 함께 — 앞에서 언급한 바와 같이 플라톤의 철학에 대한 불충분한 이해, 특히 그의 변증법 개념에 대한 불충분한 이해에서 비롯된 것이라고 판단한다. 그리고 그러한 결함은 『윤리학』 4권 3장에 제시된 '위대한 영혼megalopsychia'에 대한 논의에도 반영되어 있다고 생각된다. 그러한 개념은 플라톤의 '철인 왕' 이념과 같이 필연적으로 통치의 이상 및 정치 체제의 문제를 제기하는데, 아리스토텔레스는 그 문제를 윤리학 차원에 국한하여 논의하고 있는 것이다.

42 물론 'eirōneia'가 반드시 아리스토텔레스 방식으로 파악되어야 할 필연적인 이유는 없다. 아리스토텔레스와 같은 해에 태어나 같은 해에 죽은 정치가인 데모스테네스 Dēmosthenēs(기원전 384~322)나 아리스토텔레스의 제자인 테오프라스토스에게 'eirōn' 하는 자는 아리스토텔레스와는 달리 덜 바람직하다. 왜냐하면 그러한 사람은 책임감을 회피하기 위해서 자신의 능력을 의도적으로 낮추기 때문이다(이에 대해서는 Knox, 1978: 627~628에 간략하게 요약되어 있다). 이 점은 기원전 4세기 후반의 아테네에서 개인주의가 점차 심화되면서 시민들의 공동체의식 및 정치인들의 공인의식이 약화되는 정신사적 상황의 반영이기도 하다. 아래에서 좀 더 자세히 설명되겠지만 바로 이 점도 'eirōn'이라는 말의 본원적 의미인 '사회적 말하기'에서 바로 사회성은 역사적 상황에 따라 그 성격이 달라진다는 자명한 사실의 다른 측면인 것이다.

결국 간단히 말해서 호메로스에서 아리스토텔레스에 이르는 'eirō' 동사 및 'eirōneia'라는 명사의 의미 변화의 역사란 곧 희랍인들이 수행한 '사회적 말하기'의 내용 및 성격 변화의 역사이자, 그러한 변화가 시인이나 작가의 작품에 심층적으로 반영되고 철학자들의 사색을 통해 비판적이며 총체적으로 이해되고 정리되는 역사라고도 말할 수 있다. 그 결과가 결정적으로 아리스토텔레스를 통해 정착된 현재와 같은 의미의 'eirōneia'인 것이다. 그것은 '사회적 말하기'가 표출되는 특정한 시대 역사적 상황의 '사회성'에 대해 당대 인간들 나름으로 '사회적으로' 의식한 결과로서, 인간들 앎 자체의 사회성에 대해 당대의 희랍인들이 나름대로 인식한 결과이다. 물론 그러한 사회적 의식 또는 앎의 내용이나 깊이는 무한한 변용을 가질 수 있다. 앞으로 설명되겠지만, 희랍 지성사의 맥락에서는 그러한 앎이 최초로 완성된 형태로 나타난 것이 소크라테스에 의한 태동을 거쳐 나타난 플라톤의 정치철학인 것이다. 여기서 다시 강조되어야 할 점은 그와 같은 정치철학의 태동 및 형성이 어느 날 갑자기 소크라테스나 플라톤이라는 특정 개인을 통해 이루어진 것은 아니라는 사실이다.

『앎과 잘남』 1권에서 부분적으로 서술 및 설명된 바 있지만, 이미 호메로스의 서사시 자체가 그러한 '사회적 말하기'의 본질 및 인간 정신세계의 역사성과 사회성에 대한 '문학적' 이해의 표출이다. 그것은 곧 인간들의 '사회적 말하기'를 대상으로 하는 '사회적 말하기'이다. 바꿔 말해서 문학이란 형태의 인간 사고의 표출은 아이러니를 떠나 존재할 수 없는 것이다. 아킬레우스의 분노를 비롯하여 신들과 여러 영웅들의 말과 행동에 대해 그들이 처한 '사회적' 상황에서 벗어나 객관적이고 냉철하게 보는 호메로스라는 작가의 시각 속에 이미 그러한 인식이 함축되어 있다. 당대의 개인들 스스로에게는 잘나고 똑똑하고 합리적인 생각과 행동이 그 상황을 떠나 객관적으로 바라보는 작가의 시선에는 어리석음과 모자람에 놀아나는 부질없음으로 묘사되는 문학의 세계가 그것이다. 위대한 정치적 결단을 포함하여 사생결단의 진지하고 절박한 추구의 대상이자 온갖 치밀한 이익 계산의 대상이자 사회적 · 정치적 갈등의 원인이 되는 문제들이 똑똑함과 잘남이라는 외양의 어리석음과 모자람의 표출이거나, 당사자들이 자각하지 못한 채 우연이나 초월적인 운명의 노리개 역할을 하는 인간적 삶의 실존에 대한 '사회적 말하기'가 문학이라는 것이다. 따라서 언어적 차원에서 아이러니라는 말의 등장, 그리고 그 말의 등장과 궤를 같이하는 문학이라는 사고 표현 양식의 등장은 인간의 사고가 사회적 삶 속에 투영되고 그것을 통해 발전된 스스로의 사고 내용 자체를 초월적으로 사고하고 관찰하고 서술하는 정신 활동의 출현을 의미한다. 그리고 인간의 사회적 의식 세계에 대한 그와 같은 초월적 사고 활동을 떠나서는 정치철학의 출현은 불가능하다는 사실이 중요하다. 희랍 지성사에서 소크라테스의 존재 및 그를 통해 태동하는 정치철학 또는 정치철학적 사고의 존재는 바로 아이러니로 집약되는 이 세계 및 인간에 대한 문학적 차원의 인식의 한 차원 높은 승화 · 발전을 의미하는 것이다.

그 점은 앞으로 이 책의 논의를 통해서 밝혀지겠지만, 희랍 지성사의 맥락에서 아이러니라는 개념으로 집약되는 그러한 '사회적 말하기'가 기원전 5세기에 들어서는 아에스킬로스Aeschylos와 소포클레스Sophoklēs 등 비극 작가들의 문학을 통해서 주로 과거의 신화나 역사적 사건에 빗대어 구체적이고 승화되어 나타나게 된 것이다. 그리고 아리스토파네스의 희극은 자신이 직접 살아가는 희랍 도시국가들의 정치 · 사회적 삶의 맥락에서 잘나고 도덕적이고 똑똑하다는 인간들의 행동 속에 표출되는 위선과 어리석음에 대한 직설적인 풍자와 야유인 것이다. 그 아리스토파네스의 야유와 풍자의 대상에 소크라테스 자신도 포함되어 있다는 사실 자체가 희랍 지성사 자체의 아이러니이기도 하지만, 바로 '사회적 말하기'의 본질상 불가피한 현상이기도 한 것이다. 사물과 인간에 대해 인식하고 판단하는 인간의 자의식적 사고 활동의 본질상 어느 누구도, 어느 누구의 말하기와 생각도 다른 사람에 의한 '사회적 말하기'의 대상에서 벗어날 수는 없는 것이다.

어쨌든 그와 같은 정신사 및 지성사의 흐름 속에서 소크라테스의 아이러니가 파악되어야 함은 물론이다. 또한 그 이후 전개된 희랍 지성사의 발전 맥락에서 아리스토텔레스를 통해 현재와 같이 아이러니의 의미가 정착되는 과정도 이해될 수 있는 것이다. 그런데 문제는 아리스토텔레스의 그와 같은 정리가 그것의 개념적 의미에 대한 완벽한 해명은 되지 못한다는 사실에 있다. 그리고 그러한 사실 자체가 바로 아이러니의 표현이다. 왜냐하면 아이러니란 바로 사회적 말하기이고, 그 사회성이란 시대나 상황에 따라 언제나 가변적이라고 할 때, 현재 통용되는 의미의 아이러니 또한 언제나 다른 의미를 가질 수 있기 때문이다. 실제로 아리스토텔레스의 경우에도 아이러니는 궁극적으로 '진실함alēthes'이 과연 무엇인가의 문제를 떠나서는 그 실체를 규정할 수 없다는 점이 중요하다. 아이러니란 바로 진실함이 무엇이냐에 따라 달라질 수 있는 것이다. 인간이 스스로에게 진실하다고 할 때 그 진실함의 실체가 무엇이며, 인간은 과연 어느 정도까지 그 실체를 인식할 수 있는가의 문제, 나아가 자연과 인간을 포괄하는 이 세계의 실체, 곧 진리가 무엇인가의 문제를 떠나서는 사회적 말하기란 본질적으로 무의미한 것이다.

앞으로의 논의 과정을 통해 점차 명확하게 되겠지만, 바로 이 점이 소크라테스의 아이러니와 그의 이름과 거의 동일시되는 '너 자신을 알라' 격률 사이의 필연적 연관성도 파악할 수 있게 하는 원천이다. 간단히 말해서 그것은 바로 자아의 진실성 또는 실체의 문제이기 때문이다. 아울러 소크라테스와 플라톤의 관계, 특히 그 격률의 의미에 대한 체계적인 해명으로도 해석될 수 있는 후자의 영혼론과 이데아론 및 사랑erōs 개념, 나아가 전자와 크세노폰, 안티스테네스Antisthenēs(기원전 445~360) 등 다른 제자들과의 관계, 플라톤과 아리스토텔레스의 관계, 중세 기독교 사상 특히 아우구스티누스 철학에서 세속적 욕망cupiditas과 대비되는 배려caritas 및 사랑의 질서ordo amoris 개념, 피히테와 헤겔 등 근대 독일 철학에서의 자아das Ich 및 정체성Identität 개념에도 관통한다. 그것은 곧 진리의 본원적 무규정성 — 동양에서는 노자老子의 『도덕경道德經』의 첫 구절인 "道可道非常道"의 문구로 축약되는 — 및 인간의 정신 및 자아 자체의 본원적 사회성에 대한 다른 각도의 인식인 것이다. 나아가 앞에서 언급된 독일 낭만주의 이후 전개된 서구 문학에서의 아이러니 개념 또한 그러한 차원에서 이해될 수 있다. 즉 괴테와 쉴레겔Schlegel 등 낭만주의 문학가나 키르케고르와 만Thomas Mann 등은 아이러니 개념을 통해 이 세계의 현상이나 인간의 행동 및 삶의 의미가 결코 기계적으로 재단하거나 고정된 의미로 규정할 수 없다는 자각을 문학적으로 새롭게 부활시킨 것으로 이해할 수 있는 것이다. 그들 문학가들 스스로는 개념적으로 명확히 인식하지 못했고 지성사나 철학사적 차원에서 체계적으로 정리하지는 못했지만, 그것은 곧 고대적 아이러니의 근대적 부활에 다름 아닌 것이다.

현대에서는 라캉Jacques Lacan 등에 의한 프로이트 심리학의 발전, 이와 더불어 소위 포스트모더니즘 철학이 제기하는 사물에 대한 언어의 본원적인 비규정성이나 자아 정체성의 존재에 대한 부정의 논리 또한 같은 맥락에서 이해될 수 있다. 그리고 바로 그 점을 통해 현대의 대표적인 아이러니 연구가들이 — 주로 문학 연구가들이고 스스로의 연구를 철학적으로 승화·발전시키지 못한 데 근본적인 한계가 있지만 — [43] 아이러

43 이들은 바로 괴테나 낭만주의 문학 또는 토마스 만에 대한 연구가들이 대부분이다. 현

니를 정의하려는 시도 자체를 "주제넘은presumptuous"[44] 것으로 간주한 이유도 설명될 수 있다. 서양 철학사와 지성사 전체를 관통하는 그 방대한 문제 모두를 여기서 모두 검토할 수는 없다. 하지만 그 핵심적인 이유는 바로 '사회적 말하기'라는 표현 자체에 내재한 의미의 세계에서 찾을 수 있으므로 다음 절에서는 그것을 검토할 필요가 있다.

3. 아이러니와 '너 자신을 알라'라는 자아 정체성

'사회적 말하기'라는 어구는 일면 동어반복의 의미를 갖고 있다. 인간의 언어가 본질적으로 사회성을 전제로 하므로 모든 말하기는 본질적으로 사회적이기 때문이다. 다시 말해서, 상대방을 의식하고 말하는 행위 또는 상대방이 자신의 말을 듣고 어떠한 반응을 보이며 그에 따라 그 말의 효과가 어떻게 나타날까를 추정하거나 계산하고 판단하여 말하는 행위는 바로 사회성을 전제로 하는 인간의 언어가 발생한 이래 언제나 존재할 수밖에 없기 때문이다. 그러한 판단이나 추정이나 계산의 목적이나 내용 및 수준이 개인의 지적 능력이나 성향에 따라 가변적일 뿐인 것이다. 그리고 각 개인 나름대로 상대방의 의중이나 입장을 배려하면서 자

대 철학자들의 경우에는 아이러니의 문제가 철학적 논의의 주제로 부각되어 있지는 않은 것 같다. 예를 들어 가다머Hans-Georg Gadamer의 경우도 그러하다. 그의 대저인 『진리와 방법*Wahrheit und Methode*』에서도 해석학에 대한 연구서로서 당연히 기대되는 아이러니 개념에 대한 논의가 정면으로 다루어지지 않고 있다. 그는 단지 '해석학과 역사주의'의 관계를 다룬 그 대저의 '보론'을 통해 오직 간접적으로 텍스트의 문구와 저자의 진정한 의도 사이의 문제를 스트라우스Leo Strauss의 주장을 중심으로 간략하게 설명하고 있을 뿐이다(Gadamer, 1982, 특히 487~489 참조) 이 점은 현대 서양 철학의 유감스러운 부분이라고 할 것이다.

44 문학 연구가들의 그러한 경향에 관해서는 Warde(1974: 554 n. 2) 참조.

신의 의사를 말로 표현함은 공동체적 삶의 원활한 운영에 필요한 덕목이기도 하다. 다만 그러한 추정이나 계산이나 판단이 상대방에 대한 배려의 차원이 아니라 오직 권력 획득이나 돈벌이 등 세속적인 목적을 달성하기 위한 수단으로만 작동할 경우, '사회적 말하기'는 앞에서 인용된 『구름』에서 아리스토파네스가 나열하고 있듯이 진실성이나 진정성은 사라지고 오직 이중성과 위선과 교활함만 남은 언어가 되는 것이다.

물론 특정 시대 및 국가의 '사회적 말하기'가 그와 같은 성격의 언어로 나타남은 말 그대로 '사회성', 곧 그것이 처한 역사적 · 정신사적 상황, 특히 지배 체제의 성격이나 권력 구조, 교양 · 문화의 성격과 수준, 그리고 사회 · 경제적 삶의 성격 등을 떠나서는 제대로 이해될 수는 없다. 『앎과 잘남』 1권의 3장에서 호메로스의 세계를 중심으로 논의한 바와 같이, 권력 획득이나 돈벌이가 말이 아니라 무술의 탁월성이나 용력勇力 또는 기백의 대소에 따라 결정될 경우 '사회적 말하기'는 이중적이거나 위선적이거나 교활한 언어가 될 필요는 없는 것이다. 무례함이나 잔인함이 수반되는 경우가 많지만, 폭력 조직이나 군사국가의 인간들에게 대체로 뒤틀리고 음험한 표리부동의 성향이 없음은 그러한 상황의 반영일 것이다. 어쨌든 아테네라는 도시국가를 중심으로 나타난 'eirō'라는 동사의 의미 변화 및 그로부터 파생한 어휘들의 등장에 내포된 '사회성'에 대한 이해는 그러한 의미 변화가 특징적으로 관찰되는 시기, 곧 고대의 그 언어가 현대적 의미를 갖게 되는 획기적인 전환점을 맞게 되는 시기의 역사적 · 정신사적 상황에 대한 고찰을 요구하는 것이다.

그 시기란 바로 'eirōneia'라는 말을 발생하게 만든 장본인인 소크라테스와 아리스토파네스가 활동한 기원전 5세기 중엽 이후의 시대이다. 그 시기는 앞에서 이미 서술했듯이, 페리클레스가 주도한 민주화가 대중민주주의로 전환되는 시기이자 그러한 상황에 부응하여 소피스트 운동이 본격적으로 전개되는 시대이다. 또한 그 시기는 아테네가 델로스 동맹의 맹주로서 당시의 도시국가들 간의 관계에서 일종의 '제국'의[45] 역할을 하고, 그에 수반된 상업적 번영과 더불어 도시화가 급격히 진행된 시대이며, 아울러 민주화와 상업화 및 '제국주의적' 패권 체제가 스파르타 등 농업 중심의 도시국가나 과두정치 체제 또는 왕정 체제의 도시국가들로부터 반발을 불러일으켜 30년 가까이 지속된 펠로폰네소스 전쟁의 기간에 해당된다. 그러한 상황은 일단 18세기의 루소J. J. Rousseau가 당대의 파리를 중심으로 전개된 도시화의 외양으로 나타난 '문명화' 과정에 대한 비판을 연상시킨다. 루소의 경우 비판의 대상은 야만성의 잔혹함과 거칢과 무례함을 극복한 교양·문화의 발전, 그리고 인간성의 고양을 물질적으로 뒷받침하는 편리하고 효율적이며 정의로운 삶의 질서로서의 문명이 아니다. 그것은 농촌의 자연적 삶으로부터 유리되고 소외되어 인간들이 질박함과 솔직함 등 자연스러운 성정을 잃으면서 문명이라는 이름으로 약삭빠르고 이중적이며 위선적인 인간상이 지배하는 사회적 삶의 양태이다. 실제로 루소의 그러한 문명 비판의 근저에는 그 나름으로 이해한 스파르타 교육의 이상 및 농촌 생활의 '아름다움'에 대한 동

---

45 투키디데스는 『역사』에서 델로스 동맹의 맹주인 아테네의 위치 및 역할을 'archē'라는 말로 표현하고 있고, 이 말을 영어로는 'imperium', 한국어로는 '제국'으로 번역되기도 한다. 그런데 'archē'의 본래 의미는 라틴어의 'imperium'과 같이 지도력leadership이나 통치 체제 또는 지배 질서를 의미하며, 그 말 자체에 19세기에 특징적으로 전개된 '제국주의'라는 의미는 없다. 통상적으로 '로마 제국'이라는 말이 사용되지만, 로마의 'imperium'은 말 그대로는 지중해 연안 지역의 통일된 질서, 뒤에 가서 '로마에 의한 보편주의'로 표현되는 질서를 의미할 뿐이다. 물론 아테네가 주도하는 도시국가연합이나 동맹국들을 대하는 아테네의 정책에 현대적 의미의 '제국주의적' 요소가 없는 것은 아니다. 그러나 당대의 역사적 맥락에서 아테네라는 도시국가의 정치 행태는 헬라스Hellas 인이라는 동족의 동맹국들을 주도적으로 관리한다는 명분을 바탕으로 이루어진 것이기 때문에, 'archē'라는 말을 '제국'으로 번역할 경우 당대의 정치적 상황을 왜곡할 소지가 있는 것이다.

경이 있으며, 그러한 동경은 플라톤의 교육철학 및 정치철학에 깊은 영향을 받은 것도 사실이다.

그러나 그와 같은 성격의 문명 비판은 — 도시화 정도의 차이 및 도시화가 발생하는 역사적 맥락의 차이에 따른 내용과 성격의 차이는 있지만 — 근대의 루소만이 아니라 인류 역사에서 도시화와 상업화가 진행되는 상황에서는 어디에서나 발견되는 정신사 및 지성사적 현상이다. 『앎과 잘남』 1권에서 서술한 피타고라스 철학의 경우도 그러하고, 중국 고대 제자백가 가운데 묵자墨子나 양주楊朱의 학설, 유대인의 에세네Essenes파, 서양 중세의 수도원 운동, 이슬람의 수피즘Sufism 등등이 그것에 해당한다. 다만 그와 같은 비교는 기원전 5세기 말 희랍의 역사적 · 정신사적 상황의 이해에 참고는 되어도 그것의 실체를 직접 밝혀주지는 못한다는 점이 강조되어야 한다. 또한 강조되어야 할 것은 소크라테스나 아리스토파네스 당시의 역사적 사실들을 아무리 자세하게 열거하고 구체적으로 기술하더라도 그러한 열거나 기술이 당시의 역사적 · 정신사적 상황의 실체를 자동적으로 설명하지는 못한다는 점이다.

특정한 시기의 역사적 · 정신사적 상황이란 당시 인간들의 구체적인 언어 생활에 기계적이고 일방적으로 투영되어 특정한 언어 행태나 특정 어휘의 등장을 자동적으로 발생시키는 것은 아니다. 또한 그러한 언어의 의미signifié가 특정한 언어의 기표signifiant에 자동적으로 반영되어 고정된 의미가 제시될 수도 없다. 그러한 역사적 · 정신사적 상황은 당대 지식인들의 성찰이나 연구, 문필 활동을 통해 체계적으로 해석되고 인식되고 표현되면서 그 실체가 드러나며, 또한 후대의 지식인들에 의해 바로 역사적 · 정신사적으로 연구되고 해석되는 것이다. 경우에 따라서는 후대의 연구자들이 당대의 지식인들보다 좀 더 정확하게 그 실체를 재구성할 수도 있는 것이다. 다시 말해서 당대의 인간들 대부분은 시시각각 변하는 삶의 구체적이고 일상적인 상황의 전개에 매몰되어 자신이 살아가는 현실의 실체를 파악하지 못할 수 있다. 그들은 감각적인 현실이나 세속적인 이해관계 또는 세속적인 목표의 실현을 삶의 의미 전부로 굳게 믿으면서 살아감이 일반적이다. 이 점은 아이러니라는 말의 의미에 대해서도 적용된다.

'eirōneia'라는 말이 등장하는 시기의 희랍인들이 그 말과 관련된 '사회적 말하기'의 양상, 즉 이중적이고 뒤틀리고 위선적이고 약아빠진 언어생활을 반드시 언어의 퇴화로 인식하지는 않았다. 그러한 언어 생활은 오히려 자신들의 사회적 환경에 대해 나름대로 이해한 결과로서 일종의 '앎'이며, 자신들의 사회적 삶을 효율적으로 영위하기 위한 실용적이고 실천적인 노력, 즉 나름대로 '잘나게' 되기 위한 노력이 특정한 성격의 '사회적 말하기'로 표출된 결과이기도 하다. 여기에 'eirōneia'라는 말의 등장과 그 어휘로 표현되는 개념 문제를 중심으로 대중과 지식인, 지식인 일반과 철학자로 불리는 지식인의 관계 문제가 희랍 지성사의 맥락에서 부각되어야 할 이유가 있다.

기원전 5세기 말 이후에 전개되는 희랍 지성사의 서술과 관련하여 'eirōneia'라는 말의 발생이 주목되어야 하는 이유는 그것이 단순히 소크라테스 특유의 언어 행태를 표현하는 말이기 때문만은 아니다. 다시 부연하지만, 그 말은 '말의 기술'인 수사학rhētorikē이나 구두 약속이나 연설을 지칭하는 'rhētra'와 같이 'eirō'라는 동사에서 파생한 말로서 '사회적 말하기' 또는 현대 언어철학에서 말하는 소위 사회적 담론 행위의 주요 측면을 표현하고 있기 때문이다. 즉 사회적 분업 체계의 필연적인 결과인 타인과의 교류를 위한 언어, 타인 앞에서 자신의 존재를 과시하거나 드러냄으로써 자신의 사회적 존재 또는 잘남을 인정받고자 하는 언어, 타인을 의식하여 자신의 진정한 의도를 감추거나 왜곡하여 표현하는 언어,

타인의 언어에 수반된 그러한 이중성 자체를 의식하여 이루어지는 또 다른 이중성의 언어 등등이 그것이다. 그것은 한편으로 인간이 세속적인 삶을 살아가는 데 필수적으로 수반되는 언어 행위의 표현이며, 다른 한편으로는 언어 행위의 그러한 세속성과 사회성이 바로 특정한 시대와 장소의 역사적 · 정신사적 상황에 따라 인간들로 하여금 진정성이나 진실성을 잃어버리게 하는 양상을 표현하고 있는 것이다.[46]

그렇다면 그와 같은 이중적이고 왜곡된 언어 생활에서 단순하며 왜곡되지 않은 진실한 언어란 과연 무엇이냐의 질문이 제기된다. 그리고 그와 같은 이중적이고 왜곡된 언어 생활에서 자신의 진정한 의도가 감추어진다고 할 때, 그 감추어지는 자신의 진정한 의도란 과연 무엇인가의 문제 또한 필연적으로 제기된다. 대중민주주의와 상업화된 도시 생활의 삶을 살아갈 수밖에 없는 상황 속에서, 대중과 영합하지 않으면 성취될 수 없는 정치적 출세와 통속적 가치를 추구할 수밖에 없게 만드는 삶의 구조 자체가 불가피하게 인간의 자아를 이중적이 되게 하고 왜곡시킬 수 있다. 여기서 이중적이지 않고 왜곡되지 않은 단순하고 순수한 자아 자체란 무엇인가의 문제가 기원전 5세기 당시 희랍의 역사적 · 정신사적 상황에서 필연적으로 제기된다는 것이다. 'rhētra'와 'eirōneia'의 문제는 이에 따라 기원전 5세기 말 이후에 전개되는 희랍 지성사의 서술과 관련하여 다음의 쟁점으로 필연적으로 이행된다. 즉 그러한 역사적 · 정신사적 상황 속에서 당대의 지식인들 가운데 과연 누구의 성찰이나 인식이 그러

46 진실성sincerity과 진정성authenticity은 오래전 1970년대 초에 영문학자 트릴링Lionel Trilling이 현대인들이 추구할 도덕적 삶의 핵심적인 요소이자 그것에 요구되는 자아의 상태를 표현한 개념이다. 지은이는 다른 책에서(양승태, 2010: 436~438) 트릴링의 두 개념을 인용, 소개한 바 있으며, 아울러 그것들에 진정으로 새로운 것은 없으며, 플라톤의 '진지성spoudē' 개념에 포섭될 수 있음을 간단히 설명한 바 있다.

한 문제들을 직접 대면하고 명시적으로 제기했고, 그러한 문제의 근원에 가장 가까이 접근하거나 그 근원에서부터 해명했으며, 어떠한 근거로 그렇게 평가될 수 있는가 하는 문제이다.

정치 권력자를 포함하여 대부분의 일반인은 스스로 처한 역사 및 정신사적 상황에 대해서 나름대로 인식하고, 나름대로 가치판단을 내리고, 그것에 따른 만족과 불만을 다양한 정도나 방식으로 표출하면서 — 현대적으로 표현해서 보수와 진보 사이의 다양한 스펙트럼과 행동 속에서 — 살아간다. 앞서 2장의 논의에서 언급했듯이, 일반인의 그러한 인식 및 판단과 지식인의 그것 사이에 엄격한 경계는 없으며, 그 인식과 가치판단이 얼마나 심원하고 체계적이고 타당한지 그 정도에 따라 한 인간의 지적 수준이 결정된다. 희랍인의 그것을 포함한 인류의 역사 및 정신사는 지식 활동이 별도의 사회적 직능으로 분화되는 — 그 분화의 정도나 그것이 갖는 정치적 · 사회적 의미는 각 국가나 사회의 성격에 따라 달라질 뿐이다 — 과정의 역사이다. 『앎과 잘남』 1권에서 설명했듯이 희랍의 기원전 5세기는 인간의 지적 활동이 다른 지역에 비해 자유롭게 허용되고 좀 더 전문적으로 분화되면서 자연철학자들의 자연에 대한 탐구와 더불어 소피스트나 희 · 비극 작가들의 문학 활동을 통해 인간과 인간의 삶에 대한 나름대로의 체계적인 연구와 탐색이 상당한 수준으로 진행된 시기이다. 그러한 정신사 및 지성사적 상황에서 위의 문제는 결국 당시의 '직업적인' 지식인들 가운데 누구의 사유 내용이 당시의 현실을 제대로 파악한 것이며, 누구의 사유 내용이 당시 사회적 언어의 진실과 허위를 제대로 구분하고 있고, 누구의 사유 내용이 언어의 본질을 제대로 해명하고 있으며, 누구의 사유 내용이 언어의 차원을 넘어 인간의 자아 자체에 대한 탐색으로 나아가면서 그것을 근원에서부터 해명했느냐의 문제로 귀착되는 것이다. 바로 이러한 문제 제기의 맥락에서 소크라테스라는 인물이 희랍 정신사 및 지성사에서 갖는 위치가 부각된다.

서양 철학사 교과서에서 소크라테스는 일반적으로 최초의 도덕철학자로 기술되고 있다. 그러한 기술에 의하면 도덕적 관념들이라는 표면적인 정신 현상에 대한 일반화 차원의 도덕에 대한 연구, 또는 그러한 일반화에 기초해서 이루어지는 세속적 혹은 실용적 가치에 대한 탐색 수준의 도덕에 대한 연구 차원을 넘어, 도덕성 자체가 무엇인지에 대한 탐구가 소크라테스를 통해서 시작되었다는 것이다. 물론 그러한 기술에 잘못은 없다. 그러나 그렇게 기술되기 위해서는 일단 도덕의 본원적 의미가 무엇이고, 어떠한 근거에서 소크라테스의 지성 활동이 도덕의 본질에 대한 최초의 탐구로 규정될 수 있으며, 과연 정치의 본질에 대한 탐구와 분리된 도덕에 대한 탐구가 가능한지 여부도 설명되어야 한다. 그리고 그 탐구가 과연 말 그대로 단순히 '앎에 대한 탐구' 의미의 철학을 넘어 도덕과 정치의 문제를 종합한 총체적인 지식 체계로서 정치철학을 완성했는지 여부의 문제에 대해서도 해명이 이루어져야 한다. 다음 장들의 논의는 그러한 문제들에 대한 해명을 목적으로 하는데, 이해의 편의상 그 기본 논지를 미리 정리하여 제시하면 다음과 같다.

소크라테스가 저술 활동을 하지 않은 사실에 함축되어 있듯, 그의 사상은 인간의 공동체적 삶에 관해 진지하게 느끼고 체험하고 성찰하면서 표현한 삶 속의 언어 행위이다. 그는 소극적 차원에서 기존의 도덕 및 정치적 관념에 대해서 깊은 의문을 제시했으나 적극적으로 그 의문을 해명하는 노력을 통해서 하나의 철학 체계를 구축한 것은 아니다. 다른 지식인과 그가 다른 점은 바로 스스로의 사고의 불완전성 또는 미완성성을 자각하고 있었다는 것이며, 그러한 자각이 언어 행태로 나타난 결과가 그의 아이러니이다. 그리고 도덕의 본질에 대한 탐색 과정에서 그를 '아이러니하게' 만든 사유의 고심과 좌절의 핵심은 바로 도덕과 시민적 삶 또는 국가 생활의 관계라는 것이다. 그것은 한편으로 그의 철학적 사유의 중심에 있으면서도 제대로 해명되지 못한 논제이다. 그렇기 때문에 그의 철학적 사유는 정치철학의 태동으로 간주될 수는 있으나 미완성의 정치철학일 뿐이며, 정치철학의 완성된 — 비록 그 내용이 보편적인 진리 자체는 아니더라도[47] — 형태는 소크라테스를 이어받아 '존재론-인식론-인성론-국가론'을 최초로 종합한 플라톤을 통해 이루어졌다.

여기서 강조되어야 할 점은 소크라테스 정치철학의 미완성성, 다시 말해 그의 철학적 사유를 희랍 지성사의 발전 맥락에서 파악하는 입장이다. 그러한 기본적인 입장과 관련하여 바로 소크라테스의 '정치철학'에 대한 대표적인 연구서라고 할 수 있는 크라우트Richard Kraut의 저작에 대해 언급할 필요가 있다.

소크라테스에게는 정치 이론이 없다는 미국의 대표적인 고전학자였던 블라스토스의 주장이나 소크라테스를 단순히 도덕철학 또는 정치철학이 아닌 법 이론 정도로 해석하는 학자들에 대한 비판으로 크라우트는 자신의 저작을 시작한다. 그러한 비판을 기초로 그는 플라톤의 『크리톤』에 대한 나름대로의 세밀한 읽기를 통해 소크라테스의 '정치철학'을 권위주의적 국가 이론의 원형, 즉 국가에 대한 개인의 복종을 우선시하는 철학으로 해석하는 학자들에 대한 비판도 체계적으로 제기한다. 지은이는 비록 조금 상투적인 성격은 있지만 『크리톤』에 대한 그의 기본적인 해석에 동의한다. 즉 "『크리톤』은 권위, 국가 생활의 안정성, 국가 주권에 대한 일방적인 옹호가 아니다. 그것은 오히려 시민들의 요구와 국가의 요구 사

---

47 이러한 문맥에서 한 플라톤 연구가가 지적한 바와 같이(Field, 1967: 56), 플라톤 스스로도 자신의 철학이 해명하지 못한 문제들이 많이 남아 있음을 인식하고 있었다는 것, 다시 말해서 자신의 철학의 미완성성을 자각하고 있었음을 가정함이 당연하다는 점을 강조할 필요가 있다.

이에 공정한 균형을 추구하려는 시도로 간주되어야 한다. (『크리톤』에 등장한) 법은 두 가지 적대적인 관념을 화해시키려 노력하고 있다. 하나는, 시민들은 국가에 대해서 어떤 형태의 충성심을 가져야 하고, 그와 같은 충성심이 없이는 국가가 존속할 없다는 것이고, 다른 하나는, 국가의 행위가 판단되는 도덕적 기준은 존재하며, 국가의 행위가 그 기준에 도달하지 못할 경우 시민은 국가에 복종해서는 안 된다"는 것이다(Kraut, 1984: 5~6).

그런데 그와 같은 해석의 타당성 여부를 떠나 국가 생활의 이상에 대한 그러한 수준의 견해가 정치철학으로 간주될 수는 없을 것이다. 그것은 국가의 본질에 대한 체계적인 성찰이 아니며, 나아가 국가 생활의 이상과 현실을 종합하는 총체적인 이해는 되지 못한다는 점이 중요하다. 무엇보다 그러한 해석으로는 소크라테스의 아이러니를 설명하지 못한다. 즉 그것은 자신이 모른다는 것을 안다는 것, 좀 더 구체적으로는 정의, 절제, 사랑, 용기 등 도덕적 이념들이 진정으로 무엇인지 모른다는 '진실한' 고백과 그러한 정치적 견해 사이의 관계를 제대로 설명하지 못한다는 것이다. 지은이는 그러한 해석의 한계에 대한 극복은 소크라테스의 사유 전체를 희랍 지성사의 역동적인 흐름 속에서 설명하는 데 있으며, 그 핵심은 그의 아이러니를 그의 정치적 견해와 종합하여 설명하는 데 있다고 믿는다. 그것이 바로 위에서 간략하게 정리한 논지인 것이다.

소크라테스의 사상과 더불어 기원전 5세기 말 희랍 지성사의 흐름에 대한 이 책의 해석 논지는 일단 서양 철학사에서 소크라테스의 아이러니 개념에 대한 가장 포괄적이면서 통찰력 있는 연구로 간주될 수 있는 젊은 천재적인 철학자 키르케고르의 업적에 대한 비판이자 보완이다(Kierkegaard, 1989).[48] 앞으로 이 책의 논의가 진행되면서 좀 더 구체적으로 밝혀지겠지

48 이 책은 그가 28세 때인 1841년 코펜하겐 대학에 제출한 박사학위 논문을 출판된 것

만, 그가 아이러니의 본질을 현실 자체에 대한 절대적 규정의 불가능성과 더불어 주체의 존재에 무한한 가능성을 열어둔 '부정적 주체성negative subjectivity' 차원에서 파악하고, 아이러니의 궁극적 정당성을 세계사에서 찾고, 아이러니를 스스로의 존재를 통해 세계사에서 최초로 체현한 인물로 소크라테스라는 인물의 의미를 해석해낸 것은 기본적으로 타당하다고 판단한다.[49] 앞에서 언급한 바와 같이, 그러한 의미의 소크라테스를 블라스토스는 제대로 이해하지 못한 것이다. 그리고 괴테와 쉴레겔 등 소위 독일 낭만주의 문학가들을 통해 소크라테스의 '앎으로서의 모름과 모름으로서의 앎'을 넘어, '선으로서의 악이나 악으로서의 선', '도덕으로서의 부도덕이나 부도덕으로서의 도덕', '현실로서의 이상과 이상으로서의

이다.

49 이와 관련하여 그 책의 다음 문장들을 참고할 필요가 있다. 그것들은 아이러니의 본질에 대한 키르케고르의 깊은 성찰을 유감없이 보여주지만, 그것들에 대한 제대로 된 이해는 별도의 깊은 논의가 필요하고 번역만으로는 큰 도움이 되지 못하므로 참고용으로 그 영어 번역문을 소개하면 다음과 같다. "Here, then we have irony as the infinite absolute negativity. It is negativity, because it only negates; it is infinite, because it does not negate this or that phenomenon; it is absolute, because that by virtue of which it negates is a higher something that still is not. The irony established nothing, because that which is to be established lies behind it …… (261). Irony is a qualification of subjectivity. In irony, the subject is negatively free, since the actuality that is supposed to give the subject content is not there. He is free from the constraint in which the given actuality holds the subject, but he is negatively free and as such is suspended, because there is nothing that holds him. But this very freedom, this suspension, gives the ironist a certain enthusiasm, because he becomes intoxicated, so to speak, in the infinity of possibilities …… (262). But if irony is a qualification of subjectivity, then it must manifest itself the first time subjectivity makes its appearance in world history. Irony is, namely, the first and most abstract qualification of subjectivity. This points to the historical turning point where subjectivity made its appearance for the first time, and with this we have come to Socrates …… (264).

현실' 등등의 모순 명제의 형태로[50] 아이러니 개념이 새롭게 부활되는 과정에 대한 그의 통찰력 있는 지성사적 서술들 또한 여러 가지 면에서 깊은 참고가 된다.

그럼에도 불구하고 키르케고르의 소크라테스 이해에는 근본적인 한계가 있다. 그는 아이러니와 대화 사이의 필연적 연관성이 소크라테스의 철학에서도 잠재되어 있다는 사실을 충분히 인지 및 설명하지 못했으며, 이에 따라 아이러니와 대화 및 변증법의 융합을 오직 플라톤의 철학을 통해서만 나타나는 것으로 파악한 것이다.[51] 즉 그는 아이러니 개념과 관

---

50 이것은 그들이 직접 표현한 것은 아니고 지은이 나름으로 그들의 생각을 재구성한 것이다. 이 점은 기본적으로 쉴레겔의 다음 문장과 그 의미를 공유한다. "아이러니는 무조건적인 것과 조건적인 것 사이에, 완벽한 소통의 불가능성과 절대적 필요성 사이에 존재하는 해소될 수 없는 대립에 대한 느낌을 간직하고 자극한다Irony contains and excites a feeling of insoluble opposition between the unconditional and the conditional, between the impossibility and the necessity of a complete communication"(Schlegel, "Lyceums-fragment", Friedländer, 1969: 147에서 재인용).

51 다음의 문장은 소크라테스가 아닌 플라톤의 철학에서 아이러니가 대화의 개념에 포섭된다는 점에 대한 키르케고르의 인식을 잘 보여준다. 그 문장에 대한 철저한 이해 또한 별도의 깊은 논의가 필요로 하고, 그러한 논의는 플라톤의 철학을 설명할 이 책의 후속편에서 자세히 이루어질 것이므로 영어 번역문을 그대로 소개하기로 한다. "That irony and dialectic are the two great forces in Plato everyone will surely admit, but that there is a double kind of dialectic cannot be denied, either. There is an irony that is only a stimulus for thought, that quickens it when it becomes drowsy, disciplines when it becomes dissolute. There is an irony that is itself the activator and in turn is itself the terminus striven for. There is a dialectic that in perpetual movement continually sees to it that the question does not become entrapped in an incidental understanding, that is never weary and is always prepared to set the issue afloat if it runs aground — in short, that always knows how to keep the issue in suspension and precisely therein and thereby wants to resolve it. There is a dialectic that, proceeding from the most abstract ideas, wants to let these display themselves in more concrete qualifications, a dialectic that wants to construct actuality with the idea. Finally, in Plato there is yet another element that is a necessary supplement to the deficiency in both the

련하여 소크라테스와 플라톤 사이의 연속성을 제대로 설명하고 있지 못하다는 것이다. 다음 장을 통해 설명되겠지만, 일단 스스로 모른다고 하는 소크라테스의 아이러니는 단순히 젠체하는 이중적인 태도의 표현이 아니라 그로서는 충분히 그리고 제대로 알지 못한다는 사실에 대한 진실한 고백이다. 그리고 그러한 태도의 다른 측면이 대화라는 그의 앎의 방식이자 삶의 방식이라는 것이다. 다시 말해서 아이러니와 대화는 삶을 '제대로' 살아가기 위한 절대적인 요건으로서 진지한 앎 추구의 동일한 정신의 다른 측면일 뿐이다. 그리고 그 '제대로 된' 삶, 바로 '좋은 삶euzein'이 결코 개인 차원의 삶으로 이루어질 수 없으며 오직 국가 생활을 통해서만 가능하다는 점을 소크라테스는 그의 재판과 처형 과정의 '철학적 퍼포먼스'를 통해 행동으로 현시는 했지만, 그 의미를 하나의 일관된 철학 체계를 통해 설명하지는 못한 채 남겨두었다. 이에 따라 그의 도덕철학은 미완성의 정치철학일 뿐이며, 그 남겨진 과제를 나름대로 실현한 인물이 플라톤이라는 것이다.

다음 5장은 그러한 서술과 설명의 본격적인 출발이다. 그러한 출발을 위해서는 일반인들에게 소크라테스라는 이름과 거의 동일시되는 격률, 즉 '너 자신을 알라'라는 격률의 희랍 정신사적 의미, 그리고 그러한 격률에 내포된 인성론 및 언어철학적 문제를 검토할 필요가 있다.

---

great forces. This is the mythical and the metaphorical. The first kind of dialectic corresponds to the first kind of irony, the second kind of dialectic to the second kind of irony; to the first two corresponds the mythical, to the last two the metaphorical — yet in such a way that the mythical is not indispensably related to either the first two or the last two but is more like an anticipation engendered by the one-sidedness of the first two or like a transitional element, a *confinium* [intervening border], that actually belongs neither to the one nor the other(앞의 책, 121).

제5장

'너 자신을 알라'의 희랍 정신사와 소크라테스

"너처럼 그렇게 파란 눈을 하고 온 세상 사람들과
정상적이고 행복한 관계 속에서 살 수 있다면 얼마나 좋을까!"[1]

- 토마스 만

'너 자신을 알라Gnothi Seauton'라는 격률은 일반적으로 소크라테스의 이름과 거의 동일시되고 있다. 이 격률은 잘 알려져 있듯이 아폴론 Apollōn 신을 모시는 델포이Delphoi 신전에 새겨진 경구들 가운데 하나이다.[2] 델포이는 펠로폰네소스 반도와 그리스 본토를 가로지르는 이스트모

---

1 "Wer so blaue Augen hätte …… und so in Ordnung und glücklicher Gemeinschaft mit aller Welt lebte wie du!" 『토니오 크뢰거』, 안삼환의 번역문.

2 그것이 델포이 신전에 새겨져 있었다는 '사실'에 대한 역사적 기술 형태의 — 플라톤의 저작 등 문헌들에 소개된 간접적인 증언의 형태가 아니라 — 증언은 2세기에 활동한 여행가이자 지리학자인 파우사니아스Pausanias의 『희랍의 세계*Hellados Periēgēseōs*』 10권 24장 1절이다. 세 개의 경구는 각각 '너 자신을 알라', '지나침은 금물Mēden Agan', '서약에는 파멸이Engye para d'Atē' 등이다. 마지막 격률의 경우 의미가 쉽게 파악되지 않을 수 있는데, 『앎과 잘남』 1권에서도(151~152쪽 참조) 설명한 바 있는 아테Ate 신의 도덕적 의미와 더불어 '서약'이라는 말 앞에 '경솔한'이란 수식어를 첨부할 경우 도움이 될 것이다. 앞의 두 격률은 『앎과 잘남』 1권에서 시인이자 현인이자 정치가였던 솔론Solon의 지성사적 의미에 대해 설명할 때 그가 한 말로 소개한 바도 있지만, 학자들은 그러한 격률들이 델포이 신전 건립 당시에 새겨진 것이 아니라 솔론과 같이 기원전 6세기경 유명한 현인들의 도덕적 경구들을 차용하여 새긴 것으로 추정한다. 델포이 신전 및 위의 격률들과 관련된 역사적 사실들에 관해서는 Parke et al.(1956: 3~7,

스Isthmos(희랍어로 '목徑'이라는 의미) 해협 중간 북쪽 파르나소스Parnassos 산 기슭에 위치한 마을인데, 그 지명의 의미가 암시하듯이 — 희랍어로 'delphys'는 배꼽 — 그곳은 고대 희랍인들이 세계의 중심이라고 믿었던 곳이다. 기원전 8세기경 고대 희랍인들이 '세계의 중심'이라고 믿은 장소에 건립한 신전의 주인이 아폴론이라는 사실은 그가 희랍 신화를 대표하는 신이라는 점을 암시한다. 그리고 그 점은 소크라테스 철학의 등장과 관련된 희랍 정신사 및 지성사의 이해에 중요한 단서를 제공한다. 먼저 그 격률에 담긴 신화, 그 신화에 담긴 로고스의 의미를 탐색할 필요가 있다.

1. '너 자신을 알라'의 신화와 로고스

아폴론 신은 희랍 신화에서 가장 희랍적인 신이다. 아폴론이 신의 계보상으로는 가장 젊은 신임에도 불구하고 가장 희랍적인 신이자 희랍 신

387~389) 참조. 위의 세 격률이 델포이 신전에 새겨져 있었다는 사실을 기록한 가장 오래된 출전은 플라톤의 대화편『카르미데스*Charmidēs*』164c~165b이다. 그 문장을 통해서 플라톤은 소크라테스의 대화 상대자인 크리티아스Kritiās를 통해 '너 자신을 알라'는 아폴론 신이 직접 제시한 격률이며 다른 두 격률은 후대의 현인들이 추가한 것이라는 사실, 그리고 전자의 격률의 의미를 집약한 희랍인의 도덕 이념이 바로 'sōphrosynē'라는 점도 밝히고 있다. 실제로 'sōphrosynē'는 고대 희랍인의 세계관과 인간관이 집약된 심원한 도덕 이념이다. 이 희랍어는 우리말로는 일반적으로 '절제'나 '겸손', 영어로는 'temperance'나 'moderation'으로 번역되나, 각 번역어 모두 희랍어 본래의 의미를 제대로 표현하지는 못한다. 그 말 자체는 '건강함'이나 '안전함', '확실함' 등의 의미를 갖는 형용사 'sōs'와 호메로스에서도 육체를 통제하는 주체로서 '마음'을 지칭하는 'phrēn'의 결합어로서, 그것의 원초적인 의미는 '마음의 건강함'이다. 절제나 겸손은 '건강한 마음'을 통해 표현되는 여러 덕목들 가운데 일부인 것이다. 이 5장의 목적은 그 도덕 이념이 기술과 예술의 장인정신의 필연적인 반영이라는 것을 설명하는 데 있으며, 그 도덕 이념 자체에 대해서는 이 책의 후속편에서 플라톤의 정치철학에 대해 논의할 때 자세히 설명될 것이다.

화를 대표하는 성격을 가지고 있다는 사실은 19세기 후반 젊은 니체가 이미 주목한 바 있다. 즉 "아폴론 신에 구현된 동일한 충동Trieb이 올림피아 세계 전체를 낳게 했으며, 그러한 의미에서 그는 올림피아 세계의 아버지"라는 것이다(『비극의 탄생』 3절). 다만 그러한 주목은 그 특유의 천재적인 상상력과 통찰력의 산물이며, 고고학적 또는 문헌학적 연구를 통해 뒷받침된 것은 아니다. 그러한 뒷받침은 그 후의 연구에 의해 이루어진다. 희랍 신화에 함축된 정신사에 관해서는 『앎과 잘남』 1권에 이미 소개되어 있지만, 희랍의 신들 대부분이 동방으로부터 유입되었듯이 아폴론 또한 그러하다는 사실을 통해 일단 확인된다.[3] 그는 제우스의 아들로서 신격神格 면에서 일단 '영원히 젊은' 신이지만, 무엇보다 그의 이름은 제우스나 포세이돈 등과 달리 미케네 문명의 B선형 문자판에서도 발견되지 않는다는 사실을 근거로 추정할 때도 다른 신들보다도 희랍 세계에 늦게 소개된 '젊은 신'이라 볼 수 있다. 그런데 니체의 통찰을 확인하듯, 이 두 가지 의미의 '젊은 신'이 그 이후의 다른 학자들에 의해서도 "희랍 신들 가운데 가장 희랍적인 신"으로 간주되고 있는 것이다.[4]

여기서 니체 이후의 학자들 가운데 하나인 거스리W. K. C. Guthrie를 직접 인용할 필요가 있다. "그리스인들의 표징outlook을 다른 민족들, 특히 그들을 둘러싼 이방인들의 그것들로부터 뚜렷이 구별되게 하는 모든 것들, 즉 미술, 음악, 시, 젊음, 건전함sanity, 절제moderation 등 모든 종류

3 그는 대체로 터키 서남부의 리키아Lycia 지역에서 유입된 신으로 추정된다. 이 점은 호메로스의 『일리아스』에서 그가 희랍인들의 적인 트로이 편의 신이라는 사실을 통해서도 암시된다. 아폴론의 신화적 유래 및 신격에 관한 논의, 그리고 그러한 문제와 관련된 문헌이나 학술적 논쟁에 관한 소개로는 Guthrie(1955: 73~87, 특히 73 n. 2) 및 Burkert(1985: 143~149, 특히 405 n. 1) 참조. 특히 후자의 책은 전자가 접할 수 없었던 선형문자 B의 해독을 기초로 고고학적 근거를 좀 더 충실하게 제시하고 있다.

4 W. F. Otto의 표현. Burkert(1985: 143)에서 재인용.

의 아름다움이 아폴론 신에 축약되어 있다"(Guthrie, 1955: 73).[5] 그것은 곧 — 거스리 등 고전학자들은 인식하지 못하고 있지만 — 암흑시대가 끝나면서 새롭게 형성되고 있는 희랍인의 문화적 정체성과 더불어 다른 민족에 대한 문화적 우월감이 아폴론의 신격을 통해 점차 표상되고 있음을 의미한다.[6] 다시 말해서 희랍인들 사이에서 새롭게 형성된 문화나 가치관 또는 이념이 아폴론이라는 하나의 신격 속에 투사되고 있는 것이다. 그렇다면 왜 다른 신이 아닌 아폴론의 신격에 희랍적인 것들이 축약되어 나타나게 되었느냐는 의문이 제기될 수 있다. 그러한 의문에 대한 해명은 구술 시대의 성격상 단정적이거나 결정적일 수는 없고 논리적 추정의 수준을 벗어날 수는 없을 것이다. 하지만 논리적 추정의 성격이라도 그러한

5 거스리가 제시한 아폴론 신의 주요 직능 '리스트'에는 신탁oracle과 의술이 생략되어 있다. 아폴론 신의 신탁 및 의술 직능은 일반인들에게도 잘 알려져 있는 것이며, 거스리도 물론 그 점을 몰랐기 때문에 생략했을 가능성은 없다. 다만 인용된 거스리의 책은 그와 같은 직능들이 희랍 정신사 및 지성사에서 갖는 의미에 대한 탐구가 저술의 직접적인 목적이 아니기 때문에 생략한 것으로 볼 수 있다. 그런데 아폴론 신격을 구성하는 신탁과 의술은 기원전 5세기의 희랍 정신사 및 지성사의 발전을 이해하는 데 필수적으로 논의되어야 할 사항이라는 점은 강조될 필요가 있으며, 이 장에서의 논의도 그것에 중점을 둘 것이다.

6 자아 정체성 및 국가 또는 민족 정체성의 개념사적 개관 및 그 개념 전반에 대한 이해를 위해서는 양승태(2010, 특히 제1부) 참조. 정체성에는 생물학적 및 심리학적 요인과 역사적 전통 등 한 개체나 집단에게 이미 주어져 있는 요소와 그러한 요소를 변화시키면서 스스로를 발전적으로 새롭게 형성하는 두 측면이 필연적으로 존재한다. 아폴론 신격에 집약된 요소는 특히 정체성에서 후자의 측면을 지칭할 것이다. 고대 희랍 정신사의 맥락에서 두 측면은 오래전에 니체가 유명한 『비극의 탄생』을 통해 — 거스리 등 현재의 고전학자들과 마찬가지로 니체 스스로 자신의 논의가 정체성 개념과 연관된다는 사실을 의식하지 못한 가운데 — 희랍의 음악으로 표상되는 '디오니소스적인 것das Dionysische'과 조각으로 표상되는 '아폴론적인 것das Apollinische'의 대비로 나타난 바 있다. 이 장에서의 논의의 목적 가운데 하나는 니체의 그러한 해석을 정치철학의 탄생 맥락에서 새롭게 재구성하면서 그것의 한계, 특히 소크라테스에 대한 비판의 오류를 밝히는 데 있다.

의문의 해명을 통해서만 '너 자신을 알라'의 격률 및 소크라테스가 희랍 정신사 및 지성사에서 갖는 의미가 좀 더 명확하게 파악될 수 있다.

『앎과 잘남』 1권 2~3장에서도 이미 자세하게 설명한 바 있지만, 희랍 세계는 바다 건너 동방에 비해 오랫동안 문명적으로 낙후된 지역이었다. 희랍인들은 종교를 포함하여 동방의 선진 문물을 수입하고 모방하는 수준의 문명 생활을 오랫동안 영위한 민족이었다. 그러한 희랍인들이 기원전 12~8세기의 암흑시대를 거쳐 도시국가가 등장하고 점차 새롭게 문명화하는 과정에서 나름대로 독자적인 문화를 형성하기 시작한 것이다. 그에 따라 토속적인 기층문화나 외래에서 수입된 문물들이 아닌 자신들이 독자적으로 창조하고 발전시킨 '새롭고' '젊은' 문물들, 나름대로의 새로운 세계관이나 가치관, 그리고 그와 같이 새로운 문화 및 문물 발전의 주체인 예술가나 장인들의 작품 활동이나 창작 행위 및 그들이 추구하는 장인의식의 궁극적 주체가 종교적 표상으로 등장했을 가능성이 크다. 바로 그러한 종교적 표상이 아폴론 신 및 그의 신격이라는 것이다.

실제로 후세에 알려진 아폴론 신앙은 이미 기원전 8세기 말경에는 희랍 세계 나아가 지중해 연안의 희랍 식민 도시들에 보편화된 것으로 알려져 있다(Burkert, 1985: 142). 그리고 역사적으로 잘 알려진 바와 같이, 제우스의 신전이 아니라 델포이Delphoi나 델로스Delos의 아폴론 신전이 희랍인들의 정치 · 사회적 삶의 중심에 있었다는 사실은 앞서 언급한 바와 같이 암흑시대가 끝나고 새롭게 발흥하는 희랍 문화 및 희랍인의 정체성이 아폴론 신을 통해 표상되고 있었다는 사실의 확실한 증언이다.[7] 그것

7 윈스피어Alban D. Winspear도 일찍이 이 시기를 "정신 혁명the spiritual revolution"의 시대이자 "아폴론 발흥의 시대the age of the ascendency of Appolo"로 규정하면서, 아폴론 신이 위에서 열거한 여러 직능들의 주체이면서 동시에 새로 정립되기 시작한 귀족주의적 윤리 체계를 관장하는 신으로 등장하고 있음을 지적한 바 있다(Winspear, 1956: 37

은 호메로스 이후 본격적으로 전개되기 시작하는 고전 시대의 정신사적 발전 과정에서 아폴론 신앙은 단순히 기복 신앙이나 주술 신앙의 차원을 넘어 희랍인 고유의 문화적 표상으로 부상하고 있음을 의미한다. 다시 말해서 '희랍 세계'라는 존재가 문명사적으로 부각되는 시기와 아폴론 신앙의 보편화 시기는 대체로 일치한다는 것이다. 그리고 그와 같은 신격의 형성은 일종의 정신사적 필연이라고도 할 수 있다. 그 이유는 다음과 같이 추정할 수 있다.

일단 제우스 신은 모든 신들의 왕이기 때문에 인간 세계 전체 또는 모든 민족의 신의 표상일 수 있다. 따라서 그는 희랍인이라는 특정 민족의 정체성을 표현하는 신으로는 적합하지 않았을 것이다. 그리고 아폴론은 잘 알려져 있듯이 제우스라는 신들의 왕과 젊고 아름다운 '작은 부인'인 레토Lētō 사이에서 '본부인'인 헤라의 감시와 질투를 피해 새롭게 태어난 씩씩하고 잘생긴 '젊은 왕자'이다.[8] 그러한 면에서도 그 '젊은 왕자' 신은 제우스로 상징되는 신적 법통 및 상고 시대 희랍인들의 정신사적 법통을 이어받으면서도 새롭게 형성되는 희랍 문화의 신화적 '코드'로서 최적일 수 있는 것이다. 그리고 그와 같이 새롭게 형성된 문화의 주체는 전통적 신관들이나 일반 대중이 아니라 바로 창조적인 예술가들이나 장인들일 수밖에는 없다는 사실에서 그가 신탁의 신, 의술의 신, 학문의 신, 나아가 건전함과 절제 등 도덕성의 신이 될 수밖에 없는 필연성도 이해될 수 있다. 다만 어떻게 하나의 신격 속에 신탁과 같은 주술적이고 비합리적인 요소에서부터 예술, 의술, 학문, 도덕성 등 서로 상충된다고도 할 수 있는

및 53~54). 다만 윈스피어는 왜 아폴론이 신화적으로 그와 같이 표상될 수 있었는지 설명하지는 않았다.

8 아폴론의 쌍둥이 누나인 아르테미스Artēmis의 기본 신격이 발랄하고 지적이고 오만한 젊은 처녀의 표상인 점도 같은 맥락에서 이해될 수 있을 것이다.

요소들이 공존할 수 있는지에 대해서는 좀 더 많은 설명이 필요할 것이다.

일단 아폴론이 언제부터 신탁manteia; oracle의 신, 곧 신들의 목소리나 의사를 듣고 해석해내는 주체인 신관들 — 아폴론 신전의 경우 피티아Pythia로 불리는 여사제들 — 자신의 신이 되었는지는 바로 신화가 발생하는 정신적 환경인 구술 문화의 성격상 분명할 수 없다. 다만 다신교의 사회에서 신탁 자체를 관장하는 신의 등장은 기본적으로 신탁 행위의 사회적 성격, 나아가 정치적 성격이 사회적으로 인지된 결과라는 사실을 주목해야 한다. 신관들이 자신의 행위가 단순히 신들로부터 피동적으로 전달받은 메시지를 다른 사람들에게 다시 전달해주는 행위에 그칠 경우, 다시 말해서 그것이 순수하게 개별적이고 사적인 행위로 인지될 경우, 그 행위 자체를 주관하는 신의 존재가 사회적으로 인지되고 부각될 이유는 없다. 그러한 신의 메시지를 전달하는 행위 자체가 또 하나의 독립된 신적 행위로 인지되고 부각되고 있다는 사실은 그러한 행위를 별도의 전문적이고 사회적인 직업 또는 직능으로 파악하는 직업의식의 발생을 전제로 한다는 것이다. 물론 어떠한 성격 또는 수준의 전문성이고 그 직능의 중요성에 대한 사회적 인정이 어느 정도의 것인가는 바로 특정 시대에 신탁이 사회적으로 어떻게 기능하고 사회적으로 어떻게 이해되고 있느냐에 달려 있을 것이다. 어떠한 형태이든 신탁을 받는 행위의 핵심은 '신들림theia mania; divine madness'의 상태이므로, 그 '신들림'의 핵심을 어떻게 파악하느냐는 그 시대의 정신적 · 역사적 상황의 성격에 따라 변화할 수 있다는 것이다.[9]

---

9 이러한 정신적 상태는 철학을 '신적인theios; divine' 것으로 파악하는 플라톤의 철학 개념에 대한 이해와 더불어, 예술의 본질을 일종의 신성한 '광기'로 파악하는 근대 낭만주의 미학의 예술 개념에 대한 이해의 출발점이 된다. 이 점은 이 책의 후속편에서 플라톤의 정치철학에 대해 논의할 때 자세하게 설명될 것이다. 신들림 혹은 종교적 체험

신들림이란 일반적으로 이해되듯이, 그리고 실제로 세계 어디에서나 발견되듯이, 무속인이 자아 일탈의 상태에서 발설하는 방언이나 예언의 형태로 나타날 수 있다.[10] 그러나 그것이 '신들림'의 전부는 아니다. 『앎과 잘남』 1권 2장에서 서술한 바 있는 구술 시대의 음유시인aoidos들을 포함하여, 시인이나 예술가들의 창작 행위 과정에서 — 물론 모든 시인이나 예술가가 그러한 것은 결코 아니다 — 체험하는 광기나 영적인 체험 등도 '신들린' 행위로서 일종의 신탁으로 볼 수도 있는 것이다. 희랍어 'mania'라는 말 자체가 어원상 강력한 힘 또는 열정을 의미하는 'menos'와 연관된다는 설도 있고(Burkert, 1985: 162), 현재 영어의 'mania'도 비록 신과의 연관성은 사라졌지만 특정 대상에 대한 몰입이나 깊은 탐색을 의미한다. 그러한 사실이 암시하는 것은 이 점이다. 특정 개인이 초월적 존재와 자신의 자아를 합일하려고 하거나 특정 대상에 대한 몰입하려는 것이 반드시 무분별하고 광분된 행동으로 나타날 필연적인 이유는 없다는 것이다. 예술가들이나 특정 기예의 장인들이 완벽한 작품을 만들기 위해 자신의 삶의 모든 열정과 정신적 에너지를 투사하고 몰입하는 행위 또한 일종의 자아 일탈의 상태일 수 있는 것이다. 그것은 좀 더 정확하게 표현하자면 일상적 자아에서 초월적 자아로의 이행이라고 할 수 있으며, 그것의 구체적인 의미는 다음 2절에서 좀 더 자세히 설명될 것이다.

에 대해서는 1902년에 출간된 윌리엄 제임스William James의 고전적인 연구(James, 2007)가 있다.

10 여기서 참고로 부기할 점은 디오니소스 신도Bakchos들의 특징적인 행동으로 잘 알려진 자아 일탈 또는 광기와 신탁의 구분 문제이다. 물론 둘은 광기나 자아 일탈의 성격을 공유하고 있지만, 기본적으로 전자의 행동은 언제나 개별성이 아니라 집단성을 가진다는 점에서 신관들의 '접신' 행위와 구분된다고 할 수 있다. 그리고 그 점이 디오니소스 신을 데메테르 신과 함께 농업 사회에 특징적인 공동체적 축제의 표상이 되게 하는 요소이기도 하다.

실제로 호메로스 이후 문자 시대에 전개되는 희랍 정신사의 진행은 자아 일탈의 그러한 성격이 점차 드러나고 사회적으로 인지되는 과정으로 해석될 수 있다. 그러한 진행 과정에서 신탁은 단순히 무당이나 박수의 감각적인 자아 일탈적 행위를 지칭함을 넘어, 예술 활동이나 기예의 창작 과정에서 나타나는 예술가의 정신적 몰입 상태를 그러한 예술과 기여를 주관하는 신과의 소통 행위로 파악하는 관점의 발전, 다시 말해서 신탁 개념의 추상화 또는 승화 과정으로 이해될 수 있을 것이다. 다시 말해서 호메로스 이후 전개되는 희랍 정신사 및 이로부터 분기하는 희랍 지성사는 신탁에 내재하는 '합리적' 요소에 대한 인지가 점차 확산되고 사회적으로 공유되는 과정으로 파악될 수 있는 것이다. 그렇게 파악될 경우에만 아폴론이 전통적인 신관의 신만이 아니라 예술과 기예의 신, 의술의 신, 도덕의 신, 나아가 피타고라스 학원의 경우에서 발견되는 바와 같이 학문의 신이 되는 연유도 이해될 수 있는 것이다.[11] 즉 피타고라스의 정리를 발견하고 아폴론 신에게 제사를 지내는 행위의 정신사적 의미가 설명될 수 있는 것이다. 그리고 바로 같은 정신사적 맥락에서 '너 자신을 알라'라는 종교적 격률이 소크라테스에 의해 도덕적 · 인성론적 명제로 변환되는 의미와 아울러 플라톤 철학의 출발점이자 종점인 이유도 설명될 수 있다.

'너 자신을 알라'라는 문구 자체가 하나의 신탁으로서 델포이 신전에 새겨져 있었다고 하는 사실은 일단 그것의 원초적 의미가 무엇인지를 암시한다. 그것은 바로 아폴론 신이 그의 신전을 드나드는 인간들에게 전달한 명령어의 차원에서 접근할 수밖에 없도록 한다는 것이다. 물론 여기서 그 명령어가 신관들이 진실로 '신들린' 상태에서 아폴론 신으로부터 받은 것인지 아니면 신도들을 '효율적으로' 훈육하고 통제하기 위한 세속

11 피타고라스 학원의 그러한 성격에 관해서는 『앎과 잘남』 1권 4장에서 설명할 바 있다.

적인 목적에서 인위적으로 작성했는지 여부는 중요하지 않다. 그것은 바로 신과 인간의 관계와 관련하여 호메로스 이래 희랍 문학의 가장 보편적인 주제인 '오만hybris'의 문제를 가장 일상적인 언어로 표현한 것으로 해석될 수 있다는 사실이 중요하다. 즉 '불멸하면서athanatos' 자연 속에서 발현되는 막강한 힘이나 인간사의 직능에서 '완성된teleios' 경지를 표상하는 신들에 대비되어, '사멸하며thanatos' '미완성의atelēs' 유한한 인간들이 이 세계를 살아가는 과정에서 범하는 어리석음에 대한 경고인 것이다. 다시 말해서, 본질적으로 유약하고 모자란 인간이 자신의 분수를 망각하여 스스로 감당할 수 없는 일을 시도하거나 인간의 영역을 초월한 신의 영역을 침범하는 오만이 필연적으로 초래하는 파멸에 대한 경고를 그 격률은 전달하고 있는 것이다. 이 점에 대해서는 에렌베르크Victor Ehrenberg가 간결하게 정리한 바 있으므로 그것을 직접 인용할 만하다.

> "그 금언의 진정한 의미는 인간으로서 '너 자신을 알고 신을 따르라'는 것이었다. 그것은 한편으로는 지혜와 절제 사이에, 다른 한편으로는 지혜와 건방짐 및 오만 사이의 신성한 대비와 갈등을 함축하고 있었다." (Ehrenberg, 1968: 333)[12]

즉 '너 자신을 알라'는 인간이 신이 아니며 유한하고 미완성의 존재라는 스스로의 숙명적인 한계를 자각하면서 오직 신의 명령을 따르라는 경고인 것이다. 그것은 신이 이 세계의 주체이고 인간은 신에 종속된 존재라는 세계관의 표현이다.

---

12 원문을 소개하면 다음과 같다. "The true meaning of the saying was 'know thyself as a human being, and follow the god'. It implied the pious contrast and conflict between wisdom and moderation(*sōphrosynē*), on the one hand, and presumption and arrogance(*hybris*) on the other."

그런데 에렌베르크는 위의 진술에 이어 그 격률이 기원전 5세기에 이르러 "인간의 스스로에 대한 앎"이라는 새로운 의미를 갖게 되었다는 점을 강조한다. 이와 연관하여 그는 계속해서 헤라클레이토스Herakleitos의 문구를 인용한다. 즉 "나는 나 자신을 탐구했다" 또는 "성정ēthos이 인간의 운명daimōn"[13]이라는 잠언들이란 결국 "인간이 탐구의 대상이 되었고, 인간의 이성이 신의 지도를 넘어서거나 또는 그것에 대항하는 새로운 시대의 도래를 알리는 전령"이라는 것이다(같은 책, 333). 그리고 그와 같이 새롭게 도래하여 발전하는 인간 중심 및 이성의 시대의 맥락에서 에렌베르크는 히포크라테스 의학의 탄생에서부터, 소피스트 운동, 비극이라는 문학 형식의 쇠퇴, 소크라테스의 등장에 이르는 희랍 정신사를 서술한 것이다(같은 책, 333~383 참조).

지은이도 기본적으로는 에렌베르크의 그러한 관점과 서술 내용에 동의한다. 그리고 비록 짧은 글이지만 그의 소크라테스에 대한 서술에는 여러 가지 통찰력 있는 진술이 있으며, 그것들은 앞으로 이 책에서도 참

13 인간의 운명은 초월적인 신에 의해 결정되는 것이 아니라 개개인 스스로의 성정에 의해 결정된다는 것이다. 다이몬daimōn이라는 희랍어는 사실 번역하기 어렵다. 물론 이 말에는 어느 정도 운명이라는 의미가 있으며, 헤라클레이토스의 위 선언에서도 그러한 의미가 있음이 분명하다. 그러나 운명이라는 말로는 그 말에 함축된 희랍인들의 복잡한 신관이나 세계관 그리고 그 말의 정신사적 변천을 제대로 포괄하지 못한다. 호메로스에서 다이몬은 신들 일반을 지칭하는 보통명사로 또는 운명을 배분하는 신을 지칭하기도 한다. 그런데 후대에 와서 그것은 초월적인 힘 일반을 지칭함과 더불어, 일반적으로 '숲의 정령'이라는 말로 표현되는 바와 같이 자연 속의 그러한 힘, 일생에 걸쳐 개인에 따라 다니는 영적 존재나 유령, 기독교에서 천사angeles에 상응하는 신과 인간의 매개자 등 다양한 의미를 갖는다. 특히 마지막 의미는 플라톤에 특징적인 것인데, 그 매개자의 의미는 깊은 성찰을 요구하는 주제이다. 그것은 소크라테스 특유의 다이모니온daimōnion에 대한 철학적 해석이자 아리스토텔레스의 'daimonia' 개념과도 연관되는데, 이 책의 서술을 통해 설명될 주제이기도 하다. 다이몬에 관한 간결하면서도 깊이 있는 해설로는 Burkert(1985: 179~189) 참조.

고할 것이다. 다만 그의 서술은 '너 자신을 알라'가 신탁의 신, 예술과 기예의 신, 의술의 신, 나아가 피타고라스 학원의 신이기도 했던 아폴론 신을 모시는 신전의 신탁이었다는 사실에 함축된 정신사적 의미에 대한 충분한 해명은 되지 못한다는 점을 지적할 필요가 있다. 아울러 그의 서술은 바로 신비주의적 신탁이 왜 소크라테스에 의해 이성중심주의적 격률로 변화될 수밖에 없는지, 그 정신사적 역동성 및 그러한 역동성에 내재한 지성사적 발전의 필연성을 제대로 해명하지 못한다는 점도 지적되어야 한다. 왜 그러한지를 설명하기 위해서는 바로 신탁이라는 행위 자체의 핵심인 '신들림'의 실체에 대한 다른 각도에서의 조망이 요구된다.

신들림을 통해 전달되는 언어나 영상이 합리적 근거가 없기 때문에 무시되어야 할 착시나 환각 증상인지의 문제에 대해서 이 책에서 논의할 필요는 없을 것이다.[14] 그러한 문제를 떠나 여기서는 그것을 체험하는 사람에게 '신들림'은 자신의 의사와는 무관하게 자신을 통제하는 외부의 어떠한 강력하고 신비로운 힘의 영향력 하에서 특정한 언어 또는 영상 형태의 메시지를 전달받는 현상을 지칭한다는 사실에서 출발할 필요가 있다. 그리고 그러한 신들림은 두 가지로 구분되어야 한다. 하나는 그러한 정신적 힘을 일방적이고 수동적인 형태로 받는 '신들림'이고,[15] 다른 하나는 개

---

14 물론 과학적으로 증명할 수 없다거나 이성적으로 이해할 수 없다고 해서 무조건 허위로 단정함은 무지와 허위를 구분하지 못하는 '무지에 호소하는 오류argumentum ad ignoratiam'에 해당한다. 그리고 종교적 체험을 비과학적으로 무시하는 많은 '합리주의자들'의 비합리주의에 대한 비판이 앞에서 언급된 제임스 저작(James, 2007)의 기본 논제이기도 하다. 신관이나 무당의 신들림 현상을 대마초 등 환각 증세를 유발하는 사원 주위의 식물이나 약초의 존재를 설명하는 시도도 '과학계'에서 자주 발견된다. 물론 그러한 설명에도 나름대로 타당성은 있다. 그러나 동일한 약초를 복용했다고 하더라도 대다수가 단순히 환각 증세에 그칠 뿐 나름대로 의미 있는 예언을 하는 사람은 소수에 불과하다는 사실을 고려할 때, 그와 같은 설명이 신들림 현상에 대한 보편타당한 설명은 못 된다고 할 것이다.

인 스스로가 초월적인 존재를 능동적으로 탐색하거나 초월적이고 강력한 힘에 스스로를 능동적으로 의탁하려는 노력을 통해 이루어지는 '신들림'이다. 전자를 '수동적 신들림', 후자를 '능동적 신들림'으로 각각 규정하면서 신들림에 내포된 정신사 및 지성사적 의미를 검토하기로 하자.

무속인들의 신들림은 일반적으로 전자의 형태라고 할 것이다. 그것은 특정인에게 — 심령학에서 소위 영매靈媒로 불리는 사람에게 — 신, 귀신, 유령, 정령 등등 어떻게 명명되든 자신의 영혼을 통제하는 어떤 초월적인 존재가 길흉의 문제 등 인간사와 관련된 미래의 일에 대한 전언 또는 '가르침'을 일방적으로 전달하는 행위를 지칭한다. 그런데 그와 같은 수동적인 신들림의 결과이자 그러한 신들림을 하나의 사회적 직능이나 효용성으로 작동하게 하는 요소는 단순히 그 의미를 파악할 수 없는 방언이나 광기의 울부짖음 자체에 있는 것은 아니다. 그것은 바로 길흉 문제 등 인간사와 관련하여 요구되는 일종의 '가르침', 즉 일종의 '앎'에 있다는 사실을 주목해야 한다. 그리고 바로 그러한 사실 속에서 그와 같은 수동적 신들림이 능동적 신들림으로 변환될 수밖에 없고, 나아가 아폴론 신격 속에 신탁 행위에서부터 예술, 기예, 학문이 포함될 수밖에 없는 정신사적 필연성이 설명될 수 있다.

신탁이 나름대로 사회적 유용성을 갖는 일종의 앎이라는 사실은 곧 신탁이라는 행위가 단순히 특정 부류의 인간들에게만 국한된 특이한 영적 현상에 그치는 것이 아니라는 사실을 의미한다. 오직 순수하게 개인에 국한된 양심은 말 그대로 개인적인 문제이며, 따라서 도덕성과 관련하여 사회적으로는 의미가 없다. 마찬가지로, 순수하게 한 개인의 정신세계 및 삶에 국한된 신탁이라면 사회적 존재로 부각될 이유도 없고, 사회적

15 그것이 소위 심령학에서 말하는 '신내림' 또는 '빙의憑依' 현상이라고 할 것이다.

논란의 대상이 될 이유도 없는 것이다. 결국 신탁의 존재 자체에 이미 사회성이 내포되어 있으며, 그것의 유용성 여부는 언제나 사회적 필요의 대상이자 사회적 소통이나 판단 및 평가의 대상이 되는 앎의 성격 및 형태가 무엇인지에 따라 결정되는 것이다. 따라서 특정 신탁의 존재는 단순히 신으로부터 전언을 받았다는 사실 자체로 그치는 것이 아니다. 그것의 존재 자체에 이미 어떤 성격이나 수준이든 앎의 문제가 내포되어 있는 것이다. 한국이나 중국의 오랜 정신사적 전통에서 『주역周易』은 자연이나 인간사에 대해 자동적으로 답을 주는 교과서가 아니라 언제나 끊임없는 해석학적 논란의 원천이었다. 명리학命理學의 최고 경지는 단순히 『주역』에만 통달해서가 아니라 관상, 심리, 역사 등에 대한 폭넓은 지식과 교양을 갖출 때 도달될 수 있는 것이다. 비슷한 맥락에서 희랍 세계의 신탁도 일종의 앎의 추구 행위로서 끊임없는 해석학적 논란의 대상이 될 수밖에 없는 필연성이 있는 것이다. 그리고 그와 같은 해석학적 논란은 필연적으로 다른 앎과의 관계 문제를 제기하고, 이에 따라 수동적 신들림은 점차 이 세계에 대한 앎 영역 차원에서 설명되어야 할 당위성과 필연성을 갖게 되는 것이다.

현대의 소위 고도로 문명화된 국가에서도 무당이나 박수들은 계속 존재하듯이, 개인적 차원에서 수동적 신들림에 머무른 신관들은 언제 어디서나 존재한다. 하지만 사회적 차원에서 그러한 신들림은 다른 형태 및 차원의 신들림에게 그 신들림의 정통성을 양도하면서 사적인 영역으로 밀려날 수밖에 없게 된다. 그러한 정신사적 상황 전개의 대표적인 표상이 바로 앞에서 언급된 델포이의 아폴론 신전이라고 말할 수 있다. 아폴론 신전 및 그곳의 신관들은 희랍인들에게뿐만 아니라 로마가 기독교화되기 이전까지 로마인들에게도 사적인 삶은 물론 정치적 영역에서 막강한 영향력을 행사했던 것이다. 그리고 그러한 상황의 진전 속에서 소크라테스의 '너 자신을 알라'라는 격률 및 그의 죽음에 내포된 정신사 및 지성사적 의미의 요체를 발견할 수 있다. 왜 그러한지 좀 더 자세하게 설명하면 다음과 같다.

앞에서 언급했듯이 아폴론은 신탁의 신이자 치유healing 또는 의술의 신이기도 하다. 신탁과 치유라는 두 기능이 아폴론 신앙의 등장 초기부터 그의 신격에 융합되어 있다는 사실은 당연히 두 기능 사이에 어떤 내적인 연관성이 있었는지 여부를 탐색하게 한다. 그리고 그러한 내적 연관성의 가능성은 고전 시대 이전 의술의 성격을 고려할 때 이해될 수 있다. 즉 의술이 고전 시대에 이르러 학문으로서 정립되기 이전 아폴론 신관을 통해 일반적으로 시행되는 치유의 방법은 그 이전 전통적인 주술사들의 그것과는 다른 방식이라는 것이다. 여기서 부르케르트의 진술을 인용하자면, 그것은 "주술을 행하는 방식이 아니라 그 반대, 즉 정화purifications 및 밀교적인 신탁cryptic oracles의" 방식이라는 사실에서 찾아진다(Burkert, 1985: 147). 이 점은 아폴론이 치유의 신일 뿐만 아니라 화살을 쏘아 역병을 주는 신이라는 사실과도 연관되며, 아울러 그를 '불러내는invocation' 전형적인 방식 또한 희랍어로 'paean'으로 불리는 '아폴론 송가Hymn to Apollo'이고, 그러한 송가 자체가 치유의 기능을 수행하는 것으로 오랫동안 믿어지면서 아폴론 제례 행위의 핵심으로 자리 잡았다는 사실과도 연관된다. '병을 주는' 방식이 화살을 쏘는 행위로 표상된다는 사실 또한 활쏘기의 신이기도 한 아폴론 신격에 함축된 복합적인 기능들 사이의 내적 연관성의 표현인 것이다. 그러한 치유의 방식에서 주목되어야 할 점은 물론 정화와 밀교적 신탁의 의미이다.

아폴론의 화살이 역병의 원인이라는 믿음은 대표적으로 『일리아스』 1권에 아카이아 연합군이 역병에 시달리는 상황을 소개하는 장면에 나타나 있다. 그런데 질병을 아폴론의 화살을 맞음에 따른 오염으로 파악하고 아폴론에 대한 기원을 통해 그 질병을 치유할 수 있다고 믿는 정신적 태도는 비록 같은 신화적 언어로 표현되었더라도 주술적 치유 방식에 근거한 신화적 사고와는 구분된다. 그것은 적어도 질병의 실체를 개개인에 특수한 개별적 현상으로 접근하는 것이 아니라 병리와 생리라는 일반론적 차원에서 파악하기 시작했음을 의미한다. 또한 치유 방식에 있어서도 그것은 특정한 귀신이나 악령을 몸에서 떼어놓는 방식의 개별적인 주술 행위가 아니라 질병 전체에 대한 일반적 접근의 성격을 갖는 것이다. 그리고 질병에 대한 치유 방식에 송가의 형식이 포함되어 있지만, 그 송가의 언어나 음악이 특정한 신관들에게만 국한되어 소통되는 밀교적인 방식으로 진행되었다는 사실도 의미가 있다. 그것은 곧 그러한 치유 방식에 나름대로의 전문성이 부여되어 있고, 그것에 대해 일종의 장인의식 차원에서 자부심이 함축되어 있음도 암시하는 것이다. 그러한 장인의식 특유의 자부심은 의학적 지식이 점차 축적되고 그에 따른 의학의 전문성이 심화되면서 더욱 강화되었을 것으로 추정할 수 있다.

결국 아폴론이라는 젊고 새로운 신을 통해 희랍인들은 전통적인 주술적 방식의 의술이 아닌 자신들이 나름대로 새롭게 발전시킨 고유의 의술을 신화적으로 표상하게 된 것으로 보인다. 그와 같은 새로운 신격의 정착으로 인해 아폴론 신에 대한 제례 행위에 포함된 시, 음악, 춤 등도 종전의 그것들과는 구분되는 새로운 양식으로 나타나게 되었으며, 그러한 새로운 예술 양식의 발전이 결과적으로 아폴론을 희랍 예술을 표상하는 신으로 만든 정신사적 배경으로 해석될 수 있는 것이다. 앞에서 언급된 젊은 니체가 조각예술을 아폴론적이라고 규정한 것이 어느 정도 타당성을 갖는 이유는 아폴론 신이 다른 예술 장르들과는 무관하기 때문이 아니라 조각예술이 무엇보다도 희랍인들 자신에 의해 본격적으로 발전되고 승화된 가장 희랍적인 예술이기 때문인 것이다. 그리고 그와 같은 아폴론 신앙의 발전이 단순히 집단적인 제례 행위에 그칠 수는 없다는 점 또한 정신사적으로 의미가 있다. 아폴론이 제례 행위의 대상 차원을 넘어 의술이나 예술의 장인정신 자체에 대한 표상으로 승화될 경우, 아폴론은 그러한 장인정신에 필수적인 마음가짐 또는 장인윤리의 표상으로 나타날 수 있기 때문이다. 아폴론이 도덕의 신, 특히 고대 희랍인들이 인간의 삶에 요구되는 가장 핵심적인 도덕으로 파악한 'sōphrosynē'를 관장하는 신으로 승화될 소지 또한 바로 그러한 가능성에서 찾아진다.

장인의식에 기초한 수련을 요구하는 예술이나 기술의 — 고대 희랍인의 'technē' 개념을 원용하여 그 둘을 통합한 명칭으로 앞으로는 '기예'라고 부르기로 하자 — 연마 과정은 어디나 비슷할 것이다.[16] 초보적인 단계의 학습이나 수련 또는 훈련은 선대의 장인들이 이룩한 업적이나 그들이 학습과 수련을 위해 체계화시킨 텍스트에 의존하여 반복적으로 모방하는 연습일 것이다. 그러한 연습이란 습득해야 할 기예의 실체에 대한 개괄적인 수준의 인지를 획득하는 과정일 것이다. 그러한 과정에는 학습이나 수련에 방해가 되는 욕망들을 억제하고 유혹을 이겨내면서 하나의 목표에 집중하는 정신 능력의 함양이 요구된다. 기예의 그러한 초보적인 훈련 과정 속에서 자신의 욕망을 억제하면서 자신 속에서 실현시켜야 할 더 큰 자아를 — 프로이트식으로 표현하자면 이드Id를 억제하면서 초자아Superego를 — 지향해야 한다는 도덕 이념이 발현되고 있는 것이다. 그리고 그러한 도덕 이념은 중급의 훈련 과정을 통해 좀 더 명시적으로 드러난다고 할 수 있다.

기예의 습득 과정에서 중급 수준의 수련과 훈련이란 기예의 실체와 관

16 여기서 자세히 논의할 수는 없지만 지은이로서는 예술 의식의 성장 과정에 대한 최고의 설명이자 최대의 종합은 헤겔의 『미학*Ästhetik*』(1970)이라고 평가한다.

련하여 초보적인 단계에서 개괄적으로 인지한 바를 기초로 자신의 세계를 대상을 통해 표현하는 능력을 기르는 과정이라고 할 수 있다. 그러한 자신의 세계에 대한 표현은 분명히 교과서적이고 정형화된 지식을 수동적으로 습득하는 모방의 방식과는 구분될 것이다. 그것은 자신이 종사하는 기예의 실체에 대해 나름대로 능동적으로 파악하려는 노력을 통해 형성될 것이며, 그와 같이 형성되는 자신의 정신세계도 고정된 상태에 머무르는 것이 아니라 그 기예의 실체에 대해 나름대로 파악한 내용을 끊임없이 부정하고 수정하는 사고의 변혁 과정일 것이다. 그리고 그러한 변혁 과정이 바로 예술과 기예의 실체에 눈을 뜨는 정신적 성장 과정인 것이다. 그러한 정신적 성장 과정에서도 당연히 기예 외적인 욕망이나 유혹을 극복하여 정진하는 도덕적 자질이 요구되지만, 초급이나 중급 과정의 그것과는 한 차원 높은 도덕성이 요구될 것이다. 그것은 기예 자체의 영속성과 초월성에 대비된 자신의 삶의 유한성과 상대성에 대한 자각이 핵심이며, 자신의 삶을 스스로 종사하는 예술과 기예에 몰두하고 헌신하는 정신적 태도의 발현으로서 도덕성인 것이다. 고급 수준의 기예 훈련이란 결국 훈련의 차원을 넘어 자신의 한계에 대한 그러한 도덕적 자각이 수반되는 정신 능력의 고양 과정이며, 그러한 한계를 극복하여 기예 자체와 자신의 삶 자체의 합일, 나아가 궁극적으로는 기예 자체와 개인적 자아의 합일을 추구하는 과정인 것이다.

희랍 세계에서 결국 아폴론 신의 후계자로서 서양 의학의 시조로 불리는 히포크라테스Hippokratēs의 유명한 '인생은 짧고 예술은 길다'라는 잠언은 결국 그러한 도덕성의 자각을 지극히 평범한 언어로 간결하면서도 심오하게 축약한 말이라고 할 것이다.[17] 그러한 자각과 몰두와 헌신의 태

17 히포크라테스의 이 유명한 잠언은 그의 저술로 간주되는 글들을 — 그는 자신의 이름으

도 속에서만 자기 억제라는 절제의 덕목과 더불어 진정한 의미에서의 겸허함이 나타날 수 있다. 그러한 겸허함은 앞에서 아이러니를 설명할 때 제시한 바와 같은 사회적 겸허함, 즉 다른 사람에게 반감을 사지 않기 위한 나름대로의 세속적인 계산속에서 이루어지는 사회적 태도로서의 겸허함과는 구분된다. 가식의 겸허함이 아니라 진지한 열정, 절제, 헌신 등이 바탕을 이룬 겸허함이 없이는 기예의 진정한 추구나 완성은 이루어질 수 없는 것이다. 그리고 그러한 도덕적 자질들이 개념적으로 축약되고 추상화된 것이 다름 아닌 'sōphrosynē'라는 도덕 이념이라고 할 수 있다. 다시 말해서 전통적인 신화에 바탕을 둔 아폴론의 신격 속에서 '신 내림'의 신, 신탁의 신, 활쏘기의 신, 예술가의 신, 의술의 신 등 복잡하고 다양한 신격을 통해 구현되었던 장인정신이 이제 추상화된 도덕 이념으로 승

로 직접 저작을 남기지 않았다 — 주제별로 편집한 목록들 가운데 『잠언록*Aphorismoi*』 부분 첫머리에 나오는 문구이다. 이어지는 운율이 있고 지극히 단순하면서도 심원한 의미를 함축한 관련 문구를 좀 더 소개하면 다음과 같다.

> "인생은 짧고, 기예는 길며, 기회는 순간이고, 시도는 실패하기 쉬우며, 판단은 어렵고 ……"
>
> *"Ho bios brachys, hē de technē machrē, ho de kairos oxys, hē de peira sphalerē, hē de krisis chalepē ……"*

여기서 희랍어 'technē'의 일반적인 번역어가 '예술'인데, 앞에서 언급한 바와 같이 그것은 단순히 예술만이 아니라 장인의식을 요구하는 기술과 예술 모두를 지칭하기 때문에 '기예'라는 번역어가 좀 더 타당하다.

'인생은 짧고 예술은 길다'라는 잠언이 그의 잠언록 첫머리를 구성한다는 사실은 히포크라테스가 자신의 소업인 의술이라는 기예의 가장 근원적이고 핵심적인 요소가 무엇인지를 밝힌 것을 의미할 수 있으며, 그와 같이 가장 근원적이면서 핵심적인 의미를 가장 단순하면서도 가장 평이하게 표현한 사실에 그 잠언의 묘미가 있다고 할 것이다. 이 책의 논의가 진행되면서 점차 분명히 밝혀지게 되겠지만, 진정한 장인정신을 갖춘 예술가와 기술자가 보여주는 자신의 소업에 대한 몰두와 헌신 그리고 삶에 대한 진지성이 소크라테스-플라톤으로 이어지는 — 부분적으로는 아리스토텔레스도 포함하여 — 학문 및 철학으로 승화되어 완성되는 인간적 잘남 및 도덕성 이념의 핵심이다.

화되고 있는 것이다.

결국 기예에 종사하는 장인들의 정신의 근저에 있는 세계관 및 인생관을 도덕적 이념으로 승화시킨 말이 'sōphrosynē'라면, 그 도덕 이념을 일반인들에게 전달하기 위한 목적으로 일상적인 언어로 표현한 도덕적 격률이 '너 자신을 알라'라고 할 수 있다. 이 격률에서 '너 자신seauton'은 일단 아폴론 신이 전달하는 메시지를 수동적으로 받을 수밖에 없는 무당 또는 신관이 신 앞에선 자신의 왜소함에 대한 자의식 또는 자각을 지칭할 것이다. 신관 또는 종교인들이 자신의 그러한 도덕적 자각을 신전을 방문하는 일반인들과 공유하겠다는 의도가 델포이 신전 앞의 바위에 '너 자신을 알라'라는 문구가 새겨지게 된 배경으로 추정할 수 있다. 그런데 모든 언어가 그러하듯이, 하나의 도덕적 격률의 의미는 그것을 최초로 제시한 사람의 사상이나 의도가 언제나 그대로 보존되어 전달되는 것은 아니다. '너 자신'은 일차적으로 당연히 그 격률을 접하는 사람 모두를 지칭할 수밖에 없다. 이에 따라 그것은 일반 대중에게는 자신에 대한 깨달음과는 전혀 무관한 언어가 될 수 있다. 그들은 그 격률의 구체적인 의미를 파악하려는 노력 없이 단순히 도덕적 위압감을 주는 엄숙한 언어로만 받아들일 수 있으며, 경우에 따라서는 도덕적 위압감과는 정반대로 우스갯감이나 비아냥거림의 대상이 될 수도 있는 것이다. 그 격률의 도덕적 효과는 결국 '너 자신을 알라'라는 말을 접하면서 바로 '너 자신'인 자기 자신에 대해 얼마나 깊이 제대로 '알려는지'의 여부, 즉 그 앎의 노력의 심도와 체계성의 정도에 따라 결정되는 것이다.

'너 자신을 알라'라는 격률의 의미에 대한 진지한 탐색이 일단 아폴론 신이 관장하는 기예에 진지하게 종사하는 사람들 사이에서 이루어질 수밖에 없음은 일종의 정신사적 필연이다. 그들이 공통적으로 체험하는 자아의 세계, 즉 스스로의 소업을 진지하게 추구하는 과정에서 필연적으로 겪게 되는 자신의 한계에 대한 자각과 이에 따른 겸허한 태도와 행동의 절제에 대한 절실한 요구가 바로 '너 자신을 알라'라는 격률을 통해 그들의 마음에 언제나 새롭게 각인되며, 또한 그들에게 언제나 새로운 깨달음의 원천이 될 수 있는 것이다. 그것은 또한 앞에서 언급한 고급 수준의 장인의식, 곧 자신과 자신이 추구하는 기예 자체 또는 그것이 표현하려는 이상과의 합일 노력의 차원에서 이해될 수 있다. 그러한 합일 노력이란 바로 그와 같이 추구하는 '너 자신'이 무엇인지에 대한 성찰과 탐색, 즉 그것에 대한 '앎'의 추구를 전제로 하기 때문이다. 앎이란 바로 그러한 성찰 및 탐색 그 자체이며, 그러한 성찰 및 탐색의 결과인 자신에 대한 앎 또는 깨달음의 세계는 무한할 수 있다. 그것은 개개의 '너 자신'을 넘어 자아 자체에 대한 탐색으로, 개개의 너 자신에 대한 '앎'을 넘어 앎 자체에 대한 탐색으로 나아갈 수밖에 없다.

결국 개별적인 기예 차원의 장인의식에서 나타나는 앎의 탐색은 이미 그 차원을 넘어 앎 자체에 대한 장인의식, 즉 '지적 장인의식intellectual craftsmanship'으로의 이행을 내포하고 있는 것이다. '너 자신을 알라'는 바로 앞에서 언급한 키르케고르가 제시한 아이러니 개념의 핵심, 즉 '부정적 주체' 개념의 다른 표현이기도 하며, 소크라테스에 대한 그의 해석 문제를 떠나 그러한 이행은 희랍 정신사 및 지성사에서도 필연이라는 사실이 중요하다. 누가 그러한 이행을 주도하는가, 즉 누가 그러한 탐색을 제대로 수행하느냐는 물론 우연의 영역이다. 다만 그러한 이행의 작업이 개별적인 기예를 수행할 수 있는 사고 능력의 차원을 넘어 기예의 궁극적 이상인 '좋음'과 '아름다움' 자체를 탐색할 수 있는 종합적이고 총체적인 사고 능력을 갖춘 천재적인 두뇌, 자기 자신과 타인에 대한 진솔하고 개방적인 성격, 자신의 소업에 대한 진지한 태도, 앎에 대한 무한한 욕구 등을 두루 갖춘 인물을 통해서만 수행될 수 있음은 물론이다.

그러한 희랍 정신사 및 지성사적 필연성과 우연성의 맥락에서 소크라테스라는 인물의 등장이 이해될 수 있다. 앞으로 설명되겠지만, 석공과 산파라는 직능을 가진 평민 부모 밑에서 태어난 소크라테스라는 인물에게 그 격률이 일생의 화두가 되면서 그의 삶과 철학의 근본 원리가 된 점은 그러한 필연성과 우연성의 산물이다. 그리고 소크라테스 자신이 희랍 신화의 다른 어떤 신들보다도 아폴론 신에 대한 숭배자이다.[18] 아폴론 신앙 자체의 정신사적 발전 맥락에서 그 격률에 수반된 지성사적 발전이 이해될 수 있으며, 또한 그 격률이 소크라테스의 제자들에게 새롭게 해석되고 다양한 방식으로 체계화되는 지성사의 발전이 이해될 수 있고, 그러한 지적 작업들이 기원전 4세기 희랍 지성사의 주요 흐름을 이룬다. 다시 말해서 기원전 4세기의 희랍 정신사 및 지성사는 그 격률에 대한 해석의 역사로 정의될 수 있는 것이다. 이제 그 소크라테스라는 인물의 세계에 직접 들어갈 필요가 있다.

2. '너 자신을 알라'와 젊은 소크라테스

앞에서 언급된 니체를 다시 인용하자면, 소크라테스는 희랍 세계에서는 처음으로 '못생긴' 사람이지만 유명하게 된 인물이다. 그리고 그 '못생김'에 내재한 '잘남', 그리고 '모름'의 '앎'이라는 아이러니 속에 기원전 5세

18 현존하는 소크라테스 관련 문헌에서 그가 아폴론의 이름을 직접 언급한 기록은 없다. 그러나 그가 'ho theos ho en Delphois(the god in Delphi)'라는 표현을 한 문구는 『변명』 20e에 나타나 있으며, 『변명』에 자주 등장하는 'ho theos(the god)'는 아폴론을 지칭함이 분명하다. 한 연구가는 『변명』에 'ho theos'라는 문구가 26번 등장하는데, 그 가운데 20번은 명백히 아폴론을 지칭한다고 주장한 바 있다(Reeve, 2000: 25). 소크라테스의 종교에 관해서는 6~7장에서 좀 더 자세히 설명될 것이다.

기 후반 희랍 정신사 및 지성사 흐름의 핵심을 이해하는 요체가 있다.

이미 앞에서 설명한 바와 같이 소크라테스의 철학은 그 실체가 뚜렷하지 않고 신비에 싸여있다. 그런데 그 인물의 행적이나 역사적 실체 역시 그러하다. 그 이유 또한 기본적으로는 그 자신이 저술을 하지 않았고 자신에 관한 기록을 남기지 않았기 때문이다.[19] 다만 그의 출생과 관련하여 교과서적으로 알려진 지식, 즉 그가 아테네의 한 구demē인 알로페케Alōpekē 출신의 'lithourgos' 곧 석공 또는 조각가였던[20] 아버지 소프로니스코스Sōphroniskos와 산파maias; midwife였던 어머니 파에나레테Phaenaretē 사이에 태어났다는 기록의 진실성은 학계에서 대체로 수용되고 있는 것 같다.[21] 특히 그의 아버지가 석공이었다는 사실은 소크라테스의 제자나 동시대인들의 문헌에는 나타나지 않고, 그들보다 두 세대 정도 뒤의 인물인 아리스토크세노스Aristoxenos의 증언에 나타나 있다. 따라서 그것은 그의 어머니와 관련된 사실에 비해 조금 더 의문의 대상이기는

---

19 소크라테스의 저작인지 여부와 관련하여 논란의 대상이 되었던 작품들은 대체로 위서로 판명되었다. 이에 관한 소개로는 Chroust(1945: 48~49) 참조.

20 이 희랍어의 번역어는 '석공stonemason' 이외에 '조각가sculptor'도 가능한데, 어느 것이 타당한지의 문제와 관련된 논의가 아래에 제시될 것이다.

21 그러한 교과서적 사실은 대체로 3세기의 철학사가인 디오게네스 라에르티오스의 기록(Diogenes Laertios II~18)에 의거한 것으로 보인다. 그런데 그 철학사가 자신이 그러한 '사실' 가운데 소크라테스의 어머니의 이름 및 직업이 그러했다는 점은 적어도 역사적 기록문서라고는 할 수 없는 플라톤의 대화편 『테아이테토스*Theaitetos*』에 근거하고 있다는 점을 밝히고 있다(관련 문구는 『테아이테토스』 149a 참조). 다만 그는 소크라테스의 출생지가 아테네 열 개의 구들 가운데 알로페케 출신이라는 사실은 2세기에 활동한 로마의 수사학자 파보리누스Favorinus(80~160 추정)의 문구를 근거로 인용하면서, 그러한 사실은 그가 살았던 3세기 당시까지도 보존되었다는 소크라테스에 대한 '고발장antōmosia tēs dikēs'에도 기록되어 있다고 증언한다. 그런데 디오게네스 라에르티오스는 소크라테스 아버지의 이름과 관련된 문헌을 직접 제시하지는 않고 있다. 물론 그것과 관련된 문헌들인 플라톤의 또 다른 대화편들 『라케스』(180d)나 『고르기아스』(495d) 등을 그가 참고하지 않았을 이유는 없다.

하다. 그러나 알로페케 구는 아테네 시가와 대리석 채석장이 있었던 펜텔리콘Pentellikon 산 사이에 위치하며, 그곳에는 석공들이 많이 살았다는 사실, 이와 더불어 플라톤의 『에우티프론*Euthyphron*』 11b에서 소크라테스가 자신의 조상이 전설적인 조각가인 다이달로스Daidalos라고 진술한 문장 등을 토대로 그것의 진실성이 대체로 인정되고 있는 것 같다.[22] 그런데 그의 출생 배경과 관련하여 알려진 그와 같이 지극히 단순한 이야기들의 사실성 여부를 떠나, 그러한 출생 배경이 신비에 싸인 그의 내면세계 및 사상의 형성 과정, 삶의 행적, 나아가 그의 완성된 철학이 무엇이었는지 가늠하는 데 의미 있는 실마리를 제공한다는 점은 분명하다.

소크라테스의 아버지 소프로니스코스의 직업을 지칭하는 희랍어 'lithourgos'라는 말 자체는 '돌lithos'을 다루는 '일꾼ourgos'을 뜻한다.[23] 그

---

22 그의 아버지의 직업이 석공이라는 진술은 소크라테스의 제자들인 플라톤이나 크세노폰의 문헌이나 아리스토파네스의 작품 등에서는 발견되지 않는다. 그것은 아리스토텔레스의 제자인 아리스토크세노스Aristoxenos가 소크라테스의 생애와 관련하여 언급한 간단한 문구들에 기반을 둔 것으로 보인다.(아리스토크세노스의 fragment #51 참조) 이에 따라 대표적으로 버넷John Burnet과 같은 고전학자는 그러한 사실을 인정하지 않기도 한다. 이러한 문제를 포함하여 소크라테스의 출생과 관련된 문헌학적 논란에 관한 간략한 기술로는 Guthrie(1971: 58~59 및 n. #1, 2) 참조. 그런데 거스리의 그 탁월한 희랍 철학사 저작에서는 그의 출생 및 일생과 관련된 역사적 · 문헌학적 문제만 다루면서 그것에 함축된 정신사적 의미는 탐구하지 않고 있다(같은 책, 58~65). 이 책에서의 논의는 그러한 결함을 보충한다는 의미도 있다. 참고로 다이달로스는 희랍 신화에서 잘 알려진 이야기 가운데 하나이다. 그는 밀랍으로 된 날개를 달고 날아가다 태양에 너무 접근하는 바람에 밀랍이 녹아 바다에 추락한 이카로스Ikaros의 아버지이며, 바로 그 밀랍으로 된 날개를 발명한 장본인이기도 하다.

23 'ourgos'라는 희랍어는 독립적으로 사용되지는 않는다. 하지만 일반적으로 기술자를 뜻하는 'dēmiourgos'와 같이, 일반 사람을 뜻하는 'demos'의 직업이나 그것과 관련된 사물을 지칭하는 다른 많은 어휘들에서 — 예를 들어 'dēmiourgeion(작업장)'이나 'dēmiourgēma(공예품)' 등 — 유추해볼 때, 그것은 일 또는 활동과 관련된 수많은 어휘들의 어간인 'erg-'의 변형으로서 일꾼 또는 노동자를 뜻하는 'ergatēs'와 같은 의미의 말로 해석될 수 있을 것이다.

런데 이 희랍어가 석공과 조각가 모두로 번역될 수 있다는 점은 한편으로 희랍어가 '돌일'에 대한 묘사에서 개념적 분화가 덜 이루어졌다는 사실의 표현일 수 있다. 하지만 '돌일'이란 결국 이미 있는 돌을 새롭게 '만드는' 일이라고 할 때, 다른 한편으로 그와 같은 개념적 미분화는 기묘하게도 신비에 싸인 젊은 소크라테스의 정신적 성장의 실체가 무엇인지를, 더 나아가 플라톤에 의해 승화 · 발전된 소크라테스 철학의 요체가 무엇인지를 가늠하게 하는 데 도움을 준다. 즉 영어 'poet'의 어원인 희랍어 'poiētēs'는 '만들다'를 의미하는 희랍어 동사 'poieō'에서 파생된 희랍어로서, 원초적으로 '만드는 사람'을 의미한다. 그리고 시詩뿐만 아니라 예술 활동 전반을 의미하는 'poiēsis'라는 말 또한 본디는 '만듦' 또는 '창작'을 의미한다. 그러한 사실은 '돌일'이라는 '만드는' 행위의 근원적인 의미가 무엇인지 밝혀주면서,[24] 아울러 희랍 정신사 및 지성사에서 새로운 혁명적인 전환점을 이룩한 소크라테스가 젊은 시절 겪고 체험한 정신적 고뇌 및 새로운 사유의 모색이 무엇이었나를 암시한다.

돌을 다듬어 돌을 새롭게 '만드는' 일은 일단 일반적으로 석공의 일로 규정되는 성격의 작업이다. 그것은 이미 정형화된 형태로 제시된 형상들

---

24 플라톤의 『향연*Symposion*』 205a~c에서는 본질적으로 스스로에 결핍되어 있는 '좋음agathos'을 자기 것으로 만들고자 하는 욕구나 추구로서의 사랑erōs이 일상적으로는 그와 같은 욕구나 추구의 한 형태eidos인 특정한 대상에 대한 몰입이나 집착 또는 광기를 지칭한다는 점을 설명하고 있는데, 그러한 설명 과정에서 플라톤은 실제로 'poiēsis'라는 말을 예로 들고 있다. 바로 '만듦'이라는 일반적인 의미를 갖는 희랍어 'poiēsis'가 일상적으로는 '시작詩作'의 의미로, 'poiētēs'가 일상적으로는 '만드는 사람들' 가운데 하나일 뿐인 '시인' 또는 '작가'를 지칭하는 의미로 통용된다는 것이다. 뒤에 가서 자세히 설명되겠지만, 『향연』에 제시된 '만듦'의 예는 단순히 언어 사용의 한 예만은 아니라는 사실이 중요하다. 그것은 예술이나 기술로 체계화되고 승화되기 이전에 '만드는 행위' 자체에 내포된 인간 정신의 진지성spoudē 및 초월적이고 영속적인 존재에 대한 헌신의 이상을 예고하고 있는 것이다.

을 단순히 모사해서 석상을 만드는 일일 것이다. 동시에 그것은 일반적으로 조각가의 일로 규정되는 성격의 작업과 같이 자신의 머리 안에 담긴 자기만의 새로운 생각 또는 이미지를 기존의 돌에 변형을 가하는 작업을 통해 구현하는 성격의 것일 수도 있다. 물론 대중음악과 고전음악의 사이도 그러하듯이, 둘 사이의 경계 또한 '돌을 자르듯이' 명확한 것은 아니며, 모방 자체의 완성도를 비롯하여 '자신만의 생각이나 이미지'에 포함된 새로움의 정도나 그 내용과 수준, 그리고 그것들을 구체적으로 구현하는 기법의 숙련도 등과 관련하여 석공 일에 갓 입문한 초보자에서부터 위대한 조각가까지 무한한 차이가 있을 수 있다.

소크라테스의 아버지인 소프로니스코스가 어떤 수준의 '돌일'을 수행했는지 확인할 수는 없다. 파르테논 신전의 아테네 여신상을 조각한 것으로 유명한 피디아스Phidias와 같이 그의 이름이 문헌들에 기록된 사람은 당시의 상황에서는 예외적이기 때문에, 그의 이름이 기록에 남아 있지 않다고 해서 그가 당대의 저명한 조각가가 아니었다고 절대적으로 단정할 수는 없지만, 마찬가지로 그가 이름 없는 아주 평범한 수준의 석공이었다는 점도 단정적으로 부정할 수는 없다. 어쨌든 중요한 점은 일단 당시 생산업에 종사하는 평민들의 삶의 전통에 따라 아버지의 가업을 이어야 할 어린 또는 젊은 소크라테스로서는 어느 정도의 기간이든지 — 그가 중도에 포기한 것은 분명하므로 — 도제로서 아버지를 도와 '돌일'을 하면서 직접 체험할 수 있었을 것은 틀림없다는 것이다.[25] 어떠한 수준이

25 이러한 추정은 첼러(Zeller, 1923(vol. 2): 52)도 제시한 바 있다. 그리고 2세기의 수사학자 루키아노스Lukianos가 "소크라테스는 학문paideia('교양'으로도 번역될 수 있지만 이 문맥에서는 학문이 타당할 것이다)을 쌓기 위해 석공 일을 그만두었다"라는(Guthrie, 1971: 59에서 재인용) 전언 또한 같은 맥락에서 이해될 수 있을 것이다. 참고로 디오게네스 라에르티오스(II-20~21)는 비잔틴 사람 데메트리오스Demetrios를 인용하면서 다음의 일화를 전한다. 소크라테스는 한때 친구인 크리톤의 작업장에서 일했는데, 크리톤은 소크

든지, 탁월한 사고력과 더불어 앎에 대한 무한한 욕구와 진지한 정신세계의 소유자임에는 틀림없을 어린 소크라테스에게는 '돌일'을 수행하는 아버지의 작업 방식이나 태도 자체가 깊은 인상을 남겼을 가능성은 크다. 그것은 젊은 소크라테스가 예술과 기술의 본질에 대해 성찰하는 계기와 더불어 사물과 인간을 보는 눈이 생기게 되는 계기가 되었을 수 있다는 것이다.

수행하는 작업이 기존의 작품들과는 전혀 다르면서 새로운 아름다움을 표현하는 신적인 수준의 창작이든, 고품격의 작품을 만드는 작업이든, 또는 단순한 모방이나 모사의 작업이든, 모든 '돌일'은 기본적으로 자신의 머릿속에 이미 들어와 있는 구상을 돌이라는 대상에 구체적인 형태로 실현시키는 과정이다. 그러한 과정에서는 적어도 스스로 수행하는 작업에 진지하게 몰두하거나 집중하지 않으면 안 된다. 그 집중이나 몰두는 물론 앞에서 언급한 '신적인 광기'이든, 일에 자신의 모든 것을 투사하는 열정이든, 또는 단순히 다른 잡사를 잊고 몰두하는 열심이나 부지런함이든 그 성격이 다를 수 있다. 하지만 그와 같은 몰두나 열성 또는 부지런함을 떠나서는 예술이나 기술에서 창작은 이루어질 수 없다. 어린 시절부터 아버지 소프로니스코스의 '돌일'을 바라보고 스스로도 체험하거나 도제 훈련을 받을 수밖에 없었을 젊은 소크라테스에게는 작업에 열중하

라테스 영혼의 '고매함charis'에 충격을 받아 작업장 일을 그만두게 하고 교육을 받게 했다는 것이다. 소크라테스가 '돌일'을 직업으로서 추구하지 않겠다고 결심한 개인적 배경과 관련하여 알려진 사실은 없다. 물론 예술가나 기술자의 소업보다는 교양 또는 포괄적인 앎, 나아가 철학함에서 자신이 추구할 인생의 목표를 찾은 깨달음이 근본적으로 작동했을 수 있다. 그러나 그러한 근본적인 이유 이외에도 위대한 조각가가 되기에는 자신의 손재주가 모자라다는 사실에 대한 각성, 아버지가 어느 정도 부를 이루어 일생 동안 학문에만 전념해도 되는 상황에 대한 고려 등도 그 이유로 추정할 수 있을 것이다.

는 석공이나 조각가의 그러한 진지한 모습 자체가 경이로울 수 있었을 것이다. 그 스스로는 왜 '돌일'을 중간에 포기하게 되었는지의 문제를 떠나, 아버지의 '작품 활동'을 보고 나름대로 스스로 그러한 작업을 체험하면서, 그는 조형예술가의 — 당시에는 주로 조각가의 — 작업이나 석공과 도공을 포함하여 특정한 기술을 발휘하여 생산 활동에 종사하는 장인들의 작업에 필연적으로 수반되는 두 가지 본질적인 요소를 체득하게 되었을 가능성은 크다. 그리고 그 두 가지는 산파인 어머니의 '작업'에 대해 간접적이나마 느끼고 이해한 내용과 결합하여 그가 사물과 인간을 파악하는 근본적인 시각을 형성한 것으로 보인다. 그 두 가지 및 그것들과 산파술의 결합에 대해서는 좀 더 부연 설명이 필요하다.

일단 여기서의 예술은 조형예술에 한정하는 것이 중요하다. 희랍 시대 음악인들이나 시인들의 예술 활동은 현대와는 달리 체계적인 구상의 구현 작업의 성격이 아니라는 사실이 주목되어야 한다.[26] 조형예술은 이와

---

26 앞에서 언급한 바와 같이 니체가 『비극의 탄생』에서 조형예술의 아폴론적인 요소와 음악의 디오니소스적인 요소를 강조한 것도 같은 맥락에서 이해될 수 있다. 앞으로 구체적으로 설명되겠지만 고대 희랍의 음악 연주나 시작詩作에는 '자기 억제'(희랍어로 egkratia'; 영어로 self-control)나 절제 등의 덕목이 발견되지 않는다는 사실이 중요하다. 이 점은 플라톤의 『국가』에서 철학적 예술 비평으로 체계화되었고, 『변명*Apoloigia*』(22a~c)에서 자전적 체험 형식으로 고백되어 있으며, 『이온*Ion*』에서 음유시인인 이온을 통해 구체적으로 진술되어 있다. 성장 과정의 소크라테스 또한 당대의 시인이나 음악인들이 스스로 표출하는 언어의 의미를 제대로 설명하지 못하고 신관들에서 발견되는 바와 같은 비합리적이고 몰아적인 영적 감흥이 지배하고 있다는 사실에서 충격을 받았을 개연성도 크다. 참고로 『변명』(21b~c)의 관련 문구를 인용하면 다음과 같다. "시인들의 경우에도 나는 바로 이 점, 즉 그들의 작품 활동은 앎sophia에 의해서가 아니라 천성적 자질이나 예언자들theomanteis과 신탁자들chrēsmodoi과 같이 '영감을 받아서'(enthousiazontes; 영어 'enthusiasm'의 어원으로서 말 자체는 '신theos' '안에en' 있음을 의미) 이루어진다는 것을 점차 인지하게 되었다. 후자의 인물들은 멋진 말들을 많이 하지만 그것들에 대해 아무것도 알지 못하기 때문이며, 시인들도 비슷한 체험을 한다는 것이 나에게 분명해 보였다." 뒤에 가서 다시 깊은 논의의 대상이 되겠지만, 니체가 『비

대비되며, 젊은 소크라테스에게도 그 점이 인상 깊게 눈에 띄었을 가능성은 크다. 조형예술가의 작품 활동이나 장인들의 기술 작업은 모두 한 개인의 머릿속에 이미 담겨져 있는 어떠한 이미지나 구상을 돌이나 흙이나 청동 등의 대상에 구현시키기 — 미학 용어로 '재현representation'시키기 — 위한 인간의 행동이다. 일단 그러한 행동을 구성하는 개별적인 행위 하나하나는 이미 스스로 구상한 내용에 입각하여 일관성과 체계성을 가지고 이루어져야 한다는 점에서 무의식적으로 이루어지는 본능적인 행위나 일상적인 관행에 따라 타성적으로 이루어지는 행동들과는 구분된다. 그것에는 언제나 스스로 머릿속에서 구상한 내용과 대상 속에 그것이 구현되는 결과를 비교하여 검토하는 과정이 필수적으로 포함된다. 그리고 그러한 필수적인 과정에는 필연적으로 예술가나 장인 스스로가 자기 자신을 성찰하는 과정이 따른다는 사실이 중요하다. 바로 그러한 사실에 예술이나 기술의 본원적인 성격과 더불어 인성론적 함의가 있기 때문이다.

예술가들이나 장인들이 본래 구상한 내용과 만들어진 작품을 비교하는 상황에서는 물론 여러 가지 다른 태도가 발견될 수 있다. 철없는 어린아이가 멋대로 '작품'을 만들어놓고 희희낙락하는 태도도 있다.[27] 또한 남의 작품이나 남의 구상을 모사 또는 모방하는 것으로 자족하는 예술가들

극의 탄생』에서 소크라테스를 서양 정신사에서 도덕과 종교의 이름으로 인간의 자발성과 창조성을 얽매게 한 전통의 시원으로 간주하고 비판한 점은 이러한 맥락에서 이해할 만하다. 하지만 그것은 근본적으로 소크라테스와 플라톤의 철학에 대한 이해의 부족에 기인한다는 점이 앞으로의 논의를 통해 해명될 것이다. 참고로 지은이의 개인적인 교육 경험을 말하는 것이 허용된다면, 미술대학 학생들이 대체로 음악대학 학생들보다 개념화conceptualization 능력 면에서 상대적으로 우월한 것으로 보인다.

27 물론 그와 같이 '철없는' 작품 속에도 어린아이의 순수한 마음에만 비칠 수 있는 이 세계의 숨겨진 모습이 있을 수 있으며, 그것을 포착하는 것이 '철든' 예술가나 비평가의 임무일 것이다.

에게서 일반적으로 발견되듯이, 이미 정형화되고 고착화된 자신의 예술 세계에 머무르면서 더 깊고 넓은 예술 세계의 존재 자체를 의식하지 못하는 태도도 있을 수 있다. 반면에 많은 진지한 예술가들이나 장인들은 작품을 만들 때마다 점진적인 발전에 위안을 받기도 하지만, 작품 속에 자신이 구상한 것을 완벽하게 재현하지 못함에 끊임없는 좌절을 겪는다. 그들 가운데 예술을 자신의 존재 이유 자체로 절대화하는 인물들은 — 일반적으로 예술지상주의자로 규정되는 인물들은 — 창조적인 구상력 자체가 고갈되는 데 따른 좌절감 때문에 자살하기도 한다. 그들 가운데는 일생에 걸친 각고의 노력 끝에 오랫동안 자신의 영혼을 괴롭혔던 사고와 상상을 실제로 완벽하게 구현한 작품을 완성한 후 지고의 희열을 느끼거나, 그것을 궁극적으로 자신의 작품이 아니라 신과 같은 초월적인 존재가 자신의 손을 빌려 이룩한 것으로 받아들여 새롭게 종교의 세계에 귀의하거나 예술가로서의 활동을 끝맺는 계기로 받아들이기도 한다.

어떠한 경우이든지 예술이나 기술에의 종사를 자신에게 주어진 삶의 소명으로 추구하는 진지한 예술가나 장인에게 스스로 수행하는 작업이란 자신의 정신세계를 대상에 구현하는 과정이면서 동시에 그러한 과정 자체를 끊임없이 새롭게 반성적으로 성찰하는 과정이다. 그것은 자신의 정신세계에 잠재되어 있는 구상이나 상상을 대상을 통해 구체화하여 세상에 내보내는 과정이며, 그러한 과정이란 기존의 정신 내용을 끊임없이 수정 또는 파괴하고 자신의 한계를 극복하면서 새롭게 자신의 정신세계를 형성하는 데 따르는 끊임없는 정신적 고통이 수반하는 체험의 과정이기도 하다. 그러한 체험은 임신부가 아이를 수태하고 출산하는 과정에 적절히 비유될 수 있음이 신비롭기도 하다.

영어 'conception'이라는 말에 투영되어 있듯이, 특정한 생각이나 상상이 마음속에 떠오르면서 작품에 대한 최초의 착상이 이루어지는 과정은 수태의 과정에 비견될 수 있다. 그러한 생각이나 상상을 구체적인 모습으로 성숙시키는 과정은 태아의 성장에 비견된다. 성장 과정에서 태아를 건강하게 자라도록 하는 모든 노력은 최초의 착상을 가다듬고 성숙시키는 사고의 치열함과 진지함의 다른 모습인 것이다. 그리고 작품의 탄생은 신생아의 출산에 비유될 수 있다. 산모는 자신의 신체적 고통을 감내하고 이루어지는 출산의 희열을 체험하며, 그 희열과 더불어 임신과 출산에 겪었던 모든 고통을 잊어버리고 또다시 새로운 임신을 준비한다. 작품을 완성하기 전의 마지막 단계에서 요구되는 극도의 정신적 고뇌와 그것으로부터 해방되는 순간에 찾아오는 작품의 완성과 희열, 그리고 그러한 희열과 더불어 그전의 고통은 모두 잊어버리고 새로운 작품을 준비하는 예술가나 장인의 정신이란 바로 다른 형태 및 차원의 모성인 것이다.

한 분야에서 일가를 이룬 예술가, 장인, 운동선수들은 일생 동안 추구한 자신의 소업을 '인생 자체' 또는 '끊임없는 자기와의 싸움' 등의 어구로 토로하는 경향이 있다. '인생 자체'라는 어구는 특정한 소업에서 완벽에 도달하기 위해 자신의 모든 역량과 에너지를 소진하며 노력하는 치열한 삶의 표현일 것이다. 또한 예술가의 삶의 여정은 자신을 나태하게 하고 다른 유혹에 빠지게 만드는 자기 자신, 미몽이나 착각 또는 자신의 역량에 대한 과신이나 자신의 소업에 대한 고정 관념 속에서 잘못된 구상을 하거나 엉뚱한 작업을 수행하게 하는 자기 자신과의 끝없는 갈등으로 점철되어 있다. 자기 자신과의 갈등을 유발하는 그와 같은 유혹, 미몽, 착각, 과신, 좌절 속에서 자신을 질정하고 극복하면서 새로운 자기를 형성하는 과정을 표현한 어구가 바로 '끊임없는 자기와의 싸움'이라는 어구일 것이다. 물론 특정 운동이나 기예라는 삶의 작은 한 영역이 삶 전체가 될 수는 없으며, 삶의 특정한 소업에서 완성에 도달하는 과정에서 겪게 되는 '자기와 또 다른 자기의 싸움'이 인간성 전체에서 발현되는 자기와의 싸움 전부는 아닐 것이다. 그리고 그들 성공한 예술가, 장인, 운동선수들이 과연 '인생이란 무엇인가' 또는 '나는 누구인가'라는 질문에 대해 제대로 성찰한 후 그러한 어구를 토로했는지도 의문의 대상이다.

'인생이란 무엇인가' 또는 '나는 누구인가'의 질문에 대한 탐색은 개별적인 예술이나 기술 차원의 장인의식에 내재한 개별적 삶 및 개별적 자아의 문제를 넘어 인간들의 삶 전체와 자아 자체에 대한 통찰을 요구한다. 과연 삶 자체가 무엇이고, 삶의 과정에서는 왜 자기와의 싸움을 겪어야만 하며, 싸움의 대상이 되는 자기와 그 자기와 싸우는 자기는 또한 누구인지 등에 대한 탐색은 본격적인 철학적 사유를 요구한다는 것이다. 그것은 곧 삶의 궁극적 목적이 무엇이고, 그러한 목적의 실현을 위한 방법은 무엇이냐의 문제에 대한 탐색, 즉 윤리철학 및 정치철학의 등장을 요구하는 것이다. 비록 자신의 소업에 진지하게 매진하는 사람이라도 그러한 철학적 탐색이 없이 자신의 일상적인 삶을 삶 전체로, 자신의 한정된 자아를 자아 자체라고 굳게 믿을 수 있다. 그리고 그러한 사람들이 자신의 믿음에 대한 확신 속에서 정치 · 사회적 문제들의 해결에 적극적으로 관여할 때, 철학과 일반인들의 관념 사이에 대립과 갈등이 발생할 수 있다. 그러므로 소크라테스의 본격적인 지적 성장이 어느 수준과 내용의 윤리철학 및 정치철학 체계의 완성에 이르렀느냐는 소크라테스의 철학에 대한 이해의 핵심이며, 또한 그것이 그를 죽음에 이르게 만든 그와 아테네 일반 시민들 사이의 관계를 이해하는 요체이기도 하다.[28]

한 개인을 이해하기 위해서는 당연히 유전적 요소, 사회적 출신 배경, 성장 환경, 그리고 성장 과정에서 그가 겪었던 체험 등에 대한 종합적 판

---

28 물론 그러한 탐색의 결과라고 할 수 있는 플라톤의 문헌에 구현된 대大철학 체계가 어디까지가 소크라테스의 것이고 어디까지가 플라톤 자신의 것인지가 앞의 1절에 전개된 논의의 맥락에서 이해될 문제이기도 하다.

단이 필요하다. 그런데 천재적인 예술가나 철학자의 경우는 그러한 '상투적인' 요소들 이외에 바로 그 천재성의 독특하고 고유한 성격을 파악하지 않으면 그의 존재를 의미 있게 만드는 가장 본질적인 요소를 이해할 수 없다. 그렇지 않을 경우 천재들 각각의 독특하고 고유한 정신세계를 범인들의 세속화된 정신적 내용으로 환원시키거나 그러한 틀에 맞추어 이해하게 되며, 이에 따라 그 천재성 자체의 의미를 소멸시키는 어리석음을 범하게 된다.

일반적으로도 잘 알려져 있듯이 소크라테스는 '다이모니온daimōnion'이라 불리는 일종의 개인적 신, 즉 그 자신을 정신적으로 인도하는 영적 존재를 고백한 신비적 성격의 인물이다.[29] 아울러 플라톤의 『향연 *Symposion*』에서 사랑erōs에 대한 연설들의 정점을 이루는 알키비아데스 Alkibiadēs의 소크라테스 찬양 연설에 극적으로 묘사되어 있듯이(특히 215a~217b 참조), 400여 년 후에 출현한 예수와 비슷하게 감동의 차원을 넘어 사람의 정신을 흔들고 매혹시키는 신비로운 언어 능력, 강인한 행동력, 심원한 내면의 세계 등을 갖춘 인물로 보인다. 그러한 신비적이고 초월적인 요소들을 떠나서 그의 인간성은 파악할 수 없는 것이다. 따라서 그는 일상적인 인간들과는 달리 어린 시절부터 세속적인 것들에는 "전적으로 바보 같고agnoei panta" "아무것도 모를ouden oiden" 정도로 초탈했으며,[30] 초월적이고 영속적인 것들에 대한 갈망이 그의 마음을 지배했었을 수도 있다. 실제로 그러했는지, 아니면 — 여러 천재들이나 위대한 인

---

29 소크라테스의 다이모니온에 대해서는 플라톤의 여러 대화편, 『변명』 31c~d 및 40a~c, 『에우티프론』 3b, 『파이드로스』 242b, 크세노폰의 『소크라테스 회상』 I-i-2~5, IV-viii-1, 5~6 등에 언급되어 있다.

30 이 인용구는 알키비아데스가 소크라테스의 성격을 묘사한 내용들 가운데 하나로서 플라톤의 『향연』(216d)에 소개되어 있다. 『국가』 7권의 유명한 '동굴의 비유'에서는 그러한 태도가 철학자의 본원적인 성격으로 제시된다.

물들의 경우에서 종종 발견되듯이 — 어린 시절에는 육체적 욕망 또는 이기심이 강하거나 자신의 강한 기백을 주체하지 못하는 인간이었는데, 어느 순간 특정한 계기를 통해 갑자기 그 자신을 객관적으로 바라보게 되는 관점의 대전환이 일어났고, 이에 따라 큰 깨달음을 얻어 혁명적으로 새로운 자아를 형성하기 시작했는지, 그에 대한 전기적 자료의 빈곤 때문에 단정적인 진술을 할 수는 없다. 다만 그러한 자료가 희소한 가운데도 그의 성장 배경과 관련하여 알려진 기존의 사실들, 이와 더불어 당시의 사회적 배경 및 정신사적 상황은 그의 철학 세계의 형성을 추정하는 데 — 필연적인 인과 관계 차원은 아니라도 — 어느 정도 참고는 된다.

소크라테스는 어린 시절부터 아버지의 '돌일'을 지켜보면서 성장하고 도제 훈련 차원에서 직접 그것을 체험했을 수 있다. 아울러 어머니의 산파 일에 대해 일상적으로 들으면서 자랐을 것이다. 따라서 젊은 소크라테스에게는 어린 시절부터 예술가와 장인들의 작품 활동에 필연적으로 수반되는 본원적인 정신적 요소들을 지각하는 데 좋은 환경이 주어진 것은 분명하며, 그의 정신적 성장 과정이란 그에게 주어진 환경의 의미를 하나하나 깨닫는 과정이었을 가능성이 크다. 그리고 그것이 당시 주로 생산과 상업을 담당하는 평민들을 지칭하는 계층인 '제우기테스zeugitēs'에 속하는 소크라테스라는 젊은이가 장인에서 지식인으로의 직업적 변신을 하게 된 성장 환경적 요인이라고 할 수 있다. 즉 젊은 소크라테스가 — 아마도 아버지의 의사를 정면으로 거슬렀을 가능성도 배제할 수는 없을 것이다 — 가업 승계를 포기하고 학문과 교양을 추구하기로 결심하는 인생 항로의 획기적인 전환은 그러한 맥락에서 이해될 수 있는 것이다.

생산적인 활동 대신에 '비생산적'인 학문과 교양을 추구하기로 결심한 배경에는 단순히 거친 생산직 대신에 지성적이면서 '점잖은' 직업을 선택했다는 의미만 있는 것이 아니다. 그것에는 한편으로 '돌일', 나아가 예술 활동 또는 기술 활동 자체에 인간 정신의 보편적인 요소와 도덕적 이상이 내재해 있다는 것을 인지하고, 그러한 요소 및 이상 자체에 대한 탐색을 자신이 일생 동안 지적으로 추구하겠다는 개인적 차원의 정신적 결단이 있을 수 있다. 그것은 곧 귀족적인 삶이나 활동만이 아니라 평민들의 생업 또는 직업적 활동 속에도 인간으로서 추구할 보편적인 이상과 덕성, 바로 인간적 '잘남'이 내재되어 있다는 자각이 평민 출신인 젊은 소크라테스에게 일어났음을 의미하는 것이다.

다른 한편으로 그러한 결심에는 당시 사회의 지적 상황에 대한 그 나름의 판단도 있을 수 있는 것이다. 그는 성장 과정에서 소피스트라는 전업 지식인들의 사회적 활동을 목도했을 것이다. 그것은 신분 또는 계층상의 차이가 반드시 지적인 능력 면에서의 차이를 의미하는 것은 아니며, 평민 출신의 인간도 학자 또는 직업적인 지식인이 될 수 있다는 일종의 사회적 자각과 합의가 이미 아테네 사회에 형성되었음을 의미하는 것이다. 따라서 젊은 소크라테스는 전업 지식인이라는 직업적 활동을 통해 삶의 이상을 추구하겠다는 자신의 정신적 결단을 했을 것이며, 그러한 판단 결과가 그를 '돌 일꾼'이 아닌 '앎 일꾼'으로 만들면서 중년 혹은 노년 소크라테스를 통해 구현된 체계적인 사상 또는 철학이 나타나게 된 것일 수 있다. 다음 장에서 소크라테스의 재판과 처형에 관해 설명할 때 다시 언급하겠지만, 소크라테스가 신분의 차별 없이 학자가 되고 지식인으로서 자유롭게 활동할 수 있었던 것은 아테네 민주 정치 발전의 결과이다. 아테네 민주정체가 시민적 자유와 평등을 제도적으로 보장하지 않았을 경우 소크라테스라는 지식인은 출현할 수 없었을 것이다. 그런데 소크라테스라는 지식인을 배출한 그 민주정체와 소크라테스 자신이 필연적으로 대립할 수밖에 없는 상황이 전개되었다는 사실에 소크라테스 삶의 아이러니가 있다. 특히 그에 대한 고발을 주도한 아니토스Anytos가 바로 소크라테스와 같은 장인 신분 출신이라는 사실이 그 아이러니의 성격을 심화시키며, 나아가 그러한 아이러니가 불가피했다는 사실 속에서 그를 하나의 지식인이 아니라 철학자로 규정할 수 있는 근거와 더불어 철학자와 대중 사이에 존재하는 본원적인 긴장 관계의 원형도 찾을 수 있다.

소피스트가 출현한 시대적 상황에 관해서는 『앎과 잘남』 1권 5~6장에서 이미 서술한 바 있다. 즉 기원전 5세기에 들어 본격적으로 전개된 아테네의 민주화 과정에 수반한 정치·사회적, 정신적 상황의 역사적 변화와 더불어 그러한 역사적 변화의 맥락에서 등장한 소피스트 운동을 — 다시 부연하지만 희랍어 'sophistēs'의 원초적인 의미는 '전업 지식인'이다 — 떠나서는 적어도 소크라테스라는 지식인의 역사적 출현은 이해될 수 없는 것이다. 여기서 1권에 기술된 내용을 다시 간략히 정리하자면 다음과 같다.

소피스트들의 출현은 민주화 시대의 도래와 더불어 시민들 사이에 고등 교육에 대한 욕구, 즉 솔론의 개혁 이후 점차 일반화된 시민 교육의 수준을 넘은 새로운 차원의 교육에 대한 욕구가 증대함과 아울러 그것을 받을 수 있는 기회가 평민들에게도 실제로 점차 확대되고 있었던 상황의 반영이다. 다시 말해서 민주화 시대의 도래와 더불어 정치적 경쟁을 통한 권력의 획득이나 법적 송사에서의 승리가 전통적인 시민적 교양과는 다른 차원의 연설이나 논쟁 능력의 함양에 의존함에 따라, 전통적인 시민 교육으로는 충족될 수 없는 새로운 교육에 대한 시민들의 욕구가 증대하게 되었던 것이다. 그러한 수요에 대한 공급자가 전통적이고 일반화된 시민적 교양의 전달자인 선생didaskalos이 아니라 바로 직업적으로 새로운 지식을 추구하면서 고등 교육을 담당한 전업 지식인이자 '고액 과외교사'인 소피스트들이다. 그들은 곧 전통적 지식 및 교양을 대체하는 새로운 지식 및 교양의 공급자이자, 새로운 정치·사회적 요구에 부응하는 실천적 지식을 발전시키고 보급한 '신지식인'들인 것이다. 소크라테스가 전통적인 사회적 규범이 요구하는 가업의 승계를 포기하고 전업 지식인이 될 수 있었던 역사적 · 정신사적 상황의 핵심에 바로 소피스트 운동이 있었던 것이다(이상 앞의 책, 407~465 참조).

결국 소크라테스라는 지식인의 출현은 아테네의 민주화 시대 및 소피스트 운동의 시대라는 역사적 · 지성사적 상황의 산물이다. 소크라테스의 삶은 그가 아테네 시민politēs이었다는 조건을 떠나서는 생각할 수 없기 때문이다. 그러한 상황이 그의 지적 탐구가 정치철학적 사유로 발전하게 되는 외적 계기이며, 또한 그러한 상황 속에 지식인으로서 바로 자신의 출현을 가능하게 한 민주화 시대의 아테네 정치 및 소피스트 운동에 대한 비판자가 되는 역설이 함축되어 있다. 그리고 그 역설이 실제로 서양 정치사상사에서 '철학과 정치', '철학자와 대중', '지식인과 현실' 등의 관계로 표현되는 일종의 정형화된 문제가 등장하게 되는 기원이기도 하다.[31] 아울러 그것은 정치철학이란 무엇인가의 문제와 더불어 이 책의 주제, 즉 희랍 지성사에서 정치철학의 탄생과 형성의 문제와 필연적으로 연관된다. 간단히 말해서 그러한 상황 속에 바로 소크라테스가 독자적인 지식인으로서 추구한 삶과 지적 탐색에 함축된 역사적 · 지성사적 의미의 요체가 있는 것이다. 이 책의 나머지는 그 의미에 대한 해명이라고 할 수 있는데, 그 해명을 위해서는 먼저 아테네 시민 소크라테스의 행적에 대해 일별할 필요가 있다.

31 현대 정치철학에서는 대표적으로 스트라우스와 아렌트 등이 소크라테스의 재판 및 처형을 중심으로 그것에 대한 논의를 재현한 바 있다. Strauss(1988; 1959), Arendt(1968) 및 Kohler et al.(1992) 참조.

3. 시민 소크라테스의 삶, 앎과 잘남, 그리고 교육

소크라테스의 시민적 행적과 관련된 역사적 자료도 그의 철학과 관련된 자료와 마찬가지로 지극히 제한되고 단편적인 형태로 산재되어 있어 그 역사적 실체가 쉽게 확인되지 않는다. 비록 간접적이지만 크세노폰이 『소크라테스 회상*Apomnēmeumata*』이나 『향연*Symposion*』에 기록해놓은 그의 개인적 삶의 일화나 도덕적 언행들을 고려해도 그러하다. 그것은 말 그대로 그의 시민으로서의 활동이 아니라 개인적 일화들에 그치고 있기 때문이다. 여기서 먼저 아테네에서 시민이 된다는 것의 의미가 무엇인지 설명할 필요가 있다.

아테네인들에게 시민politēs이란 단순히 아테네라는 '폴리스polis'의 국적을 가진 인간이 아니다. 그것은 '폴리스'에 참여하여 '직능을 발휘하는 인간tēs',[32] 즉 공인公人을 의미한다. 아테네의 초기 역사도 귀족 계급을 의미하는 'eupatridēs(말 그대로는 '좋은 조상을 가진 자들')'에만 한정되었던 시민 자격을 점차 확대하는 과정이었지만,[33] 이미 앞의 3장에서 설명했듯이, 솔론의 개혁, 클레이스테네스의 개혁, 페리클레스의 개혁으로 이어지는 아테네의 민주화 과정이란 그 공인으로서의 시민의 자격을 어느 계층의 인간에게까지 부여하느냐의 문제와 관련된 갈등인 동시에 시민 자격의 확대를 통한 갈등의 해소 과정이었다고 할 수 있다.[34] 특히 페리클레

---

32 'sophistēs'의 경우와 같이 희랍어에서 접미어 '~tēs'는 직능인 또는 전문가를 의미한다.

33 거의 신화와 전설의 형태로만 남아 있는 아테네의 초기 역사에 대해서는 오래전 위블리Leonard Whibley(Whibley, 1975, 특히 89~104; 최초 출간은 1896년)가 파편화된 자료를 바탕으로 나름대로 합리적으로 재구성한 바 있다.

34 따라서 아테네인에게 자신의 개인적인 일에만 전념하는 인간인 사인(私人; idiotēs)은 — 그 말이 영어 'idiot'의 어원이라는 사실에 반영되어 있듯이 — 모자란 인간으로 간주된다. 이 점은 투키디데스의 『역사』에 기록된 페리클레스의 유명한 장례 연설에

스의 개혁(기원전 461)이란 앞에서 이미 언급했듯이 수당 지급 등을 통해 평민 출신이라도 국정에 적극적으로 참여하는 것을 제도적으로 고무시킨 '참여민주주의' 시대의 본격적인 도래를 의미한다. 따라서 바로 '참여민주주의' 시대에서 성장한 소크라테스가[35] 일생 동안 시민으로서 어떠한 행적을 보였느냐는 단순히 그에 대한 전기 차원의 흥미를 넘어 철학자 소크라테스가 민주 정치뿐만 아니라 당시의 정치 현실과 정치 자체를 보는 관점, 특히 현실 정치와 연관된 앎과 잘남의 문제를 제기한다.

일단 소크라테스라는 인물에 대해서 당시의 역사가인 투키디데스는 전혀 언급하지 않고 있다. 크세노폰의 경우 『회상』이나 『향연』 등에서 스승인 소크라테스에 관한 일화와 언행을 남기고 있으며, 앞서 논급한 대로 그 저작들은 중년이 지난 소크라테스라는 개인의 삶이 어떠했는지를 추정하는 데는 중요한 참고 자료이다. 그러나 크세노폰은 정작 자신의 역사서이자 투키디데스의 『역사』에 기록된 사건 이후에 전개되는 희랍 세계의 역사를 기술하고 있는 『헬레니카*Hellennika*』에는 소크라테스의 이름을 단 한 번 언급하고 있을 뿐이다. 민회ekklēsia의 의제 설정 등 그것

대표적으로 기록되어 있다. 즉 정치에 참여하지 않은 인간은 남의 일에 '참견하지 않는apragmatos' 인간이 아니라 '쓸모없는acheiros' 인간이라는 것이다(Thoukydidēs, II-40-2).

35 소크라테스의 일생(기원전 469~399) 대부분은 아테네 국가 전체적으로는 '50년간 pentēkontaetia(반복하지만, 아테네가 살라미스 해전에서 승리한 기원전 480년부터 펠레폰네소스 전쟁이 발발한 기원전 431년까지의 기간을 지칭한다)'이라 불리는 번영기의 대부분과 쇠퇴의 결정적 계기로 작용하는 펠레폰네소스 전쟁Peloponnēsakos Polemos(기원전 431~404) 기간 전부에 해당한다. 그것은 또한 본격적인 민주화 시대이자 대중민주주의의 성격이 점차 강화되는 시기, 패전 직후 전개된 과두파와 민주파 사이의 갈등과 대립의 첨예화에 따른 일시적인 내전 상태, 곧 이은 민주정의 복원에 의해 그것을 극복하는 기간에 해당한다. 소크라테스의 말년 5년간은 그와 같은 내전 상태를 야기한 국가 정체성 위기 상황의 산물이라는 점이 그의 죽음에 내포된 정신사적 의미를 이해하는 데 핵심이며, 그 의미는 이 책의 논의를 통해 설명될 것이다.

을 운영하는 관리 주체인 상임위원회boulē의 소위원회prytaneis의 위원들 가운데 하나로 기원전 406년 소크라테스가 수행한 역할과 관련하여 크세노폰은 간단히 그의 이름만 기록하고 있을 뿐(I-vii-15), 그의 스승을 죽음으로 이끈 재판에 대해서는 기이하게도 전혀 언급하고 있지 않다. 다시 말해서 기원전 399년의 '소크라테스 재판'은 후대의 지성사가나 철학사가에게는 획기적인 사건이었지만, 당시 사람들에게는 어느 정도 인상 깊고 충격적일 수는 있어도 고위 정치가나 장군들에 대한 재판이 일상화된 당대 아테네의 정치적 상황에서 오래 기억될 만한 정치사적으로 의미 있는 사건은 아닐 가능성도 어느 정도는 있다.[36] 이 점은 그가 시민으로서 수행한 활동의 성격을 고찰할 때 어느 정도 수긍이 된다.

소크라테스의 '정치 활동'에 대한 기록으로는 앞에서 언급된 문헌들 이외에 플라톤의 몇몇 대화편에서 그 구체적인 행위가 기술되어 있다. 다음 6장에서 본격적인 검토의 대상이 되는 『변명*Apologia*』(32b)에는 소크라테스 자신의 증언 형식으로 30세 이상의 시민이라면 누구나 자격이 있는 그 상임위원 직이 일생 동안 그가 맡은 유일한 공직이었음이 진술되어 있다. 같은 작품의 다른 곳(28e)에서 플라톤은 소크라테스의 행적과 관련하여 그가 펠로폰네소스 전쟁 기간 중 포테이다이아Poteidaia 전투(기원전 431~429), 델리움Delium 전투(기원전 424), 암피폴리스Amphipolis 전투(기원전 422) 등에 그가 참여했음을 같은 형식으로 기록하고 있으며, 『카르미데스*Charmidēs*』 등 다른 몇몇 작품에도 그러한 사실이 언급되어 있다.[37] 실제로 그들 전장에서 그가 병사로 수행한 역할이 상임위원 활동

36 당시의 아테네에서는 재판이 중요한 정치적 기능을 수행했다는 점은 MacDowell (1978), Johnstone(1999) 등의 연구를 통해 자세히 서술된 바 있다.

37 『카르미데스』의 도입부는(153a~c) 소크라테스가 포테이다이아 전투에서 귀환한 바로 다음날 친구들을 만나기 위해 타우레아스Taureas라는 레슬링 선수가 운영하는 체육

이외에 공인으로 수행한 행위의 전부로 나타나 있다.

그런데 『변명』에도 명시적으로 언급되어 있지만(특히 31c~32a), 소크라테스는 그의 철학적 사명 때문에 아테네의 정치 생활에 깊이 관여하지 않았음이 분명하다. 그는 일생 동안 정치적으로 중요한 인물은 아니었고, 소수의 추종자들이나 지식인들을 제외하고는 일반인들에게 소크라테스라는 인물은 기이한 점은 많지만 그저 유명한 지식인들 가운데 하나일 뿐이었을 수 있다. 설사 아테네의 저잣거리agora에서 소크라테스와 만나 말을 주고받을 수 있었던 — 진지한 대화가 아니라면 — 시민들은 상당한 수가 되었을지라도,[38] 그러한 사실이 반드시 그들 시민들이 소크라테스의 언어를 제대로 이해하면서 그가 역사적으로 유명하게 될 위대한 철학자로 인식했음을 의미하는 것은 아니다. 이미 앞에서 인용된 바 있는 아리스토파네스의 희극 『구름』이 보여주듯 문학가에게도 소크라테스는 다른 소피스트들과 구분되지 않는 한 명의 전업 지식인이었을 뿐이었다.

그럼에도 불구하고 70세의 늙은 소크라테스는 희랍 지성사에서 '국사

관Palaistra을 방문하는 것으로 구성되어 있다. 『라케스』와 『향연』에서는 단순히 기록 차원을 넘어 병사 소크라테스의 행적에 대한 칭송 형태의 평가가 제시되어 있다. 『라케스』에는(181a~b) 만일 델리움 전투에서 아테네의 모든 군인이 그와 같이 용맹스러웠다면 아테네가 패하지 않았을 것이라는 진술이 있으며, 『향연』에는 포테이다이아 전투에서 아테네 군에 보급이 끊어진 상황에서도 그 만이 유일하게 보인 침착성(219e~220a), 델리움 전투에서 혼자서 알키비아데스의 생명을 구한 용맹성(220e) 등이 부각되어 있다.

38 『변명』에는 소크라테스가 배심원들 가운데 다수가 저잣거리에서 그의 언행을 접한 사람임을 지적하는 장면이 있다(17c~d). '아고라'는 일반적으로 시장market으로 번역된다. 그러나 그 희랍어 자체가 '모이다'를 의미하는 동사 'ageireō'에서 파생됐고, 희랍 세계에서 아고라는 상행위만이 아니라 일종의 시민 광장이자 사교 활동이 이루어지는 곳이기 때문에 순우리말인 '저잣거리'가 다른 어떤 말보다도 그 생생한 의미를 살리는 가장 적확한 번역어라고 할 수 있다.

범'으로[39] 기소되어 처형까지 당하는 최초의 지식인이 되었다. 그리고 더욱 흥미로운 사실은 그 스스로 만일 정치에 관여했더라면 훨씬 젊은 나이에 처형당했을 것이라고 고백한 점이다(『변명』, 31d~e). 이러한 사실은 일차적으로 소크라테스의 '철학하기'와 현실정치의 관계가 무엇인지, 또는 그가 당시 아테네라는 도시국가 또는 그것의 정치를 어떻게 이해했고 그에 따라 어떠한 태도를 취했는지 등의 의문을 제기한다. 이 의문이 실제로 앞에서 언급된 소크라테스의 죽음으로 상징되는 철학자와 세속 사회 또는 철학자와 대중 사이의 긴장 관계, 나아가 이 책의 주제인 희랍 지성사에서 정치철학의 태동 문제와 직접 연관된다. 왜 그러한지 좀 더 설명이 필요할 것이다.

교과서적으로 잘 알려져 있듯이 서양인들 사이에서 소크라테스는 일반적으로 철학자의 원형으로 간주된다. 『앎과 잘남』 1권에서 이미 설명한 바 있지만, 이 경우 철학자란 자연철학자나 소피스트와 구분된다. 일단 전자와는 달리 이성적 — 신화 또는 종교적 설명과 구분되는 — 앎의 추구를 자연을 넘어서 인간의 삶과 도덕성의 문제로 확대시킨 인물이라는 점에서 구분된다. 또한 소피스트들이 삶의 양식이나 도덕성 그리고 국가 생활의 문제를 인위적인 관습nomos의 차원에서 접근하면서 국가나 사회에 따라 변하는 상대주의적 입장을 견지한 데 비해, 소크라테스는 자연physis의 산물로서 보편적이고 불변의 것이기 때문에 보편적이고 불변의 앎의 추구 대상으로 파악한 것으로 이해되고 있다. 특히 소피스트들이 '앎을 가진 자'로 자부한 데 비해 소크라테스는 바로 'philosophia'라는 말 그대로 '앎sophia을 사랑하는philein', 곧 '앎을 끊임없이 추구하는' 인간, 다시 말해서 앎 자체의 본원적인 미완성성을 자각한 인물이라는 점에

39 '국사범'의 의미는 곧 이어질 『변명』에 대한 구체적인 검토하는 과정에서 밝혀질 것이다.

서 최초의 철학자로 간주된 것이다. 그러한 태도가 잘 집약된 것이 그의 유명한 '나는 내가 모른다는 것을 안다'라는 문구이다.[40]

자신의 앎의 부족함이나 미완성성에 대한 자각은 그러므로 철학자의 필수 요건이라고 할 수 있다. 그런데 그러한 자각을 한다고 해서 모든 사람이 철학자가 되는 것도 아니고, 그러한 자각이 있다고 해서 모든 철학자의 정신세계나 지적 수준이 동일할 수는 없다. 철학자로 불린다거나 그렇게 알려져 있다고 해도 진정한 의미에서는 철학자가 아닐 수 있다. 외면적으로 추상적인 언어를 사용하면서 형이상학적인 문제에 대해 체계적인 사고 내용을 구축한 것으로 보이지만, 실질적으로는 독창적인 내용 없이 이미 다른 철학자들이 구축한 사고 세계를 언어 표현만 변형한 사이비 철학자도 있을 수 있는 것이다. 철학하기의 본질적인 요소는 바로 기존의 앎에 내재한 모름의 요소를 얼마나 깊이 통찰하고, 그러한 한계를 극복하면서 앎을 총체적으로 얼마나 새롭게 발전시켰느냐 여부에 있을 것이다. 그에 따라 바로 개별 철학자의 철학 내용에 대한 철학적 평가와 더불어 그의 철학사적 위상도 결정되는 것이다.

따라서 소크라테스의 처형과 관련된 철학과 정치 현실 사이의 문제는 소크라테스의 철학 내용, 특히 그가 국가의 본질이나 국가 생활의 이상을 어떻게 이해했고, 당시 도시국가 일반 또는 아테네라는 도시국가의 실체

---

40 이 유명한 문구는 희랍어로 "hen oida oti ouden oida(I know one thing that I do not know)"이며, 라틴어 문구 "*scio me nihil scire*"로 더 잘 알려져 있다. 그런데 이 문구 자체가 문헌에 직접 나타나 있지는 않다. 그것과 가장 비슷한 문구는 『변명』 21d에 있는 "나는 아무것도 모르므로, 안다고 생각하지 않는다ōsper oun ouk oida, oude oiomai"는 문장이며, 그러한 의미를 전달하는 비슷한 의미를 전달하는 문구들은 플라톤의 대화편 여러 곳에 발견되지만 정확히 그러한 문장은 문헌에 없다는 것이다. 따라서 그 문장은 후대의 학자가 소크라테스의 의도를 일반인들에게 쉽게 전달하기 위해 간략하게 변형한paraphrasing 결과로 보인다.

를 어떻게 파악했느냐의 문제가 함께 검토되어야 한다. 소크라테스가 처형당한 것은 그가 단순히 철학자이고 철학자는 필연적으로 대중과 양립할 수 없기 때문일 수는 없다. 그럴 경우 모든 철학자는 처형당하거나 어떤 형태로든 박해를 받아야 하기 때문이다. 물론 그렇지는 않다. 국가 생활 전반 또는 현실 정치에 대한 철학자 또는 지식인의 태도는 철저한 무시나 전적인 초연에서부터, 바로 그의 제자인 플라톤을 통해 체계화되는 철인 통치자의 이념에서와 같이 최고 권력자가 되어 국정을 직접 관장하는 행위, 대중 운동이나 혁명 운동의 지도자, 반체제 이데올로그, 아니면 '어용학자'로 오해받을 수도 있는 기존 지배 체제의 이데올로그 역할 등 다양한 형태가 있을 수 있기 때문이다. 다시 말해서 '지식인 또는 철학자와 현실 또는 현실 정치'의 관계가 무엇인가의 근본적인 문제는 바로 한 철학자가 국가 생활 또는 정치 생활의 본질에 대한 성찰의 구체적인 내용, 곧 그의 정치철학적 사유의 성격이나 수준이 무엇인가의 문제를 떠나서는 해명될 수 없는 것이다.

앞에서 언급한 바와 같이 소크라테스는 국가 생활의 문제, 인간의 삶의 방식, 도덕성의 문제 등을 앎의 대상으로 추구했다는 점에서 일단 최초의 정치철학자로 간주될 수는 있다.[41] 그러나 철학자의 경우와 마찬가

41 그것이 실제로 서양 지성사에서 전통적으로 소크라테스가 최초의 정치철학자로 간주되는 이유이기도 하며, 키케로Cicero가 그러한 견해를 대중화시키는 데 결정적으로 기여한 인물로 평가된다. 이에 관해서는 Strauss(1964: 13~14) 참조. 스트라우스는 그러한 전통적인 견해가 근대 철학에 이르러 더 이상 받아들여지지 않음을 지적하면서, 그러한 결과가 소피스트들로부터 기원한 도덕적 상대주의가 근대 정치학을 지배하게 된 원인으로 판단한다. 이 책도 기본적으로 스트라우스의 그러한 입장에 동의한다. 그러나 소크라테스가 철학자 자체는 아니며, 그 철학의 미완성성의 핵심은 바로 그의 정치적 사유에 창조적이고 혁명적인 요소가 있기는 하지만 정치적 · 역사적 실천성의 결여와 더불어 하나의 일관되고 총체적인 철학 체계로 승화 · 발전되지 못한 사실에 있다고 판단된다. 그 미완성성의 한 측면인 정치적 · 역사적 실천성의 결여 측면을 보완하

지로 정치철학자라고 해서 모두 동일한 평가를 받는 것도 아니다. 그 정치철학 내용의 포괄성, 체계성, 창의성 등의 차원에서 각 정치철학자는 다르게 평가될 수 있는 것이다. 소크라테스의 경우 일단 당시의 아테네 시민들이 그의 인간성이나 철학 내용을 제대로 이해하지 못하고, 아테네인들의 국가 생활에 대한 비판이나 충고를 국가 체제에 대한 도전으로 잘못 파악한 것이 그가 처형당한 주된 이유가 될 수 있다. 다시 말해서 '철학자와 대중'의 관계 문제 차원에서 그의 처형이 이해될 수 있음은 물론이다. 그러나 그것만이 전부는 아니다. 그의 철학 자체가 당시의 정치 현실을 그 근원에서부터 철저히 이해하지 못했을 수도 있고, 새로운 국가 생활의 이상을 구체적이면서 체계적으로 제시하지 못했을 수도 있다. 다시 말해서 그 현실과 이상 자체의 실체나 의미를 충분히 해명하지 못했거나, 특히 그러한 이상의 실현을 위한 구체적인 제도나 실천 방안을 제대로 제시하지 못했기 때문에 다른 지식인들이나 대중을 설득하지 못했을 수도 있다. 그는 대중을 설득하거나 지적 권위로 압도하는 능력 면에서 결함이 있을 수 있으며, 죽음의 선택 자체에도 잘못된 도덕적 판단이 있을 수도 있는 것이다.

『변명』에 명시적으로 언급되었지만(23b~c), 소크라테스는 인생의 소업을 철학하기에 두고 현실 정치에는 능동적으로 관여하지 않으면서 시민으로서의 기본 의무만 수행하려고 했기 때문에 정치에 적극적으로 관여하지 않았을 수 있다.[42] 그것은 곧 '자신은 자신이 무지하다는 사실을

려 노력한 사람이 이소크라테스라면, 그것을 '존재론-인식론-윤리론-국가론'을 포괄하는 총체적인 철학 체계로 발전시킨 인물이 플라톤이라는 점이 이 책과 후속편을 통해 설명될 기본 논지이다.

42 앞에서 언급된 『카르미데스』 153d의 장면, 즉 전장에서 귀환하자마자 만사를 제쳐두고 체육관을 방문하여 철학적 대화 및 앎과 아름다움에서 빼어난 젊은이들에게 관심을 집중하는 소크라테스의 모습은 그의 인생관의 축약판이라고 할 수 있다.

안다'라는 소위 '소크라테스의 아이러니'가 단순히 '젠체하기' 성격의 자기 비하가 아니라, 실제로 자신이 정치에 참여하기에는 그것과 관련된 지식들을 모른다는 솔직한 자기 고백일 수 있는 것이다. 즉 그는 당시 민주정치의 실체 또는 대중의 인간성을 제대로 파악하지 못했기 때문에 자신을 위해서나 아테네라는 도시국가를 위해서나 다른 최선의 행동 방식이 있었는데도 불구하고 그렇게 하지 못했다는 평가도 받을 수 있다. 다시 말해서 진정한 정치철학자라면 언제나 가변적일 수 있는 정치 현실을 바람직한 상태로 바꿔놓기 위한 목적에서 그 현실의 실체를 정확히 파악하고 그것에 합당한 최선 또는 최적의 개선책을 제시할 수 있는 능력을 갖추어야 하는데, 그는 그러한 능력이 없었다는 평가를 받을 수도 있는 것이다.[43] 예를 들어 아테네라는 도시국가가 진정으로 이상적인 국가가 되기 위해서, 또는 차선책으로 그것의 장기적 차원의 공동선을 위해서는 유혈 사태를 감수하더라도 혁명을 통해 새로운 국가 체제를 건설하는 작업이 당시의 상황에서 최선의 정치철학적 판단일 수 있다. 그러한 행동을 하지 않았거나 그러한 행동을 위한 구체적인 정책이나 책략을 제시하지 않은 행위 역시 그의 정치철학적 사유의 미완성 또는 결함으로 평가될 수 있는 것이다.

지은이는 소크라테스에 대한 전통적인 철학사적 평가는 기본적으로 받아들인다. 즉 '너 자신을 알라'라는 격률에 집약되어 있는 인간의 영혼 및 삶에 대한 근원적인 인식, 즉 인간의 영혼과 삶이란 본원적으로 불완전하고 미완성의 것이기 때문에 끊임없는 각성과 추구의 대상이며, 그러

---

43 그러한 개선책이 실제로 뒤에 가서 플라톤의 '자유로운 지성의 통치'로 파악될 수 있는 철인 통치의 이념 속에, 그리고 아리스토텔레스의 집합적 지혜의 이념 및 '중용mesotēs 또는 metriotēs' 개념 속에 투영된다. 유학에서도 구체적인 상황에서 중용 이념의 실현은 '시중時中' 개념으로 설명되는 것과 비슷하다.

한 각성과 추구에 영혼의 'aretē' 곧 잘남과 도덕성이 있고, 그러한 추구의 핵심은 개개인의 영혼에 내재한 기존의 모든 관념과 믿음에 대해서 스스로 비판적으로 검토하고 성찰하는 데 있다는 인식에 도달한 최초의 인물이 소크라테스라는 것이다. 그를 계기로 서양 학문은 전통적인 세계관에서와 같이 이 세계와 인간에 대한 신화적이고 문학적 설명, 자연철학 전통과 소피스트 전통에 의해 각각 대변되는 자연과 인간을 분리된 상태에서 별도로 연구하는 수준을 벗어나, '자연-사회-인간'을 통합하는 — 바로 1장에서 논급한 '통섭'의 이념을 대변하는 — 하나의 앎이 본격적으로 시도되고 형성되기 시작했다는 것이다. 그는 바로 그러한 의미에서 철학자의 원형이다. 간단히 말해서 그가 최초의 철학자로 인정될 수 있는 이유는 그가 최초의 정치철학적 탐구를 시도한 — 완성이 아니라 — 인물로 간주될 수 있기 때문이다. 앞의 2장에서 레오 스트라우스의 정치철학 이념을 검토하면서 언급했듯이, 정치철학은 철학의 한 분야가 아니며, 철학의 자기 발전은 필연적으로 정치철학의 형태로 그 총체적인 모습을 드러내며, 소크라테스에게서 그 정치철학적 사유의 태동을 볼 수 있는 것이다.

그런데 소크라테스의 철학은 위에서 지적한 문제들의 해명을 체계적으로 추구하지 않았다는 점에서 정치철학의 원초적인 형태일 수는 있어도 그것의 완숙한 형태는 아니라는 사실이 다시 강조되어야 한다. 조금 비유가 과도할 수 있으나, 인간의 성장에 비추어볼 때 소크라테스의 철학 및 정치철학은 장년기의 정신일 수는 있으나 노년기의 완숙한 정신은 되지 못한다는 것이다. 즉 소크라테스는 이 세계와 인간에 대해 일관되고 체계적인 관점과 더불어 독자적이고 확고하면서도 올바른 신념 또는 판단력을 갖추기는 했으나, 아직 자신의 빼어난 통찰력과 실천력, 즉 자신의 잘남을 지적으로 뒷받침하고 다른 사람들에게도 설득력 있게 만드는 앎의 체계를 구축하지는 못했다는 것이다. 그러한 앎의 체계란 인간성과 사회 및 국가에 관한 구체적이고 전문적인 지식이 유기적으로 결합된 총체적인 철학 체계, 바로 정치철학인 것이다.

소크라테스는 죽음을 두려워하지 않을 정도로 자신의 세계관, 양심, 도덕의 원칙을 충실하게 실천한 성인聖人이거나 철학을 위한 순교자일 수는 있다. 하지만 그는 성聖과 속俗 또는 초월적인 것과 현세적인 것의 경계를 자유롭게 넘나들면서 자연과 인간과 사회 및 국가를 통할하는 보편적인 원리를 삶의 구체적인 현장에서 자유롭고 능란하게 구체적으로 실현할 수 있는 시중時中의 지혜나 역사적 실천력을 발휘한 인간, 즉 자신의 잘남을 국가 생활 속에서 제대로 실현하기 위한 앎을 완성한 인간은 아니라는 것이다. 그가 추구한 앎과 잘남이 개인적 도덕성 또는 사회적 윤리성 차원에서는 완성을 이루었고, 그러한 의미에서 그는 도덕군자일 수는 있다.[44] 그러나 그의 도덕성은 개인적 완성을 넘어 국가적 · 역사적 차원으로 확대 · 승화되지는 못했으며, 이에 따라 그는 정치철학적 사유를 태동시킨 지식인으로 간주될 수는 있으나 정치철학, 곧 완성된 형태의 정치철학을 구축한 인물로 평가될 수 없을 수 있는 것이다.

결국 이 문제는 지식인 또는 철학자란 과연 누구인가의 문제로 귀착된다. 즉 지식인이나 철학자라는 말에 부가된 모든 역사적 · 정치 · 사회적 · 지성사적 의미를 떠나 그 말들의 본원적인 의미가 무엇인가의 문제로 귀착된다는 것이다. 즉 아는 자란 누구이고, 아는 자의 앎이 사회적으로 어떻게 인정되면서 어떠한 수준에서 잘난 자로 부각되는지의 문제라는 것이다. 그것은 곧 앎sophia 자체가 무엇이고, 잘남aretē 자체가 무엇이

---

44 실제로 그러한 도덕군자의 모습이 크세노폰이 『소크라테스 회상』에서 그려놓은 소크라테스이기도 하다.

며, 앎의 어떠한 형태나 내용이 사회적으로 인정받으면서 어떠한 앎을 가진 자가 사회적으로 잘난 자로 인정받게 되고, 이에 따라 한 사회에서 누가 진정으로 아는 자이고 누가 진정으로 잘난 자인가의 문제이기도 하다. 호메로스 이래 희랍 지성사의 중심적 주제였던 앎과 잘남의 문제가 소크라테스의 '너 자신을 알라'라는 격률을 통해 문제 자체의 근원을 향하게 된 것이다. 즉 앎과 잘남 자체가 무엇인지의 문제 자체가 앎의 탐구 대상으로 등장한 것이다. 그 앎과 잘남의 근원에 대한 탐구, 곧 앎과 잘남 자체가 무엇이지 제대로 알려는 노력이 단순히 앎의 영역에 머무르지 않고 기존의 사회 체제나 정치권력과 필연적으로 대립과 갈등을 빚을 수밖에 없다는 사실에 인류 역사의 숙명이 있다. 소크라테스 재판은 그 숙명의 비극적 원형일 뿐이다.

제6장

소크라테스와 아테네 시민들: 소크라테스 재판과 앎과 잘남의 법과 정치

"대중은 아무리 모자라더라도 존중되어야 한다.
왜냐하면 그들은 헤아릴 수 없을 정도로 풍부한
씨앗들을 품고 있기 때문이다."[1]

- 귀스타브 플로베르

『앎과 잘남』 1권에서 소피스트 운동과 관련하여 기술한 바 있지만, 지식인과 그가 속한 사회나 국가의 관계는 지배, 친화, 종속, 대립이나 갈등 등의 다양한 형태로 나타날 수 있는 긴장 관계가 그 근본 성격이다. 따라서 사회적 지배 세력이나 국가 권력에 의한 지식인의 박해는 시대와 장소를 불문하고 보편적으로 나타나는 현상이다. 다만 개별적인 박해마다 그 성격이 지극히 다양하고 복잡하기 때문에 일률적으로 그 의미를 재단할 수는 없다. 특정한 박해 사건을 그저 지식인에 대한 박해의 한 예로 단정하면서 이해했다고 안도하는 태도는 지적 안이함의 표출일 뿐이다. 희랍 사회도 예외는 아니다.

서양 고대사 학계에서는 일반적으로 소크라테스의 처형 이전에 아낙사고라스Anazagoras와 프로타고라스Protagoras에 대한 박해 등이 거론된다.[2]

---

1 "Il faut respecter la masse, si inepte qu'elle soit, parce qu'elle contient les germes d'une fécondité incalculable." Gustave Flaubert, *Correspondance*.

2 희랍 시대의 지식인 박해에 대한 소개 및 설명으로는 대표적으로 Dover(1975) 참조.

그런데 그것이 '박해'로 규정되는 것은 그것에 연루된 개별 지식인이나 그 인물의 지성 세계의 가치와 사상에 동조하는 사람들의 입장이거나 그 사건에 대한 역사적 평가일 뿐이며, '박해'가 발생할 당시에는 언제나 국가 권력에 의한 '엄중한 사법 집행'이나 사회적 지배 세력에 의한 '엄격한 윤리 질서의 확립'이라는 제도적 외양을 갖는다는 사실이 간과되어서는 안 된다. 다시 말해서 지식인 박해는 본질상 지식인 한 개인의 정신세계와 기존 사회 또는 기존 국가 권력이 대변하는 또 다른 정신세계 간의 갈등과 충돌이며, 그 갈등과 충돌의 실체는 그 박해가 발생하게 된 역사적 · 정신사적 맥락을 떠나서는 결코 제대로 파악될 수 없는 것이다. 소크라테스 재판의 실체도 물론 그러한 맥락에서 접근되어야 한다.

소크라테스 재판의 역사적 · 정신사적 배경, 특히 그것이 발생한 기원전 399년의 상황과 관련해서는 지금까지 많은 연구가 있었다.[3] 주로 외국인들인 소피스트들의 고등 교육 활동 및 사회적 활동의 증가와 그 영향력의 확대에 따른 지식인 전반에 대한 일반 시민들의 정서적 피로감의 심화, 펠로폰네소스 전쟁의 패배에 따른 아테네 시민들의 정신적 좌절감이나 국가의 장래에 대한 불안감, 그러한 불안감을 증폭시킨 '30인의 참주정' 등장과 이어지는 내란 상태, 그에 따라 수많은 시민들이 희생된 정치적 상황 등이 그 배경으로 지목된다. 특히 소크라테스 개인과 직접 관련해서는 대체로 다음과 같이 설명된다.

민주파의 승리로 끝난 내란 직후 비록 사면령에 의해 과두파에 대한 정치적 보복은 금지되었지만, 과두파에 대한 시민들의 증오감과 불안감은 쉽게 불식되지 않았다. 이에 따라 시민들은 정치적 속죄양을 찾고 있

3 이에 대한 간략한 소개로는 Brickhouse et al.(1989: 18~24) 참조. 그 재판의 성립 및 진행 과정과 관련된 법적 문제에 관해서는 MacDowell(1978) 참조.

었는데, 그 속죄양으로 적절하게 부각된 대상이 소크라테스였다는 것이다. 그가 '30인의 참주정'의 지도자인 크리티아스와 카르미데스Charmidēs 등과 깊은 친분 관계가 있었다는 사실은 웬만한 아테네 시민들이라면 잘 알고 있었고,[4] 잘 알려진 그의 외모나 생활 방식 — 못생긴 얼굴에 언제나 똑같은 허름한 옷을 걸치고 맨발로 다니면서 남들이 동경하고 애착하는 물질적 가치를 무시하는 — 또한 도시 생활을 통해 '세련된' 다수 아테네 시민들에게는 불쾌감이나 혐오의 대상일 수 있었기 때문이다. 이와 더불어 '점잖고' 사회적으로 '폼 잡는 데' 익숙한 유명 인사들을 논박하고 망신주는 대화 및 아이러니가 주를 이루는 그의 언어 생활 또한 그러한 불쾌감과 혐오감을 더욱 증폭시켰다는 것이다. 특히 경제적 번영과 민주화 시대를 거치면서 아테네 시민들의 삶의 태도로 정착했던 관용의 정신마저 패전 후의 상황에서는 무력하게 된 점 또한 그를 정치적 속죄양으로 삼는 데 기여했다는 점도 자주 지적된다.[5]

물론 그와 같은 역사적 · 정신사적 맥락이나 당시의 정치적 상황을 떠나 소크라테스 재판 및 처형을 이해할 수는 없다. 그러나 그러한 이해만으로는 소크라테스 재판을 기원전 399년이라는 시점에 발생한 일회성의 사건으로 치부하게 되고, 인류 정신사 및 지성사 전체의 흐름과 관련된 그것의 보편적이고 영속적인 의미를 파악하지 못하게 된다. 소크라테스를 직접 고발한 멜레토스라는 젊은이의 정신세계에 대해서는 확실하게 단정하지 못하더라도, 그들 배후에서 조종한 인물들인 아니토스와 리콘

---

4 참고로 크세노폰의 『소크라테스 회상』 III-vii-1은 카르미데스에게 정치에 입문할 것을 권유한 인물이 소크라테스라는 사실을 전하고 있다.

5 아테네 시민들을 지배하는 관용의 정신에 대해서는 투키디데스의 『역사』에 기록된 페리클레스의 유명한 장례 연설epitaphios 속에 압축되어 있다. "우리는 질투에 차서 남을 감시하지도 않으며, …… 악의를 품고 개인의 일에 간섭하지도 않고……"(II-37).

등은 적어도 당시의 정신적 분위기에 무조건 편승하거나 부화뇌동한 인물들은 아니다. 그들은 나름대로 아테네의 국가 정체성과 민주정체를 수호하겠다는 신념을 갖춘 건실한 애국자이자 건전한 민주주의자들일 수도 있는 것이다. 물론 그 신념의 실체가 무엇인지는 치밀한 검토의 대상이며, 이 6장의 논의는 바로 앎과 잘남의 문제가 그러한 실체의 근저에 있는 핵심적인 쟁점이라는 점을 밝히는 것이 목표이다. 그러한 목표와 관련하여 플라톤의 『소크라테스의 변명*Apologia Sōkratous*』[6]이 논의의 중심으로 등장한다.

플라톤의 『변명』은 거스리가 간단히 축약하여 표현했듯이 "플라톤의 작품들 가운데 가장 소크라테스적인 작품"(Guthrie, 1971: 157~158 및 158 n. 1)이다.[7] 또한 플라톤의 대화편들 중에서 제목에 소크라테스의 이름이 들어 있는 유일한 작품이기도 하다. 반면에 그의 최후의 작품인 『법률*Nomoi*』에서는 소크라테스가 등장하지 않을 뿐더러 그의 이름조차 언급되지 않는다. 앞으로 좀 더 자세히 설명되겠지만, 그러한 사실은 플라톤의 중기 이후의 저작들이란 곧 플라톤의 철학적 사유가 소크라테스의 영향으로부터 벗어나는 과정이자 자신만의 철학을 발전시키는 과정이라는 사실을 암시한다. 어쨌든 『변명』 이외에 그의 재판과 죽음을 본격적으로 다룬 대화편은 『에우티프론*Euthyphrōn*』, 『크리톤*Kritōn*』, 『파이돈*Phaidōn*』 등이 있으며,[8] 그것들도 어느 정도 역사적 사실을 전달하고는

---

6 앞으로 『변명』으로 축약하여 표기한다. 법적 용어로서 희랍어 'apologia'의 정확한 의미는 변명이 아니라 피고인의 '자기 변론'이다. 그런데 이 '변명'이라는 잘못된 번역어가 오랫동안 사용되어 관행화된 감이 있으므로, 이 책에서도 『변명』을 번역어로 그대로 사용하기로 한다.

7 "the most certainly Socratic of all Plato's works." 이 표현은 물론 그것이 플라톤의 작품들 가운데 소크라테스의 실제 언어와 행동을 사실에 가장 가깝게 묘사한 작품으로 간주된다는 의미이다.

있다. 하지만 그것들은 근본적으로 플라톤이 관련 사실들을 극적으로 재구성했고, 여러 가지 차원에서 소크라테스의 철학에 플라톤 자신의 해석을 가미한 결과라고 할 수 있다. 이에 비해 『변명』은 그 제재인 소크라테스 재판 과정 자체가 법 집행의 공적 행사이고, 저자인 플라톤 자신을 포함하여 소크라테스의 다른 친구들과 제자들뿐만 아니라 아테네의 많은 시민들이 실제로 참관한 사건에 대한 기록의 성격을 갖고 있다. 희랍과 로마의 어떠한 문헌에서도 『변명』의 진술들이 조작된 것이라는 의심이 표명된 적은 없다(Kraut, 2000: 13). 따라서 그 작품에서는 제자인 플라톤이 스승의 재판을 철학적 사유의 전달 목적으로 의도적으로 윤색하거나 재구성할 여지가 없이 역사적 사실에 대한 전달자의 역할에 충실할 수밖에 없었을 것이며, 이에 따라 소크라테스 자신만의 사상을 파악할 수 있는 가장 기본적인 전거가 된다.

실제로 테일러A. E. Taylor나 버넷, 예거 등 저명한 고전학자들이 이미 오래전부터 『변명』의 문헌학적 의미에 대해서 그러한 해석을 내리고 있음도 사실이다. 『변명』이 갖는 그와 같은 문헌학적 위치는 최근 들어 브릭하우스Thomas Brickhouse 등의 연구에 의해 좀 더 치밀한 논리로 강화되고 있다.[9] 이 연구는 위에서 언급된 고전학자들의 연구 이후 집적된 연구들에 대한 포괄적인 소개와 더불어, 『변명』의 내용의 역사성과 관련된

---

8 해석상의 논란은 있지만, 대화편의 내용을 따라 단순히 극적 상황 전개의 시간적 계기에 따라 소크라테스의 재판과 죽음을 다룬 대화편들을 『테아이테토스』에서 시작하여 『에우티프론』, 『크라틸로스』, 『소피스테스』, 『정치가』, 『변명』, 『크리톤』, 『파이돈』의 8부작으로 분류하는 학자도 있다. 예를 들어 Howland(1998) 참조.

9 Brickhouse et al., 1989, 특히 2~10쪽에 제시된 『변명』 내용의 "역사적 엄밀성historical accuracy"이라는 제목 하의 논의 참조. 이 저작은 그러한 학문적 공헌 이외에도 『변명』에 기록된 소크라테스의 발언이나 행동뿐만 아니라 소크라테스 재판과 관련된 정치 · 사회적 제도들에 대한 상세한 해설도 제시되어 있기 때문에 훌륭한 길잡이가 된다.

문헌학적 근거들을 치밀하게 검토하고 있다. 그러한 검토를 토대로 그들은 『변명』에 기록된 소크라테스의 연설이 실제로 발생한 역사적 사실들에 대한 기록일 가능성이 그렇지 않을 가능성보다 크다는 점을 입증한 것이다. 최근에 한국에도 번역되어 소개된 바 있는 콜라이아코James Colaiaco의 소크라테스 재판 연구도 브릭하우스의 그러한 결론을 추인하고 있다(콜라이아코, 2005: 37~42 참조. 영문판은 2001년 출간). 그런데 콜라이아코의 저작은 이 6장과 다음 7장에서 전개하려는 『변명』 해석과 여러 면에서 공통점이 있으면서도 근본적인 면에서 대비가 되므로 간단하게나마 별도의 언급이 필요하다.

콜라이아코의 저작은 『변명』에 대한 문헌학적 연구서가 아니며, 그것에 함축된 정치철학적 의미를 읽어내려는 시도이다. 그것은 소크라테스의 재판과 관련된 기존의 연구들을 나름대로 종합하면서, 그것을 기본적으로 철학과 정치의 대립, 나아가 현대 '시민 불복종' 운동의 원형 정도로 해석하려는 시도이다. 소크라테스 재판에는 물론 그러한 의미가 함축되어 있다. 그것에는 부당한 정치권력에 대한 철학자 또는 양심적 지식인의 도전과 희생의 요소가 있음은 분명하며, 특히 근대 세계에서 개인의 자연권이 지배적인 이념으로 부각되면서 소크라테스 재판도 그와 같은 관점에서 해석하려는 시도가 주류를 이룬 것은 일종의 정신사적 운동의 관성 차원에서 이해할 만하다. 콜라이아코가 소크라테스 재판을 현대의 시민 불복종 운동 차원에서 해석한 것도 그러한 관성의 투영이라는 것이다. 그러나 그와 같은 해석은 기본적으로 과거의 사건을 그 역사적 맥락에서 떼어내어 현대적 개념에 인위적으로 끼워 맞추는 식의 연구이며, 이에 따라 그 사건에 반영되어 있는 생생한 역사적 · 지성사적 상황을 제대로 설명하지 못하는 근본적인 한계가 있다.

왜 그러한지 그 이유는 앞으로 이 책의 논의를 통해서 자세하게 해명될 것이다. 다만 여기서도 한 가지 지적하고 넘어가야 할 점은 있다. 일단 '철학자 대 정치권력'이라는 개념 구도는 소크라테스 개인의 입장을 대변할 수는 있어도 당시 아테네라는 도시국가 및 그 재판 결과를 결정한 배심원단이나 그것을 참관한 시민들의 입장은 아니다. 당대는 아직 철학자라는 개념이 사회적으로 정립된 시기도 아니며, 그러한 대립 구도는 그 사건에 대한 사후의 해석일 뿐이다. 다시 말해서 그러한 해석은 그 사건을 중심으로 전개되는 지성사적 발전의 결과이지 원인이 아니다. 그 재판의 역사적 · 정신사적 실체를 제대로 파악하기 위해서는 당연히 당시의 정치 · 사회적 상황에 대한 구체적인 이해와 더불어, '철학자 대 정치권력'이라는 대립 구도를 개념적으로 정착시키는 계기로 작동하는 당대 희랍인들의 가치관과 국가관, 곧 그들의 삶을 지배하고 그들의 정치 · 사회적 질서의 근간이 되는 관념이나 가치가 무엇인지 이해해야 한다. 그러한 관념이자 가치의 근저에 'sophia'와 'aretē', 즉 '앎'과 '잘남'에 대한 관념이 있다는 것이 앞으로 소크라테스 재판의 역사적 · 지성사적 의미에 대한 설명의 핵심이다. 그러한 설명을 위한 기본적이며 핵심적인 문헌이 『변명』이다.

어쨌든 『변명』은 플라톤에 의해 계승되고 승화 · 발전된 형태로 나타난 소크라테스의 철학이 아니라, 소크라테스 자신만의 완숙한 철학이 무엇인가를 파악하는 데 결정적인 저작이다. 레오 스트라우스가 적절히 규정한 바와 같이, 그것은 "플라톤이라는 우주에 들어가기 위한 대문"이라고 할 수 있다(strauss, 1883: 38). 여기서 스트라우스가 말하는 '대문portal'은 한자어 그대로 '입문入門'을 상징하며, 『변명』이 플라톤 철학을 이해하기 위한 첫걸음이라는 의미일 것이다. 그 안에 단순히 플라톤 철학 전체의 내용이 개괄적으로 요약되어 있는 것이 아니라, 그 안에 그 철학의 핵심적인 요소가 내재되어 있음을 의미한다. 다만 스트라우스는 그 내재된 내용의 핵심이 무엇인지 명확하게 제시하지는 않았는데, 실제로 플라톤의 『변명』은 『크리톤』과 더불어 그 대화편의 유명함에 비해 아직도 그 의미가 제대로 해명되지 않은 저작이기도 하다. 한 연구가가 오래전에 지적한 바 있지만, 그것에 대한 해석은 문학, 철학, 비교 법학 등과 관련되어 제기되어야 할 여러 질문들이 제대로 제기되지 않은 채 남아 있다. 특히 소크라테스가 법정에서 특이한 방식으로 제기한 자기변호의 이유들, 그리고 그러한 자기변호가 현시하는 복잡한 아이러니나 그에 대한 단죄의 법적 성격 또한 충분히 인지되거나 해명되지 않고 있다(Allen, 1980: x).[10] 그 이후 많은 연구가 이루어진 것은 사실이며, 그러한 연구의 축적은 이 책의 저술에도 훌륭한 참고가 되었다. 그렇지만 지은이는 그것에 함축된 아이러니의 의미, 특히 그것과 삶과 잘남 또는 지혜와 도덕성의 관계는 아직도 제대로 해명되고 있지 못하다고 생각한다. 이 책의 논의는 지은이 나름대로 그러한 과제를 수행하려는 시도이다.

『변명』이나 소크라테스 재판은 바로 앞에서 언급된 연구가도 지적했지만(위의 책, 3~16 참조), 그 전체가 아이러니라고 할 수 있다. 그것은 법정

10 이 조그만 책자는(전체 148쪽 분량이며, 그나마 함께 수록된 『변명』과 『크리톤』의 번역문을 제외하면 저자 자신의 해석 논의는 70여 쪽에 불과하다) 스스로 제기한 큰 논제들에 대해 짧은 글을 통해 저자 나름대로의 통찰과 직관을 '던져주는' 성격의 논의이기 때문에 기존 문헌들에 대한 충분한 검토가 뒷받침되지 않았으며, 특히 그 재판의 법적 근거에 대한 세밀한 논의가 부족하고, 아이러니나 수사학 개념 등에 대한 독자적인 개념사적 연구 없이 기존의 이해에 기초하여 논의를 전개하고 있는 결함도 있다. 그러나 이 책은 출간 당시로서는 획기적이라고 할 정도로 소크라테스 연구에 새로운 자극과 연구 방향을 제시한 저작이라고 할 수 있다. 특히 『변명』 및 소크라테스 재판과 관련하여 저자가 제기한 네 가지 논제, 즉 '아이러니와 수사학', '역사적 배경', '합법성', '역사성' 논제, 그리고 『크리톤』과 관련하여 제기한 '계약준수론assumpsit'과 '법적 의무론legal obligation' 논제는 실제로 그 이후의 연구들을 통해 상당 부분 해명되었고, 아직도 해명이 진행 중이라고 할 수 있다. 기존의 문헌들 가운데 『변명』에 대한 문헌학적 주석으로는 오래전에 출간된 버넷의 저작(Burnet, 1924)이 아직도 가장 자세하고 치밀하다.

연설의 형식적 요건을 제대로 겸비한 법정 변론이되,[11] 자신을 무죄로 이끌려는 변론이 아니다. 그것은 소크라테스가 대중을 상대로 행한 최초이자 마지막 수사학적 연설이되, 대중을 설득하여 자기편으로 만들거나 자신의 세속적 이익을 옹호 또는 신장하기 위한 연설이 아니라 자신을 죽음으로 이끈 연설이다. 그것은 청중에 대한 설득이 목적이 아니라 외양상 의도적으로 자신에게 반감을 갖도록 유도하는 듯한 연설이다. 그런데 그 아이러니의 절정은 바로 소크라테스의 그러한 태도가 청중에게는 아이러니로 나타나지만, 그 자신에게는 아이러니가 아니라는 사실에 있다. 일반 대중에게 자기 이익이란 재산상 손해 보지 않고 육체적으로 해를 입지 않고 무조건 죽음을 회피하는 것이지만, 그에게는 진실에 충실함이, 곧 진실을 제대로 '알고' 밝히는 것이 '잘난' 행동이자 최고의 자기 이익이고 삶의 목적이기 때문이다. 재판에서의 설득도 세속적인 이해와는 무관한 오직 진실을 위한 설득이다.

결국 『변명』과 소크라테스 재판은 앎과 잘남의 문제로 귀착된다는 것이 지은이의 해석이다. 『변명』에 제시된 아테네 시민들을 향한 소크라테스의 자기변호 아닌 자기변호는 바로 무엇이 진정으로 앎이고, 무엇이 진정으로 잘남인지를 깨우치는 것에 그 목적이 있다는 것이다. 그것은 곧 자신이 생각하는 앎과 잘남이 무엇인가에 대한 대중적 설파이다. 그리고 그가 파악한 앎과 잘남과 대중이 이해하는 앎과 잘남 사이에는 긴장과 충돌이 발생하는데, 그러한 긴장과 충돌이 소크라테스 재판이라는 지성사적 · 정치사적 사건의 핵심이다. 앞으로 『변명』과 『크리톤』에 대한 해

---

11 그것은 일반적으로 다섯 단계로 구성된다. 편의상 위에서 언급된 Allen(1980: 5~6)에 근거하여 『변명』의 해당 부분을 제시하면 다음과 같다. 1) exordium(17a~18a) 2) prothesis(18a~19a) 3) refutation(19a~28a) 4) digression(28a~34b) 5) peroration (34b~35d).

석학적 검토를 통해 밝힐 논점을 미리 간단히 말하자면, 아테네 시민 다수는 소크라테스의 그와 같은 설파를 또 하나의 '아는 체'와 '잘난 체'로 인식하고 있다는 점에 소크라테스 재판과 그의 처형에 내포된 희 · 비극성 및 아이러니가 있다. 아울러 그것에서는 인류 역사 및 지성사에서 끊임없이 반복되는 앎과 잘남과 관련된 인간들 사이의 갈등과 대립과 긴장의 원형도 발견된다. 그리고 그와 같은 희 · 비극성과 아이러니의 존재, 앎과 잘남의 본질에 대한 소크라테스라는 특정 지식인과 대중 사이의 괴리에 정치철학 형성의 정신사적 토양이 있다. 그 아이러니와 괴리는 일단 소크라테스가 추구하는 '법의 정신'과 아테네 시민들이 추구하는 '법의 정신' 사이의 대립과 긴장으로 표출된다. 다음 절에서 수행될 『변명』에 대한 세밀한 독해는 그 대립과 긴장의 실체에 대한 해명의 시도이다.[12]

12 잘 알려져 있듯이, 소크라테스 재판을 기록한 다른 유명한 작품은 크세노폰의 『배심원을 향한 소크라테스의 변명*Apologia Sōkratous pros tous Dikastas*』(영어로는 보통 『*Apology*』로 표기)이다. 이 작품의 저자인 크세노폰은 플라톤과 같이 재판의 현장에 있지도 않았기 때문에 그가 소크라테스의 젊은 추종자들 가운데 하나인 헤르모게네스로부터 전해들은 말을 전달하는 형식을 취하고, 그 내용이 『변명』보다 상대적으로 짧고 간략할 뿐더러, 한 가지 점만 제외하고는 새롭게 참고할 점은 없다. 그 한 가지 점이란 소크라테스가 죽음을 선택한 것을 플라톤이 제시한 심원한 이유가 아니라 늙은이로서의 더 이상의 삶이 무의미하다는 '실용적인' 이유에서만 찾은 점이다. 물론 후자의 이유도 전혀 근거 없는 것은 아니지만, 플라톤이 제시한 '심원한' 설명에 포괄된다는 점은 독해 과정에서 밝혀질 것이다. 이 책의 논의 과정에서는 소크라테스의 행적에 대한 크세노폰의 기록인 『소크라테스 회상』도 물론 언급되고 참고될 것이다. 그러나 그것은 이 책의 후속편에서 다룰 크세노폰 자신의 소크라테스 이해에 함축된 기원전 4세기 희랍 지성사적 의미를 밝혀줄 수 있는 자료는 되어도, 소크라테스라는 인물의 지성사적 · 철학사적 의미를 밝히는 데 중요한 자료는 되지 못한다. 키르케고르의 기술대로 크세노폰이 묘사한 소크라테스가 소크라테스의 모습 전부라면, 오직 선량하고 사회적으로나 정치적으로 무해한 그 도덕군자를 아테네 시민들이 죽일 이유가 전혀 없는 것이다. Kierkegaard(1989: 15~16) 참조.

1. 개인적 앎과 잘남, 시민적 앎과 잘남, 그리고 '법의 정신': 『변명』 17a~24b

잘 알려져 있듯이 『변명』에 기록된 소크라테스의 연설이 이루어진 곳은 '헬리아이아hēliaia'라 불리는 아테네의 인민법정dikastēria이다. 또한 잘 알려져 있듯이 그는 멜레토스Melētos라는 무명의 젊은 시인이 아테네 정부에 아래와 같은 고발장을 접수시켜 법정에 서게 된 것이다.

> "소크라테스는 국가가 인정한nomizei 신들을 인정하지 않고ou nomizōn 이상하고hetera 새로운kaina 잡신들daimonia을 도입한eisēgoumenos(또는 소개한eispherōn) 점에서 유죄이고adikei, 젊은이들을tous nous 타락시킨 diaphtheirōn 점에서 유죄이다. 형벌timēma은 사형."[13]

---

13 이 고발장은 『변명*Apologia*』에는 소개되어 있지 않고 디오게네스 라에르티오스(II-40) 및 크세노폰의 『소크라테스 회상』 첫 부분에 기록되어 있다. 지은이는 이 책 논의의 편의상 본문 그대로를 직역했기 때문에 일상적으로 소개되는 번역어와는 조금 차이가 있다. 두 기록은 '도입하다', '소개하다'를 의미하는 동사에 차이가 있고(후자가 크세노폰의 기록), "형벌은 사형"이라는 문구의 존재 여부에 차이가 있다. 후자의 문구는 디오게네스 라에르티오스에만 기록되어 있다. 물론 "형벌은 사형"이라는 문구는 직역이며, 당시 법적 고발장의 관행상 "요구되는 형벌은 사형"이라는 의미를 갖고 있다. 참고로 국가가 "인정한nomizei 신들을 인정하지 않고"라는 표현에서 동사 'nomizein'은 법을 의미하는 명사 'nomos'의 파생어이다. 희랍어에서 'nomos'는 실정법 이전에 관습과 전통을 의미하며, 그 핵심적 의미는 신들이 인간에게 부과한 것이기 때문에 정당하고 당연한 것으로 '인정된' 공통적인 규범이자 개개인의 정당한 몫이다. 따라서 '인정하다'라는 표현 자체가 법과의 연관성을 암시한다는 점에 이 희랍어의 묘미가 있다. 앞에서도 언급한 바 있지만, 고대 다신교 사회의 특징은 어떤 신이든지 '쉽게' 수입되고 수용되는 '종교적 관용'에 있다. 그러나 공동체적 삶에 필수적으로 요구되는 절차는 그 '신의 수입'이 대체로 공동체적 축제 형식을 통해 사회적으로 '인정되는nomizein' 과정이다. 소크라테스에 대한 피소 내용 중 '이상하고 새로운 잡신의 도입'이라는 혐의는 바로 그러한 공동체적이고 '정상적인' 절차 없이 신을 수입했다는 '사실'에 있으며, 당시 아테네의 종교적 법적 관행에 비추어볼 때 그의 피소는 당연하다. 소크라테스의 '이단

또한 멜레토스라는 젊은이는 소크라테스를 고발한 법적 송사인일 뿐이고, 그것을 실질적으로 배후에서 조종한 인물은 아니토스Anytos와 리콘Lykon이라는 사실도 함께 잘 알려져 있다. 다만 이들 두 배후조종자에 관해서도 아니토스는 장인匠人; dēmiourgos 출신의 정치인이고 리콘은 대중정치가dēmagōgos이자 연설가rhētor라는 사실을 제외하고는 알려진 사실이 거의 없다.[14] 어쨌든 소크라테스가 법정에 서게 된 것은 그가 아테네라는 도시국가의 종교 질서를 부인했거나 도전했다는 이유와, 그 때문인지 또는 그것과 더불어인지 분명하지는 않지만, 젊은이들을 정신적으로 타락시킨 죄를 범했다는 이유이다. 당시 아테네의 법체계에 비추어 이 형사 고발건의 법적 근거가 무엇이고, 『변명』에 투영된 심리 과정의 형사 소송법적 근거는 무엇인지 일단 짚고 넘어갈 필요가 있다.

고대 대부분의 국가들이 그러하듯이 아테네의 법체계 역시 전통으로 내려온 관습법nomos, 왕이나 집정관 등에 의해 반포된 법률thesmos, 일반적으로 민주화 시대의 제도적 관행으로서 국가적 상황에 따라 민회의 결의로 수시로 통과된 칙령psēphisma(본래는 '투표'를 의미하는데, 영어로 보통 'decree'로 번역된다) 등으로 구성되어 있다. 그런데 아테네의 법제사에서 기원전 403년은 중요한 전환점을 이룬다.

기원전 403년은 일단 30인의 참주정이 종식되고 민주정이 회복된 때이기도 하다. 아울러 그것은 드라콘Drakon과 솔론Solon의 '개혁입법', 그리고 클레이스테네스 이후 본격적으로 진행된 민주화 과정과 페리클레

적인 종교 생활'에 대해서는 플라톤의 『에우티프론』 3b, 크세노폰의 『변명』 12, 아리스토파네스의 『구름』 212, 241, 366에도 소개되어 있다.

14 멜레토스를 뒤에서 조정한 인물이 아니토스와 리콘이라는 사실은 『변명』 23e~24a에서 소크라테스가 직접 언급하고 있으며, 디오게네스 라에르티오스 II-38에도 기록되어 있다. 그들의 직업에 대해서는 『변명』 24a 및 29c의 소크라테스의 진술 속에 나타나 있다.

스 이후의 '민주주의 공고화' 과정을 통해 여러 갈래로 제정되어 복잡하게 된 법률들의 재정비가 완료된 시점이다. 그러한 작업은 기원전 410년에 일종의 '법률정비위원회anagrapheis(말 그대로는 '돌에 새기는 사람들', 영어로는 'inscribers'이다; 고대 국가에서는 법률의 공포를 법조문을 새긴 비석을 세우는 행위로 대신했기 때문에 그러한 용어가 사용되었다)'가 구성되어 시작되었는데, 그 작업이 종료된 시점이 기원전 403년인 것이다. 그 작업은 규모면에서는 비교가 되지 않지만 아테네 역사에서는 동로마 유스티니아누스Justinianus 황제 때의 법전 편찬에 비견되는 사건이다. 그와 같이 새로운 법체계가 정비되면서 그것을 보존하기 위한 제도적 장치들도 마련되었다. 자의적인 입법을 방지하기 위해 법률 제안의 시기를 별도로 규정하고, '법안심사위원회' 또는 '헌법재판소' 성격의 '입법위원회nomothetai(말 그대로는 입법가들)'를 구성하여 법안들에 대한 사전 심의나 기존 법률들 사이의 상충점 등을 해소하는 임무를 부여하며, 독회 제도와 공개 토론의 과정 등을 도입하여 민회에서 단순히 다수결의 통과로 법률이 자의적으로 제정되는 것을 방지하기 위한 제도적 장치를 마련한 것이다. 아울러 '신법'에 수록되지 않은 과거의 법이나 명령들에 대해서는 효력을 정지시키고, 그 이전에 범한 죄에 대해서는 사면령을 발표하는 등 '새 시대'의 선언도 병행했다.[15] 그 '새 시대'의 선언에는 법 · 제도 정비의 의미와 아울러 30인 참주정 기간의 내란 과정에서 과두파와 민주파 사이에 혹심했던 유혈 투쟁에 따른 갈등과 원한을 봉합하면서 새로운 '국민 통합'을 이루기 위한 정치적 목적도 있었음은 물론이다.

어쨌든 기원전 399년에 이루어진 소크라테스에 대한 재판은 그 '403

15 이 법제 개혁에 관한 자세한 역사적 서술을 Dorjahn(1946) 참조하고, 간략한 설명으로는 MacDowell(1978: 46~49) 참조.

년 체제'에서 이루어진 것이고, 그것의 법적 근거는 당연히 그 새로운 법체계에서 찾아야 한다. 그런데 현재 그 법체계의 구체적 조항이 그대로 전해져 있지는 않으며,[16] 리시아스, 이소크라테스, 아에스키네스, 데모스테네스 등 당대의 법률가들이 작성한 고발장이나 변론문 등 현존하는 문건을 통해 유추할 수 있을 뿐이다. 소크라테스에 대한 멜레토스의 고발장에서 범법 혐의로 고발된 사안의 법적 근거 또한 그러한 차원에서 접근할 수밖에 없다. 먼저 검토할 사항은 멜레토스의 고발 내용, 즉 소크라테스는 아테네라는 도시국가의 종교와 도덕에 대해 범법 행위를 했다는 혐의 자체가 법적으로 성립하는지 여부이다.

일단 아테네의 종교에 관한 법률은 대부분의 고대 국가들과 마찬가지로 사원이나 석상 등 신성시되는 종교적 건물이나 상징물, 그리고 의례, 제례의식, 축제 등의 '신성함'을 보호하고 보존하기 위해 부과된 — 어느 국가에서나 대체로 그러하듯이 신이 직접 부과한 것으로 믿어지는 — '신성한' 관습법이며, 그 신성한 관습법의 해석자 또한 대체로 관료가 아니라 신관이다.[17] 물론 고대 국가들에서 일반적으로 그러하듯이, 아테네에서도 종교에 관한 범죄 또한 형사적 처벌 대상인 것은 분명하다.[18] 하지만 그 처벌 대상은 위에서 언급된 종교와 관련된 구체적인 행위 규범을 위반한 행동에 대해서이지, 특정한 행동에 대한 지목 없이 '신성모

16 그와 같이 새롭게 정비된 법조문 전체는 당시의 관행으로 보아 비석에 새겨졌을 것인데, 그 비석은 역사의 소요와 혼란 속에서 파괴되었거나 유실되어 어느 땅 속에 아직도 묻혀 있을 수 있다. 후자의 경우라면 그것의 발굴은 대大고고학적 사건일 것이다.

17 아테네에서는 그러한 업무를 담당하는 'exegetos(영어 'exgesis'의 어원)'라 불리는 별도의 신관도 있었다.

18 그 대표적인 역사적 사례는 펠로폰네소스 전쟁에서 아테네를 패하게 만든 결정적인 계기가 된 시칠리아 원정의 실패와도 연관된 헤르메스Hermes 상 파괴 사건일 것이다. 세 명의 원정군 사령관 가운데 하나였던 알키비아데스는 그 '종교적 범죄'에 따른 처벌을 피하기 위해 결국은 적국인 스파르타로 망명하게 된다.

독asebeia' 일반이라는 포괄적인 죄를 범했다는 고발 사례는 없었던 것으로 보인다. 또한 소크라테스에 대한 고발장은 적어도 그가 무신론자라는 혐의는 아니므로, 몇몇 고전학자들의 주장처럼 무신론자의 처벌을 목적으로 반포되었던 '디오페이테스 칙령psēphisma Diopeithes'도 해당 법조문은 아닌 것 같다.[19]

소크라테스에 대한 고발의 법적 근거는 결국 기존의 구체적인 법률 조항에 대한 위반이 아니어도 가장 포괄적 의미에서 국가의 기본 질서에 대한 도전이나 신성모독죄에 대한 혐의도 고발하여 처벌할 수 있는 아테네 특유의 '국사범탄핵eisaggelia'[20] 제도, 이와 더불어 아테네 인민법정 운영의 가장 일반적인 원칙, 즉 설사 법에 규정되어 있지 않더라도 본인이 재판 결과에 책임을 진다는 전제로 어떠한 인물에 대해서나 그리고 어떠

---

19 디오페이테스 칙령 및 이에 관한 논란에 관해서는 MacDowell(1978: 200~202) 및 Brickhouse et al.(1989: 32~34) 참조. 실제로 디오페이테스라는 인물이 발의했다는 그 칙령은 일종의 무신론자 단속법으로서 대체로 기원전 430년대에 민회를 통과한 것으로 보인다. 정확하게 그 내용이 알려져 있지는 않으나, 그것은 태양을 돌덩어리로 파악한 아낙사고라스Anazagoras의 자연철학에 함축된 무신론과 프로타고라스의 불가지론적agnostic 무신론 등 새로운 사조가 전통 신앙을 위협함에 따른 법적 조치인 것은 분명하다. 그리고 명확하지는 않지만 그 칙령도 기원전 403년의 '새 시대' 선언과 함께 무효화된 것으로 믿어진다. 왜냐하면 기원전 4세기의 법적 송사 관련 문헌들에서는 그것에 대한 언급이 전혀 발견되지 않기 때문이다. 다만 위의 브릭하우스가 지적한 바와 같이, 그 칙령의 폐지가 반드시 무신론이 더 이상 범죄로 성립되지 않음을 의미하지는 않을 수도 있다. 그리고 어쨌든 소크라테스 스스로가 법정에서 자신에 대한 고발 자체가 불법이라고 주장하지는 않았으며, 그의 제자인 플라톤과 크세노폰 또한 그와 같은 주장을 하지 않았다는 사실로 볼 때 소크라테스에 대한 고발 자체는 아테네의 '형사소송법'에 저촉되지 않음이 거의 분명하다. 이에 관해서는 Brickhouse(같은 책, 32~33) 참조.

20 이 말 자체는 '공개적 선언public announcement'을 의미하는데, 사법 제도로서는 보통 영어로 'impeachment' 혹은 'state prosecution'으로 번역된다. 이 제도에 관해서는 MacDowell(1978: 183~189) 참조. 뒤에 가서 논의할 아르기누사Arginousa 해전의 장군들 처형 사건의 법적 근거를 굳이 찾는다면 이 '국사범탄핵 제도'라고 할 수 있다.

한 혐의로도 송사를 제기할 수 있다는 원칙에 입각하여 이루어진 것으로 보인다.[21] 그러한 송사는 아테네 법률 용어로 '자유형량 송사agōn timētos' 이다.[22] 그러한 송사의 경우 플라톤의 『에우티프론』 도입부에도(2a~3e) 기술되어 있듯이, '집정관 왕archōn basileus'은[23] 특정 법률에 명시되지 않은 소송 사건의 경우 '사전심사diakrisis'[24] 제도를 통해 정식으로 인민법정에 회부하거나 경우에 따라서는 민회의 표결에 맡기는 것이 타당한지 여부를 결정하게 되어 있다. 소크라테스에 대한 고발 건도 그러한 절차에 따라 송사로서 합법적으로 성립한다는 판결이 내려진 후 정식으로 재판에 회부된 것으로 보인다. 500명의 배심원단 구성도 집정관 왕이 사안의 중대성을 감안해 내린 결정인 것 같다.

그와 같은 법적 절차의 합법성 문제를 떠나, 소크라테스에 대한 송사는 그 당시 상황에서도 사법적으로 특이한 사건이었던 것은 분명하다. 소크라테스가 특정한 개인이나 단체의 재산권을 침해했거나, 살인이나 상해 또는 폭동이나 변란 등 국가의 공공질서를 위배 또는 위협했다거나, 국가가 규정한 종교의식을 지키지 않았다거나 종교적 상징물을 훼손하

---

21 무책임한 송사의 남발을 방지하기 위한 제도적 장치로 만일 원고가 배심원단 평결 투표에서 1/5 이하의 지지를 얻지 못할 경우, 원고는 벌금형에 처해진다는 법률 조항이 있다. 인민법정heliaia의 역사 및 운영 제도에 관해서는 MacDowell(앞의 책, 29~40; 53~66) 참조.

22 말 그대로는 '자유형량timētos' '송사agōn'. 그 핵심적 의미는 법에 형벌 규정이 없기 때문에 원고가 고발장에 자유롭게 요구 형량timesis을 명시한다는 데 있다. 피고인은 재판 과정을 통해 'antitimesis'라 불리는 대응 형량을 제시하는 절차를 밟게 되는데, 앞으로 검토할 소크라테스의 재판 과정에도 나타나 있다.

23 9명의 집정관 가운데 한 명으로, 주로 사법 운영 및 종교나 도덕 문제를 관장하는 집정관이다. 여기서 왕basileus이라는 명칭은 왕정 시대 왕의 기능을 수행한다는 의미 이외에 다른 실제적인 의미는 없다.

24 이 희랍어는 영어 'decision'과 같이, 본래는 '분리함'을 의미하는데, 의미가 전화되어 '결정'을 의미하기도 한다.

거나 그것에 위해를 가했다고 한 데 대한 제소가 아니다. 그것은 소크라테스라는 개인의 정신세계나 삶과 행동 자체가 아테네의 종교와 젊은이 교육이라는 정신 질서와 양립할 수 없다는 죄목이다. 그것은 소크라테스의 존재 자체가 아테네 국가의 정체성 또는 국가 체제[25]에 대한 도전이라는 혐의에 근거한 것이기 때문에 일종의 '헌법적 형사 사건' 또는 '국가보안법'의 특정 조항이 아니라 '국가보안법 전체'에 대한 포괄적 위반 사건이다. 아테네라는 국가가 존속하기 위해서는 소크라테스라는 개인의 존재가 사라져야 된다는 논리가 그 제소의 핵심이라는 것이다.[26] 그것은 곧

---

25 이것이 실제로 플라톤의 『국가』의 원 제목이기도 한 희랍어 'politeia'의 기본적인 의미이다. 즉 '~eia'라는 희랍어 어미는 사물의 내적인 측면을 지칭하므로, 'politeia'란 'polis'의 내적 또는 정신적 질서를 의미한다는 것이다. 고대 희랍인들은 한 국가의 체제란 궁극적으로 그것의 정신 질서이자 정체성을 의미한다는 것을 일찍이 깨달은 것이다. 이에 비해 관료 제도나 정당 등 국가 생활을 위한 외면적이고 부수적인 제도의 존재에 집착한 나머지 근대의 자유주의적 정치사상이나 미국 정치학 중심의 현대 정치학에서는 그러한 사실이 몰각되어 있음은 하나의 지성사적 시대착오이기도 하다. 이 점의 좀 더 구체적인 의미는 이 책의 논의가 진행되면서 점차 밝혀질 것이다.

26 실제로 소크라테스는 아테네의 종교에 대해 도전했던 것이 아니라 — 저자의 이해에 따르면 아테네는 '철두철미하게' 종교적 관용이 지배했던 국가이므로 — '반反민주주의자'였고 바로 그렇게 때문에 그의 처형이 정당했다는 해석이 비교적 최근에 출간되어 대중적 관심도 끌었던 스톤Irving F. Stone의 *The Trial of Socrates*(1988)의 기본 논지이기도 하다. *The Hidden History of the Korean War*(1988)의 저자이기도 한 스톤의 저작은 저널리스트 특유의 재기와 함께 기원전 5세기 말 아테네의 역사적 상황에 대한 나름대로의 통찰과 더불어 여러 가지 면에서 참고할 만한 내용도 있으며, 지은이도 그것의 기본 논지에는 동의한다. 그러나 — 앞으로 이 책의 논의를 통해서 해명되겠지만 — 그것은 처형의 정치적 배경과 처형의 합법적 근거와 관련된 아테네 국가 체제의 문제를 혼동하고 있는 오류를 범하고 있다. 아울러 스톤은 경박스럽다고 할 정도로 — 그럼에도 불구하고 그러한 지적 수준의 저널리스트가 있는 미국의 지성계가 부럽기는 하다 — 민주주의나 언론 자유의 의미가 자명하다고 믿는다든가, 국가 자체와 특정한 시기에 국가 통치의 형식을 결정하는 정치 체제를 구분하지 못하는 이해력의 한계를 보인다. 그러한 지적 결함의 바탕에는 형이상학적 탐색 자체의 학문적 의미에 대한 몰이해와 더불어 소크라테스의 도덕적 주지주의에 대한 몰이해가 있다. 또한 당시의 아테네인들에게는 종교와 정치의 구분 자체가 무의미하며, 종교적 관용과 정치

아테네라는 국가의 존재와 소크라테스라는 개인의 존재는 양립할 수 없다는 것, 간단히 말해 소크라테스라는 개인의 존재성 대 아테네라는 도시국가 존재성 간의 대립인 것이다.

국가의 존재성과 개인의 존재성과 관련된 송사이기 때문에, 소크라테스 재판은 사법적 송사의 형태이지만 그 차원을 넘어선 정치철학적 논쟁이자 탐색이다. 고소인들의 지적 수준은 그 점을 자각하지 못하고 있는데 비해, 소크라테스의 법정 연설에는 그러한 자각이 드러나 있다. 앞으로의 논의 과정을 통해 해명되겠지만, 바로 그러한 점에서도 그것은 정치철학의 태동을 알리는 지성사적 사건으로 해석될 수 있는 것이다. 그 재판의 그러한 성격은 자신에 대한 고발을 접한 소크라테스의 대응에서부터 나타난다.

적 관용의 구분이 근본적으로 무의미한 국가 체제에서 정치적 관용만 작동하지 않아 처형당했다는 해석 논리는 타당하지 못하다. 더 나아가 종교적 이유로 법정에 고발되었다는 사실 자체가 이미 순수한 종교적 이유와 순수한 정치적 이유는 존재할 수 없음의 증언이다. 그런데 이 점은 소크라테스의 재판이 정치적인 이유인가 종교적인 이유인가의 문제로 논쟁을 벌이는 많은 고전학자들이 이해 못 하는 대목이기도 하다. 고전학계의 그러한 논쟁에 관해서는 Parker(2000) 참조. 파커 스스로는 소크라테스 재판의 배경에 있는 인간들 사이의 복잡한 적대감resentment의 존재가 종교적 · 문화적 · 정치적 요소 하나를 결정적인 것으로 찾으려는 시도 자체를 무의미하게 만든다는 논지의 진술로 이 문제를 해결하고 있다. 같은 글, 45쪽 참조. 그리고 스톤의 저작이나 앞서 언급된 콜라이아코의 저작은 무엇보다도 유죄 평결이 30표 차이로 결정되었다는 사실에 내포된 정신사적 의미를 설명하지 못하는 한계도 있다. 참고로 스톤의 저서가 출간된 후 몇 년이 지나 출간된 한센Mogens H. Hansen의 저작(1995)은 스톤의 논리에 대한 당시의 구체적 상황 및 법리 차원에서의 보충 설명이라고 할 수 있다. 어쨌든 이들 저작들은 소크라테스를 철학적 양심의 순교자 또는 희생양 정도로 이해하는 통설에 대한 비판으로서 나름대로의 의의는 있지만, 근본적으로는 일방적인 해석이라는 것이 지은이의 판단이다. 당시의 정신사적 · 역사적 상황에서 둘 사이의 충돌은 불가피했고, 바로 그러한 필연성에 정신사적 비극성이 있다는 것을 — 이는 헤겔이 이미 오래전에 통찰한 바이다(Hegel, 1971: 496~516의 'Schicksal des Sokrates' 참조) — 제대로 인식하지 못한 결과라는 점이 앞으로의 논의를 통해 설명될 것이다.

소크라테스가 피소당했다는 소식을 접한 후, 소크라테스의 친구이자 제자이면서 전문적인 법률가logographos[27]인 리시아스Lysias는 스승을 위해 당시의 법정 연설 형식에 적합한 변론문을 작성했다고 한다. 그런데 소크라테스는 그 변론문이 기존의 '법정에는 어울리지만dikanikos' '철학에 어울리지는emphilosophos' 않는다는 이유로 그 호의를 거절하고 스스로 변론 연설을 하게 된 것이다.[28] 그러한 태도 자체에 이미 자신에 대한 재판은 기존의 법체계나 도덕성, 즉 기존의 올바름(정의)과 좋음(선)에 근거한 판단의 대상이 아니라 보편적 도덕과 정의 또는 자연법적 도덕과 정의에 근거한 판단 대상이라는 주장이 함축되어 있다. 그러한 태도의 표명이 '법적 말하기'와 구분되는 '철학적 말하기'의 본질인 '진실 말하기 alethē legein'이다(『변명』 17b 참조; 이하 이 4절에서 인용문의 출처에 대한 별도의 언급이 없으면 『변명』의 쪽수 표기). 물론 그 진실이 과연 무엇인가가 당연히 소크라테스 연설의 핵심 내용일 것이다. 플라톤의 『변명』은 원고인 멜레토스의 고발 연설이 — 그 연설 내용은 부분적으로 소크라테스가 연설 중간에 인용하면서 논박의 대상이 되지만 그 전체가 기록된 문서는 없거나 아직 발견되지 않았다 — 끝난 직후 소크라테스가 그 고발 내용과 관련된 바로 그 '진실 말하기'의 말문을 여는 형식으로 시작된다. 법정 공방의 핵심 또한 그의 정신세계나 삶의 행적이 과연 '진실로' 아테네의 존재성과 양립할 수 없는지 여부에 대한 검토에 있다. 그 진실은 원고들이 당

27 말 그대로는 '말logos'의 '작성자graphos'를 의미하며, 다른 사람들을 위해 민회 연설문이나 법정 연설문을 작성해주는 사람을 지칭한다. 현대의 변호사에 해당하는데, 시인과 대비되는 산문 작가로도 문맥에 따라 번역될 수 있다.

28 리시아스의 제안 또한 디오게네스 라에르티오스의 저서(II-40~41)에 기록되어 있다.

연하다고 믿는 견해나 의견 또는 관념이 — 다시 강조하지만 그것이 바로 희랍어 'doxa'로서, 플라톤 철학의 이해에 핵심적인 개념들 가운데 하나이다 — 집약된 고발장을 통해 자동적으로 구명된 것이 아니라 어디까지나 검토exetasis를 통해 입증되어야 할 대상이다.[29]

소크라테스의 법정 연설은 그러한 검토를 통해 원고의 견해가 잘못된 것임을 입증하려는 것이 목적이다. 많은 학자들이 지적하듯이,[30] 소크라테스의 자기변호는 법정에 선 피고인들이 일반적으로 무죄 등 자신에게 유리한 평결을 얻기 위한 목적에서 행하는 자기변호가 아니다. 그것은 세속인들을 향한 철학자의 변명이며, 어떠한 성격의 변명이 진정한 의미에서 '자기를 위한' 변명인지 법정 증언의 형식을 통해 세속인들에게 보여주기 위한 연설이다. 다시 말해서 '정치철학적 변명'이다. 그는 500명으로 구성된 배심원dikastēs들을 향해 '배심원들이여ō dikastoi'라는 호칭 대신에 '아테네 사람들이여ō andres Athēnaioi'라는 호칭을 주로 사용하면서 — 아마 의도적으로 — 직접 아테네 시민 전체에게 자신의 무죄를 호소하는 형식의 연설을 행한다.

그러한 검토의 첫 대상은 소크라테스 자신이 자연철학자 및 소피스트라는 소문이다. 소크라테스가 직접 인용한 그 소문은 다음과 같다.

---

29 일상적으로 당연하다고 믿는 관념에 대한 검토 행위가 소크라테스에게 철학적 사유의 핵심적 요소이며, 그것이 집약된 표현이 『변명』 38a에 제시되어 있다. 그것이 바로 소크라테스가 남긴 격언들 가운데 가장 많이 인용되는 "검토되지 않은 삶은 살 만한 가치가 없다ho de anexetastos bios ou biōtos anthrōpōi"라는 문구이다. 이 '검토'라는 행위가 인간들 사이의 대화 형식으로 이루어질 때 '논박elenchos'이 된다. 플라톤은 그러한 검토 및 논박 행위의 인식론 및 존재론적 근거를 밝히면서 철학 행위 자체와 동일시될 수 있는 개념을 제시하게 되는데, 그것이 바로 플라톤의 변증법 개념이다. 그러한 변증법 개념 출현의 철학적 · 지성사적 의미에 대한 예비적 논의가 이 책의 목적 가운데 하나이다.

30 이와 관련된 문헌들에 대한 소개로는 Brickhouse et al.(1989: 38) 참조.

"소크라테스라는 유식한sophos 사람이 있는데, 그는 하늘에 있는 것들에 몰두하는 자이자 땅 위의 모든 것들을 탐구하면서 근거가 약한 주장을 강력한 주장으로 만드는 자이다."[31]

그 소문은 아테네 시민들이 자신에 대해 갖는 좋지 않은 평판의 근원이자 자신에 대한 법적 고발의 근거인데, 그것이 자신에게는 가장 '무서운deinos' 고발자라는 것이다. 그것은 직접 고발하는 인격적인 실체가 없이 — 희극작가 아리스토파네스와 같은 인격적 실체가 있는 고발이 아니라 — 다중hoi polloi[32] 사이에서 질시phthonos와 비방diabolē을 바탕으로

31 참고로 이 문장에 대한 〈Loeb Classical Library〉판의 파울러H. N. Fowler의 번역을 소개하면 다음과 같다. "There is a certain Socrates, a wise man, a ponderer over the things in the air and one who has investigated the things beneath the earth and who makes the weaker argument the stronger." 이미 여러 차례 강조해왔지만, 희랍어 'sophia'에 대해서 세계 언어들 가운데 우리말 '앎'이 원어의 의미나 어감에 가장 가까운 번역어로 생각된다. 다만 그 희랍어 자체가 지극히 광범위한 의미 세계를 갖고 있기 때문에 문맥에 따른 번역상의 변용은 필요하다. 이 문장에서 '유식한 사람'은 'sophos anēr'의 번역이다. 영어에서는 거의 일률적으로 'sophos'는 'wise'로, 'sophia'는 'wisdom'으로 번역되는데, 그 근본적인 이유는 영어는 그 희랍어를 문맥에 따라 적절하게 표현할 어휘가 부족하기 때문이다. 이 문장에서 '지혜롭다'는 존숭의 의미보다는 오히려 지식인에 대한 일반인들의 질시의 감정이 담겨 있기 때문에 '지혜로운 사람'이 아니라 '유식한 사람'으로 번역했다. "근거가 약한 주장을 강력한 주장으로 만들기ton hēttō logon kreittō poiōn"에 대해서는 앞의 1장에서 논급한 바 있다. 다시 부연하자면, 그것은 소피스트들의 '실용 교육'의 한 측면으로서, 논쟁에서의 승리가 세속적 이익을 보장하기 때문에 설사 허위 사실이나 잘못된 논거에 기초한 주장이라도 허위처럼 보이지 않고 올바른 논리의 주장처럼 보일 수 있는 '지적 능력'을 배양함이 교육의 목적이라는 '이념'을 집약한 문구이다. 그것이 실제로 현실 사회에서 변호사들에게 요구되는 '실천적이고 실용적인' 자질이기도 하다.

32 희랍어에서 집합적 인간들을 표현하는 말로는 'hoi polloi', 'demos', 'plēthos', 'ochlos' 등이 있다. 이 책에서는 많은 사람을 지칭하는 'hoi polloi'는 '다중'으로, 다수로 구성되는 통치의 주체를 지칭하는 'demos'는 민중으로, 특정한 공통된 목적이 없이 모인 다수의 집합을 지칭하는 'plēthos'는 대중으로, 다수가 무리를 이룰 때 나타나는 감정적 행태나 폭력적 양상을 강조하는 'ochlos'는 '폭민'으로 번역될 것이다.

소문으로만 유포되어 있으며, 직접 심문을 통해 진위 여부를 가릴 인물도 없음에 따라 철저히 '그림자skia와 싸우는machein'[33] 꼴이기 때문이라는 것이다(18d~19d).

일단 소크라테스는 그러한 소문이 진실이 아님을 강조한다. 그는 자연철학자도 아니고, 소피스트들처럼 시민으로서의 아레테, 즉 시민으로서 잘나게 하고 출세시키기 위한 전문지식epistēmē을 갖고 있지 않으며, 그들처럼 가르침에 대한 대가로 수당을 받지도 않았다는 것이다(19d~20c). 소크라테스의 그러한 입장은 이미 교과서적으로도 잘 소개되어 있기 때문에 여기서 반복해서 부연할 필요는 없을 것이다. 그의 주장 가운데 이 책의 주제와 관련하여 주목해야 할 것은 이 점이다. 소크라테스에게는 멜레토스라는 젊은이가 바로 그러한 소문의 진위 여부도 '알아보지' 않은 채 오직 일반인들 사이의 소문을 근거로 자신을 고발했다는 사실이 중요하다는 것이다. 다시 말해서 멜레토스 및 그에게 동조한 고발인들은 결국 소크라테스라는 인물의 실체가 무엇인지 제대로 또는 정확하게 알려고 하지 않은 채 일반인들의 의견과 풍문에 근거하여 자신을 고발했다는 사실이 소크라테스에게는 중요하다는 것이며, 그들에 대한 논박의 초점 또한 그 점에 맞추고 있는 것이다. 그러한 사실이 중요한 이유는 그것이 필연적으로 민주 정치의 본질 문제와 연관되기 때문이다.

고발이라는 멜레토스의 사법적 행위에는 소크라테스의 행동 및 가치관에 대한 도덕적 판단이 바탕에 있다. 문제는 그 도덕적 판단의 근거가 되는 앎이 무엇이냐는 것이다. 이 문제는 도덕성으로서 아레테를 실현하기 위한 앎이 무엇이냐의 문제이기도 하다. 멜레토스의 고발은 일단 스스로의 검토나 판단 과정이 없이 '다중hoi polloi'의 여론이나 의견에 일방

33 희랍어로는 한 어휘로 'skiamachein'.

적으로 의탁 또는 부화뇌동한 결과이다. 그렇다면 바로 다수의 여론이나 의견의 형태로 나타나는 집합적 사고나 앎의 근본 성격이 무엇이고, 궁극적으로 그와 같은 다수의 집합적 사고나 앎 및 그에 의거한 행동이 국가 통치의 내용과 성격을 결정하는 민주 정치 체제의 근본 성격은 무엇인지의 문제가 필연적으로 검토의 대상으로 등장할 수밖에 없다. 이 문제는 실제로 장차 플라톤을 통해 체계적인 인식론의 형태로 해명되는 철학적 논제들 가운데 하나이다. 즉 한편으로 일상적인 의견이나 상식적인 관념 형태로 나타나는 앎을 지칭하는 'doxa'와, 다른 한편으로 특정 영역에서 장인의식의 형태로 나타나는 통달한 앎 또는 특정 대상에 대한 전문적이고 엄밀하고 과학적인 지식을 지칭하는 'epistemē'의 관계 문제가 그것이다.[34] 그러한 관계 문제는 결국 진정한 앎이 무엇이고, 한 개인, 소수, 다수의 의견이나 판단이나 앎 가운데 어느 것이 우월하고, 그 우월함의 근거는 무엇이냐의 문제를 제기한다. 그리고 그러한 우월함이 결국 인간적 탁월함, 곧 잘남의 표현이라면, 그러한 문제들은 또한 인간(들)을 잘나게 만들기 위해 어떠한 교육이 필요하며, 그러한 앎을 획득 또는 형성하기 위해서는 어떠한 교육이 필요한가의 문제로 귀결될 수밖에 없는 것이다. 즉 아테네의 민주화 시대에 이루어진 소크라테스에 대한 재판 속에 필연적으로 앎과 잘남 및 교육과 정치의 문제가 부각되고 있는 것이다. 법정에서 이어지는 소크라테스의 연설은 실제로 그 문제를 부각시키고 있다. 소크라테스는 바로 이 맥락에서 바로 아레테, 즉 잘남 문제를 자기 변론을 위한 논변의 초점으로 부각시키고 있다.

다시 부연하자면, 희랍인들에게 아레테는 단순히 도덕성을 지칭하는

34 그것에 대한 설명이 『국가』 6권의 내용이며, 그러한 내용이 7권에서 유명한 '동굴의 비유'를 통해 바로 비유적으로 축약된다.

말만이 아니라 사물이나 인간의 빼어나고 훌륭한 상태나 자질, 순우리말로 간단히 표현하여 잘난 상태, 곧 잘남을 의미한다. 소크라테스가 법정에서 제기하는 방식도 아레테라는 말의 바로 그러한 의미에 기초하고 있다. 그리고 이 책 1장 〈들어가는 말〉에서 강조하여 설명한 바 있듯이, 잘남은 단순히 빼어나고 훌륭함에 따른 기대와 모방의 대상만이 아니라 인간들 사이에서 부러움과 동시에 질시의 태도를 수반하는 미묘한 감정의 대상이기도 하다는 사실을 주목해야 한다. 바로 우리말에서 '잘난 체'라는 말이 연상시키는 다양하고 복잡한 감정상의 문제들인 것이다. 흥미로운 점은 아테네의 법정에서도 소크라테스가 인간의 아레테와 관련된 연설을 하는 과정에서 배심원들이나 참관하는 시민들이 특히 소란스러워졌고, 소크라테스는 "조용히 좀 하시지요mē thorybēsēte" 또는 "조용히 하시오mē thorybeite"라는 말을 반복하는 상황이 벌어진다는 사실이다.[35]

뒤에 가서 다시 언급되겠지만, 실제로 소크라테스에 대해 아테네 시민들이 사형 평결을 내린 배경에는 앞에서 언급된 국가 체제 및 국가 정체성 문제 이외에 법정에서 보인 그의 기이한 태도에 대한 정서적 반감이 있다. 법정에서의 소크라테스의 태도에는 배심원들의 동정을 사기 위한 피고인들의 일반적인 행태인 비굴함도 보이지 않지만, 피고인에게 어느 정도 요구되는 겸손함도 보이지 않는다. 법정의 배심원이나 청중에게 그의 태도는 오히려 시민적 덕성과 배치되는 '과도한 잘난 체'로 느껴질 수 있다는 것이다. 바로 스스로를 낮추는 '아이러니'로 유명한 평소의 소

35 이 표현은 『변명』에서 '아테네인들이여'와 더불어 장면 장면마다 자주 등장하는 표현이다. 'thorybēsēte'와 'thorybeite'는 각각 희랍어 동사 'thorybēo'의 청유형과 명령형의 표현이고, 'mē'는 영어의 'not'에 해당한다. 명사 'thorybos'는 소음, 소란, 또는 술렁거림 등을 의미하는데, 훼방과 환호 모두의 의미를 갖고 있다. 버넷의 지적대로(Burnet, 1924: 72), 그러한 소란스러움의 존재가 아테네의 법정과 근대의 엄숙한 법정을 구분짓는 요소이기도 하다.

크라테스와는 달리, 그가 왜 자신의 생사 여부가 결정되는 재판정에서 배심원의 반감을 살 정도로 자존감을 과시했는지는 해석학적 검토의 대상이기도 하며, 이 책에서도 앞으로 논급될 것이다. 어쨌든『변명』에서 유죄 평결에 이어 사형 평결이 내려진 후, 소크라테스는 죽음과 사후세계와 관련된 —『파이돈*Phaidōn*』의 논의 내용을 예고하는 — 연설을 하게 되는데, 그 부분(38c~42a)을 제외한 나머지 부분은 실제로 앎sophia이 무엇이며 인간 및 시민으로서 덕성 또는 잘남aretē이 무엇인지에 대한 해명과 논박에 할애되어 있다고 볼 수 있다. 물론『변명』의 그 부분은 이미 서양 고전학 연구에서 너무나 많은 인용과 논급과 해석학적 논의의 대상이었다. 하지만 앎과 잘남의 문제가 소크라테스의 정신세계와 삶 속에서 어떻게 파악되고 드러나 있으며, 기원전 5세기 말 아테네의 민주 정치라는 구체적인 정치적 현실에서는 어떻게 작동하면서 교육과 정치의 변증법적 관계에 투영되어 나타났는지 등의 차원에서 그 부분은 새롭게 정리되고 해석될 필요가 있다.

앞에서 지적되었듯이, 소크라테스가 고발된 이유들 가운데 하나는 그 역시 소피스트로 간주된 사실에 있었다. 여기서 소피스트 교육이란 무엇인가의 문제가 교육 자체가 무엇인가의 문제와 연관되어 제기됨은 일종의 필연이다. 소크라테스의 법정 연설은 실제로 '동물 교육'을 예로 들면서 교육의 본령 문제를 제기한다. 즉 망아지를 조련하거나 송아지를 기르는 자는 다른 동물의 기준에서 그것들을 잘나게 만드는 것이 목적이 아니라 바로 말이나 소로서 잘나고 빼어나게 만드는 것이 목적이다(20a).[36] 한 동물의 양육이나 조련은 그 동물을 그 동물로서 잘나게 만들

36 소크라테스는 물론 단순히 인간에 의한 동물의 양육 차원을 넘어 육식동물의 애비나 어미가 새끼에게 — 비록 본능의 형태지만 — '사냥술'을 '교육'하는 행위를 예로 들 수도 있었을 것이다. 비록 생존을 위해 절박하게 요구되는 방편이지만, 사냥술의 습득은

기 위한 것이라는 점에서 본질적으로 인간의 교육과 다름이 없다. 인간을 교육하는 목적 또한 다른 사물이나 동물에게 요구되는 잘남의 기준이 아니라 인간으로서 잘남이라는 기준에 맞추어 잘나게 만드는 데 있음을 소크라테스는 강조한다. 소피스트 교육의 목적 또한 결국 자식들을 인간으로서 잘남aretē이라는 기준에 맞추어 "멋있고 빼어나게kalō te kai agathō"[37] 만드는 데 있다는 것이다(19a~b). 그렇다면 한 인간을 인간으로서 또는 더 나아가 시민으로서 잘나게 만들기 위한 교육에서 요구되는 '전문적인 지식epistēmē'이란 무엇이고 누가 그것을 갖고 있는지 소크라테스는 묻는다.[38]

즉 인간의 교육이란 아무나 할 수 있는 것이 아니라 하나의 전문적인

사자나 호랑이 새끼가 '제대로 된', 즉 '잘난' 사자나 호랑이가 되기 위한 교육 과정의 표현인 것이다.

37 이 부사구는 일종의 관용구로서, 희랍어에서는 보통 형용사로서 'kalokagathos', 명사로서 'kalokagathia'와 같이 한 어휘로 사용되는 경우가 많다. 후자는 영어로 보통 'nobleness' 또는 'gentlemanliness' 등으로 번역되는데, 그것의 근본적인 의미는 인간적 품격의 완성이다. 일반적으로 '아름답다'로 번역되는 'kalos'는 잘남의 외양적 측면을, '좋다'로 번역되는 'agathos'는 내적인 성향이나 자질을 지칭한다고 할 수 있다. 그것은 결국 aretē의 의미를 인간성의 차원에 — aretē는 동물이나 일반 사물에 모두에 통용되는 어휘이므로 — 국한해서 서술한 어휘라고 할 수 있다. 〈Loeb Classical Library〉판 번역자인 파울러는 aretē를 'excellence'로 번역하면서 이 표현 또한 'excellent'로 번역하고 있는데, 의미는 타당하지만 정교한 번역은 못 된다고 할 것이다.

38 『변명』 20b. 희랍어 'epistēmē'라는 말 자체는 동사 'epistamai'에서 파생한 명사로서, 말 그대로는 '옆에epi' '서게 하다stamai', 즉 영어의 'understand'에 가장 상응한 말로서 사물을 가까이서 제대로 파악한 상태를 지칭하는 의미가 전화된 것이다. 그리고 『앎과 잘남』 1권 6장에서 설명했듯이 실제로 소피스트들은 부나 권력의 획득 등 사회적·정치적 출세라는 시민적 잘남을 실현시킬 수 있다고 장담하면서 고액의 수업료를 받은 것이다. 이 책의 후속편에서 플라톤의 정치철학에 대해 설명할 때 논급되겠지만, 이상적인 국가란 '인간적 잘남'과 '시민적 잘남'이 일치하는 국가를 말하며, 이 점은 그의 제자인 아리스토텔레스의 『정치학』에서 '훌륭한 인간'과 '훌륭한 시민'의 관계 문제에 대한 논의로 이어진다.

소업이고, 그렇기 때문에 그것은 전문 지식을 가진 교육 전문가에 의해 수행되어야 한다면, 그 전문가란 누구이고 그가 가진 전문적인 지식이란 무엇인가의 문제가 당연히 제기되는 것이다. 여기서 인간의 얼 또는 정신 활동의 총체이자 그것이 지향하는 목표를 지칭하는 앎sophia은 새로운 개념적 전환을 맞게 된다. 그것은 이제 앎 일반의 문제에서 개별적인 기술과 예술 등 삶의 특정한 활동 영역에서 발생하는 모든 문제를 제대로 철저히 파악하고 해결하기 위해 요구되는 엄밀하고 전문적인 지식, 바로 특정 학문이나 기술이나 예술 등에서 추구하는 완벽한 앎 또는 그러한 분야에서 최고의 경지에 이른 장인의 앎을 지칭하는 'epistēmē'의 문제로 전환된다. 그것은 곧 인간을 잘나게 만들기 위한 기예technē로서 교육이며, 그러한 기예의 내용을 이루는 지식이 어떠한 성격의 앎인가의 문제로의 전환인 것이다.

소크라테스는 두 아들을 가진 아버지이자 누구보다 소피스트 교육에 관심이 많았던 칼리아스Kallias[39]에게 그러한 전문적인 지식을 가진 사람이 누구인가를 물은 적이 있다고 한다(20c). 칼리아스는 그 물음에 대해 파로스Paros 섬 출신 소피스트인 에우에노스Euēnos를 거명하면서, 그의 두 아들이 그로부터 잘나게 되기 위한 전문적인 지식을 전수받은 대가로 칼리아스는 은화 5미나를 수업료로 지불했다고 대답한다.[40] 그런데 소크

---

39 정확한 생몰 연대는 미상이나, 아테네 귀족 출신 장군이자 정치가로서 기원전 450년에 체결된 페르시아와의 종전조약인 '칼리아스의 평화the Peace of Callias'를 주도한 인물로 알려져 있다. 그는 플라톤의 『고르기아스』에서 소크라테스의 주요 대화 상대자들 가운데 하나로 등장하여 니체의 귀족주의를 예고하는 입장을 피력한다. 그러한 귀족주의는 『앎과 잘남』 1권 3장에서 설명한 바 있는데, 이 책의 후속편에서 플라톤의 정치철학을 설명하는 과정에서 다시 논의될 것이다.

40 에우에노스는 기원전 5세기에 활동했던 시인이자 소피스트로 생몰 연대는 미상이다. 참고로 크세노폰의 저작 『가정경제*Oikonomikos*』 II-1에는 소크라테스 자신의 전 재산이 5미나이고, 친구인 크리톤의 재산은 약 100배인 500미나라는 사실이 기록되어 있다.

라테스는 만일 에우에노스가 진정으로 그러한 기예를 소유했다면 '축복받았다고emakarisa' 할 수 있으며, 자신은 결코 그러한 기예를 알지도 못하고, 그것을 안다고 했다면 허풍에 불과할 것이라고 단언한다.

지은이는 여기서도 소크라테스의 그러한 고백이 그의 다른 아이러니와 마찬가지로 단순히 다른 사람들 앞에서 겸손을 가장하는 아이러니가 아니라, 자신의 앎의 한계에 대한 진실한 자기 고백으로 판단한다. 늙은 소크라테스 자신은 분명히 어떠한 교육이나 지식이 인간을 진정한 의미에서 인간으로서 잘나게 만드는지 모른다. 하지만 그는 적어도 당시 아테네의 시민들에게 그들의 자식을 잘나고 똑똑하게 만드는 전문적인 지식을 소유했다고 자랑하는 소피스트들을 포함하여 시인이나 기술자나 정치가 누구도 그러한 지식을 소유했다고 믿지 않는다는 것이다. 그것은 곧 당시의 어떠한 교육도 진정한 의미에서 인간을 진정으로 잘나고 훌륭하게 만들지 못한다는 주장과 같으며, 그러한 주장은 결국 당시 아테네의 일반 시민이나 정치인들 그리고 지식인들 모두가 진정으로 교육이 무엇인지 모르면서 안다고 착각하고 있다는 확신의 표명인 것이다.[41]

그러한 확신은 당시의 교양인 엘리트 전체 및 당시의 교육 제도 전반에 대한 비판이며, 법정을 지배하는 배심원들을 포함한 다수 시민들의 세계관이나 가치관과 정신적 · 지적 능력에 대한 부정이나 회의의 표명이

41 플라톤의 정치철학에 대해 논의할 때 자세히 설명하겠지만, 플라톤의 철학하기란 간단히 표현하여 바로 스승의 그러한 한계를 극복하기 위한 노력이다. 그것은 소크라테스의 사유 속에 잠재하긴 하지만 체계적으로 구명하지 못한 철학적 문제들을 탐구하고 해명했다는 것이다. 특히 스승은 민주정체에 대한 비판과 애착이라는 이중적 태도 속에서 — 그랬기 때문에 민주정체에 대한 순응 속에서 독배를 마시는 결심을 하게 되는 — 혁신적으로 접근하지 못한 교육과 정치의 문제, 바로 교육과 정치 체제 사이의 관계 등을 설명하고 이상적인 국가 체제를 창안하는 철학적 과업, 즉 철학의 완성으로서 정치철학의 구축은 구상조차 하지 못했다는 것이 지은이의 판단이다.

고, 궁극적으로는 인간의 정신생활을 관장하는 전통적 가치관이나 도덕 및 종교 전반에 대한 도전을 함축한다. 그와 같은 확신의 표명은 당연히 법정의 분위기가 소크라테스라는 피고인 개인에게 유리하게 작동하게 만들 수는 없을 것이다. 오직 송사에서 승리하기 위해서 또는 무죄 평결을 이끌어내거나 형량을 낮추기 위해서 허위와 위선 또는 가식이나 비굴함 등 온갖 진실하지 않은 태도가 난무하는 법정에서,[42] 소크라테스는 자신의 피소 내용에 대한 부정 차원을 넘어 아테네라는 국가 체제의 핵심적인 요소에 작심하고 도전하고 있는 것이다. 그리고 법정에서의 소크라테스의 태도가 그러한 도전을 더욱 도발적으로 만든다는 사실이 더욱 아이러니하다. 왜냐하면 법정에서 그는 특유의 자신을 낮추는 태도가 아니라 오히려 청중에게 오만함을 넘어 거부감을 주는 태도를 보이기 때문이다. 그 태도란 결국 실제적으로 자신이 아테네 최고의 지식인이자 최고로 잘난 사람이라고 — 그 스스로 '우쭐대는mega legein'[43] 것으로 보일지 모른다고 인정하듯이(20e) — 자랑하는 것 같은 언행에서 나타난다. 그러한 태도와 관련된 『변명』의 대목은(20d~24b) 소위 '모름의 앎knowing of not knowing'이라는 정형화된 문구로 축약되어 널리 소개되어 있지만, 교육과 정치의 관계에 투영된 앎과 잘남의 문제 차원에서 새로운 읽기가 필요하다.

자신은 소피스트도 아니고 소피스트가 주장하는 바와 같은 전문적인 지식도 갖고 있지 않다는 공언에도 불구하고 소크라테스가 법적으로 고발

42 어느 시대 어느 나라에서나 그러하지만, 플루타르코스의 『영웅전』 '페리클레스 전 32절'의 내용은 이와 관련하여 참고할 만하다. 그것에는 그 '위대한' 정치인도 자신의 정부情婦인 아스파시아Aspasia가 신성모독죄로 고발된 재판에서 무죄 평결을 얻어내기 위해 법정에서 눈물을 흘리며 호소했다는 — 결국 수사학에서 '동정에 호소하는 주장argumentum ad misericordiam'에 해당하는 — 소문이 기록되어 있다.

43 말 그대로는 '크게mega' '말하기legein'.

당해 법정에 선 것이라면, 어쨌든 그가 아테네 사회 일부에서라도 — 그들 대부분이 민주파 인사들이라는 점은 역사적으로 대체로 확인된 사실이며 다음에 검토될 카이레폰에 대한 언급 과정에서도 암시되고 있다 — 도덕적으로 비난받고 있었음은 분명한 사실이다. 그렇다면 그로서는 당연히 자신에 대한 그와 같은 악평들diabolai의[44] 근원이 무엇인지 해명이 요구될 것이다. 소크라테스는 먼저 그것이 "어떤 성격의 앎 때문dia sophia tina"이라는 점을 분명히 하면서, 그러한 앎이란 고발장에 있는 것처럼 자연이나 신 등 초월적인 존재와 관련된 것이 아니라 "인간에 관한 앎anthrōpinē sophia" 때문이라고 말한다(20d~e). 자신은 자연이나 신에 관해서 알지도 못하고 알려고도 하지 않았지만, 바로 인간에 관한 앎에서는 자신이 다른 사람보다 더 잘 알고 있다는 사실에서 자신에 대한 악평이 유래한다는 것이다. 어떤 점에서 자신이 더 잘 알고 있는지, 그는 『변명』에서 가장 자주 인용되는 부분이기도 한 아폴론 신탁을 거론한다.

소크라테스의 젊은 추종자인 카이레폰Chairephōn이 델포이 신전에서 과연 소크라테스보다 '더 아는sophōteros' 사람이 있는가 하는 신탁을 구한 바 있는데, 신탁은 바로 그가 '가장 잘 아는sophōtaton' 사람이라고 말했다는 것이다(21a~b).[45] 그 카이레폰이라는 인물에 대해서 소크라테스는

44 참고로 이 말의 단수형인 'diabolē'가 영어 'devil'의 어원이며, 본디는 '비방'이나 '적대감'을 의미한다.

45 이 문장에서 'sophōteros', 'sophōtatos'는 각각 형용사 'sophos'의 비교급과 최상급이다. 이 말들은 관행적으로 '더 지혜로운wiser' 및 '가장 지혜로운the wisest'으로 번역된다. 물론 이 문맥에서는 그러한 번역이 어느 정도 타당할 수 있다. 그러나 그러한 번역은 『변명』 전체의 논지에서 볼 때 적확한 번역은 아니다. 지혜란 앎의 한 형태로서 일반적으로 도덕적 판단력을 지칭한다. 그러나 여기서의 논의가 앞에서 잘나게 되기 위한 '전문적 지식' 문제를 논의하는 연장선상에서 제기되고 있고, 곧이어 전개되는 연설에서도 'sophia'는 단순히 도덕적 판단력으로서의 의미만이 아니라 바로 '알다know'라는 동사, 곧 사물을 인지하는 행위를 지칭하는 동사 'gignoskō'와 함께 사용하고 있으

먼저 그가 민주파이며, 30인 참주정 당시 탄압을 피해 국외로 망명했다가 민주정의 회복과 더불어 귀국했다는 사실을 배심원들에게 환기시킨다(21a).[46] 소크라테스 자신은 스스로를 가장 잘 아는 사람이라고 생각한 적이 없기 때문에, 그 신탁의 진정한 의미가 무엇인지 알아내기 위해서 유식한 것으로 유명한 사람들을 찾아다니면서 그들이 진정으로 아는 바가 많은지 '여러모로 따져보았다는diaskopōn' 것이다. 먼저 그는 정치가를 만나 대화해보았는데, 그들보다는 자신이 더 똑똑하고 잘났다는 결론에 이르게 되었다는 것이다. 왜냐하면 그들이나 자신이나 모두 진실로 '멋있고 좋은 것kalon kagthon'이 무엇인지 모르나, 그들은 자신들이 안다고 착각하고 있는 데 비해 자신은 그것이 무엇인지 모른다는 사실을 알기 때문이라는 것이다(21d).[47]

같은 목적에서 그는 시인이나 극작가 등 문학가들을 만났는데, 그들의

며, 같은 차원에서 도덕적 판단력과는 일단 거리가 있는 문학가나 장인들의 작품 활동에 대한 논의도 바로 'sophia'의 개념을 통해 설명하고 있다. 따라서 문맥상 조금 어색하게 느껴질 수 있지만 번역의 일관성 차원에서 '더 아는', '가장 잘 아는'으로 번역했다.

46 카이레폰의 신탁에 대해서는 크세노폰의 『변명』 14에도 언급되어 있고, 그의 이름은 플라톤의 『카르미데스』, 『고르기아스』, 크세노폰의 『소크라테스 회상』 I-ii-48과 II-iii, 아리스토파네스의 『구름』 1554~1564에도 나타나 있다.

47 소크라테스는 이러한 진술로 정치인들과 관련된 앎과 잘남의 문제를 간단히 매듭짓고 있는데, 그 의미에 대해서는 좀 더 부연 설명이 필요하다. 어떤 이념이나 가치의 실현을 표방하면서 정치적 또는 사회적 운동에 종사하는 사람은 '~주의자'라고 부른다. 그런데 그 주의에 대한 자신 나름의 독자적인 생각이나 판단 없이 그 운동 조직의 강령이나 조직 지도층의 명령에 일방적이고 맹목적으로 추종하는 인간들은 — 영어로 'votary'라 부르는 — 있게 마련이며, 그들은 명칭만 '~주의자'로 불리거나 이념인으로 보일 뿐 사실은 기계적으로 행동하는 로봇 같은 존재들이다. 현대사의 맥락에서 그러한 '무사고적thoughtless' 인간의 존재는 아렌트가 아이히만Adolf Eichmann을 통해서 설명한 바 있다(Arendt, 1963 참조). 그런데 실제로는 그러한 운동의 지도자라는 사람들도 자신이 추구하는 가치나 이념이 진정으로 무엇이고, 그것이 '왜 좋은 것'인지 조금만 더 깊이 파고들 경우 더 이상 답변을 못 하는 경우가 대부분이다. 그 '왜 좋은 것'에 해당하는 표현이 위 문장에서 '멋있고 좋은 것kalon kagaton'이다.

작품 활동 또한 자신의 작품에 대한 제대로 된 앎sophia에 기초해서가 아니라 단지 천성적으로physei 또는 그들 자신도 그 기원이나 실체를 알지 못하는 '영감을 받아enthousiazontes' 이루어지며, 이에 따라 그들은 자신들의 작품의 의미를 제대로 알고 설명하지 못한다는 것이다(22a~c).[48] 그들 또한 자신들의 작품 활동을 바탕으로 인간사의 다른 일들에 대해서 잘 안다고 생각하고 있으나 실제로는 그렇지 않다는 점을 발견하고, 앎의 차원에서 자신이 그들보다 우월하다는 같은 결론에 이르게 된다.

마지막으로 그는 수공예인들cheirotechnas; hand-workers도 만나 대화하면서 다시 동일한 결론에 이르게 된다. 그들 수공예인들은 자신들의 기예technē에 관한 한 제대로 알고 탁월하게 수행하는 '훌륭한 장인들agathoi dēmiourgoi'이며, 그러한 기예 면에서 그들은 분명히 자신보다 '더 아는sophoteroi' 사람들이다. 그러나 그들은 "자신들의 기예를 탁월하게 수행한다는 점을 근거로dia to tēn technēn kalōs exergazestai" 다른 '중요한 일들ta megista'에 대해서도 문학인들과 마찬가지로 가장 잘 안다고 착각하는 어리석음을 범하고 있다는 것이다.

이 『변명』에서는 명확하게 기술되고 있지는 않지만, 위에서 소크라테스가 말하는 '멋있고 좋은 일'이나 '중요한 일들'이란 결국 '경건함hosia', '올바름dikaiosynē', '용기andreia', '절제sōphrōsynē', '우정philia' 등 일반적으로 도덕성 또는 윤리적 덕목으로 이해되는 이념이나 가치를 지칭한다. 그것들은 일반적으로 인간을 진정으로 잘나게 하는 자질들이자 사회생활이나 국가 생활을 영위할 때 필연적으로 제기되는 가치 또는 이념들이기도 하다. 그리고 그것들이 뒤에 가서 플라톤 대화편들의 주제를 구성

---

48 문학가들에 대한 소크라테스의 이러한 통찰이 실제로 플라톤의 『국가』 및 『이온*Ion*』에 제시된 예술 비평의 바탕이기도 하다.

하게 됨은 일종의 지성사적 필연이다. 그것들 가운데 『에우티프론』, 『카르미데스』, 『라케스』, 『리시스』 등 서양 고전학계에서 일반적으로 '소크라테스 대화편들the Socratic dialogues'이라 불리는 플라톤의 초기 대화편들의 주제 또한 그러한 도덕적 자질들이다. 소크라테스의 대화 상대자들은 처음에는 그러한 도덕적 자질들의 의미가 자명한 것처럼 확신에 차서 말하다가 결국에는 처음부터 그것들에 대해 모른다고 공언한 소크라테스와 같이 결국 모른다는 것을 깨닫게 되는 상태, 즉 '뭐가 뭔지 모르게 되어 의식 자체가 혼란스럽게' 되는 이른바 '아포리아aporia'[49] 상태에 이르게 되는 것이 그 대화편들의 공통된 귀결이다.

그러한 귀결이 바로 법정에서 늙은 소크라테스가 진실의 언어로 고백한 내용 그대로라고 할 수 있다. 즉 아테네에서 출세한 정치인들과 같이 그들의 존재 자체가 사회적 · 정치적 잘남을 위한 경쟁에서 승리한 인물들, 소피스트들과 같은 전업 지식인이자 교육자에서부터 문학인이나 기술자 또는 장인 등, 어떠한 형태나 성격의 것이든 앎을 토대로 활동하는 인사들 가운데 각 분야에서 잘나고 똑똑하다는 사람들과 소크라테스는 대화를 했다. 그러한 대화를 통해 그는 그들이 어떠한 면에서, 그리고 얼마나 잘나고 똑똑한지 파악하려고 노력한 것이다. 그 결과 소크라테스는 그들의 잘남과 앎이 어떠한 형태나 심도이든 부족하고 불완전한데도 불구하고 스스로 잘나고 안다고 착각하고 있다는 결론에 도달한 것이다. 다시 말해서 그들은 '잘난 체'나 '아는 체'하는 사람들일지는 몰라도 진정

49 이 희랍어에 대해서는 이미 앞의 3장 1절에서 설명한 바 있다. 그것은 소크라테스적 대화법의 주요 요소이기도 하며, 플라톤이 인간의 깨달음, 즉 제대로 아는 과정에서 필연적으로 겪게 되는 상태를 개념적으로 설명하기 위해 채택한 심원한 의미를 함축한 말이다. 그런데 그 심원하고 추상적인 용어도 — 희랍 지성사의 주요 특징들 가운데 하나로서 이 책 전체를 통해 자주 강조되지만 — 아주 일상적이고 구체적인 용례에서 유래했다는 사실 자체의 심원함 또한 아무리 강조해도 지나치지 않다.

으로 잘나고 진정으로 아는 사람들은 아니라는 것이다. 소크라테스는 자신을 고발한 세 사람이 각각 위의 세 직능을 대표한다고 말한다. 즉 리콘은 지식인이나 정치가 또는 법률가 등 '공인'[50]을, 멜레토스는 문학인을, 아니토스는 장인을 대표한다는 것이다(23e~24a).

일단 공인은 국가 생활에서 여러 시민들을 바로 '앞에서 이끄는archē'[51] 사람들로서, 그러한 행위 자체가 남들보다 잘났다는 전제를 함축하고 있다. 그런데 그들은 바로 국가 생활을 이끌고 정책을 판단하는 데 근본적인 기준이 되는 '중요한 일들'이자 진실로 '멋있고 좋은 것들'에 대해서 제대로 알지 못한다. 따라서 그들은 잘난 체하는 인간은 되어도 진정으로 잘난 인간이 되지 못한다는 것이다(21c~e). 『변명』에서는 자세하게 논의되고 있지 않지만, 플라톤의 대화편들 가운데 『국가』 1권 336b~354b에 제시된 트라시마코스Thrasymachos와의 대화를 비롯하여 『고르기아스*Gorgias*』, 『프로타고라스*Protagoras*』, 『에우티데모스*Euthydemos*』, 『히피아스*Hippias*』, 『소피스테스*Sophistēs*』 등 소피스트들을 다룬 저작들은 『변명』에 함축되어 있는 소피스트들의 태도와 이념에 대해서 다각도로

---

50 희랍어로 "tis tōn politikōn". 여기서 'politikos'는 유명한 정치인이나 소피스트 또는 소크라테스에 대한 고소인들 가운데 하나인 리콘Lykōn과 같이 직업적인 연설문작성가들에 — 희랍어로 'rhētorikos(연설가 또는 수사가)' 또는 'logographos' — 대한 총칭이다. 희랍어 'politikos'에 대한 일반적인 번역어는 '정치인'이며, 경우에 따라 그 번역어가 타당할 수 있다. 그런데 당시의 민주정체에서는 현대의 직업적 정당인이나 의회의원들과 같은 직업적인 정치인에 상응하는 정치인은 없었고, 이 문맥에서는 아테네의 국가 통치에 적극적으로 참여하는 인물들을 지칭하기 때문에 '공인'이라는 번역어가 타당하다고 할 것이다. 〈Loeb Classical Library〉판의 파울러도 이 말을 "one of public men"으로 번역했다.

51 동사 'archein'은 본디 '시작하다initiate'를 의미하는데, 시작하는 사람은 남보다 앞서는 사람이므로 그 의미가 전화하여 '이끌다', '지도하다', '통치하다'의 의미를 갖게 된 것이다. 일반적으로 집정관으로 번역되는 'archōn'은 아테네에서 최고행정관의 명칭이며, 지도자나 족장을 의미하는 명사 'archos'의 변형이다.

심도 있게 비판한 것이라고 할 수 있다. 즉 전업 지식인으로서 교육자이고, 권력자들에 대한 조언자이자 연설문작성가이며, 일반인들에는 법정 대리인의 기능 등을 수행한 소피스트들은 스스로 유식하다고 믿고 자랑하는 사람들이다. 그리고 그들은 그러한 앎을 토대로 남을 똑똑하고 잘나게 만들 수 있다는 확신을 공개적으로 표명하면서 가르치고 그 대가로 돈을 벌고 있는 사람들이기도 하다. 그러나 소크라테스에게 그들은 바로 인간을 진정으로 똑똑하고 잘나게 만드는 도덕적 자질들 자체가 무엇인지 제대로 모르는 만큼, 다시 말해서 인간에게 가장 중요한 것들에 관해서 제대로 알고 있지 못하므로, 그들 또한 아는 체하는 사람들일 수는 있어도 진정으로 아는 자들이 아니다. 그리고 제대로 알지 못함은 물론이고 자신들이 무엇을 모르는지도 제대로 모르는 자들이므로, 그들은 진정한 의미에서 아는 자 또는 지식인도 될 수 없고, 남을 진정으로 알게 하거나 제대로 잘나게 할 수 없으므로 진정한 의미에서 교육자도 아니라는 것이다.

이러한 점에서는 시인이나 극작가 등 문학인들 또한 마찬가지이다. 다만 이들은 제대로 모르면서 안다고 착각하는 것, 바로 '아는 체'의 의미가 앞의 인간들의 그것과는 다르다. 문학인들의 언변이나 작품들과 관련하여 '영감을 받아enthousiazontes'라는 표현에 나타나 있듯이,[52] 소크라테스는 그들에게서 무엇인가 신적인 것 또는 초월적인 것에 대한 통찰력이 있음을 인정한다. 즉 앞의 5장에서 논급된 신관이나 예언자들에 나타나는 '신적인 광기mania theios'와 같이, 문학인들은 '시적 직관' 또는 '문학적 감수성'을 갖고 있는 경우가 있다. 그러한 직관과 감수성은 일반인들은

52 이 희랍어 동사의 어간에 해당하는 'enthousia'라는 명사 그대로의 의미는 '신theos' '안에 있음en'을 의미한다.

느끼거나 보지 못하는 초월적이고 영속적인 것들을 보거나 느낄 수 있거나, 삶의 진실들을 작품들을 통해 '멋진kalos' 말들로 표현할 수 있는 정신적 능력이 있음을 인정한 것이다.[53] 다만 그러한 것들을 직관이나 감수성 차원을 넘어 제대로 알지 못하고, 스스로 표명한 영감 어린 진술들에 대해서 합리적으로 설명하지 못한다는 점이 그들의 앎의 근본적인 한계라는 것이다. 다시 말해서 그들은 멋지고 진실된 말을 하지만 그 말이 의미하는 바가 무엇인지 진정으로 모른 채 말하는 것이다.

결국 소크라테스는 정치가, 현대의 대학교수에 해당하는 소피스트들, 현대의 저널리스트나 법조인에 해당하는 직업적 연설가 또는 연설문작성가, 문학인 등 아테네의 권력자나 영향력 있는 지식인들, 다시 말해서 지배층 전체에게 그들의 앎이란 진정한 의미에서 앎이 아니라고 법정에서 공언하고 있는 것이다. 그것은 곧 그들 아테네 지배층 인사들 전체에 대한 비판이며 도전이다. 『앎과 잘남』 1권 전체를 통해 서술했듯이, 소크라테스의 시대는 호메로스 문학의 무대가 되는 약탈 전쟁의 시대로부터

53 물론 모든 시인이나 작가 또는 예술가가 그러한 것은 아니며, 통속적인 문학인들이나 예술가들이란 바로 일상적으로 느끼고 보는 세계를 넘어 사물들을 파악하지 못하는 사람들이다. 뒤에 가서 설명하겠지만, 플라톤에게 철학자란 문학인이나 예술가의 그와 같은 직관 수준의 영감을 넘어 초월적이고 영속적인 세계를 '볼 수 있는eidein' 능력과 동시에 그것을 제대로 '아는' 사람을 의미한다. 교육제도사의 측면에서 인류의 철학사란 그와 같은 창조적 영감이 없이 기존의 철학 체계를 전달하는 수준의 학문 활동에 만족하거나 대학이라는 사회적 제도의 보호 속에서 학문 활동이라는 이름으로 통속적인 가치를 향유하는 것에 안주하는 다수의 소위 강단철학자의 역사이다. 학문의 역사 측면에서 인류철학사란 그들 강단철학자들과 100년에 한 명 정도나 출현하는 소수의 천재적인 철학자들 사이의 대립이나 갈등, 공존 속의 상호 무관심, 또는 — 아주 경우가 드물지만 — 전자에 의해 후자가 진정으로 인정되고 존경받는 관계의 역사이기도 하다. 철학사 이해의 본원적인 어려움은 바로 철학적 창조성이 무엇인가에 대한 이해 자체가 강단철학 수준의 학문적 능력을 넘어 철학적 창의성을 요구한다는 점에 있다. 따라서 누가 진정으로 창조적인 철학자인지 여부는 고도의 창조적인 철학적 판단력을 요구한다.

오랜 시간에 걸쳐 역사적 · 정신사적 진화가 이루어진 상황이다. 따라서 국가 체제가 안정된 그 시대는 이미 — 그 당시의 사람들이 제대로 의식하는지 여부를 떠나 — 앎이 잘남의 근거이자 사회적 또는 정치적 출세의 원천이 되는 시대이다. 따라서 지배층 인사들 전체에게 그들의 앎이란 설사 전적으로 허구는 아니더라도 진정한 의미에서 앎이 아니라 아는 체에 불과하다고 주장한다는 것, 그것은 그들 모두가 진정으로 잘난 자들이 아니라 잘난 체하는 인간들에 불과하다는 주장과 같다. 그러한 주장은 그들이 향유하는 정치 · 사회적 출세의 의미를 퇴색시키고, 궁극적으로는 그들의 지배 근거 자체에 대한 부정을 함축하고 있는 것이다. 특히 심리적으로 그것은 스스로의 잘남에 대해 강한 자의식을 갖고 있는 정치 · 사회적 엘리트들의 자존심을 정면으로 건드리는 행위이기도 한 것이다.

아테네 정치 · 사회적 엘리트층의 자존심에 대한 훼손은 『앎과 잘남』 1권에서 논의한 '아킬레우스의 분노'의 지식인판이다. 다시 환기하자면, 기백과 '깡다구'가 자존감의 핵심인 아킬레우스라는 무인武人에게 아가멤논이 아카이아 연합군 총사령관이라는 제도 권력을 근거로 그의 기백을 훼손시킬 때 발생하는 자존감의 훼손이 아킬레우스의 분노를 야기하여 참전 거부 행위로 이어진 인간성 차원의 근본 원인이다. 아테네의 지배층이자 출세한 인사들로서 늘 똑똑하고 잘났다는 자부심으로 가득 찬 인물들에게 법정에서 공개적으로 그들에게 잘나지 않고 잘난 체하는 데 불과하다고 공격하는 소크라테스의 언변 또한 그들의 자존심에 대한 정면 도전이자 훼손으로서 그들의 분노를 일으키기에 충분한 것이다. 그런데 소크라테스는 그들 정치 · 사회적 엘리트들의 심기를 거스르는 것을 넘어 자신이 속한 평민층의 앎, 즉 각각 나름의 기술을 가지고 생업에 종사하는 장인들 나름의 자부심도 건드리고 있다는 점이 주목된다. 법정에서의 그러한 언변은 일단 결과적으로 아테네 시민 전체의 심기를 거스르고 있는 것이기 때문에 그의 유죄 평결에 결정적으로 작용한 것으로 추정할 수 있다. 그런데 유죄 평결 여부를 떠나, 그것은 앞의 5장 2절에서 소크라테스의 아버지가 석공이었다는 사실과 연관하여 논의한 기예technē의 개념에 함축된 앎의 개념을 이해하는 데 도움을 주며, 또한 그러한 기예의 관념이 뒤에 가서 플라톤을 통해 철학적으로 어떻게 체계화되는지 이해하는 데 핵심이기도 하다는 점이 중요하다.

소크라테스가 보기에 정치가, 소피스트, 연설가, 법률가, 문학인이 갖고 있는 앎이란 — 현대의 학문 체계상으로는 인문 · 사회과학적 지식에 상응하는 — 앎의 외양은 갖추었지만 진정한 의미에서의 앎은 되지 못한다. 왜냐하면 그것은 정의나 절제 등 그들의 앎이 표방하는 목적이자 핵심적인 요소들인 도덕적 이념이나 자질이 무엇인지 제대로 모르고, 이에 따라 진정한 의미의 실천성도 갖지 못하기 때문이다. 그런데 장인들의 앎은 그들의 것과 대비된다. 소크라테스는 적어도 장인들은 자신이 모르는 많은 멋진 것들을 제대로 알고 있다는 점을 인정한다(22d). 바로 자신의 아버지의 일상적인 삶 속에서 확인했을 장인의식이라는 말로 표현되는 정신세계가 그것이다. 즉 하나의 작품 또는 물품의 제작이라도 그것과 관련된 기존의 지식과 정보를 철저히 파악할 뿐만 아니라, 기예의 완성을 위해 모르는 것을 끊임없이 찾아내고, 자신의 부족함을 극복하기 위해 끊임없이 노력하며, 궁극적으로 자신의 삶 또는 존재 자체와 기예를 일치시키는 치열하고 '진지한' 삶의 태도를 소크라테스는 그들 장인들에게서 발견한 것으로 보인다.[54] 장인들은 일단 자신들이 종사하는 기예에 관한 한

54 앞으로 설명되겠지만 플라톤에게 이 '진지성spoudē'이라는 정신적 태도 혹은 자질이 장인들과 당대 지배층을 구성하는 정치가나 소피스트나 법률가 등 세속적으로 출세한 인물들을 구분하는 가장 핵심적인 태도이자 자질이며, 철학 및 학문 활동에도 요구되

스스로 모르는 바가 무엇인지 자각하고 있는 사람들이라는 점에서 위의 인간들과는 구분된다는 것이다.

그럼에도 불구하고 그들 장인들의 앎 또한 근본적인 한계가 있다. 그들의 자각이나 진지성은 자신들의 기예 영역 안에 머무를 뿐이라는 사실이 그 한계이다. 그들은 바로 "자신의 기예를 멋지게 수행하고 있다는 그 이유 때문에dia to tēn technēn kalōs exergazesthai" 위의 인간들과 마찬가지로 다른 "중요한 일들ta megista"에 대해서는 제대로 모르면서도 "가장 잘 안다고sophōtatos" 생각하고 있다는 것이다(22d). 바로 "그러한 잘못이 그들의 앎sophia을 흐리게 한다는 것이다"(22e).[55] 그들의 앎은 결국 공인들이나 지식인 또는 문학인들이 제대로 아는 것이 없는 바와 대비된다. 즉 그들은 앎과 모름amathia을 겸비하고 있다는 것이다.

장인들이 향유하는 앎의 본질에 대해 이와 같이 언급한 후, 소크라테스는 자신의 앎이 과연 그들의 것과 같이 '앎과 모름의 겸비' 상태에 머물러 있는 것이 바람직한지, 아니면 현재와 같이 '모름을 아는 상태'에 머물러 있는 것이 바람직한지 스스로 반문한다. 그리고 그 반문에 대해서 현

는 가장 원초적인 정신적 요소이기도 하다.

55 이 문장에서 '잘못'의 희랍어는 'plēmmeleia'이다. 그 말 속에 'meleia(노래를 의미하는 'melos'의 복수형)'라는 말이 들어가 있는 사실이 암시하듯이 그 말은 본디 음악에서 음을 잘못 내는 비의도적인 실수를 지칭한다. 이 문맥에서 소크라테스가 분명히 장인 계층의 장인정신에 담긴 치열하고 철저한 앎의 추구를 인정하고 있음이 분명히 나타나며, 따라서 그 음악 용어를 의도적으로 사용한 것으로 해석할 수 있다. 따라서 그것은 영어로 'mistake' 또는 'error'로 번역함이 적절할 것이다. 〈Loeb Classical Library〉판의 번역자인 파울러가 그것과 더불어 뒤이어 나타난 'amathēs' 및 'amathia'도 같이 'folly'로 번역한 것은 의미의 과장과 더불어 원문에 충실하지 못한 것이다. 참고로 〈Penguin Classics〉판의 번역자인 트레덴닉H. Tredennick은 앞의 어휘를 'error'로, 뒤의 어휘를 'stupid' 및 'stupidity'로 번역했다. 'amathia'에는 물론 '어리석음stupidity'의 의미도 있다. 그러나 'sophia'의 근본적인 의미가 앎인 경우와 마찬가지로, 'amathia'의 근본적인 의미는 모름에 있다는 사실이 다시 강조될 필요가 있다.

재 자신의 '모름의 앎'이 더 나은 상태라는 결론에 이르게 된다(22e). 왜 '모름의 앎'이라는 현재 자신의 정신세계가 가장 바람직하다는 결론을 내렸는지에 대한 설명은 곧 이어진다. 그것은 진정한 앎은 신神만의 것이며, "인간의 앎이란 바로 신의 앎에 비해 가치axia가 거의 또는 아주 없다"는 것이다. 소크라테스 자신이 사람들 가운데 가장 잘 아는 사람이라는 것은 바로 그 사실을 알기 때문이라는 것이다(23a~b).[56] 그러한 앎이 바로 '너 자신을 알라'라는 격률이 실현된 상태일 것이며, 자신의 운명에 순응하고 자족하는 행복한 삶의 조건이자 진정한 의미에서의 인간적 잘남이자 덕성, 곧 도덕적 자질의 실현일 것이다.

실제로 이어지는 소크라테스의 연설은 바로 앎과 잘남, 앎과 '잘삶euzein' 또는 행복eudaimonia의 관계에 대해 해명하는 내용이다. 그러한 해명은 앎에 대한 자신의 깨달음이 아테네 시민으로서 걸어온 삶, 즉 공인으로서 자신의 삶에 어떻게 투영되었는지 설명하는 차원에서 이루어진다. 그것은 곧 소크라테스의 앎과 잘남이 아테네라는 국가의 존재성 그리고 당시 아테네의 민주 정치 체제와 어떠한 관계에 있는지에 대한 해명이다. 바로 소크라테스를 통해 드러나는 아테네판 앎과 잘남의 정치이다.

56 앞에서 설명한 바와 같이 피타고라스의 경우와 마찬가지로 여기서 신은 소크라테스에게는 결국 앎을 관장하는 아폴론 신이다.

2. 소크라테스적 앎과 잘남의 추구와 아테네의 정치 체제: 『변명』 24b~35d

소크라테스와 그가 살았던 정치적 상황, 즉 아테네의 민주 정치 체제 간의 관계에 대해 설명하기 전에, 먼저 그 문제에 대한 기존 고전학계의 지배적인 견해에 대해 언급할 필요가 있다. 고전학자들은 아리스토파네스, 플라톤, 크세노폰 등 당대의 저자들 대부분이 소크라테스에게 '반反민주주의'의 성향이 있다는 사실을 공통적으로 기술하고 있다는 점을 지적한다.[57] 이 점은 앞에서 여러 차례 언급되었던 미국의 대표적인 고전학자인 블라스토스의 다음 문장에 집약되어 있다. "크세노폰은 소크라테스와 관련된 모든 비난에 대해서 옹호하고 있지만, 그가 반민주주의자로서 민주주의의 비합리성을 인지하도록 고무시켰다는 혐의를 반박하는 어떠한 말도 한 적이 없다"(Vlastos, 1983: 497).

물론 그러한 지적이 틀린 것은 아니다. 소크라테스가 당시 아테네 민주 정치의 운영 행태에 대해서 비판적이었던 것은 분명하다. 다만 고전학자들이 생각하는 것처럼 '민주'나 '반민주'의 의미가 그리 자명한 것은

---

57 관련 문헌들에 관해서는 Brickhouse et al.(1989: 70 각주 #2) 참조. 이 점은 플라톤의 전 저작에 나타남은 물론이고, 아리스토파네스의 희극 『새들*Ornithes*』(1281~1284)의 한 어휘에 집약되어 있다. 소크라테스와 대화를 나눈 사람들은 결국에 가서는 모두 "친스파르타 인사가 된다"는 한 어휘가 그것이다. 여기서 '친스파르타 인사가 된다'라는 표현은 희랍어로는 한 어휘로 'elakōnomanoun'이며, 말 그대로는 '라코니아적이 되다'를 의미하며 영어로는 'laconized'로 번역된다. 여기서 스파르타는 물론 아테네의 정치 체제와 반대되는 정치 체제를 대변한다. 크세노폰의 『소크라테스 회상』 I-ii-9에도 소크라테스가 추첨에 의해 공직자를 선출하는 당시 제도에 대해 비판하는 말이 소개되어 있다. "그의 고발자는 그가 추종자들에게 항해사나 건축가 또는 아울로스 연주가는 추첨으로 임명하지 않는데도 공직의 임명을 추첨을 통해 임명하는 어리석음을 강조하면서 기존의 법을 무시하도록 가르쳤다고 말했다."

아니라는 사실이 중요하며, 민주주의 자체에 대한 비판과 특정 국가의 정치 현실에 나타난 민주 정치의 운영에 대한 비판은 구분되어야 한다. 민주주의의 본원적인 이상이 시민들 사이의 평등성을 기초로 억압이나 폭력의 위협 없이 자유로운 토론을 통해 국정에 대한 최선의 결론을 도출하는 데 있다면, 소크라테스를 포함하여 정상적인 사고를 하는 사람이라면 누구라도 반민주주의자가 될 수는 없을 것이다. 다만 인간들 모두가 과연 진정한 의미에서 자유로운 토론을 통해서 합리적으로 설득하거나 다른 사람의 탁월한 의견에 합리적으로 설복당할 수 있는 지적 능력이 있느냐의 의문은 제기될 수 있다. 소크라테스는 그러한 인성론적 문제를 체계적으로 깊이 탐구하여 완성된 형태의 정치철학을 제시하지는 않았다는 것이 지은이의 판단이다.

어쨌든 소크라테스는 민주주의의 이상 자체를 부정한 것은 아니라고 볼 수 있다. 비록 제한된 의미에서나마 아테네에서 민주 정치의 이상이 나름대로 실현되고 있지 않았다면, 소크라테스의 자유로운 지적 탐구나 대화가 불가능했을 것이고, 소크라테스라는 인물의 출현 자체가 불가능했을 것이다. 그가 설사 스파르타 체제의 훌륭한 요소를 동경한 것이 사실이라 하더라도, 스파르타의 정치 체제에서는 소크라테스와 같은 인물의 출현이 불가능한 것이다. 그가 당시 아테네의 시민들이 민주 정치를 잘못 운영하고 있다고 비판한 것은 분명하다. 즉 자유라는 이름의 방종이나 평등이라는 이름의 무례와 오만이 횡횡하는 민주 정치를 비판한 것이다. 그는 그와 같이 잘못 운영되는 민주 정치에 적극적으로 참여할 마음이 없었으며, 당시 아테네 도시국가의 민주주의 행태들을 시민으로서 안타까운 마음으로 지켜본 것이다. 그가 비판한 것은 궁극적으로 당시 아테네의 정치 제도 및 정치 생활에 나타난 '앎'이 아닌 '어리석음', '잘남'이 아닌 '모자람'이다. 바로 이 점이 앞으로 이 절에서 『변명』 24b~35d의 부분에 대한 해석을 통해 입증될 논제이기도 하다.

그러한 논의를 시작하기에 앞서 다시 한 번 확인해두어야 할 점이 있다. 그것은 앞 절에 제시된 소크라테스의 결론이 자신의 앎 및 정신세계의 진실에 대한 솔직한 고백이라는 것을 의심할 이유는 없다는 것이다. 뒤에 가서 다시 논의하겠지만, 일생을 스스로에게 진실하게 살면서 자신에게 진정으로 부족한 것이 무엇이고 자신의 앎의 한계가 무엇인지 알고, 다른 사람들이 갖고 있는 앎을 자신의 것으로 만들기 위해서 그들과 끊임없이 대화하고 그들의 정신세계를 검토하면서 기존의 앎 및 정신세계에 대해 끊임없이 회의하고 진지하게 성찰하는 인간의 전형이 소크라테스라고 할 수 있다. 바로 그러한 삶의 태도가 유명한 '성찰하지 않는 삶은 가치 있는 삶이 아니다'[58]라는 금언으로 집약된 것이다. 그러한 타고난 성정과 더불어, 삶의 완숙을 넘어 초월의 경지에 이른 노인이 세속적인 이해나 명리 때문에 거짓되거나 위선적인 태도를 보일 필요가 없는 것이다. 달리 말해서, 통속적으로 이해되는 소크라테스적 아이러니의 의미처럼 '알면서 모른 체하기'라는 '젠체하기'를 할 이유는 없는 것이다. 앞의 3장 2절에서 언급된 키르케고르의 해석대로, 그것은 앎의 세계의 무한함에 대한 진솔한 자기 고백이다. 그의 아이러니는 바로 그러한 삶의 태도가 앎의 추구에 진정으로 진지한 소수의 사람들을 제외하고는 수많은 사람들을 적으로 만들었다는 사실에 있다.

---

58 "ho de anexetastos bios ou biōtos anthrōpō." 말 그대로 직역하면, '성찰하지 않는anexetastos' 삶은 '인간들에게' '살 만하지biōtos' '않다ou'이다. 여기서 'biōtos'라는 말은 말 그대로는 '살 만한'으로 번역될 수 있는데, 주로 부정적인 의미로 사용된다. 원문 그대로를 직역하면 '성찰하지 않는 삶이란 인간에게는 살 만하지 않다'가 된다. 그것은 곧 성찰하지 않는 삶이란 인간이 아닌 동물의 삶이라는 것과 같다. 플라톤의 정치철학에서 대중의 심성이나 행태에 대한 비판은 이 명제에 대한 체계적인 해명이라고 할 수 있다.

'소크라테스가 이 세상에 가장 잘 아는 자이다'라는 아폴론 신탁의 의미를 소크라테스 스스로가 삶의 현장에서 직접 확인하려는 작업이 유명한 '소크라테스적 논박법Socratic elenchus'이다. 그것은 주로 사회 각계에서 유명하고 출세한 사람들, 소위 잘난 사람들과 직접 만나 대화하면서 그들이 스스로 안다고 하는 것을 제대로 아는지 검증하는 과정이다. 실제로 그러한 행동이 그의 시민적 삶의 핵심이기도 하다. 그에게 민회나 상임위원회 활동 등 '제도권 정치'에의 참여란 그러한 시민적 삶에 부차적인 의미만 있을 뿐이다. 소크라테스 스스로가 잘 인지하고 있듯이, 그러한 형태의 시민적 삶의 과정이 많은 시민들로 하여금 자신에게 '가장 사납고chalepōtatai' '가장 가혹한barytatai' 적대감들apechtheiai을 갖게 한 원인이며, 그에 대한 악평들도 그러한 적대감에 기인한다는 것이다(23a).

일단 그 논박의 대상은 당대에 출세하고 각 분야에서 일가를 이룬 사람들, 즉 소크라테스가 직접 표현하듯이 '명예욕이 강하고philotimoi' 자신의 일에 '열정적인sphodroi' 인간들이다(23e). 다시 말해 그들은 스스로 잘났다는 자의식이 강할 뿐더러 실제로 사회적으로도 출세한 사람들이다. 그들은 비록 일반 사람들의 질시의 대상이라 하더라도, 적어도 공식적으로는 잘난 사람들로 인정된 사람들이라는 사실이 현실적으로는 중요하다. 그러한 사람들이 소크라테스로부터 자신들의 앎이란 헛된 것이라 논박을 당하고, 결국은 자신들의 자부심과는 달리 실제로는 제대로 잘나지도 않았다는 의미를 함축하는 논박을 당하게 된 것이다. 여기에 자유로운 토론이나 소통 또는 이상적인 대화 상황의 — 현대에서는 대표적으로 하버마스Jürgen Habermas의 소위 '보편적 화용론Universalpragmatik'에 집약된 —[59] 근저에 있는 근본적인 인간성의 문제가 있다.

---

59 대표적으로 Habermas(1984, 1979) 참조.

대화나 토론 과정에서는 당연히 그것에 참여한 사람이 논박을 당하고 논리적으로 저항할 수 없는 상황에 처하게 되는 경우가 발생한다. 그런데 그러한 상황에 처해 자신의 의견이 잘못된 것으로 판명되었다고 하더라도, 대부분의 사람들은 그것에 대해 쉽게 진심으로 승복하지는 않는 법이다.[60] 플라톤의 대화편 곳곳에서는 자신의 견해가 잘못된 것으로 판명되었을 때 그것을 허심탄회하게 인정하고 진심으로 승복하면서 자신의 생각을 발전시킬 줄 아는 지적 능력이 소크라테스를 따르거나 그가 제자로 인정한 소수의 젊은이들에게 공통적인 자질임이 암시되고 있다. 또한 그것이 플라톤이 철학자가 되기 위한 필수적인 자질로 설명한 부분이기도 하다. 대부분의 사람들은 논리적 궁경에 처했을 때 화를 내어 그 자리를 모면하는 데 급급하거나, 외면적으로는 승복한 척하더라도 논쟁에 패배했다는 사실 자체를 인격적 모멸감으로 받아들이기 때문에 속으로는 좋지 않은 감정을 품는 법이다. 더구나 소크라테스를 추종하는 젊은이들이 스승의 태도를 흉내 내어 사회적으로 출세한 유명한 어른들을 논박하고 다니면서 그들은 실제로 아는 바가 없다고 떠들고 다닐 때, 그들 '어르신들'이 느끼는 불쾌감은 충분히 짐작할 수 있는 것이다.[61] 소크라테스는 실제로 법정에서 그들의 말을 직접 인용한다. "소크라테스는 '아주 역겨운 miarōtatos; most abominable'[62] 인간이며, 젊은이들을 타락시키고

---

60 실제로 『국가』 1권에서 소크라테스에게 논박당한 후 소피스트인 트라시마코스가 보여주는 태도가 이러한 태도의 전형이며(『국가』, 특히 344d~354a), 특히 그 부분은 플라톤의 문학적 천재성이 유감없이 드러난 부분이기도 하다.

61 그러한 젊은이들이 아리스토파네스의 희극 『구름』의 제재이기도 하다.

62 형용사 'miaros'의 최상급. 이 형용사는 본디 때가 묻어 지저분한 상태를 지칭하는 말인데, 도덕적인 의미로 전화되어 지저분한 상태가 역겨운 느낌을 준다는 의미를 갖는다. 소크라테스의 행적에 대한 묘사에 그 말의 최상급을 사용하고 있으므로, 그에 대한 극도의 혐오의 감정을 표현하는 어휘라고 할 수 있다.

diaphtherei 있다"(23c).

그와 같은 적대감을 가진 사람들에게 소크라테스의 아이러니는 '젠체하기'로 여겨질 뿐 앎에 대한 진실한 태도로 이해될 수는 없을 것이다. 그런데 어떤 말을 어떻게 표현하느냐에 따라 유무죄 여부는 물론이고 자신의 생명도 좌우될 수 있는 법정에서 소크라테스는 평소의 아이러니 태도를 벗어나 직설적으로 그들 사회적 유력자들을 공격하고 있는 것이다. 즉 자신이 그와 같은 혐오의 대상이 된 것을 '부덕의 소치' 정도로 적당히 타협조로 말하지 않고, 자신만이 가장 잘 알고 가장 똑똑한 사람이라는 언술에 이어 자신만이 "진실을 말하기alēthē legō" 때문에 그러한 혐오의 대상이 된 것이라고 직설적으로 표명한 것이다. 오래전부터 소크라테스를 혐오했던 사람들이 그러한 언술을 접했을 때, 그들에게 그것에 함축된 철학적 의미 전체나 그것에 표명된 문맥 전체가 무엇인지 진지하게 이해하려는 노력을 기대하기는 어려울 것이다. 그러한 언술을 접했을 때 그들의 즉각적인 느낌은 다음과 같을 것이다. '저 친구 이제야 지금까지 겸손함의 가면으로 감추어두었던 오만함의 실체를 드러내고 있군.' 다시 말해서 그러한 언술은 그에 대한 반감을 더욱 심화시킬 뿐이었던 것이다.

왜 법정에서 자신에게 불리하게 작용할 줄 뻔히 알면서도 소크라테스가 그러한 언술을 하고 있는지는 이 절의 마지막 부분에서 논급될 것이다. 어쨌든 자신은 이 세상에서 가장 잘 알고 가장 현명한 사람이며 일생 동안 진실만을 말해왔을 뿐인데, 바로 그 사실이 자신에 대한 고발 내용의 일부, 즉 "소크라테스는 땅 위와 하늘의 것들을 탐구하고 근거가 약한 주장을 강력한 주장으로 만들면서 바쁘게 지낸 범죄자"라는 '잘못된' 고발의 원인이라고 스스로를 변호한 것이다. 그러한 변호를 통해 이제 소크라테스는 자신에 대한 이데올로기적 · 종교적 혐의를 부정하는 연설을 한다. 즉 "소크라테스는 젊은이들을 타락시키고 국가가 믿는 신들이 아니라 새로운 영적 존재들을 믿고 있기 때문에 범죄자"라는 고발에 대해 정면으로 반박하는 것이다.

그런데 그러한 연설을 하는 소크라테스에게 흥미로운 점이 발견된다. 그는 배심원들에게 호소하는 태도가 아니라 그들을 자극하고 그들에게 더욱 도전하는 태도를 보인다는 것이다. 그는 자신을 변호하기 위해 바로 아테네 시민들이 자신을 혐오하게 만든 주요 요인이기도 한 논박법을 공개적으로 시연하면서 멜레토스를 궁지로 몰아넣는다. 그 과정에서 그는 멜레토스라는 젊은이를 진지한 '체하면서' 실제로는 허튼 농담을 하고, 자신이 무엇을 하는지 제대로 알지 못하고 진정으로 관심도 없으면서 진지하고 관심 있는 '체하는' 인간으로 단죄한다(24c).[63] 그 논박의 진실성 여부를 떠나 여기서도 그는 법정에서 피고인으로는 상상하기 어려운 언행을 보인다. 무명의 젊은 시인이지만, 아테네 사회에서 나름대로 지식인의 입지를 갖고 있을 멜레토스에 대해서 그는 법정에서 관행적으로 인정되는 수준의 공격이나 비판을 넘어 상대방에게 인격적 모멸감을 준다는 반감을 불러일으킬 수 있을 정도의 언행을 보여준 것이다.

멜레토스에 대해 소크라테스가 직접 '심문한' 내용은 두 부분으로 나누어진다. 하나는 자신이 젊은이들을 타락시켰다는 고발 내용에 대한 논박이며(24c~26a), 다른 하나는 그 타락시키는 행위의 핵심적인 요소로서 자신이 국가의 신들을 믿지 않았다는 고발에 대한 논박이다(26a~28a). 그런데 서로 연관된 두 논박의 근거는 일반적으로 '도덕은 지식이다virtue is

63 진지한 체하면서 농담을 한다는 표현의 원문은 "spoudē charientizetai"이며, "진지하고 관심 있는 체하다"는 "prospoioumenos spoudazein kai kedēsthai"이다. 앞에서도 설명했지만, 여기서도 소크라테스에게 — 그리고 그의 제자인 플라톤에게 — 사고의 '진지함spoudē' 및 '진지하기spoudazein'는 철학하기에서 필수적인 태도라는 점이 강조되고 있는 것이다.

knowledge'라는 명제로 축약되며, 후대의 철학 교과서에서 일반적으로 '도덕적 주지주의'라 명명되는 윤리철학의 입장이다.[64] 이 문제의 등장은 또다시 앞에서 논의했던 소크라테스와 플라톤의 관계 문제를 제기한다. 즉 플라톤의 소위 중기 저작들인 『국가』, 『고르기아스』, 『프로타고라스』 등에서 소피스트들의 입장을 논박하는 형식으로 위의 명제를 본격적으로 논의하는 소크라테스의 실체가 무엇인지의 문제가 그것이다. 즉 그와 같이 주장하는 소크라테스의 발언이 역사적 인물인 소크라테스 자신의 주장인지, 아니면 그는 단순히 플라톤이 설정한 가설적인 대화의 인물인지, 또는 그 내용 가운데 어디까지가 소크라테스 본래의 주장이고 어디까지가 플라톤에 의해 체계적으로 발전된 결과인지의 문제이다. 그것은 다시 말해서 『변명』의 소크라테스가 그들 작품의 소크라테스와 동일한 성격의 인물인지 여부의 문제이기도 하다.

이미 여러 차례 논급한 바와 같이, 이에 대한 결정적인 단언은 불가능하다. 다만 여기서 주목할 점은 있다. 『변명』의 소크라테스는 그러한 입장을 형식화된 명제 형태로 개진한 것도 아니며 — 물론 법정에서의 연설이기 때문에 당연할 수도 있지만 — 도덕과 지식이라는 어휘로 표상되는 바와 같은 어떤 고정된 학설이나 형식화된 관념의 형태로 표현한 것은 아니라는 사실이다. 지금까지의 연설 내용과 일관되게 소크라테스는

64 이 명제에 대한 일반적인 이해는 그것을 구성하는 희랍어 개념인 'aretē'와 'epistemē'라는 말의 원초적인 의미에 대한 탐색 또는 소크라테스나 플라톤이 그것을 표현한 문맥이나 철학 체계 전체의 맥락을 떠나 이루어지는 경향이 많다. 즉 '도덕'이나 '지식', 또는 'virtue'나 'knowledge' 등 번역된 언어의 일상적인 의미에 맞추어 그 개념적 의미를 재단하는 경향이 자주 발견된다. 1장에서 언급된 애킨스의 *Merit and Responsibility*는 일부 서구학계의 그러한 경향에 대한 비판에서 출발한 저작이라고 할 수 있다. 이 책에서는 그 거대한 명제의 의미를 자세히 검토할 수는 없으며, 이 책의 후속편에서 플라톤의 철학을 논의할 때 본격적인 검토가 이루어질 것이다.

인간성의 근원적인 문제지만 그것을 추상화된 개념의 차원에서가 아니라 이미 일상적인 삶 속에서 제기되는 평범한 의문들, 바로 안다는 것 또는 잘났다는 것이 무엇이며, 누가 그렇게 만드는가의 논의 차원에서 제기하고 있는 것이다. 젊은이들을 누가 그렇게 만드는가는 곧 교육의 주체가 누구인가의 문제이며, 소크라테스가 결국은 교육의 문제 때문에 피소되었다는 사실은 교육이 바로 정치의 다른 측면임을 보여주는 전형적인 사례이다. 다시 말해 앎과 잘남, 교육과 정치가 다르면서도 하나라는 변증법적 관계임이 소크라테스의 피소 및 그의 법정 연설 자체에 드러나고 있는 것이다.

이 문제와 관련해서 먼저 주목해야 할 점이 있다. 『변명』에서 소크라테스는 앎이나 지혜와 관련된 용어를 'sophia' 및 거기서 파생한 말들을 사용하고 있을 뿐, 'epistemē'라는 말을 사용하지는 않고 있다는 사실이다.[65] 그 점에 주목하면서 소크라테스의 연설에 접근할 때 도덕적 주지주의의 이념적 실체도 제대로 파악될 수 있을 뿐더러, 플라톤의 대화편들에 등장하는 'aretē=epistemē'의 등식이 '도덕=지식'이라는 형식화된 개념적 등식을 제시하는 차원이 아니라는 점도 파악하게 한다. 그것은 근본적으로 '잘남=앎'이라는 등식을 부연 설명하고 체계적으로 발전시킨 결과인 것이다. 즉 플라톤의 철학에서도 잘남이란 근본적으로 앎인데, 플라톤은 그것을 좀 더 구체적이고 엄밀히 표현하여 'aretē=epistemē'의 등식으로 제시한 것으로 해석할 수 있다는 것이다. '제대로 된 앎'을 지칭하는 'epistemē'가 바로 인간적 탁월성 또는 잘남인 도덕성이며, 반대로 진정한 의미에서의 도덕성이란 정치 · 사회적으로 인정되고 부과되는 도

---

65 이 점은 크세노폰의 『소크라테스 회상』 III-ix-4~5에서도 확인된다. 그것에서 크세노폰은 소크라테스는 앎sophia과 절제sōphrosynē를 구분하지 않았고, 모든 'aretē'는 앎sophia이라고 말했다고 기록하고 있다.

덕률에 대한 수동적인 준수가 아니라 그 도덕률의 실체를 제대로 '알면서' 개인적 및 공동체적 삶 전체를 조화롭고 행복하게 만들 줄 아는 능력과 탁월함, 곧 잘남이라고 주장한 것이다.

앞에서 현대의 탁월한 언론인인 스톤의 경우에도(Stone, 1988) 도덕적 주지주의를 제대로 이해하지 못했다는 점을 지적한 바 있다. 그것은 일반 사람들로서는 이해하기도 어렵거니와, 그 의미 자체가 아리송하게 느껴질 수 있는 이론이다. 그런데 그러한 성격의 논변으로써 고발인인 멜레토스를 공격하는 소크라테스의 태도, 특히 그를 법정에서 공개적으로 모자란 인간으로 몰아붙이고 인격적으로 모욕을 주는 행위로 비칠 수 있는 소크라테스의 언행은 배심원들의 분노를 사기에 충분했을 것이다. 따라서 법정에서의 그러한 언행은 이미 아리스토파네스의 희극을 통해 대중에게 각인되었을 수도 있는 그에 대한 인상, 즉 소크라테스 또한 궤변을 일삼는 소피스트라는 인상을 배심원들에게도 강하고 새롭게 심어주기에 충분했을 것으로 보인다. 이러한 맥락에서 일단 『변명』의 관련 부분을 독해할 필요가 있다.

소크라테스는 심문의 전제를 확립하기 위해 멜레토스로 하여금 먼저 젊은이들이 타락하지 않는 것, 곧 그들이 가능한 한 좋게 되는 것이 중요하다는 점을 시인하게 한다(24c~d). 그것은 곧 교육의 기본 전제이기도 할 것이다. 그러할 경우 과연 누가 그들을 "더 좋게 만드는가beltious poiei"(24d), 다시 말해서 교육의 주체가 누구인가의 문제가 제기된다. 이어지는 소크라테스의 심문은 바로 그 문제로 향한다. 소크라테스는 젊은이들을 타락시켰다는 이유로 자신을 고발했다는 것은 그 문제에 '관심을 가지고 있음melein'을 의미하는데, 멜레토스가 그 질문에 대해 즉각 답변을 못 하는 것은 그가 실제로는 "전혀 관심을 기울이지 않아왔다는soi ouden memelēken"(24d) 징표라고 몰아붙인다. 그러면서 그는 멜레토스에게 과연 누가 젊은이들을 더 잘나게 만드는지 물어본다.

이 물음에 대해 멜레토스는 먼저 아테네의 법nomoi이라고 대답한다. 하지만 법은 언제나 그것을 해석하여 집행하는 사람을 전제로 하므로, 소크라테스는 바로 그 법을 '아는oide' 사람이 누구인지 다시 묻는다(24e). 이에 대해 멜레토스는 곧 배심원들 전부가 젊은이들을 그와 같이 교육시킬 수 있는 사람이라고 대답한다. 그런데 그러한 대답은 곧 아테네 시민들 가운데 배심원들을 제외한 모든 사람은 그러한 능력이나 자격이 없다는 대답과 같다. 이에 따라 멜레토스는 소크라테스의 질문에 순응하여 곧 그 '자격'을 점차 확대하기 시작한다. 법정의 방청객들hoi akroatai에서 시작하여, 민회의 상임위원hoi bouleutai, '민회의 참석자들ekklēsiatai' 전부, 나아가 아테네 시민 전체로 확대하게 된다. 결국 멜레토스의 주장에 따르면 아테네 시민 모두가 아테네의 젊은이들을 '품위 있게 만드는데 kalous kagathous poiousi', 오직 소크라테스 한 사람만이 그들을 타락시킨다는 결론에 이르게 되는 것이다(24e~25a). 다시 말해서 소크라테스 한 인물을 제외한 아테네의 모든 시민이 교육자라는 논리와 같은 것이다.

그러한 결론은 분명히 멜레토스의 고발 논리의 타당성을 일시에 전적으로 부정하게 만들지는 않더라도, 그것을 의심하게 만들 가능성은 충분히 있다. 그러나 멜레토스는 그러한 상황에 직면하여 — 대체로 법정에서는 물론이고 사회적으로 특정한 주장을 펼친 사람들이 대개 그러하듯이 — 자신의 본래 입장을 고집한다. 즉 오직 소크라테스만이 아테네의 젊은이들을 잘못되게 만드는 유일한 사람이며, 그만이 교육자가 못 된다는 결론이 타당하다는 것이다. 그런데 그러한 결론은 일단 교육이라는 소업 자체를 실질적으로 무의미하게 만든다. 누구나가 교육자가 될 수 있다면, 교육의 전문가나 교육을 전업으로 하는 선생들은 더 이상 필요하지 않게 될 것이다. 그것은 곧 소피스트 교육은 물론이고 아테네의 시민교육 제도 전체를 전면적으로 부정하는 것과 같다.

소크라테스는 그와 같은 모순을 직설적으로 지적하지는 않는다. 대신 그것을 말[馬]의 사육에 비유하여 설명한다. 즉 말의 사육은 아무나 하는 것이 아니라 전문가인 '말사육가hippikos'가 필요하며, 비전문가가 말을 사육할 경우 말에게 해를 끼치게 되고, 그것은 곧 말을 타락시키는 것과 다를 바 없다는 것이다. 따라서 아테네에서 소크라테스 오직 한 사람만 젊은이들을 타락시키고 다른 모든 사람은 그들을 잘되게 만든다면, 그것은 하나의 축복eudaimonia이 될 것이다(25b). 그렇다면 — 소크라테스가 직접 언급하지는 않지만 — 설사 소크라테스가 젊은이들을 타락시켰다고 하더라도 나머지 시민들 모두는 젊은이들을 잘난 인간이 되도록 잘 교육하고 있으므로, 아테네 전체로 볼 때 그의 행위는 전적으로 무시할 수 있는 지극히 사소한 문제가 된다. 그것은 곧 그를 고발할 실질적인 이유도 없어지게 됨을 의미한다.

결국 멜레토스는 교육이 무엇인지, 즉 인간으로 하여금 알게 하고 잘나게 한다는 것이 무엇인지 제대로 관심을 갖거나 진지하게 생각한 적도 없으면서 소크라테스를 잘못된 교육자 또는 젊은이들을 잘못되게 만드는 인간으로 고발한 것이다. 소크라테스는 곧 멜레토스에 대한 심문을 통해서 멜레토스의 자기모순성을 드러낸 것이다. 그런데 소크라테스는 더 나아가 그러한 고발 자체에 근본적인 의문을 제기한다. 바로 도덕적 주지주의의 문제로서, 과연 인간은 '알면서도' 다른 인간에게 해를 끼치거나 잘못되게 할 수 있는가의 문제가 그것이다. 즉 자신은 젊은이들을 타락시키지도 않았지만, 설사 그랬다고 하더라도 자신이 의도적으로, 다시 말해서 젊은이들이 나쁘게 될 줄 뻔히 알면서도 타락시키기는 불가능하다는 논변을 제기하고 있는 것이다. 그것의 논리 구조는 다음과 같다.

사람은 자신의 동료들로부터hypo tōn xynontōn 이익을 받기를 원하지 해를 당하기를 원하지 않는다. 젊은이들을 잘나게 만듦은 주위에 훌륭한 동료 시민들을 가짐을 의미하고, 그들을 타락시키거나 나쁘게 만드는 것은 주위에 나쁜 동료 시민들을 가짐을 의미한다. 주위에 나쁜 동료 시민들을 가진다는 것은 자신에게 해를 끼침을 의미한다. '나쁜 것들은hoi kakoi'은 언제나 나쁜 것을 가장 가까운 사람에게 가져오기 때문이다. 따라서 소크라테스는 젊은이들을 타락시키지도 않았지만, 설사 그랬다 하더라도 그가 의도적으로ekonta 젊은이들을 타락시킬 수는 없다. 즉 자신의 가르침이 그들을 나쁘게 만든다면 그 결과로 자신에게 해악이 돌아오는데, 그것도 모를 정도로 자신이 어리석지는 않다는 것이다. 그런데 멜레토스는 소크라테스가 의도적으로 젊은이들을 타락시켰다고 고발했으므로 멜레토스는 거짓말을 한 셈이다. 또한 아테네 법은 비의도적으로akonta 행한 범죄는 처벌하지 않으며, 그러한 사람에 대해서는 비공개적으로idia 가르치거나didaskein 충고함이nouthetein 원칙이다. 멜레토스는 결국 사적인 가르침이나 충고의 대상이 되는 사안을 법정으로 끌어들였으므로, 소크라테스에 대한 그의 고발은 법적으로도 잘못된 것이다(25d~26a).

이러한 논리를 일반인들이 즉석에서 쉽게 이해하거나 수긍하기는 어려울 것이다.[66] 그것은 당시의 배심원들에게 궤변이라는 인상을 주기에 충분하다. 더구나 멜레토스의 고발이 법적으로도 잘못되었다는 주장은 결국 처벌의 대상이 자신이 아니라 멜레토스라는 점을 암시한다. 그것은 배심원들에게 또 다른 반감을 불러일으킬 수 있으며, 그것 또한 법정에

66 플라톤의 정치철학은 그 논리를 일생에 걸친 작업을 통해 체계적으로 해명한 결과라고도 말할 수 있다.

선 피고인이 일반적으로 취하는 태도는 아닌 것이다. 그런데 소크라테스는 그러한 점을 개의치 않고 젊은이들을 타락시켰다는 혐의의 핵심적인 내용, 즉 그가 젊은이들로 하여금 국가가 인정한 신들이 아니라 다른 영적 존재를 믿도록 가르쳤다는 혐의와 관련된 심문으로 나아간다. 그리고 그 심문은 올림피아 신앙이 요구하는 정통적인 종교관, 즉 신을 단순히 제례 행위나 일방적 숭배 또는 독단적 믿음의 대상으로 파악하는 일반인들의 신앙에 대한 부정과 더불어 '기존 학계'의 신관에 대한 부정도 내포하고 있다. 후자는 특히 아낙사고라스Anaxagoras나 데모크리토스Demokritos 등 일부 자연철학자들이 자연물에서 신의 존재를 부정하는 입장, 또는 프로타고라스 등 일부 소피스트들과 같이 신의 존재를 인간의 무지나 욕구의 투영에 불과한 것으로 파악하는 무신론 등을 지칭한다. 그것은 결국 아테네인들의 정신적 삶 전체에 대한 부정이라는 정신사적 혁명을 내포하고 있는 것이다. 다시 말해서 소크라테스의 존재가 단순히 기존의 정치 체제에 대한 도전만이 아니라 기존의 정신 질서 전체에 대한 도전임을 의미한다.[67]

소크라테스의 그러한 도전은 이미 『앎과 잘남』 1권에서 설명한 신의 내면화 과정이 정점에 이르게 됨을 의미한다. 다시 말해서 신의 존재를 자연 속 사물의 세계에서 찾거나, 인간의 세속적 욕구나 일방적인 정신적 지향의 대상으로 보는 것이 아니라, 자기 성찰적 인식의 대상으로 변환함을 의미한다. 그것은 신학theologia의 탄생, 곧 신theos의 존재와 로고스의 결합이며, 신에 대한 철학적 연구의 본격적인 출발이자 신의 문제가 바로 총체적인 앎의 대상으로 등장하게 됨을 의미한다. 인간의 앎의 대상이

67 바로 이 점이 소크라테스의 도전이 — 앞에서 인용된 스톤이나 콜라이아코의 해석과는 달리 — 단순히 정치 체제에 대한 도전이나 지식인의 시민 불복종 차원에서 이해될 수 없는 이유이기도 하다.

이제 이 세계의 궁극적 근원이자 궁극적 주체, 바로 그렇기 때문에 절대적 앎의 주체이기도 한 존재로 향함을 의미하는 것이다. 이제 인간의 앎 전체가 자연철학자들에 의한 자연 세계에 대한 탐구와 소피스트들에 의한 인문학적 탐색 차원을 넘어 존재 질서 자체에 접근하고 있는 것이다. 그것은 곧 인간들이 신에 대한 갖고 있는 기존의 관념들의 구체적 내용이나 성격 또는 각 민족이나 국가에 따라 차이가 나타나는 그 역사적 · 정신사적 기원이나 정치 · 사회적 기능들에 대한 연구 — 현대에서는 종교학의 이름으로 수행되는 연구 — 차원을 넘어선 새로운 차원의 연구이다. 그것은 신에 대한 존재론적 총체성 차원에서 접근이다. 그러한 학문적 탐구가 장차 플라톤 철학의 존재론으로 결실을 맺게 되며, 소크라테스의 법정 연설은 그러한 철학적 탐구를 예고하는 것이다. 그 심문 내용을 검토할 필요가 있다.

소크라테스는 먼저 멜레토스에 대한 심문을 통해 국가가 믿는 신들을 믿지 않도록 가르쳤다는 혐의의 의미가 무엇인지 명확히 한다. 즉 자신의 피소 내용이 국가가 믿는 신들을 믿지 않고 다른 신들을 믿는 데 있다는 것인지, 신들 자체를 믿지 않는 데 있다는 것인지 분명히 하라는 것이다(26c). 그것은 곧 멜레토스가 고발의 근거로 제시한 '영daimonion'이라는 존재,[68] 바로 소크라테스적 신앙의 대상이자 젊은이들의 신앙을 그릇

68 소크라테스의 'daimonion'은 희랍 신화의 전통에서 다양한 의미를 갖는 'daimōn'의 변형으로서, 후자와 구분하여 '영적인 것'이 정확한 번역이 될 수 있다. 하지만 그것은 한 어휘가 술어 형식으로 번역되었기 때문에 번역어로서 결함이 있으므로 편의상 '영'으로 번역하기로 한다. 희랍 정신사에서 'daimōn'은 다양한 의미를 갖는다. 그것은 경우에 따라 신theos의 다른 명칭이기도 하고, 대체로는 정통적인 신들보다 신격이 떨어지는 잡신, 토속신, 귀신 등 온갖 영적 존재들에 대한 통칭이기도 하다. 이에 대해서는 소크라테스 자신도 『변명』 27d에서 소개하고 있다. 위에서 지적한 바와 같이 소크라테스가 'daimonion'을 자신에게 영적인 소리를 주는 존재를 지칭하는 이름으로 사용하고 있다는 사실은 그에 이르러 신의 내면화가 정점에 이르렀음을 의미한다. 그것은

되게 인도한다는 주범이 신의 범주에 속하는지 여부를 분명히 하라는 것과 같다. 이 질문은 멜레토스를 통해서 실제로 모든 것이 신이고 신은 모든 곳에 있다는 전통적인 올림피아 신화의 다신교적 물활론animism에 대해 시험하고 있음을 의미한다. 모든 것이 신이고 신은 모든 곳에 있다면, 어떠한 형태나 성격이나 이름의 신이라도 그것의 신적 존재성을 부정할 근거는 없다. 따라서 멜레토스가 — 나아가 아테네 시민들 전체가 — 올림피아 신화의 다신교적 종교관과 세계관에 일관되려면 소크라테스가 '신앙하는' 다이모니온의 존재를 부정할 수는 없다.

크세노폰이 『소크라테스 회상』(I-i-3~4)에서 소크라테스의 신앙이 다른 신앙들과 다를 바가 없다고 말한 것도 이 점을 뒷받침한다. 다만 소크라테스의 다이모니온의 특이성은 다른 사람들과 공유하는, 즉 공동의 축제나 제례 의식을 통해 공통적으로 경배하고 숭상하는 신이 아니라 자신만의 신이고, 그 신의 목소리를 토대로 '비사회적인' 방식으로 젊은이들을 교육하고 있다는 사실에 있다. 멜레토스 등 고발인들이 소크라테스의 신앙심에 대해 의심을 품는 이유도 바로 그 점에 있다. 그들 고발인들의 문제는 의혹은 갖고 있지만 그러한 의혹이 왜 신성모독 등 종교적 범죄를 구성하는지 명확하게 설명하지 못한다는 사실에 있다. 소크라테스가 멜레토스를 심문하는 과정에서 밝히려 한 점도 그러한 사실이다. 어쨌든

근대 세계에서 개인의 양심 또는 양심의 소리에 해당한다. 참고로 아리스토텔레스 윤리학의 핵심 개념이기도 하며 일반적으로 '행복'으로 번역되는 'eudaimonia'란 결국 한 개인의 'daimonion', 곧 영적 세계 전체가 '좋은eu' 상태를 지칭하는 개념어이며, 그것은 바로 인간의 잘남 또는 덕성이 완성된 상태에 다름 아닌 것이다. 여기서 자세하게 설명할 수는 없지만, 'daimōn'이라는 말의 다양한 의미들 자체가 고대 희랍인들의 종교관과 정신사적 변천을 압축적으로 표현한다. 희랍 종교사의 맥락에서 'daimōn'의 존재에 대해서는 부르케르트가 간략하면서도 정치하게 설명한 바 있다. Burkert(1985: 179~181) 참조.

멜레토스 개인으로서는 종교관의 일관성 문제를 떠나 기존의 신들과는 다른 성격을 갖는 소크라테스의 '기이한' 신을 인정하는 것이 심리적으로도 내키지 않았을 것이다. 그것을 인정한다는 것은 그에 대한 고발 자체를 취소하는 것과 같으며, 그것은 곧 자신의 어리석음과 모자람을 공식적으로 인정하는 것과 같으므로 현실적으로 불가능할 것이다. 따라서 멜레토스가 곧 소크라테스에 대해 다음과 같이 응수함은 당연하다. "당신은 신들을 전혀 믿지 않는다to parapan ou nomizeis theous"는 것이다(26c). 즉 소크라테스를 전적인 무신론자로 규정하고 있는 것이다.

앞으로의 논박 과정에서도 밝혀지겠지만, 소크라테스는 결코 무신론자도 아니고 당시의 일반 시민들의 종교 생활을 거부하거나 무시한 인물도 아니다. 그는 자신의 다이모니온과 일종의 대화 형식을 통해 종교 생활을 했지만, 동시에 일반인들이 믿는 신들에 대해서도 종교적 경외심을 표현한 사람이다.[69] 그리고 고대의 다신교적 세계관에서는 어떠한 형태나 성격의 신도 신으로 인정되지만, 무신론자는 결코 용납될 수 없다.[70]

---

69 그러한 태도는 대표적으로 플라톤의 대화편『파이드로스*Phaidros*』의 마지막 부분에서(279b~c) 소크라테스가 숲의 신인 판Pan 및 주위의 다른 신들에게 기도하는 장면에 잘 나타나 있다. 그 기도문은 저자인 플라톤에 의한 허구적 설정 여부를 떠나서 소크라테스의 종교관뿐만 아니라 그가 추구한 삶의 이상이 축약된 것이므로 여기서 소개할 만하다.

"사랑하는 판과 이곳에 있는 다른 신들이여, 제가 내면적으로 아름답게 되도록 허락하시고, 외적인 것들이 내적인 것들과 조화를 이루도록 하소서. 지혜로운 사람을 부유한 사람으로 생각하게 하시고, 부는 절제 있는 사람에게 허용되고 견딜 수 있을 정도만 갖게 하소서."

이 기도문에서 소크라테스의 종교관과 관련하여 주목할 점은 그가 자신의 영이나 아폴론 신에게 기도한 것이 아니라 바로 자신이 위치한 숲 등 자연 속의 여러 신들에게 기도한 사실이다.

70 로마 시대에 기독교도가 탄압받은 근본적인 이유들 가운데 하나도 이와 비슷하다. 그들은 다른 신들은 부정하고 자신의 신만을 믿는다는 의미에서 로마 정부나 일반인들로부터 무신론자로 간주되었기 때문이다. 이에 대해서는 크루아G. E. M. de Ste Croix

따라서 자신의 종교적 신념을 고려할 때나 법정이라는 현실을 고려할 때나 소크라테스의 심문 또한 그러한 단정에 대한 논박으로 이어짐은 당연하다.

소크라테스는 일단 태양이나 달은 신들이 아니라 돌이나 흙에 불과하다는 주장은 자기의 것이 아니라 아낙사고라스의 것임은 누구나 아는 사실이라는 점을 지적한다. 누구나 다 아는 사실인데도 소크라테스가 그러한 주장을 자신의 것처럼 내세웠다면 자신은 웃음거리가 될 뿐이라는 것이다(26d~e). 그리고 무신론자라는 고발은 멜레토스의 오만함hybris과 방종함akolasia과 경박스러움neotēs[71] 때문이며, 그러한 고발은 "소크라테스는 신을 믿지 않으면서도 신을 믿기 때문에 죄가 있다" 식의 우스꽝스런 농담에 불과하다고 단정한다(27a). 그 내용의 타당성 여부를 떠나 그러한 직설적인 비난이나 단정 또한 상대방에 대한 인신공격이나 청중에 대한 우롱으로 느껴질 수 있을 것이다. 그런데 소크라테스 특유의 논박 형식으로 진행되는 그 이유에 대한 설명 또한 일반인들로서는 언뜻 이해하기가 어려운 성격의 것이고, 대부분 배심원들 또한 그가 궤변을 늘어놓는다고 믿기 쉬워서 또다시 그들의 반감을 사기에 충분한 것이다.

자신이 결코 무신론자가 될 수 없다는 주장을 입증하기 위해 소크라테스는 먼저 그 진리성이 인정되어야 할 기본 전제를 제시한다. 질문 형식의 원문 그대로를 소개하면 다음과 같다. "멜레토스여, 인간의 것들은 있다고anthrōpeia pragmata einai nomizei 믿으면서 인간들이 있다고 믿지 않는anthrō-pous ou nomizei 사람이 있을 수 있겠는가?"(27b) 이 질문에 대해 멜레토스는 즉각적으로 대답하지 못했고, 배심원들도 곧 소란스러워진

의 고전적인 논고(Croix, 1963)가 있다.

71 이 말은 본디 명사로서 젊은이를 뜻하며, 동시에 젊은이들 특유의 경박스러운 행동을 묘사하는 형용사로 사용된다.

것 같다. 여기서 소크라테스는 또다시 그들에게 조용히 할 것을 요구하면서 자신의 심문을 계속한다. 앞의 질문을 명제 형태로 변형하면 다음과 같을 것이다. "인간의 행위가 존재하면 반드시 인간이 존재한다." 이 점은 다른 사물들의 경우에도 마찬가지다. 말[馬]의hippika 것들이나pragmata 피리 연주자의aulētika 것들이 존재하면 말이나 피리 연주자가 존재한다(27b). 이에 따라 영의daimonia 것들이pragmata 존재하는데도 과연 영들daimonas의 존재를 믿을 수 없다는 것인지 멜레토스에게 묻자, 그는 마지못해 시인한다(27c). 일단 그와 같이 시인할 경우, 그리고 희랍 정신사에서 영들이란 어쨌든 사물이나 인간들은 결코 아니고 신적인 것, 즉 "신들이거나 신들의 아이들tous daimonas theous ē theōn paidas"로 인정할 수밖에 없으므로(27c~d), 영들의 존재를 믿으면서 신들의 존재를 믿지 않는다는 것은 망아지의 존재를 믿으면서 말의 존재를 믿지 않는 것과 같이 논리적으로 성립하지 않는다는 것이다(27d~e).

이러한 논증 내용에 대해 멜레토스는 새로운 이의를 제기하지 못했으므로, 그의 고발은 일단 부당한 것으로 판명되었다. 이에 따라 소크라테스는 자신의 무죄에 대해 더 이상의 변론이 불필요함을 선언한다(28a). 그러나 그러한 선언이 멜레토스 등 고발인뿐만 아니라 배심원들 다수가 진심으로 소크라테스의 논증에 승복했음을 의미하지는 않는다. 만일 그랬다면 그가 실제로 유죄 평결을 받지도 않았을 것이다. 일반인들은 설사 합리적인 논변에 더 이상 논리적으로 반박하지 못하더라도 합리적 결론을 그대로 마음속으로 흔쾌하게 수용하면서 기존의 관념이나 의견 또는 편견을 쉽게 버리지는 않는 법이다. 또한 바로 그것이 플라톤이 그의 전 철학 체계를 통해 'doxa-epistemē'의 관계의 여러 측면을 다각도로 설명한 이유이기도 하다.

일단 소크라테스가 위에서 제시한 논증은 적어도 '국가가 인정한 신을 믿지 않았다'는 고발을 무신론과 연결시켜 우회적으로 논파한 것으로 볼 수 있다. 그러나 그것이 일반인들이 소크라테스의 종교관에 대해 갖는 의심 자체를 완전히 불식시킨 것은 아니다. 즉 아테네라는 국가이자 종교 공동체가 공통으로 숭배하는 신들을 믿지 않는다고는 말할 수 없어도, 그 신들보다는 자기 개인의 신을 — 근대 사상의 맥락에서는 자신의 양심만을 — 우선시한다는 의심을 해소시킨 것은 아니라는 것이다. 비록 소크라테스는 다신교 신앙의 세계관적 원리상 — 특히 예수를 처형한 유대교적 유일신 체계의 독단론과 대비되어 — 공개적인 종교적 단죄의 대상은 아닐 수 있다. 그러나 시민들 전체가 신앙의 대상으로 공유하는 신들이 아니라 영적으로 자신과만 교류하는 개인적인 신을 믿고 있다는 의심은 다수의 시민들이 그를 시민으로서 공존하기 어려운 종교적 · 사회적 이단자로 혐오하기에 충분한 심리적 근거는 되는 것이다.[72] 그런데 멜레토스에 대한 심문을 마친 소크라테스는 그것으로 자기변호를 끝내지 않는다. 그는 유죄 평결이나 사형 가능성을 전혀 개의치 않는 듯, 당시 지극히 불편한 심기에 놓여 있었을 다수의 배심원들을 향해 작심한 듯이 그들 자신이 속한 아테네의 다수 시민들을 심문의 대상으로 바꾼다.

그가 믿기에 자기를 고발한 진정한 주범은 멜레토스나 아니토스 등 고발인들이 아니라 자신에 대한 "다수 시민들의tōn pollōn 악의diabolē와 혐오감phthonos"(28a)이라고 선언한다. 다수 시민들의 그러한 비합리적이고 잘못된 관념이 지금까지 죄 없는 많은 양심적인 인간들을 단죄해왔고, 앞

72 바로 이 점이 앞서 언급된 바 있는 스톤Irving Stone이 간과한 부분이다. 간단히 말해서 그는 고대 다신교의 일반적 성격에만 집착하여 다신교의 세계관에서도 이질적으로 받아들일 수 없는 신앙의 존재를 파악하지 못한 것이다. 이 점은 현대의 톨레랑스주의자들이 스스로의 이념적 원칙상 모든 이질적인 가치나 이념들을 포용할 수 있어야 함에도 불구하고 실제로는 불용하는 가치들이 — 대표적으로 남성우월주의나 동성애 혐오 등 — 있다는 사실과 일맥상통한다.

으로도 계속될 것이고, 자신의 경우로 끝나지 않을 것이라고 공격하면서(28a~b), 그러한 관념을 낳은 다수의 생각 자체에 어떠한 문제가 있는지를 검토하는 방식으로 새로운 자기변호를 전개한다.

먼저 그 다수 시민들의 관점으로는 소크라테스 자신에게 죽음의 위험에 처하게 만든 일생 동안의 행업epitēdeuma; pursuit이 이해가 안 될 것이다. 그의 행업은 일반적으로 세속 범사에 유능하면서 동시에 '원만한' 인격의 소유자라고 불리는 사람들의 처신과는 전혀 다르다. 그는 다수 시민들이 공유하는 기존의 가치관이나 행동 양식이나 관행 등을 '적절히' 따르면서 다른 사람들로부터 존경을 받고 세속적으로 출세한 사람이 아니다. 그는 그 다수 시민들이 알아주지도 않는 자신만의 앎, 인간의 잘남에 대한 자신만의 판단에 따라 독자적인 삶을 고집스럽게 추구한 사람이며, 그에 따라 이제는 죽음의 위험에까지 이르게 된 사람이다. 그와 같은 처신이 과연 지혜롭고 똑똑한 행동인지 여부는 세속인들에게 당연히 의문의 대상이다.[73] 그러한 의문의 중심에는 죽음이 삶의 과정에서 요구되는 모든 가치판단의 궁극적 기준이라는 믿음이 있다. 이에 따라 소크라테스는 많은 경우 죽음에 대한 일방적인 공포로 나타나는 일반인들의 그러한 관념이 과연 합리적인 것인지 여부를 검토한다.

소크라테스는 일단 일반인들의 그러한 관념 속에는 자기모순이 있음을 지적한다. 만일 죽음의 위험이 따를 경우에는 무조건 올바르거나 최선의 일을 하지 않을 수도 있다는 일반인들의 관념이 타당하다면, 바로 그들의 관념 속에 있는 영웅들에 대한 찬양도 부정되어야 한다. 영웅들, 바로 진정으로 잘난 사람들이란 바로 자신의 죽음을 두려워하지 않고 자신

73 원문에서 이 의문은 그 다수 가운데 한 사람이 소크라테스에게 가상의 질문을 하는 형식으로 제시된다. "그렇다면 소크라테스 당신은 그와 같이 처신한 결과로 죽음의 위험에 처하게 된 것이 부끄럽지도 않다는 것이오?"(28b)

의 의무나 소업을 수행한 사람들이다. 그 대표적인 예로서 소크라테스는 고대 희랍인들에게 최고의 영웅이자 반신半神의 대표적인 표상인 아킬레우스를 제시한다(28b~d).[74] 아킬레우스는 친구인 파트로클레스Patrokles의 죽음에 복수하기 위해 헥토르Hektor를 죽일 경우 그 자신도 죽을 것이라는 운명을 알면서도 복수를 행한다. 다시 말해서 죽음에 대한 두려움이 '올바른' 행동을 저지할 수는 없다는 도덕적 판단이 그 신화에 함축되어 있다. 따라서 만일 아킬레우스의 그러한 행동이 어리석고 부끄러운 것이라면 아킬레우스는 영웅이나 반신이 아니라 못난 자가 되며, 이에 따라 다수 시민들이 오랜 정신사적 전통 속에서 당연하다고 믿는 소중한 관념도 부정되어야 하는 것이다.

소크라테스의 그러한 설명은 일반인들의 관념에 일상적으로 존재하는 일관성 없는 사고에 대한 통렬한 지적이다. 그러나 그러한 지적이 일반인들에게 즉각 스스로의 사고에 대한 반성을 초래하지는 않음 또한 세속사의 현실이다. 소크라테스의 그러한 발언은 일단 자신의 행동을 희랍인들에게 민족적인 영웅이자 영웅의 원형에 해당하는 인물의 행동에 비교하는 것이다. 따라서 일반인들은 그러한 주장에 대해 비록 즉각적으로 논리적 반박을 할 수가 없어 침묵을 지키더라도 내적으로는 깊은 반감을 가질 수 있다. 더구나 소크라테스는 평민 출신이고 '못생긴' 것으로 유명한 사람인데, 자신의 행동을 영웅이자 반신이며 말 그대로 '가장 잘난 자들hoi aristoi'을 의미하는 귀족들의 대표적 표상인 아킬레우스와 비교하고 있는 것이다. 그러한 행동은 설사 시민들 사이의 평등을 내세우는 민주정치에서 공개적인 비판의 대상은 아니지만 많은 사람들로부터 냉소의

74 그에 대해서는 『앎과 잘남』 1권 3장에서도 약탈 전쟁 시대 잘남의 고전적인 예로 설명한 바 있다.

대상은 될 수 있다. 그것은 귀족 출신들에게는 주제넘은 언행으로 간주되어 비웃음의 대상이 될 수 있고, 같은 평민들에게도 '지가 뭐 그리 잘났다고' 하는 식의 오히려 더 강한 질시 감정을 불러일으킬 수 있는 것이다.

그런데 일반 시민들의 그와 같은 '뒤틀린' 감정들을 전혀 개의치 않는 듯, 소크라테스는 거기서 한 걸음 더 나아간다. 자신의 일생 동안의 행적은 올바르고, 훌륭한 행동보다 죽음을 더 두려워함을 수치로 여겨왔음을 보여주고 있으며, 자신은 일관되게 국가와 신이 자신에게 '부여한 의무'[75]를 죽음을 초월하여 일관되게 수행해왔음도 강조한다. 그런데 그러한 언설 또한 배심원들에게 또 다른 주제넘거나 '잘난 체'하는 태도로 간주되기 쉬운 성격의 것이다.

소크라테스는 먼저 펠로폰네소스 전쟁 기간에 자신이 병사로 참여했던 포티다이아Potidaia, 암피폴리스Amphipolis, 델리움Delium 등의 전투에서 죽음을 무릅쓰고 지휘관의 명령을 충실히 이행한 사례를 든다.[76] 그런

75 이 맥락에서 플라톤이 사용한 용어는 동사 'tattō(아티카식 표기로는 일반적으로 'tassō', 영어로는 보통 'station'으로 번역된다)'이다. 이 말은 본디 테살리아Thessalia 지역의 족장을 지칭하는 말인 'tagos'에서 파생했는데, 그 의미가 전화하여 전투에서 자신의 위치를 고수하는 행위, 더 나아가 명령한 바를 수행하는 행위를 지칭하게 된 것 같다. 플라톤은 이 말을 명사화하여 개념어로 발전시키지는 않았지만, 그 의미는 후대에 사도 바울이 하느님의 소명을 지칭하는 말로 사용한 'klēsis('부르심' 또는 '소명', 독일어로 'beruf')'와 상통한다고 할 수 있다.

76 이 세 번의 전투를 투키디데스의 『역사』 및 케이건Donald Kagan 등에 의한 기존의 고대사 연구 결과를 토대로 간단히 정리하면 다음과 같다. 기원전 432년에 발발한 포티다이아 전투는 펠로폰네소스 전쟁을 직접 촉발시킨 사건이다. 이 당시 소크라테스는 37세였는데, 아테네가 아티카 지역에서 가까운 스파르타 동맹의 도시국가인 포티다이아를 포위하자 스파르타는 펠로폰네소스 전쟁을 일으키게 되었다. 기원전 424년의 델리움 전투는 보이오티아 지역의 도시국가들과 테베가 연합하여 아테네 군을 공격한 전투로, 아테네가 크게 패배했다. 암피폴리스 전투는 기원전 424년 겨울 스파르타 브라시다스 장군의 기습으로 빼앗긴 암피폴리스를 되찾기 위해 클레온이 총사령관이 되어 전함을 파견하여 일으킨 전투이다. 이 전투에서 아테네의 주전파인 클레온과 스파

데 그 스스로도 "다른 사람들과 마찬가지로hōsper kai allos 죽음을 무릅썼다"고 표현하고 있듯이(28e), 그러한 사례는 병사로서 당연한 의무이기 때문에 사적인 대화에서는 무훈담으로서 자랑거리가 될 수는 있지만 적어도 법정에서 특별하게 내세울 덕목은 아닐 수 있다. 더구나 시민들 모두가 군인인 아테네의 국가 생활에서, 그리고 오랜 전쟁 기간 동안 너무나 많은 동료 시민들이 실제로 전사한 기억이 생생한 배심원들에게, 죽음을 무릅쓰고 의무를 수행했다는 사실이 결코 감동의 대상만은 아닐 것이다. 또한 당시의 배심원들은 일생 동안 공인으로서 최소한의 의무만 수행하면서 국가 생활에 적극적으로 참여하지 않은 소크라테스의 행적을 — 뒤에 가서 그 스스로도 그 사실을 인정하면서 그것을 철학적 삶의 차원에서 정당화하고 있지만(31c~32e) — 잘 알고 있을 것이다. 특히 이 재판이 있기 바로 몇 년 전에 1년 정도 존속했던(기원전 404~403년) '30인의 참주정' 치하에서 1,000명 이상의 많은 민주파 인사들이 정치적 보복으로 처형되었는데, 그들은 그 참주 정권에 대해 적어도 적극적으로는 저항하지 않은 소크라테스의 행적 또한 잘 알고 있을 것이다.[77]

결국 민주 정치에의 적극적 참여나 민주 정치 체제의 존속이 국가 생활에 있어 다른 무엇보다도 올바름의 기준이라고 믿고 있는 배심원들에

르타의 주전파이자 전쟁 영웅인 브라시다스가 전사했으며, 이에 따라 기원전 421년에 '니키아스의 평화Eirene Nikias'로 불리는 휴전 협정이 맺어지게 되었다. 아테네가 실질적으로 대패한 — 아테네 측 전사자는 600명, 스파르타 전사자는 7명 — 이 전투에서 소크라테스는 살아남았으며, 이후 소크라테스는 징집 연령인 50세를 넘게 되어 더 이상 시민군으로 복무하지 않게 되었다(Kagan, 1987 및 1981).

77 30인의 참주 정권에 대해 소크라테스는 물론 옹호하지는 않았지만 적극적으로 저항하지 않았다는 사실은 잘 알려져 있다. 크리티아스 등 그 참주정을 주도한 인물들이 평소 소크라테스와 가까운 인물들이었다는 사실도 소크라테스가 유죄 평결을 받은 원인으로 작용했다는 사실이 많은 연구가들에 의해 이미 지적된 바 있다. 이에 관한 정리로는 Brickhouse et al.(1989: 71~73) 참조.

게는 소크라테스의 위의 진술이 국가가 부여한 올바른 의무 수행을 위해서 죽음도 불사하는 거룩한 태도의 표상은 전혀 아닐 수 있다. 그것은 오히려 시민으로서 적극적으로 국가를 위해 헌신하지 않은 데 대한 궁색한 자기변명으로 간주되기 쉬운 것이다. 그런데 국가가 부여한 의무 수행과 관련된 '변명'에 이어서 그는 신이 자신에게 부여한 의무 수행과 관련해서도 '변명'을 제시한다. 그런데 그 '변명'은 배심원들로부터 냉소를 넘어 분노를 야기할 수도 있는 내용이다. 여기서 그 신은 앞에서 설명한 바와 같이 아폴론 신을 지칭한다고 해석될 수 있지만, 동시에 자신만의 신인 '다이모니온daimonion'을 지칭한 것으로, 또는 의도적으로 모호하게 신 일반을 지칭하기 위해 보통명사로 표현한 것으로 해석될 수도 있다. 어떠한 경우이든 그러한 표현 자체가 일반 시민들, 특히 전통 신앙에 충실한 '경건한' 시민들로부터 분노를 야기할 수 있다.

일단 그 소명의 핵심은 교과서적으로 널리 소개되어 있듯이 '앎을 추구하고'(혹은 철학하고) 자신 및 다른 사람들을 검토하면서 인생을 보내라는 것이다"(28e).[78] 그것은 '너 자신을 알라'라는 격률의 구체적 실천 방법이다. 곧 자신 및 타인의 정신세계 및 행위에 대한 치밀한 검토와 성찰을 통해서 자신 나아가 인간이 무엇인지를 알려는 노력의 표현이다. 그리고 그러한 소명을 죽음에 대한 위협 때문에 포기할 수는 없다는 것이다. 특

78 여기서 신이 부여한 소명이라는 표현의 원문은 "tou de theou tattontos …… philosophounta me dein zēn kai exetazonta emauton kai allous"로, 말 그대로 직역하면 "그 신이 앎을 추구하고 나와 남들을 검토하면서 인생을 지내라는 의무를 부여한"이다. 그리고 동사 'exetazonta'의 원형인 'exetazō'는 영어로 일반적으로 'examine'으로 번역되는데, 이 말은 어떠한 대상이나 문제를 세밀히 따지고 조사하고 검토하는 행위를 종합적으로 지칭하는 말이다. 우리말로는 일반적으로 검토로 번역되는데, 그 말은 사람을 직접 대면하여 조사하고 따진다는 의미가 약한 반면, 심문이라는 말은 수사 기관의 행위를 즉각 연상시키는 요소가 있기 때문에 번역어로 적합하지 않은 성격도 있다. 이 책에서는 문맥에 따라 검토나 심문 가운데 하나를 사용하기로 한다.

히 "죽음이 인간에게 모든 좋은 것들 가운데 가장 큰 것일 수도 있는데", 그것을 "가장 나쁜 것이라고 확실히 아는 것처럼 두려워함은" 모르는 것을 안다고 하는 것에 다름 아니며, 그러한 모름amathia이야말로 모름 가운데 '가장 수치스러운 것hē eponeidistos'이라고 주장한다(29a~b). 그것은 곧 배심원들이야말로 가장 수치스럽도록 무식한 사람이라고 공개적으로 면박하는 바와 다름이 없다. 그런데 시민 전체를 향한 그의 공개적 면박은 여기서 그치지 않는다.

그는 신이든 인간이든 자신보다 더 훌륭한 자에게 '해를 가하거나adikein' '복종하지 않는 것은apeithein' 나쁘고kakon 수치스러운aischron 것임을 안다고 자부한다(29b). 따라서 좋은 것인지 나쁜 것인지 모르는 죽음에 대한 두려움 때문에 좋고 나쁜 것을 확실히 아는 행동을 멈출 수는 없으므로, 이 법정이 자신에게 사형을 선고하더라도 그것을 감수할 것이고, 설사 이 법정이 자신을 무죄로 방면하더라도 자신을 법정에 서게 만든 행동을 멈추지는 않을 것임을 천명한다. 다시 말해서 자신은 신이 자신에게 부과한 명령에 따라 몇 번 죽더라도 변하지 않고 계속 앎을 추구할 것이고, 아테네의 젊은이들이 자신의 가르침을 따르게 함으로써 그들을 '타락시키는' 행동 또한 계속 수행할 것이고, 아테네 시민들 가운데 세속적 부나 사회적 평판 또는 명예의 습득이 진실함이나 영혼의 완성보다 중요하다고 믿는 사람들이 있다면 그들을 계속 붙잡아두면서 질문하고erēsomai 심문하고exetasō 논박하는elegxō 행위 또한 계속할 것이며, 바로 신에 대한 그러한 봉사가 아테네라는 국가에 가장 큰 선행이 될 것이라는 점을 공언한다(29c~30c).

소크라테스의 그러한 공언에 배심원들이나 청중은 더욱 큰 충격을 받고 지금까지의 웅성거림보다 더 크게 소란스러워진 것 같다. 소크라테스는 또다시 예의 "조용히 하시오"라는 말을 하면서, 이번에는 소란을 피우지 말고 자신의 말을 끝까지 듣는 것이 그들에게 이익이 된다는 점까지 강조한다(30c). 소크라테스의 그러한 단호함 자체가 극도의 오만함으로 비칠 수 있지만, 그러한 감정적인 차원을 넘어 이어지는 그의 언설은 아테네의 법질서 자체에 대한 도전이라는 사실이 중요하다.

아테네의 법은 당연히 멜레토스의 고발 또한 법정의 심의 및 심판 과정을 통해서 그 정당성 여부를 결정하는 절차적 정의를 보장한다. 그러나 그 고발이 법적으로 부당하다는 논거를 제시하는 언변과 법정이 어떠한 결정을 내리든 자신은 그것을 무시하겠다는 언변은 그 법적 성격이 전혀 다르다. 후자는 자신은 바로 사법 질서를 초월한 존재라는 것을 선언하는 것과 다를 바 없으며, 소크라테스 자신의 행동은 어디까지나 진리와 신의 권위에 기초한 것으로서 아테네라는 세속적 법질서에 종속되지 않는다는 선언인 것이다.

소크라테스의 그러한 선언은 일단 아테네의 전통적인 다신교 종교 체제가 부과하는 국가 생활의 기본 질서와 배치된다. 그것은 신의 명령을 오랜 종교적 전통에 기초하여 제도적으로 인정된 신관을 통해서가 아니라 한 개인이 믿는 신의 권위에 의탁하여 독자적으로 해석하는 권능을 갖겠다고 선언하는 바와 다름이 없다. 그것은 또한 종교적 차원을 넘어 아테네라는 국법 질서 존재 자체에 대한 부정을 의미한다는 점이 중요하다. 어떠한 국가도, 바로 어떠한 내용이나 형태이든 정의의 이름으로 시행되는 법과 지배 질서의 존재가 그 본질적인 요소인 국가인 한, 그러한 도전을 용인하면서 존재할 수는 없다. 따라서 어떠한 성인聖人이라도 — 진정한 의미에서 성인은 그가 생존했던 시대가 성인으로 인정하는 경우는 거의 없지만 — 그러한 차원의 도전을 통해 기존 사회의 변혁을 추구하는 인물은 사형당하는 것이 필연적이다. 다만 앞에서 언급한 바와 같이 아테네라는 도시국가는 민주화와 더불어 시민 누구에게나 평등하게 발언의 기회가 있다는 의미의 '파레시아'와 '이세고리아', 즉 현대판 '언론의 자유'가 제도적으로 정착된 나라라는 사실이 무시될 수는 없다. 또한 아테네는 그 한계 문제를 떠나 종교적 또는 문화적 관용이나 학문적 또는 이념적 관용이 사회생활의 기본적 양식으로 정착된 나라였다. 물론 대부분의 배심원은 소크라테스의 그러한 태도에 분노를 느꼈을 것이다. 그러나 그들은 각자 유죄 평결의 결정을 내리기 전에 언론 자유 및 관용의 이념과 개인적으로 느끼는 도덕적 분노 사이에서 심리적 갈등을 겪을 수밖에 없었을 것이다. 그런데 소크라테스의 계속되는 도전은 그러한 심리적 갈등을 해소하는 방향으로 나아가게 한다는 사실이 비극적이면서도 흥미로운 광경이다.

소크라테스의 앞의 진술은 일단 아테네 시민 전체를 무지한 인간들로 규정하는 것에 다름 아니다. 그것은 시민 집단 전체의 의사가 국가의 보편적인 의사로 규정되는 민주정체에서 국가 통치의 주체 자체의 앎과 잘남과 도덕성에 대한 부정이다. 그것은 민주정체의 주체인 아테네 시민들 전체에 대한 일종의 '인격 모독' 성격의 발언이기도 하다. 다시 말해서 그의 발언은 아테네 시민 집단 전체의 자존심에 대한 훼손, 곧 아테네 시민 집단 전체가 스스로에 대해 갖는 집단적 잘남의 자의식에 대한 정면의 도전이다. 『앎과 잘남』 1권에서 설명한 바와 같이, 그것은 『일리아스』에서 아가멤논이 아킬레우스로부터 '전리품'인 브리세이스를 총사령관의 권력으로 환수한 행동을 아킬레우스가 자존적 잘남의 훼손으로 받아들인 데 따른 분노에 비견될 수 있다. 그러한 사실이 배심원들 다수에게 그러한 심리적 갈등을 악화시키면서 소크라테스를 단호하게 단죄하는 방향으로 작용을 한 것 같다. 그런데 이어지는 소크라테스의 발언은 사태를 더더욱 악화시키는 방향으로 나아가게 한다.

앞의 사실에 부가하여 소크라테스는 자신의 발언이 자기 자신의 변호가 아니라 아테네 시민들 전체를 위한 것이며, 자신은 바로 아테네 시민들의 무지를 깨닫게 해주도록 신이 아테네에 보내준 일종의 '국민교육자' 임을 선언한다. 여기서 교과서적으로 널리 소개된 소크라테스의 진술이 등장한다. 그는 아테네인들을 잘 먹어 덩치는 크지만 게으르고 굼뜬 말에 비유하면서, 시민으로서 자신의 역할 또한 시민 집단이라는 말이 게으르고 굼뜨게 되지 않도록 따끔하게 침을 쏘아 각성시켜주는 등에myōpos에 비유한 것이다(30d~31c).[79] 그리고 만일 자신이 사형당한다면 아테네 시민들은 죄 없는 사람을 부당하게 죽이는 죄를 범함과 동시에 결코 다른 데서 찾기 어려운 신이 아테네 시민들에게 준 귀중한 선물인 소크라테스라는 인물을 버리는 우를 범하는 것이라는 충고까지 한다. 낮잠 자는 사람을 깨우면 그 사람은 깨운 사람에게 화를 내고 경우에 따라서는 후려갈기듯이, 자신의 등에 역할이 아테네인들로 하여금 자신을 죽이게 할 수도 있음을 잘 알지만, 그는 아테네인들에게 아버지나 큰형님처럼 "아레테의 함양에 힘쓰라고 권고하는peithonta epimeleisthai aretē" 역할을, 다시 말해서 진정으로 잘나게 되기 위해 노력하라고 충고하는 행위를 계속할 것이라는 점을 다시 강조한다.[80] 그리고 그러한 '국민 교육'을 수행

---

79 이 등에의 비유 이외에 『테아이테토스』에서 소크라테스가 자신을 산파maios에 비유한 것은 유명하며, 『메논*Menōn*』(80a)에도 대화 상대자인 메논이 그를 접근하는 물체를 감전시켜 마비시키는 '전기뱀장어narkē'에 비유하는 장면이 있다. 그 장면에서도 설명되어 있지만 여기서의 '마비시킴narkein'은 앞서 설명한 '아포리아aporia' 상태의 다른 표현일 것이다. 소크라테스나 플라톤이 직접적으로 해명하지는 않았지만, 정신세계에 자극을 주어 스스로의 사고 체계의 빈곤함을 깨닫게 하는 망신과 창피의 상태, 그러한 망신과 창피에 이어지는 '무엇이 무엇인지 모름'에 빠지는 멍한 '아포리아'의 상태, 그러한 상태를 극복하여 새로운 생각을 태동시키는 상태의 끊임없는 교차를 통한 사고의 발전이 교육, 특히 대학 교육의 요체라고 할 것이다.

80 야스퍼스는 소크라테스가 그와 같이 쇠파리로 산다면 아테네의 정치는 개선될 수 있다고 믿었다고 해석한 바 있다(야스퍼스, 2005: 14) 그런데 그러한 해석은 『변명』의 전체적 맥락을 충분히 해명하지 못할 뿐만 아니라, 대중의 정신세계나 종교와 결합된 정치

하면서도 한 번도 이익을 취하거나 수당을 받지 않았다는 사실이 그러한 행동이 신의 선물이라는 증빙이라고 강조한다. 또한 아니토스 등 고발인들이 부끄러운 줄도 모르고 자신을 고발했지만, 소크라테스는 자신이 '국민 교육'을 통해 수당을 받거나 이익을 취하지 않았다는 사실을 증언해줄 수 있는 증인을 법정에 내세우지도 않았다는 사실 또한 자신의 증언이 진실이라는 증빙이라고 첨언한다.

소크라테스의 그러한 진술들은 결국 자신은 바로 신이 임명한 '국민교육자'이며, 소피스트들과 같이 교육을 사적인 이익 추구 수단으로 간주하는 '사교육업자'가 아니라는 자존감의 표명이다. 그것은 또한 자신의 삶과 존재성이 아테네 시민들 전체의 그것에 대해 갖는 우월감, 곧 비록 자신은 권력을 추구하지도 향유하지도 않았지만 그 어느 누구보다도 훌륭하고 잘난 존재라는 자존감의 천명이다. 그것은 또한 세속 세계의 어떠한 권력자보다도 철학자가 진정으로 강한 자라는 플라톤의 정치철학적 대논제의 예고이기도 하다.[81] 그런데 언제나 문제는 이것이다. 설사 철학자가 있다고 해도 세속인들이 그를 알아볼 수 있느냐는 것이다. 여기에 인류 지성사에서 끊임없이 지속되는 '철학과 현실', '철학과 대중' 사이의 긴장 관계의 원형이 있다. 정치철학의 태동은 그러한 긴장 관계를 직접 '공식적으로' 그리고 비극적으로 체험하고 있는 소크라테스를 통해 그 구체적인 모습을 드러낸다. 다음 7장에서 검토의 대상이 될 『변명』의 마지막 부분과 플라톤의 『크리톤』은 그러한 소크라테스의 모습을 생생히 증언한다.

체제의 속성을 제대로 이해하지 못한 결과로 판단된다.

81 아울러 『고르기아스』(516c, 517a, 521d)에서는 소크라테스가 자신이 아테네의 어떤 형태의 정체에 대해서도 동의하지 않으며, 페리클레스를 포함하여 아테네에는 진정한 의미에서의 정치가는 아직 없었다고 진술하고 있다. 그리고 소크라테스는 '철학자'인 자신이야말로 아테네에서 '진정한 정치가'라고 부연한다.

제7장

잘남의 세속성과 초월성, 그리고 정치철학의 태도

"그 과정에 극복해야 할 너무나 많은 창피스러움이 없다면,
배움에 무슨 매력이 있겠는가."[1]

- 프리드리히 니체

소크라테스의 법정 연설 가운데 지금까지 인용되고 서술되고 해석된 진술들이 그의 핵심적인 주장의 전부라고 할 수 있다. 앞에서 언급한 바와 같이 그러한 주장은 배심원들뿐만 아니라 아테네 시민 전체의 자존감에 대한 훼손이고 모욕이며, 나아가 아테네 국가라는 지배 질서 및 민주 정체 자체에 대한 도전이자 부정이다. 다른 말로 표현하여 그것은 아테네라는 국가의 정체성에 대한 도전이자 부정이다. 정작 당사자인 소크라테스는 그것을 도전이나 부정으로 생각하지 않는데도 불구하고 도전과 부정의 성격이 있다는 점에 소크라테스의 삶에 내포된 또 하나의 아이러니가 있다. 소크라테스가 보기에 아테네 시민들은 본질적으로 진정한 앎과 잘남으로부터 유리된 삶 및 국가 생활을 영위하고 있으며, 바로 그러한 이유에서 아테네라는 국가는 병들어 있다는 정치적 진단을 내리고 있

1 "Der Reiz der Erkenntnis wäre gering, wenn nicht auf dem Wege zu ihr so viel Scham zu überwinden wäre." Friedrich W. Nietzsche, *Jenseits von Gut und Böse*.

다. 그리고 그러한 진단에 따라 소크라테스는 바로 자신이 시민들 전체에 대한 교육을 통해서 그것을 치유할 수 있는 '국민교육자'이자 '정치적 의사'[2]라고 선언하고 있다. 이에 반해 아테네 시민들은 그러한 진단을 내리는 소크라테스를 엉터리 '돌팔이 의사'로 여기며 배척한다.

어쨌든 소크라테스의 태도와 진술은 바로 앎의 추구는 국가 생활에 대한 앎을 통해서 완성되고, 개인적 잘남은 국가 생활 전체를 통해 실현될 때 완성된다는 선언과 다를 바 없다. 즉 정치철학은 철학의 한 분야가 아니라 철학이 곧 정치철학이라는 궁극적 동일성을 암시한다. 다시 말해서 철학은 정치철학을 통해서 완성된다는 것이다. 아테네 시민의 입장에서 '국민교육자' 또는 '정치적 의사'라는 주장이나 질책은 도덕적 오만함과 반국가적 · 반체제적 언행이므로 도덕적으로나 정치적으로나 사법적으로나 도저히 용납할 수 없었을 것이다. 따라서 그에 대한 유죄 평결은 거의 필연적이다. 그 유 · 무죄를 결정한 배심원 투표 결과의 차이가 30표에 불과하다는 사실이 오히려 당시 아테네의 정신 상황과 관련하여 해석의 여지를 남기는 것이다. 이에 대해서는 뒤에 가서 논의할 것이다. 어쨌든 그러한 선언은 소크라테스 일생의 행적과 관련하여 한 가지 의문을 제기하며, 실제로 그 의문에 대한 소크라테스의 해명이 평결 이전에 소크라테스가 행한 자기 변론의 나머지를 이룬다.

일단 그 의문의 핵심부터 정리할 필요가 있다. 그는 왜 자신에게 부과되었다는 신의 소업이나 교육적 · 정치적 이상을 민회 등에서의 '정치 활동',

---

2 이 표현은 플라톤의 『국가』에서 여러 차례 나타난다. 희랍어로는 'hiatros politikos (political doctor)'이며, 인체의 병을 치유하는 사람이 의사이듯이 국가의 병을 치유하는 사람을 의미한다. 그것은 진정한 의미에서 철학자가 병든 국가 또는 잘못된 통치에 따른 인간의 온갖 비극과 고통을 사라지게 할 수 있다는 이념, 곧 철인통치 이념의 다른 표현이다.

즉 대중이나 정치인들을 직접 접하고 설득하거나 조언함symbouleuein을 통해서 적극적으로 실현하려 노력하지 않았으며(31c), 비록 수당은 받지 않았다고 하더라도 일생 동안 주로 젊은이들하고만 개인적으로 어울리면서 결국은 사사로운 교육 활동에만 전념했느냐는 것이다. 이 의문은 실제로 철학자 또는 지식인의 정치 참여의 성격과 그 한계가 무엇인가의 문제와 더불어 플라톤 아카데미 설립의 정치적·교육적 이념과도 연관되는데, 다음 절에서 이루어질 『변명』의 마지막 부분에 대한 검토는 그 의문에 대한 해명의 시도이다.

1. 개인적 정의와 국가적 정의, 그리고 도덕적 주지주의와 잘남의 문제: 『변명』 35e~42a

소크라테스가 정치에 적극적으로 참여하지 않은 이유는 먼저 앞서 여러 차례 언급되었던 그 특유의 신적 계시를 통해 설명된다. 즉 그에게 나타난 "어떤 신적이며 영적인 존재theion ti kai daimonion"가 자신이 좋지 않거나 옳지 않은 일을 할 때마다 그러한 행동을 억제시켜 왔는데, 그것은 자신이 "정치적인 일에 관여하는 것ta politika prattein"도 막아왔다는 것이다(31d). 일단 그와 같은 '이유 대기' 자체가 당시의 아테네 시민들에게는 일종의 비겁함이자 신성 모독의 행위로 비칠 수 있다. 그것은 아테네인에게는 당연한 공인 활동의 소홀을 신의 이름으로 정당화하기 때문이다. 그들에게는 '정치에의 관여', 곧 공인으로서 활동이 바로 시민적 삶이자 남자만이 향유할 수 있는 국가적·도덕적 의무 및 권리이며, 인간으로서 잘남의 구현이었다. 그리고 앞에서 이미 언급한 바와 같이, 노예나 여성 등 개인적인 일에만 종사하며 살아가는 인간들이란 바로 'idiotēs',

즉 '사적인 일에 몰두하는 인간'이자 시민 또는 자유민이 못 되는 인간으로서 경멸의 대상이었기 때문이다. 그런데 그는 그러한 '이유 대기'를 넘어 자신이 정치에 관여하지 않은 행동이 결과적으로 자신과 아테네 시민들 모두에게 좋은 일이었다는 점을 강조한다. 만일 자신이 정치에 관여했을 경우 오래전에 사형을 당했을 것이라면서(31d), 그 이유를 설명한다. 그런데 그 설명 또한 배심원들을 분노를 넘어 전율시킬 수도 있는 내용이며, 그 스스로 그 점을 의식한 듯 자신이 "진실을 말하는 데legonti talēthē" 대해 "기분 나빠하지 말라고mē achthesthe"[3] 미리 요청까지 하는데(31e), 그러한 요청이란 곧 '당신들은 진실을 직시하지 못하는 인간들'이라는 의미로 해석될 수 있으므로 배심원들과 일반 청중의 심사를 더욱 뒤틀리게 했을 것이 틀림없다.

그 듣기 불편한 진실이란 간단히 말해 아테네에서 정의로운 인간은 소크라테스 혼자뿐이고 나머지 시민들 모두가 정의롭지 못하다는 것이다. 바로 시민들 전체가 정의롭지 못하기 때문에, 아테네라는 도시국가에서 발생하는 "올바르지 못하고 불법적인 많은 일들에polla adika kai paranoma" 대해 반대하는 자신과 같은 사람은 생명을 부지할 수 없게 되었다는 것이다. 따라서 "진실로 올바른 것을 위해 싸우면서 자신의 목숨을 조금이라도 오래 유지하려는 사람은 공인이 아니라 사적인 인간이 될 수밖에 없었다는 것이다"(31e~32a).[4] 자신이 바로 그러한 인간이었다는

3 이 말을 〈Loeb Classical Library〉판의 번역자인 파울러는 'do not be angry'로 번역했는데, 그것은 'acheuō'라는 동사의 원의와도 거리가 있고 이 문맥에서의 미묘한 의미를 전달하지도 못한다.

4 참고로 이 인용문에서 '공인이 아니라 사적인 시민이 될 수밖에 없다'라는 표현의 희랍어 원문은 간단히 동사 두 어휘로 표현된다. 즉 '사적인 시민이 되기'는 'idiōteuein', '공인이 되기'는 'dēmosieuein'이다. 전자의 어휘에 관해서는 앞서 'idiotēs'라는 말에 대한 설명을 참고하면 되며, 후자의 어휘가 '공인이 되기'라는 의미로 사용되는 경우는

사실의 증거로서tekmēria 그는 먼저 자신이 걸어온 삶의 행적을 소개한다. 이 기술은(32a~34b) 소크라테스의 일생에 대한 자료를 제공하는 많지 않은 전거들 가운데 하나이기도 하며, 교과서적으로도 널리 소개되어 있고 많은 역사적 해설 및 고전 연구가들 논평의 대상이기도 하다.[5] 여기서는 그러한 해설과 논평들을 참고하면서 소크라테스가 죽음을 무릅쓰고 불의에 저항한 사례가 제시된 부분(32b~e)에 대한 지은이 나름대로의 해석을 제시하면 다음과 같다.

펠로폰네소스 전쟁이 막바지에 이른 시기이자 소크라테스가 63세 때인 기원전 406년 레스보스Lesbos 섬 동쪽에 있는 아르기누사 군도群島 주변에서 아테네와 스파르타 사이에 해전이 벌어졌고, 그 해전은 아테네의 대승으로 끝난다. 그런데 해전 종식 후 갑자기 폭풍이 내습하여 많은 군함들이 침몰하고 수많은 수병들이 수장되는 참사가 일어난다. 당시 민회는 그 사건에 대한 책임을 물어 해전을 지휘한 여덟 명의 장군 가운데 여섯 명에 대해 표결을 통해 사형을 평결하고 처형시키게 된다.

이 사건은 현재의 관점에서는 결코 정당화될 수 없는 '사법적 살인'이다. 그런데 당시 아테네의 법 제도에서는 그 근거가 전혀 없는 것은 아니

플라톤의 저작에서 처음 등장하는 것으로 보아 그가 기존의 어휘에 그러한 의미를 첨가한 것으로 추측된다. 그 말은 본디 재산을 압류하는 행위를 — 즉 사유 재산을 데모스 공통의 것으로 만든다는 의미에서 — 지칭하는데, 그러한 의미 변화에는 플라톤이 '민주화 시대'의 정치 참여를 '데모스와 어울리기' 정도의 의미로 규정하려는 의도가 반영된 것일 수도 있다.

5 소크라테스가 불의에 저항한 두 사례와 관련된 역사적 배경과 그의 법정 발언과 관련된 주요 연구가들의 해석과 논평은 앞에서 인용한 콜라이아코도 자세히 소개하고 있다(콜라이아코, 2005: 281~290 참조). 두 사례의 역사적 배경을 이루는 아르기누사Arginousa 해전 및 그와 연관된 장군들에 대한 재판에 관한 1차 자료는 크세노폰의 『헬레니카*Hellenika*』 I-vii, 『소크라테스 회상』 I-i-18과 IV-iv-2, 디오도로스Diodoros의 『역사 자료』, XIII-101. 1~103. 2 등이며, '30인의 폭정hoi triokonta tyrannoi'에 대한 1차 자료는 크세노폰의 『헬레니카』 I-vi 및 II-iii이다.

면서도 무리한 사법적 절차에 따른 '사법적 살인'이었던 것도 사실이다. 그 법적 근거는 앞에서 소개한 바 있는 '국사범탄핵eisaggelia' 제도이다. 하지만 설사 그 제도에 입각한 형사 소추라 하더라도, 그것은 모든 피고에게 개별적으로 재판받을 수 있는 권리와 자기 변론의 권리를 법적으로 보장한 당시 아테네의 사법 체계를 무시한 법 집행이다. 또한 그것은 군사적 이유가 아닌 자연재해에 따른 불가피한 사건이었으며, 작전의 실패나 군율의 위반이 아니라 병사의 구출과 시신의 수거 및 매장의 의무라는 도덕적 · 종교적 이유로 장군들을 처형에까지 이르게 한 사건이다. 결국 그것은 흥분된 감정에 휩쓸린 전형적인 군중심리가 사법 질서를 압도한 사건이었고, 아테네 시민 전체의 의사이기 때문에 정당하다는 논리로 이루어진 현대판 인민재판 식의 사법 집행이었다.

당시 소크라테스는 일생 처음으로 관직을 맡아서 민회의 사무를 관장하는 상임위원회boulē에서 한 달 임기의 의장pritaneis직을 수행하고 있었는데, 소크라테스 의장은 그 결정에 홀로 반대했다. 민회의 결정에 불복한 그의 행동에 대해 많은 연설가들rhētoroi이 탄핵하고 그를 체포하여 처형할 것을 주장하고, 민회의 시민들 또한 다수의 함성으로 그들에 호응했다. 그러나 그는 투옥이나 죽음의 위험에도 불구하고 끝까지 불의에 저항했다는 것이다(32b~c).[6] 이상이 그 스스로 제시한 민주정체 하에서 불의에 저항한 사례의 하나이다.

다른 하나의 사례로서 소크라테스는 '30인의 참주정'이라고도 불리며, 1년 미만의 짧은 기간 동안 존속했던 과두정치 체제 시기에 발생한 한 사건에 관해 진술한다(32c~d). 앞에서 이미 언급한 바 있듯이, 이 정권은 펠

---

6 이 사건에 대해서는 크세노폰도 『소크라테스 회상』 I-ii-29에서 기록하고 있고, 디오도로스의 『역사 자료』 XIV-v-1~3에도 기록되어 있다.

로폰네소스 전쟁에서 아테네가 패한 기원전 404년 아테네에 진주한 스파르타군의 도움으로 크리티아스 중심의 과두파 세력이 민주파를 축출하고 권력을 장악함으로써 탄생했다. 과두파 집권층은 살라미스 섬 출신의 민주파이자 과두파의 탄압을 피해 바로 그 살라미스 섬에 망명한 레온Leon이라는 인물을 처형할 목적으로 그를 체포하여 압송하라는 명령을 소크라테스를 포함한 다섯 사람에게 내린다. 그들 과두파는 이와 비슷한 명령을 많이 내림으로써 가능한 한 많은 인사들을 자신의 편에 끌어들이려는 정치적 의도를 가지고 있었다는 것이며, 다섯 사람 가운데 다른 네 사람은 그 명령에 복종하여 살라미스로 향한 데 비해 소크라테스 자신은 그것에 불복하고 집으로 돌아감으로써 잘못된 명령에 저항했다는 것이다. 그리고 만일 과두정권이 곧이어 붕괴되지 않았을 경우 그는 처형되었으리라는 점을 스스로 강조한다.[7]

소크라테스는 위의 두 경우가 일생에 걸쳐서 공인으로서든 사인으로서든 자신이 불의에 저항한 사례의 전부인지 여부를 명확히 밝히지는 않는다. 다만 그는 가능한 한 정치에 관여하지 않았다고 말하고 있으므로, 그 두 경우가 저항 사례의 전부일 개연성은 크다. 그리고 그가 불의에 저항했던 사안이 발생했을 당시 시민들이나 권력자들은 왜 소크라테스가 각오한 투옥이나 죽음에 대해 위협하는 것에 그치고 실제로는 즉각 집행하지 않았는지도 명확히 밝히지 않고 있다. 어쨌든 두 경우 모두 그가 60대의 노인이 되어서 — 각각 그가 63세 때인 기원전 406년과 65세 때인 기원전 404년 — 발생했고, 당시에는 실제로 투옥이나 죽음에 이르지는 않았다는 사실이 주목된다. 다시 말해서 배심원들이 보기에 그는 일생 동안 시민으로서 국가 생활에는 무관심하다가 '다 늙어서' 겨우 두 번 공

7 이러한 사실은 플라톤의 그의 『제7서한』 324c~325a에서도 언급되고 있다.

인으로 활동한 것에 불과할 수 있고, 권력자의 결정에 반대하는 의사 표현은 했지만 실제로 그리 격렬하게 저항한 것 같지는 않은 행위를 '불의에 대한 저항'으로 미화시키면서 혼자 '재수없게' '잘난 체'하고 있다는 또 다른 반감을 살 수도 있는 것이다.[8]

그러한 배심원들의 반감을 전혀 의식하지 않은 듯, 소크라테스는 자신이 추구한 올바른 삶이 공인으로서 삶과는 양립할 수 없음을 다시 한 번 강조한다. 만일 자신과 같은 올바른 인간이 정치에 관여하는 공인으로서 살았다면 오래전에 죽음을 당했으리라는 것이다. 그것은 곧 아테네의 정치는 민주 정치에서이든 과두 정치에서이든 정의가 실현되지 않았고, 잘난 체하고 훌륭한 체하는 인간들은 많았지만 결국 진정으로 잘나고 훌륭한 인간은 없었으며, 인간들을 잘나고 똑똑하게 만든다고 내세우는 교육자나 도덕적 행위와 법의 통치를 강조한 정치인은 많았지만, 결코 인간들을 진정으로 잘나고 진정으로 도덕적으로 만든 교육자나 정치인은 없었다는 주장인 것이다. 그러한 주장과 연관하여 그는 자신이 소피스트로서 젊은이들을 타락시킨 잘못된 교육자라는 고발에 대한 마지막 반박으로 자기 변론을 마친다. 그 변론의 핵심은 자신에게 공적인 것이란 '대중과 어울리는dēmosios' 행위가 아니라는 것이다. 다시 말해서 일반 시민들과 어울려서 올바르지 못한 정치에 참여하는 것이 공적인 삶이자 시민적 삶이 아니라, 젊은이든 나이 든 사람이든 자신의 말을 듣고 싶어하는 사람

8 30인의 참주 정체는 크리티아스 등 소크라테스의 제자나 친구들이 주도했다는 사실과 아울러, 그들의 권력 행사에 대해 그가 위의 사례와 같은 저항은 했지만 그들의 권력 자체에 저항하거나 그들을 피해 망명한 적이 없다는 사실도 배심원들로서는 그의 발언의 진실성에 대해 의심을 품을 수 있는 여지가 있다. 비슷한 맥락에서 어빙 스톤은 그가 펠로폰네소스 전쟁 당시 멜로스Melos나 미틸레네Mytliene 학살을 결정한 민회에 참가하여 적극적으로 저항하지 않은 사실을 들어 그가 자부한 정의감의 순수성을 의심하고 있다(Stone, 1988: 104).

들과는 누구와도 어울리면서 그들과 진지한 정신적 교류를 하는 것이 자신만의 공적 · 시민적 삶이라는 것이다. 그것은 앞서 3장에서 설명한 대화의 의미에 대한 또 다른 해명이며, 그와 동시에 기존의 전통적인 교육이란 진정한 의미에서 교육이 아니라는 혁명적 선언을 내포하고 있다. 그런데 그 '혁명적인' 교육 이념의 핵심은 바로 소크라테스 자신은 교육자가 아니라는 역설적인 선언에 함축되어 있다.

소크라테스는 먼저 자신은 누구의 선생didaskalos도 아니었다는 점을 강조한다(33a). 그것은 물론 당시의 통상적인 의미에서 선생은 아니라는 것을 의미한다. 일단 그는 가르친 것이 아니라 자신의 말을 듣고자 하는 사람들이라면 부자이든 빈자이든, 유명인사든 무명인사든 누구나와 '대화를 나누었을dialegomai' 뿐이며, 또한 일반 직업적인 선생이나 소피스트들과 같이 대화의 대가로 급료나 수당을 받은 것도 아니라고 말한다(33b). 아울러 그는 그 대화의 방식이나 내용에 있어서도 일반 교육자들의 교육 방식이나 내용과는 다름을 지적한다. 그는 단지 대답하고 들을 용의가 있는 사람이라면 누구에게라도 '질문했을erōtaō' 뿐 그들에게 어떤 지식을mathēma[9] 전달하지는 않았다는 것이다. 따라서 자신으로부터 어떤 특정한 지식을 배웠다는 사람은 거짓말을 하는 것이며, 바로 그렇기 때문에 자신과 대화를 나눈 사람이 사회적으로 유용한chrēstos 인물이 되

---

9 희랍어 'mathēma'는 'didaskalos'와 어근을 공유하면서 가르침을 의미하는 'didachē'의 대상 또는 내용을 의미한다. 'didachē'란 바로 스스로의 모름을 깨닫고 능동적으로 앎을 추구하는 행동이 아니라, 선생으로부터 이미 정통적인 지식으로 규정된 객체화된 '앎' 곧 지식을 전달받는 행위를 지칭한다. 『앎과 잘남』 1권에서 설명했지만, 당시 소피스트들은 교과서적 지식이나 교양의 전달자 역할에 그친 전통적인 교사들을 비판하면서, 토의와 논박 능력 등 능동적인 앎의 능력을 함양시키려는 나름대로의 '교육 혁명' 이념을 가지고 있었다. 소피스트 운동에는 보통 교육에서 고등 교육으로의 전환을 주도했다는 지성사적 · 교육사적 의미가 있는 것이다.

는지 여부에 대해 자신은 책임이 없다는 점도 강조한다(33a~b). 다시 말해서 젊은이들을 타락시켰다는 자신에 대한 혐의는 자신의 교육 내용이나 방식 차원에서도 근거가 없다는 것이다.

이러한 주장에 대해서도 배심원들은 쉽게 논박을 할 수 없겠지만 쉽게 수긍할 수도 없었을 것이다. 현재에도 그러하지만 일반인들에게 앎이란 대체로 이미 형성된 지식을 습득하는 행위로 이해될 뿐이며, '모름의 앎'이라는 말 자체가 궤변으로밖에 들리지 않을 것이다. 그들은 질문을 하는 능력, 바로 자신이 모르는 바를 명확하게 규정할 수 있는 능력이 창조성의 핵심이자 바로 자신만의 앎을 형성하는 데 필수적이라는 사실을 깨닫지 못한다. 그들은 의문이 많음을 대체로 이해 능력의 부족이나 무지의 표현으로 이해하며,[10] 그들은 무엇보다도 스스로의 사회적 직능 수행이나 사회적 명성의 토대가 되는 자신의 고정된 앎의 체계를 끊임없이 부수고 수정하며 재구성하는 과정에 필연적으로 수반되는 정신적 고통을 감내하려 하지 않는다.[11] 질문이나 논박을 통해 자신의 고정된 사고 체계에 도전한 인간에 대해서는 바로 소크라테스가 스스로를 묘사한 바와 같이 '등에' 같은 존재로서 성가시거나 귀찮게 여기는 것이다. 멜레토스나 아니토스 등이 소크라테스를 고발한 이유들 가운데 하나도 그것인데, 소크라테스는 자기변호의 마지막 부분에서 바로 그 점을 다시 환기시키

10 결국은 소크라테스-플라톤의 철학으로 회귀하지만, 현대 철학에서 질문할 수 있는 능력이 범용한 지식인들은 갖기 어려운 정신적 능력이자 창조성의 원천이라는 점에 대한 나름대로의 체계적인 설명은 가다머가 제공하고 있다. 이에 관해서는 특히 Gadamer, 1982, 2부-2장-3절-c(325~341) "The hermeneutic priority of the question(Der hermeneutische Vorhang der Frage)" 참조.

11 진정한 앎의 추구의 결과를 지칭하는 순우리말인 '깨달음'의 과정 하나하나에 끊임없는 고통algos이 따른다는 점은 플라톤이 특히 『국가』 7권의 유명한 '동굴의 비유' 편에서 생생하게 묘사한 바 있다.

면서 배심원들의 자존심에 마지막으로 따가운 침을 놓는다.

그는 아테네 시민 가운데에도 자신과 시간을 보내는 것을 좋아하는 사람들이 있는 이유를 다음과 같이 설명한다. 그들은 스스로를 똑똑하다고sophos 생각하는 유명 인사들에 대해 소크라테스가 바로 질문하고 논박하고 검토하는 것을 들으면서, 그 유명 인사들이 보기와는 달리 실제로는 그리 똑똑한 사람이 아니라는 사실을 발견하고 즐거워하기 때문이라는 것이다(33b~c). 물론 그들은 즐거웠겠지만, 그러한 검토를 당한 사람들은 자신에 대한 공개적인 망신 주기와 창피 주기로 여겨 — 바로 그러한 검토를 참된 즐거움을 가져다주는 깨달음의 과정으로 여기지 않는 한 — 소크라테스에게 증오감 아니면 적어도 반감은 품었을 것이다. 그것은 자신이 잘난 인간이라는 자존감에 대한 공개적인 훼손인 것이다. 그리고 배심원들 중에도 그와 같은 망신과 창피를 당한 유명 인사들이 있었을 것이다. 그들은 소크라테스의 상기 발언을 결코 다시는 기억하고 싶지 않은 불유쾌한 경험을 법정이라는 공식적인 자리에서 의도적으로 환기시키는 기분 나쁜 행동으로 받아들일 수밖에 없었을 것이다. 그런데 소크라테스는 거기서 더 나아가 그러한 '망신 주기'가 앞에서 이미 여러 차례 언급한 신의 소명이라는 점을 또다시 강조한다(33c). 그것은 마치 소크라테스가 의도적으로 그들 유명 인사들로 하여금 '망신의 추억'이 '분노의 감정'으로 바뀌도록 자극하는 것처럼 보인다.

소크라테스가 법정에서 행한 지금까지의 발언과 태도만으로도 배심원들의 분위기는 이미 험악해져 자신에게 가장 불리한 상태가 되었을 것임에 틀림없다. 그러한 분위기에 아랑곳하지 않는다는 듯, 평결 투표가 이루어지기 직전의 마지막 발언에서 소크라테스는 배심원들에게 다시 한 번 '잘난 인간 망신 주기'가 바로 신의 소명이라는 점을 강조한다. '잘난 인간 망신 주기'로 점철된 자신의 삶의 행적이 바로 신의 소명이기 때문에 자신은 무죄라는 점을 더욱 단호한 태도로 그 '망신 주기'에 당한 사람들이 포함되었을 배심원들에게 확인하려는 것이다. 그러한 확인의 핵심은 바로 자신을 추종했던 젊은이들의 존재를 배심원들에게 육안으로 확인시키는 것이다. 자신은 결코 젊은이들을 타락시키지 않았다는 것을 입증하기 위해 법정에 나와 참관하고 있는 그의 '제자들'을 지목한다(33e~34a).[12] 만일 자신이 잘못된 말들로 그들을 그릇된 방향으로 인도했다면 그들 가운데 누구라도 일어나 자신을 고발하게 하라는 것이다. 그리고 만일 그들이 자신의 잘못된 충고 때문에 이미 도덕적으로 타락해서 타락한 자신과 한패가 되어 자신을 의도적으로 변호할 수 있다고 걱정되면, 그 젊은이들 대신에 '타락하지 않고' 그들보다 나이가 많은 그들의 가족이나 친척들 가운데 누구라도 나서서 자신을 고발하게 하라고 배심원들과 멜레토스에게 요구한다.

소크라테스의 그러한 당당함은 또다시 배심원들에게 법정에 선 피고인답지 않은 고압적이고 오만한 태도로 비칠 수 있다. 또한 그의 제자들과 그들의 아버지들에 대한 언급은 '소크라테스와 그의 아이들'이라는 '정치적으로 위험스런' 집단의 존재를 배심원들에게 새롭게 각인시키는 계기로 작동했을 수 있다. 그런데 바로 이어지는 발언(34b~35d) 역시 배심원들이나 방청석의 인사들 대부분의 잊고 싶은 기억을 되살리면서 소크라테스에 대한 반감을 더욱 악화시킨다. 바로 자신의 그러한 당당함이

12 이 대목에서 '소크라테스의 제자 리스트'가 소크라테스 자신에 의해 그들의 아버지들의 이름과 더불어 제시된다. 이들 이외에도 여러 '제자들'이 있다는 사실은 소크라테스가 그들의 존재를 언급하는 발언을 통해 확인된다(34a). 다음 장의 논의를 위해 편의상 여기서 그 리스트를 소개하면 다음과 같다. 크리토불로스Kritoboulos, 아에스키네스Aeschinēs, 에피게네스Epigenēs, 니코스트라토스Nikostratos, 테오도토스Theodotos, 파랄로스Paralos, 테아게스Theages, 아데이만토스Adeimantos와 그의 동생 플라톤, 그리고 아이안토도로스Aiantodōros와 그의 동생 아폴로도로스Apollodōros 등등이다.

다른 유명 인사들보다 자신이 우월하다는diapherein 사실, 즉 더 '잘난' 인간이라는 사실의 표현이라고 명시적으로 공언했기 때문이다.

당시 아테네는 '민주화 시대'의 특징 가운데 하나로서 — 현대의 미국 사회와 같이, 그리고 그 미국 사회를 점점 닮아가고 있는 한국 사회와 같이 — 이미 '소송의 나라'가 되어 있었다. 이에 따라 재판정에 서보지 않은 유명 인사가 거의 없었고, 일반 시민들로 구성된 배심원들에 의한 유죄 평결을 피하기 위해서는 아첨과 애소 등 온갖 '못난' 수단을 동원하는 것이 일상화된 아테네의 법정 행태였다.[13] 그런데 소크라테스의 발언은 그들의 잊고 싶은 기억을 들추어내는 격이다. 그는 법정에서의 자신의 태도를 보며 배심원들 가운데 몇몇은 과거 법정에서의 자신들의 행동이 '기억나면서anamnēstheis 짜증났을aganaktēseien'[14] 것이라고 직설적으로 말한다. 즉 그들은 자신의 경우와 같이 절박함이 전혀 없는 소송 사건에서도 배심원들에게 눈물로 호소하거나 탄원하고, 경우에 따라서는 동정심을 유발하기 위해 친구나 친척은 물론이고 어린 자식들까지 법정에 출두시킨 적이 있다는 점을 공개적으로 거론한다.[15] 그리고 그러한 거론이 배심원들에게 또 다른 악감정을 불러일으켜 자신에게 불리하게 작용할 수 있지만, 자신은 그것에 개의치 않는다는 것을 강조한다. 자신은 자식이 셋이나 있지만 — 하나는 성인이고 나머지 둘은 미성년인 —[16] 결코 그들을 불러

---

13 실제의 법정에서 아테네 시민들이 보인 흥미로운 행태들에 대한 소개로는 Johnstone (1999) 참조. 앞에서 이미 페리클레스의 경우를 예로 들었는데, 소크라테스가 유명 정치인들이 법정에서 그들의 지위와 명성에 걸맞지 않은 행태를 보인 것에 대해 "국가적 수치aischynēn tē polei"라고 단죄하듯이 말한 점도(35a~b) 특히 페리클레스를 염두에 둔 것으로 보인다.

14 이것은 플라톤의 저작에서 자주 발견되는 언어 유희의 예이기도 하다.

15 그것은 물론 수사학에서 말하는 소위 '동정심에 호소하는 주장argumentum ad misercordiam'의 오류에 해당된다.

16 플라톤의 『파이돈*Phaidōn*』 첫 부분에는 크산티페가 감옥에 있는 남편 소크라테스를

동정심을 유발하는 행동을 하지 않을 것이며, 그러한 행동은 자신의 나이나 나름대로의 명성에도 어울리지 않는다고 단언한다(34b~d).

그러한 단언 자체가 법정에서의 경험을 가진 사람들에게는 당연히 조롱으로 들릴 수 있었으며, 그들에게 또 다른 '잘난 체'의 행위로 비치거나 질시의 감정을 유발했을 것이다. 그런데 그의 이어지는 발언은 배심원들의 심사를 한 번 더 흔들어놓는다. 그는 국가적 유명 인사들이 법정에서 창피스런 행태를 보인 것은 결국 '못난' 행동이자 자신들의 국가적 위상에도 어울리지도 않는다는 사실을 지적한다. 바로 그 점에서도 자신은 그들보다 우월하다는 점, 즉 더 잘난 인간이라는 점을 직설적으로 제시하고 있는 것이다. 그렇지 않아도 자신이 어떤 점에서는 그 유명 인사들보다 더 잘나고 똑똑하다고 생각하는 사람도 있는데, 국가적 명성을 누림과 동시에 지혜나 용기 등 다른 덕성들 면에서 탁월하다는 인간들이 기껏 법정에서는 마치 사형의 모면이 영생을 보장한다는 듯 배심원들에게 온갖 아첨과 애원을 하는 행태들이란 국가적 수치일 뿐이라는 것이다(35a~b). 그리고 개인적 명성 문제를 떠나, 사법 제도를 그와 같이 운영하는 것 자체가 바로 신성 모독이라는 점을 — 정의의 여신인 디케Dikē에 대해 잘못을 범하는 것이므로 — 강조하면서, 소크라테스는 이제 비판의 화살을 자신을 단죄하려는 배심원들 전체, 곧 민주정체에서 사법의 주체에게 돌리면서 평결 전의 법정 변호를 끝맺는다.

방문하는 장면이 있는데, 그 장면에서 그녀는 아이 하나를 안고 있었다. 디오게네스 라에르티오스는(Diogenes Laertios, II-26) 아리스토텔레스의 증언을 근거로 — 그 증언이 수록된 문헌이 무엇인지는 밝히지 않은 채 — 소크라테스가 크산티페와 결혼 후 다시 미르토Myrtō를 부인으로 맞았으며, 후자에게서 어린 두 아들을 둔 것으로 전하고 있다. 아울러 그는 다른 저술가들의 이름을 인용하면서 그가 처음부터 두 부인을 거느렸다는 설도 전하고 있다. 어떠한 경우이든 소크라테스가 '노익장'을 발휘했음은 분명한 것 같다.

그는 법정이란 배심원들에게 탄원하고 애원해서 무죄를 얻는 곳이 아니며, 정의의 문제에서 배심원들의 의무는 '선처 베풀기katacharizesthai'가 아니라 '판단하기krinein'라는 점을 먼저 강조한다. 아울러 배심원들은 법에 따라 판단을 내리는 것이 의무이며, '기분에 따라an dokēi' 선처를 베풀지 않겠다고 '서약했다는omōmoken; they have sworn' 사실을 환기시킨다(35c). 당시의 아테네인들에게 서약의 대상은 물론 신이며, 법정의 신은 바로 '정의의 여신', 곧 '디케Dikē'이다. 따라서 만일 자신이 애원과 탄원을 통해서 배심원들로 하여금 그러한 서약을 깨뜨리게 한다면, 그것은 '경건하게 행동함이euseboien; act piously' 아니며, 또한 바로 자신에 대한 소추의 근거인 '불경죄asēbeia; impiety'를 범하게 된다는 것이다. 그것은 배심원들로 하여금 신들의 존재를 믿지 않게 만드는 것과 같다. 자신을 고발한 인사들 이상으로 소크라테스는 신들을 믿기 때문에, 그는 무죄 평결을 끌어내기 위해 탄원하고 애원하지 않을 것이다. 따라서 자신 만이 아니라 바로 배심원들에게도 가장 좋은 일이 되는 방향으로 자신의 소추 건에 평결을 내려줄 것을 요청하면서 평결 전의 진술을 마친다(35d).

지금까지의 연설에도 잘 나타나 있듯이, 소크라테스는 아테네 법정의 일반적인 관행과 행태, 그리고 배심원들의 속성을 잘 알고 있었음에 틀림없다. 그렇다면 그의 자기변호 연설은 통상적인 의미의 자기변호, 즉 무죄 평결을 원한 사람의 연설은 결코 아니다. 오래전 그로트George Grote가 지적한 대로,[17] "그의 변론은 배심원을 설득해야 한다는 변론의 당면

17 1846~1856 사이에 출간된 그로트의 『그리스 역사*History of Greece*』는 유럽에서 의회민주주의가 정착하기 시작하는 역사적 상황에 맞추어 아테네의 민주정체를 재평가하는 데 획기적으로 기여한 저작이며, 현재에도 참고나 인용이 많이 되고 있다.

목적을 고의적으로 포기한 사람의 연설"일 수 있다(콜라이아코, 2005: 313에서 재인용). 실제로 그 점은 평결 이후의 연설을 통해서도 확인된다.

교과서로도 많이 소개되어 있지만, 그 평결 투표는 500명 배심원단에서 60표 차이(280 : 220)에 의해 소크라테스의 유죄로 결말이 났다.[18] 지금까지의 논의 과정에서 여러 차례 언급했지만, 연설의 대상인 배심원들을 포함하여 장인, 문인, 지식인, 교육자, 정치가 등 아테네의 시민 전체와 더불어 사법 제도의 운영 등 국가 통치 전반을 비판하고 공격한 소크라테스의 도발적인 연설 내용을 고려할 때 그 표차가 적음이 오히려 기이하다. 소크라테스 또한 그 유죄 평결에 낙담하지도 않았을 뿐더러 자신의 예상보다 적은 표차로 결말이 난 것에 오히려 놀랐다고 말한다(35e~36). 어떻게 해서 그 정도의 적은 표차가 났는가에 대해서는 기존의 문헌들만으로는 결정적인 이유를 찾기 어렵다. 다만 여러 가지 추정은 가능할 것이다.

일단 콜라이아코가 설명한 바와 같이(앞의 책, 302 참조), 배심원들 가운데 소크라테스의 친구들이 많이 있었을 수도 있고, 도전적이긴 하지만 합리성도 갖춘 소크라테스의 논리를 나름대로 이해한 사람들이 많이 있었을 가능성도 배제할 수 없으며, 특히 패전과 내전 직후 정신적으로 피폐해진 상황에서 자신의 영혼을 돌보라는 소크라테스의 충고가 가슴에 와 닿은 사람도 많이 있었을 수 있다. 그것은 결국 당시 아테네 시민들의 교양 수준이 그만큼 높았다는 방증이 될 수 있다. 그렇지만 어쨌든 다수의 배심원이 유죄 평결에 동조한 것은 분명한 사실이며, 결국 그들은 소크라테스의 연설 내용과 태도에 대해 앞의 논의 과정에서 지적된 반감을 강

18 아테네 법정의 배심원단 규모는 소송 사건의 심각성에 따라 1~2백 명에서 수천 명에 이를 정도로 가변적이었다.

하게 느꼈을 가능성이 크다. 또한 다수의 배심원은 그가 실제로 국가에 위험한 존재이기 때문에 그에 대한 무죄 평결은 그의 위험하고도 귀찮은 철학하기를 공식적으로 추인해주는 것이 되며, 그러한 추인은 결국 아테네 국가와 시민 전체를 유죄라고 인정하는 것과 다름없다는 판단을 내렸을 가능성이 크다(콜라이아코, 앞의 책, 303 참조). 그런데 유죄 평결과 형벌 결정의 평결 사이에 소크라테스는 최후의 진술을 하게 되는데, 그 진술은 배심원들 사이에서 위의 판단을 더욱 확산시키는 방향으로 작동하여 무죄 평결에 표를 던졌던 사람들 가운데 많은 사람들을 사형 평결에 찬성하게 만든다.

소크라테스의 재판은 그 '범죄'의 성격 자체가 특이할 뿐더러 기존의 법이나 판례에 그것에 상응하는 형벌이 규정되어 있지 않다는 점은 이미 지적한 바 있다. 그러할 경우 아테네의 '형사소송법'은 원고와 피고 측에 각각 '적절한' 형량을 제시할 것을 요구하게 되어 있는데, 원고 측은 사형을 제시한다(36b). 반면에 '피고' 소크라테스는 이미 내려진 '유죄'라는 사법 판단을 전제로 자신에게 적절하다고 판단되는 형량을 제시해야 한다. 배심원들이 보기에 피고가 제시한 형량이 죄질에 비추어 적절하고, 피고가 겉으로라도 참회하는 모습을 보이거나 개전의 정을 보일 경우, 피고는 배심원들의 동정도 살 수 있어 그가 제시한 형량으로 또는 배심원들이 제3의 형량으로 결정하여 평결이 내려질 수 있는 것이다.[19] 만일 피고가 이미 내려진 유죄 평결 자체를 인정하지 않는다면, 그것은 아테네의 사법제도 자체에 대한 부정을 의미한다. 그리고 그것이야말로 아테네라는 국가로서는 용인할 수 없는 국가의 존재성 자체에 대한 도전이 될 것이다.

---

19 아테네의 법은 배심원들에게 제3의 형벌을 부과할 수 있다는 사실에 관해서는 MacDowell(1978: 253) 참조.

그런데 소크라테스는 '실질적으로' 후자의 입장을 취한다. 그는 자신에게 합당한 형벌로 벌금을 제시하지만, 그 벌금형의 제시 논리가 자신의 유죄 인정과는 전혀 무관한 것이기 때문이다. 그는 자신의 일생 동안의 행적이 무죄 차원을 넘어 국가에 가장 큰 기여를 한 사람이므로 오히려 포상을 받아야 된다는 논리를 개진한다. 이와 더불어 벌금형의 제시 또한 형벌로서 적합성과 관련된 사법적 논변이 아니라, 오직 자신이 추구한 삶의 가치나 이상과 합치되기 때문이라는 철학적 논변을 제시하고 있다. 그 논변은 다음과 같다(36b~38c).

소크라테스는 먼저 자신이 살아온 일생의 행적은 형벌의 대상이 아니라 국가에 대한 최고의 기여자로서 오히려 국가적 포상의 대상임을 강조한다(36b~37a). 이미 앞에서 여러 차례 기술되었듯이, 자신은 돈 벌기, 공직 참여, 정파 활동 등과는 무관하게 일생을 살아왔으며, 그러한 활동들이란 자신이 추구한 "삶의 정도正道와는 맞지 않는다"[20]는 것이다. 그러한 활동 대신 자신은 아테네 시민 각자에게 "가장 큰 혜택을 부여하는 euergetein tēn megistēn euergesian"[21] 활동을 했다는 것이다. 그 혜택이란 개인이나 국가의 경우에나 그것을 구성하는 외면적인 요소들에 집착하지 말고 바로 개인 또는 국가라는 존재 자체의 발전에 관심을 기울이라고 설득한 행동이라는 것이다(36b~c).

지금까지의 연설 내용에 비추어볼 때 그 개인 및 국가의 존재 자체란 개인의 경우에는 영혼이고, 국가의 경우에는 국가의 본질이자 이상 곧 존

---

20 이 문장은 희랍어 "epieikesteron einai"를 의역한 것이다. 'epieikesteron'은 희랍어 '적절하다' 또는 '어울리다'라는 의미의 형용사 'epieikēs'의 비교급으로서, 문장 그대로를 직역하면 "그러한 활동을 하는 것보다는 ……를 함이 더 적절하다"이다.

21 희랍어 'euergesia'는 말 그대로는 '좋은eu 일ergesia'을 의미하는데, 그 의미가 전화하여 혜택benefit, 친절kindness 등을 지칭한다.

재 목적을 지칭할 것이다. 그리고 영혼의 완성이나 국가적 이상의 완성이 바로 개인이나 국가 차원의 잘남 및 도덕성의 완성, 곧 개인적 및 국가적 '아레테'의 완성에 다름 아닐 것이다. 그런데 왜 그러한지에 대한 구체적이고 체계적인 설명은 결코 『변명』에 제시된 것으로는 충분하지 않은 방대한 논변을 요구한다. 다시 말해서 충고 수준의 논변으로 배심원들을 설득할 수는 없다는 것이다.[22] 소크라테스가 죽은 후 오랜 시간이 지나 완성된 플라톤의 『국가』란 다름 아닌 제자가 스승의 기본적인 구상을 체계적 정치철학으로 구체화한 것이라고 할 수 있다.

어쨌든 건전한 일반 시민들에게 일상적인 삶에서 실질적으로 중요하고 현실적인 의미가 분명한 것은 국가라는 존재 자체가 무엇인가라는 추상적이고 막연하게 느껴지는 문제가 아니다. 그들에게 현실적으로 중요한 것은 법을 준수하고 공직에 봉사하며 국가적 행사에 적극적으로 참여하는 일, 즉 소크라테스에게는 경우에 따라 경시될 수도 있고 비판적 극복의 대상일 수도 있는 국가 생활을 구성하는 외면적인 요소들이다. 또한 그러한 외면적인 것들의 추구나 실현이 경험적으로 확실하고 실천적이고 실용성을 갖는 가치로 받아들여진다. 일반인들에게 실천성이란 바로 그와 같은 외면적 가치들의 실현을 의미하는 것이다. 따라서 소크라테스가 자신들에게 가장 혜택을 베풀었다는 주장 또한 많은 배심원에게 또 하나의 근거 없고 오만스러운 주장으로 들릴 수밖에 없다. 그럼에도 불구하고 소크라테스는 이어지는 주장에서 자신은 국가적 공로자이므로

---

22 실제로 소크라테스는 곧 인용될 『변명』 37a~b에 부분에서 배심원단과의 대화 시간이 당 사건의 규명에 충분하지 않음을 지적한다. 즉 만일 아테네의 법이 일부 나라들의 그것들처럼 극형에 해당하는 범죄에 대한 평결일 경우에는 하루가 아니라 며칠 동안 심의를 하도록 규정되어 있다면, 자신은 배심원들을 합리적 논변을 통해서 — 선동이나 동정심의 유발 등 정서적 자극을 통해서가 아니라 — 충분히 설득할 수 있다는 것이다.

국가가 형벌이 아니라 편안한 삶을 보장해야 한다는 주장을 펼치면서 배심원들의 분노를 더욱 자극한다.

그는 먼저 자신과 같이 국가에 지대한 혜택을 베푼 인물에게는 국가에 큰 공헌을 한 인물들에게 부여하는 영예인 "프리타네이움에서의 식사 제공en Prytaneioi siteisthai"이[23] 이루어져야 한다고 말한다(36d~e). 그러한 영예는 기원전 5세기 말 당시에는 올림픽 경기 우승자들에게도 부여되었는데, 대중의 환호와 선망의 대상인 그 '프로 선수들'의 국가에 대한 공헌과 자신의 그것을 대비시킨다. 즉 그 프로 선수들은 시민들을 "행복한 것처럼 느끼게 만드는poiei eudaimonas dokein" 것에 그치는 반면, 자신은 "진정으로einai" 행복하게 만들기 때문이라는 것이다.[24] 그것은 실질적으로 운동선수들에 대한 그러한 대우가 부당하다고 주장하는 것과 같으며, 그러한 주장은 당시 대중의 환호 속에 운영되는 제도에 대한 부정을 의미한다. 따라서 소크라테스의 그러한 주장 또한 대중으로부터 반감을 일으킬 수밖에 없다. 그러한 반감을 의식한 듯 소크라테스는 자신의 발언이 "허풍 떨기apauthadizomenos"로[25] 들릴지 모르겠지만 진실임을 새롭게 강

23 '프리타네이움prytaneium'은 앞서 언급된 소크라테스가 봉직했던 유일한 공직인 '프리타네이스', 즉 민회 상임위원회의 의장이 근무하는 건물로서 그 외양을 따라 'tholos (rotunda; 옛 조선총독부 건물이었던 중앙청과 같이 지붕에 원형 돔이 있는 건물을 지칭)'로도 불린다. 각 도시국가의 중심 건축물이기도 한 이 건물은 종교 의례, 법정, 도서관, '국영식당' 등의 기능을 수행했는데, 아테네에서는 국가유공자들이 평생 동안 이 건물에서 식사를 제공받는 혜택을 누리는 일종의 원호 기관으로서도 운영되고 있었다. 이 건물의 기능 및 관련 고고학적 유적들에 대해서 상세한 사진과 도면을 제시하며 설명한 연구로는 Miller(1978)의 저작이 있다.

24 앞에서도 여러 차례 언급했지만, 'dokein(to seem)', 즉 단순히 느끼고 믿게 하는 것과 'einai(to be)', 즉 진정으로 존재하는 것의 구분은 소크라테스와 플라톤의 인식론 및 존재론의 핵심이다.

25 동사 'apauthadizomai'의 분사participle로서, 대체로 말이나 행동이 뻔뻔스러울 정도로 대담한 것을 지칭하는 부정적인 의미를 함축한다.

조한다. 자신에게는 법적으로 자기변호의 시간이 충분히 주어져 있지 않은데, 만일 충분한 시간만 주어지면 자신은 결코 누구에게도 해를 끼치지 않았음을 확신시킬 수 있다는 것이다(37a~b). 따라서 '국가유공자 전당에의 헌액' 만이 자신에게 합당한 유일한 형벌 아닌 형벌이며, 그 이외의 어떠한 형벌도 정의와 어긋날 뿐만 아니라 자신의 삶의 목적과도 양립할 수 없다는 것이다. 왜 그러한지 대안이 될 수 있는 형벌 몇 가지를 예로 들면서 다음과 같이 설명한다.

그는 먼저 자신은 죽음 자체가 과연 좋은 것인지 나쁜 것이지도 제대로 모르는 상태에 있는데, 원고인 멜레토스가 제안한 사형을 피하기 위해 나쁜 것이 분명한 다른 형벌을 제안하는 것은 타인에게는 물론이고 자신에게도 잘못된 짓을 하지 않은 자신이 할 수 있는 일이 아니라고 말한다(37b). 예를 들어 '영어囹圄; desmos', 즉 감옥desmōtērion에서 살면서 공직자의 노예로 사는 것도 부당하며,[26] 벌금형, 즉 벌금을 완납할 때까지 감옥에서 사는 것 또한 자신이 돈이 없기 때문에 영어와 같으므로 부당하다는 것이다(37c). 두 가지 모두 왜 자신에게 부당한 형벌인지 소크라테스는 설명하지 않고 있다. 다만 자유민 신분이나 철학자라는 자신의 신분 및 인간적 자질과 영어 생활은 양립할 수 없다는 논리로 추정된다.

추방형phygē은 배심원들도 받아들일 것으로 소크라테스는 예상한다. 그러나 그것을 받아들인다는 것은 오직 '삶에 대한 애착'[27] 때문에 앎 자

---

26 'desmos'는 영어로 'imprisonment'로 번역되나 우리말로 가장 적확한 번역어는 징역이 아니라 '영어囹圄'라고 할 수 있다. 아테네의 행형 제도에서 'desmos'는 현재와는 달리 감옥에 그대로 갇혀 있는 것이 아니라 감옥에 살면서 공직자의 노예로 근무하는 방식이다.

27 희랍어로는 'philopsychia'라는 말로 표현된다. 그 말 그대로는 '영혼psychē에 대한 사랑'인데, 희랍어 'psychē'가 기독교적인 영혼이 아니라 본디 생명력을 의미한다는 사실을 이해할 경우 그 말이 삶에 대해 집착하는 태도를 지칭할 수 있음을 이해할 수 있게 된다.

체를 포기하는 것이기 때문에 받아들일 수 없다고 말한다. 자신에게는 토론하고 대화하고 검토하는 행위로 이루어진 철학하는 행위를 떠난 삶은 무의미한데, 추방형은 바로 철학적 삶의 포기를 의미하기 때문이라는 것이다(36c~38a). 설사 추방당해 다른 나라에서 살더라도 자신의 철학하는 삶은 계속될 것이고, 아테네에서와 같이 자신의 말을 들으려고 젊은이들은 모여든다는 것이다. 그러한 젊은이들을 자신이 거부할 경우 그들은 형이나 아버지 또는 친척들을 시켜 자신을 쫓아낼 것이므로 자신은 영원히 방랑하는 삶을 살 수밖에 없는 비참한 삶, 즉 오직 살기 위한 삶이라는 무의미한 삶을 살아갈 수밖에 없게 된다는 것이다. 여기서 그는 그와 같은 대화의 삶이란 신이 자신에게 부여한 소명이라는 점을 재차 강조하면서, 앞서 공표했던 "탐구하지 않는 삶이란 인간의 삶이 아니다"라는 모토를 다시 반복한다(37e~38a).

소크라테스 스스로도 그러한 주장이 배심원들을 설득할 수 없음을 알고 있음을 공개적으로 밝힌다(38a). 배심원들에 대한 설득 여부를 떠나, 자신에 대한 어떠한 형벌도 부당한 것이라는 그의 주장은 결국 앞에서 언급한 바와 같이 아테네의 사법 제도 자체에 대한 부정을 의미한다는 사실이 중요하다. 그것은 애국적인 시민은 물론이고 평범한 시민이라도 용납할 수 없는 국기國基에 대한 도전으로 받아들여질 수밖에 없다. 그런데 그가 마지막으로 제안한 타협안은 배심원들에게 그것에 대한 부정을 넘어 희롱으로 느껴질 수 있는 성격의 것이다.

그는 먼저 자신이 지불할 수 있는 한도 내에서 벌금을 내는 것은 자신에게 전혀 해가 되지 않을 것이라는 점을 내세운다. 다시 말해서 돈은 철학하는 자신에게 본질적으로 무가치한 것이기 때문에 벌금형은 무죄인 자신에게 형벌이 될 수 없다는 것이다. 이에 따라 은화 1므나mna[28] 정도는 벌금으로 낼 수 있다고 제안한다(38a~b). 일단 1므나라는 액수 자체가 사형이라는 극형에 대한 대안으로는 전적으로 균형이 맞지 않는다. 그런데 이보다 중요한 문제는 무엇보다 소크라테스 스스로가 형벌로서의 벌금의 의미를 먼저 박탈한 후 벌금형을 제안한 점에 있다. 그것은 결국 벌금형 제도 자체를 희화화시키는 제안일 수 있다. 소크라테스의 그러한 제안은 물론 사법 제도에 대한 비아냥거림으로 들릴 수 있어 '국정 참여에 진지한' 배심원들을 지극히 불쾌하게 만들 것인데, 곧 이은 새로운 제안은 불쾌감을 넘어 모멸감을 주기에 충분한 것이다.

아마 방청석에 있던 친구인 크리톤과 제자들인 플라톤, 크리토불로스(크리톤의 아들), 아폴로도로스 등도 스승이 제안한 1므나의 벌금형이 원고가 제시한 사형에 대한 타협안으로는 너무 소액이라고 판단한 것 같다. 이에 그들은 바로 그 자리에서 소크라테스에게 자신들이 30므나 벌금의 지불을 보증한다고 말했고, 소크라테스는 그들의 의사를 곧 받아들여 그 금액의 벌금형으로 수정하여 제안한다. 그와 같은 수정 제안 자체나 수정안의 제안 과정 모두가 배심원들에게는 법정을 희롱하는 태도이자 배심원이라는 직분 자체를 무시하는 언행으로 받아들여질 수 있을 것이다. 아울러 소크라테스와 제자들 사이의 그러한 긴밀한 관계 또한 배심원들에게 소크라테스가 젊은이들을 타락시켰다는 피소 내용이 결국 사실이라고 확신시키는 효과를 가질 수 있는 것이다.

잘 알려져 있듯이 소크라테스에게는 결국 사형 평결이 내려졌다. 디오

28 영어로는 'mina'로 표기. 1므나는 100드라크마drachma로, 당시 노동자의 1년분 노임 정도의 가치를 갖는 것으로 평가된다. 크세노폰의 『가정경제』 II-3에는 소크라테스의 전 재산이 5므나였다고 기록되어 있다. 참고로 유다가 예수를 '팔고' 받은 금액은 30므나로 알려져 있다.

게네스 라에르티오스의 기록을 신뢰한다면,[29] 형량의 평결에서는 앞서 유무죄 판결에서 무죄에 찬성했던 배심원들 가운데 80명이 마음을 바꾸어 사형 평결에 찬성한 것으로 나타나 있다. 그리고 지금까지의 서술은 그와 같이 많은 수의 배심원들이 심경의 변화를 일으키게 된 이념적 · 가치관적 — 일시적인 군중 심리나 개인적 감정에 따른 이유와 구분하여 — 이유에 대한 필연적 설명은 아니라도 적어도 개연적 설명은 될 것이다. 배심원들의 마음속에서 일어난 변화의 실체가 무엇이었든지, 사형 평결이 내려진 후 소크라테스가 배심원들에 대해 행한 최후의 연설은 바로 그 사법적 평결의 주체들에 대한 소크라테스라는 죄인의 도덕적 평결이다. 그것은 비록 하나의 개인이라도 세속적인 권력 구조 및 법적 질서를 초월한 이 세계의 진정한 도덕적 주체가 될 수 있으며, 바로 그러한 인간만이 진정한 의미에서의 잘난 자이자 이 세계의 진정한 주체이기 때문에 진정한 의미에서의 강한 자, 곧 진정한 의미에서의 권력자라는 선언이다. 플라톤의 유명한 철인 통치 이념은 이 선언에 대한 체계적인 해명이라고 할 수 있다. 소크라테스의 선언을 통해 정치철학은 좀 더 구체적인 형태를 갖추어가고 있는 것이다. 그 선언을 검토하면서 이 절의 논의를 끝맺기로 한다.

사형 평결이 내려진 직후 소크라테스는 사형 평결에 찬성한 사람들을 향해 말문을 연다.[30] 그러한 평결은 그들에게 '현명한 인간andra sophon'

29 플라톤은 『변명』에서 사형 평결 결과에 대해서는 기술하고 있지만 투표 결과는 무슨 이유에서인지 제시하고 있지 않다(38c~d 참조). 그 투표 결과는 디오게네스 라에르티오스가 기록하고 있는데(Diogenes Laertios, II-42), 무죄 평결에 찬성했던 배심원들 가운데 여든 사람이 앞서의 판단을 바꾸어 결국 '360 : 140'의 압도적 다수로 사형 평결이 가결되었다는 사실을 전한다.

30 학자들에 의해 자주 지적되지만, 이 부분의 연설에서 배심원들에 대한 소크라테스의 호칭에는 흥미 있는 변화가 발견된다. 일단 시작 부분에서는 그전과 같이 '아테네인들

소크라테스를 죽인 자라는 이름 및 비난을 곧 받게 될 것이라고 단언한다(33c). 이어서 자신은 이미 아주 늙어 죽음에 가까이 이른 사람이기 때문에 자연적으로 그들의 목적을 곧 성취시키게 할 수 있는데, 그럼에도 불구하고 그들은 자신을 죽이려 한 사람들이라는 사실을 환기시킨다(33c). 그러한 단언 및 환기와 더불어 소크라테스는 그들에게 앞서의 자기변론에서 강조했던 내용을 최종적으로 확인시킨다. 즉 그들은 자신이 그들을 감동시킬 언변이 부족해서 사형 평결을 받은 것으로 생각할 수 있으나, 자신에게 부족한 것은 말logos이 아니라 배심원들이 법정에서 으레 기대하는 피고인들의 건방짐tolma과 뻔뻔스러움anaischyntia 또는 흐느끼기thrēnountos나 한탄하기odrymenos일 뿐이라는 것이다. 그러한 것들은 자신에게 어울리지도 않을 뿐더러, 죽을지언정 결코 그와 같은 "비굴한 짓을 하지는 않을"[31] 것이라는 점을 강조한다(38d~e). 그리고 그러한 표명 속에서 간략하게나마 장차 플라톤과 아리스토텔레스에 의해 체계적으로 개진될 도덕적 주지주의의 이념이 다시 피력된다.

물론 죽음 앞에 비굴하지 않겠다고 공개적 표명을 하고 실천에 옮긴 사람은 소크라테스 이외에도 역사적으로 무수히 많다. 그들은 대체로 기백 또는 자아에 대한 자존감이 상당히 강하거나 자신의 명예를 중요시하는 사람들이다. 그리고 일반 사람들이라도 죽음이 사후의 보상을 가져온

이여ō andres Athenaioi'라는 호칭을(38c) 사용한다. 그런데 곧이어 직접 사형 평결에 찬성한 배심원들에게는 '여러분ō andres'이라는 호칭을(38d; 39a), 벌금형에 찬성한 배심원들에게는 '배심원 여러분ō andres dikastoi'이라는 호칭을(40a) 사용하고 있다. 희랍어 'dikastēs(dikastoi의 단수형)'의 본래 의미는 법 또는 정의를 집행하는 사람이라는 의미로 재판관으로도 번역될 수 있다.

31 원문으로는 "praxai ouden aneleutheron"이며, 영어로 직역하면 "to do nothing illiberal"이 된다. 여기서 '비굴한'에 해당하는 'aneleuthron'이라는 말은 본디 '자유민에 어울리지 않는', 즉 노예적인 행태를 지칭하는 말의 의미가 전화된 것이다.

다는 종교적 믿음이 죽음에 대한 두려움을 극복할 정도로 강력하게 작동할 경우 그러한 행동을 할 수 있다. 또한 타인의 인정이나 시선 속에서 자신의 자존감 또는 잘남을 확인하고 싶은 사람은 사적이고 은밀한 곳에서는 전혀 반대의 행동을 하더라도 바로 중인환시의 공개적인 자리에서는 그러한 행동을 할 수도 있다. 어쨌든 일반적으로 그러한 행동은 태생적으로 주어진 기백, 도덕적 실천력, 신앙의 강도, 명예심 등의 차원에서 파악되지, 앎의 차원에서 파악되지는 않는다. 다시 말해서 그와 같은 실천력은 앎과는 무관한 기백이나 의지의 문제로 이해되고 있다는 것이다. 죽음은 누구나 피하고 싶은 나쁜 것이지만, 그 나쁜 것이라도 자신의 기백, 신앙, 명예를 위해 감수하는 행동을 할 수 있는 의지력이 있는 인물이 별도로 존재하며, 그들은 바로 그러한 의지력이 약하여 그 나쁜 것의 두려움을 극복하지 못하는 일반 사람들과는 구분되는 잘난 인물들로 부각되는 것이다. 그런데 이 최후의 발언을 통해서 소크라테스는 자신의 그러한 행동이 의지의 문제가 아니라 앎의 문제라는 점을 강조한다. 즉 그는 죽음이 무엇이고 죽은 후의 세계가 무엇인지 제대로 모른다는 점을 확실히 '알며', 또 그것이 반드시 나쁜 것도 아니라는 점을 확실히 '알기' 때문에 다른 사람들과 달리 지혜롭게 행동할 수 있다는 점을 공언하고 있다. 일단 소크라테스가 법정에서 고별 연설로 제시한 그 논거를 살펴볼 필요가 있다.

소크라테스는 먼저 자신의 고발인들과 사형 평결에 찬성한 배심원들을 향해 다음과 같은 물음을 제기한다. 잘못된 사법적 평결에 의해 죽음이라는 형벌에 사로잡힌 자신과, 죽음은 피하고 있지만 사법적 평결이 아니라 진실의 평결에 의거할 때 선량한 사람을 죽였다는 비열함mochthēria과 불의adikia라는 잘못됨ponēria 혹은 kakia이라는[32] '형벌'에 사로잡혀 있

32 플라톤은 이 맥락에서 'ponēria'와 'kakia' 두 어휘를 동일한 의미로 사용하고 있으며,

는 배심원들 가운데 과연 누구의 형벌이 혹독한 것인지의 물음이 그것이 다(39a~b). 소크라테스는 그들의 형벌이 더욱 괴로울chaleros 것이라는 점을 죽음을 바로 앞둔 사람이 갖는 특별한 예언의 — 아폴론 신의 숭배자답게 — 형태로 피력한다(39c). 즉 그들은 자신을 죽임으로써 도덕적 비난으로부터 해방될 수 있다고 생각하겠지만, 그 정반대의 결과가 초래될 것이라고 말한다. 그들을 비난하는 사람들의 수는 더욱 많아질 것이고, 그들이 젊으면 젊을수록 그 비난은 더욱 가혹해진다는 것이며, 그러한 비난들을 피하기란 불가능할 뿐더러 피함 자체가 명예롭지도 않다는 것이다. 피할 수 없는 것을 피하기 위해 사람을 죽이는 등 '남의 입을 틀어막는 것kolouein; to curtail, to supress'은 결국 어리석음에 불과하다는 점을 암시하면서, 그것들로부터의 "가장 영예로우면서도 가장 손쉬운kalliste kai rastē" 도피는 "자신을 가능한 한 가장 잘나게 되도록 만드는 데"[33] 있음을 충고

이 문맥에서 전자는 39a에, 후자는 39b 부분에 표현되어 있다. 플라톤의 문헌을 떠나 전자의 희랍어는 일반적으로 'wickedness', 후자는 'evil' 등으로 구분되어 번역되는 경우가 많다. 그런데 문명어로서의 영어는 기독교적 세계관의 영향에서 발전한 것이므로 두 영어 어휘 모두 기독교적 선과 악의 이분법적 사고가 반영되어 있어 두 희랍어의 의미를 정확하게 전달하는 데는 어려움이 있다. 'ponēria'라는 명사의 형용사형인 'ponēros'는 본디 무거운 짐을 지는 것과 같이 육체적으로 억눌리고 괴로운 상황을 지칭한다. 그러한 의미가 전화하여 그 말은 잘못됨이나 모자람이 구조화된 상황을 지칭하며, 이에 따라 희랍어에서도 어느 정도 사악함의 의미를 지니는 경우도 있지만 근본적으로는 정신적 · 육체적 노력을 통해 개선 가능한 열등성을 의미한다. 'kakia'는 물론 'aretē'와 대비되는 말로서 못나고 모자란 자질이나 특성을 지칭하기 때문에, 구조적인 상황 전체를 지칭하는 의미는 전자보다 약하지만 플라톤의 경우와 같이 동일한 의미로 사용될 수 있다.

33 원문은 "heauton paraskeuazein hopōs estai hōs beltistos"이며, 직역하면 "자신이 가장 잘되도록 준비하는parskeuazein; to prepare 것"이다. 여기서 '스스로를 가장 잘나게, 잘되게, 또는 좋게 된다는 것이 무엇인가'의 의미는 결국 아레테의 개념으로 귀착된다. 그런데 아레테의 의미는 물론 결코 자명한 것이 아니라 일생 동안 추구할 앎의 대상이다. 그러한 앎을 통해 바로 빼어나고 잘나게 된다는 것이 소크라테스의 전언이며, 플라톤의 일생을 통한 철학하기란 그 구체적인 의미에 대한 체계적인 해명의 작업

하면서 그들과의 이별을 고한다(39c~d).

이제 소크라테스의 고별 연설은 자신의 마지막 우군인 사형 평결에 반대한 배심원들을 향한다. 앞에서 언급한 바와 같이 그들에게는 '여러분들 ō andres'이라는 호칭이 아니라 '배심원 여러분ō andres dikastai'이라는 호칭을 별도로 사용하면서 그들과 유죄 평결을 내린 배심원들을 구분한다. 다시 말해서 그들만이 배심원으로 자격이 있다는 암시이다(40a). 그들에 대한 고별 연설은 바로 자기 변론의 마지막 부분이자 공인으로서 그가 행한 최초이자 마지막 연설의 마지막이며, 이생에서 행한 마지막 공적 연설의 마지막을 장식한다. 그 마지막 연설 마지막 부분의 마지막 주제 또한 자연스럽게도 삶의 마지막 행사인 죽음이다. 그런데 소크라테스가 직면한 죽음에는 삶에 대한 고별이라는 의미 이외에 한 개인의 의사에 반하여 인생을 마지막으로 이끄는 사형이라는 강제적인 죽음의 의미가 부가되어 있다. 소크라테스의 '죽음의 연설'은 실제로 두 가지 의미를 함께 다루고 있다. 그리고 흥미롭게도 그 '죽음의 연설'에는 소크라테스 특유의 아이러니 또한 마지막으로 발현되고 있다. 그 아이러니의 핵심은 이것이다. 그의 죽음에는 사형이라는 타의에 의한 강제성이 존재하지만, 그와 동시에 그 강제성을 즐겁게 받아들이는 자발성 또한 공존한다는 것이다.[34]

이라고 할 수 있다.

34 소크라테스의 죽음과 관련된 학계의 여러 전통적인 논쟁들 가운데 하나에는 그것이 '사법 살인이냐 자살이냐' 하는 논쟁이 있다. 전자가 소크라테스라는 철학자를 세속 권력이 재판 형식을 통해 죽였다는 견해이고, 후자는 앞에서도 인용한 크세노폰의 『변명』에서 유래하며, 근대에서는 니체가 『비극의 탄생』에서 비슷한 해석 논리를 대표적으로 제시한 바 있다. 그러한 두 해석 모두 전혀 의미가 없는 것은 아니지만, 근본적으로 소크라테스의 죽음 자체에 내재한 아이러니에 대한 이해 부족에 기인한 통속적인 해석에 불과하다는 것이 지은이의 판단이다.

사형 평결에 반대한 배심원들에게 소크라테스의 강제적인 죽음은 당연히 부당한 것이다. 그들 또한 강제적인 죽음을 초래한 배심원 과반수의 의결이라는 사법적 절차의 정당성을 부인하지는 않을 것이다. 하지만 그들은 그러한 절차적 정의가 진정한 의미에서의 정의, 즉 자연법적 정의 또는 천도天道를 실현하는 것은 아니라고 믿거나 적어도 그것에 대해 회의할 수 있는 사람들이다. 그러한 믿음의 근원에는 무엇보다도 죽음 자체가 "가장 나쁜 것eschata kakōn einai"이라는 관념 또는 믿음이 있으며(40a), 죽음을 당할 정도의 나쁜 죄를 범하지 않은 사람이 죽음이라는 가장 나쁜 것을 겪음은 옳지 않다는 원리, 즉 죄와 벌 사이의 균형 원리가 침해되어 있다는 판단도 있을 것이다. 자신이 직면한 죽음과 그 죽음에 대한 배심원들의 그러한 관념 혹은 믿음과 관련하여 소크라테스는 일단 자신이 직면한 죽음과 관련된 그 특유의 초월적 신탁을 소개한다(40b~c). 죽음 이후의 세계란 본질적으로 살아 있는 사람의 사고 판단을 초월한 영역이므로, 죽음이 좋은 것인가 나쁜 것인가의 문제는 세속적 합리성을 기준으로 판단될 수는 없다. 이어서 그는 죽음에 대한 배심원들의 판단 및 관념에 대하여 그가 생애 마지막으로 수행한 '합리적인' 검토exetasis를 수행한 후, 그 합리적 검토의 결과와 자신이 받은 신탁이 부합함을 증명해 보인다(40c~41d). 결국 자신이 일생 동안 계속한 앎의 추구 행위를 바로 그 앎의 추구 행위를 끝맺게 될 죽음의 본질에 대한 검토로 마감한 후, 마지막으로 자신의 생명을 이어갈 그의 아들들에 관한 유언을 하는 것으로서(41d~42a) 그의 법정 연설을 끝맺는다.

먼저 자신이 직면한 죽음과 관련하여 소크라테스는 그 특유의 "신이 보낸 신호to tou theou sēmeion"를 재판을 받으러 집을 떠날 때부터 지금의 연설까지 계속 받아왔다는 사실을 배심원들에게 밝힌다. 그리고 그 신호는 자신의 일생 동안 자신이 잘못된 행동을 하는 경우 언제나 제지했는데, 이번의 경우에는 전혀 그러하지 않았다는 것이다(40b). 그것은 일단 죽음을 각오한 자신의 행동과 그 결과 직면하게 되는 죽음이 좋은 것이라는 징표이자 죽음이 나쁜 것이라고 생각하는 사람이 잘못되었다는 징표라는 것이다(40b~c). 이와 같이 자신의 죽음과 관련된 초이성적 '계시'를 소개한 후, 그러한 초이성적 계시가 합리적 판단과 조화를 이루고 있다는 논증을 시도한다. 즉 죽음은 무조건 나쁜 것이라는 관념에 대한 이성적 반증이자, 죽음은 좋을 것일 수 있다는 "충분한 희망pollē elpis"이 있다는 증명의 시도이다(40c).

죽음은 두 가지 가운데 하나이다. 그것은 실제적인 "없음mēden" 자체로서 죽은 자는 아무것도 의식할 수 없는 상태에 있거나, 아니면 "흔히 말하듯이 영혼의 변형metabolē 또는 이곳에서 다른 곳으로의 이전metoikēsis이다"(40c).[35] 먼저 전자라면 죽음은 "멋진 이득thaumasion kerdos"이 될 것이라고 소크라테스는 말한다.[36] 꿈조차 전혀 꾸지 않는 잠은 최고의 권력자인 "대왕ton megan basilea"을[37] 포함하여 모든 사람이 바라는 바이듯이, 죽음이 그러한 상태를 의미한다면 그것은 크나큰 이득으로 간주될 수 있으며, 그러할 경우 모든 시간은 한 밤에 불과하게 될 뿐이다(40d~e).[38] 반

35 여기서 "흔히 말하듯이kata ta legomena"는 잘 알려져 있듯이 오르페우스교의 신앙이나 피타고라스학파의 교설을 지칭한다. 그리고 이 문장에서는 영혼의 변형이 곧 영혼의 이전을 의미하는지, 영혼의 변형과 함께 영혼의 이전이 일어나는지는 분명하지 않다. 플라톤이 『국가』 10권에서 서술하는 사후死後 세계는 후자를 의미한다고 할 수 있다.

36 여기서 굳이 '이득kerdos; profit'이라는 표현을 사용하는 이유는 죽음을 '상실' 또는 '손해'로 믿는 일반 사람들의 관념과 대조시키려는 의도로 해석될 수 있다.

37 당시의 역사적 맥락 및 언어 관행에서 여기의 '대왕'은 페르시아 왕을 가리킨다.

38 굳이 소크라테스에 의거하지 않더라도, 많은 인간들은 자신의 삶 이전에 영겁의 시간이 있었고, 그 시간은 바로 죽은 후의 상황과 다를 수 없다는 자명한 사실을 깨닫지 못하고 있다. 인간들은 그 영겁의 시간을 '지루하게 기다리다' 이 세상에 나타난 것은 아니다.

면에 죽음이 후자를 의미한다면 그것보다 "더 큰 축복meizon agathon"은 없을 것이라는 점을 환기시킨다(40e). 왜냐하면 죽음 후의 세상에서는 일단 자신과 동병상련의 관계라고 할 수 있는 트로이 전쟁의 장수들인 팔라메데스Palamēdes와 아이아스Aias 등 잘못된 재판으로 억울하게 죽은 인물들을 만나 서로의 사례를 비교하는 것도 "기분 나쁘지는 않을ouk aēdēs" 것이고, 미노스Minos 등 생전에 가장 정의로운 인간이었기 때문에 진정한 의미에서 재판관이 될 수 있는 인물, 오르페우스나 호메로스 등 정신적·지적 능력 면에서 탁월함을 발휘한 인물, 트로이 전쟁의 오디세우스 등 영웅적인 행동을 한 인물 등등, 수많은 반신半神이나 영웅들을 만나서 그의 '본업'인 대화하고dialegesthai 사귀면서syneinai 그들의 생각을 검토할exetazein 수 있다면 "지극한 행복amechanon eudaimonias"이 될 것이기 때문이라는 것이다(41a~c).[39] 그러한 행복은 자신의 부당한 사형에 빗대어볼 경우 더욱 지극할 수 있음을 부연한다. '이 세계'와 근본적으로 대비되는 '그 세계'에서는 모든 인물이 영생을 누릴 것이므로, 적어도 다른 사람들과 진정으로 대화하고 사귀고 따진다고 해서 사람을 죽이지는 않을 것이기 때문이다(41c).

결국 죽음은 없음 자체이기 때문에 모든 고민이나 괴로움으로부터 해방된 세계이거나, 아니면 가장 '잘난' 사람들과 아무런 제약 없이 진정으로 대화하고 사귀고 서로의 생각을 검토함으로써 진정한 '앎'을 추구하는 지고의 행복을 누리는 세계이다. 따라서 소크라테스 자신으로서는 이제 죽어 모든 일에서 해방됨이 삶을 이어가는 것보다 더 좋은 것이 확실하

39 이 어구에서 '지극한'으로 번역한 형용사 'amēchanos'는 본디 '도구mechanē가 없는a', 즉 '필요한 수단이나 자원이 없어 어떠한 일을 수행하기 불가능한 상황'을 지칭하는데, 그러한 의미가 전화하여 문맥에 따라 지극히 예외적이거나 상상할 수 없는 상태를 묘사하는 어휘로도 사용된다.

며, 바로 그 때문에 자신이 잘못된 행동을 할 때마다 경고했던 그 신적인 계시가 나타나지도 않았고, 자신을 비난하거나 고발한 사람들에게 그가 화를 내지 않았다는 것이다(41d). 반면에 자신을 고발한 사람들은 소크라테스를 삶의 괴로움에서 해방시키려는 목적에서가 아니라 그에게 해를 끼치려는 목적에서 그렇게 한 것이기 때문에, 그에 상응한 처벌은 당연히 받아야 한다는 점을 강조한다(41d). 그리고 바로 이 맥락에서 소크라테스의 아이러니는 최고조에 이르며, 그 최고조의 아이러니를 통해 그의 법정 연설은 끝난다. 그 아이러니의 핵심은 바로 그들이 받아야 할 처벌이란 해가 아니라 스스로에게 이익이 된다는 역설에 있다. 그 역설은 바로 자신을 해친 그들에게 소크라테스의 아들들이 진정으로 잘나게 되도록, 즉 그들이 끊임없는 앎의 깨우침을 통해 정신적으로 성장할 수 있도록 도와달라는 부탁을 공개적으로 요청하는 유언의 형태를 취한다는 점에 있다.

소크라테스는 배심원들에게 자신이 그들에게 한 바를 바로 자신의 아들들에 대해서 행해줄 것을 요청한다(41e~42a). 소크라테스 자신은 배심원들이 진정으로 잘나게 되라고 그들과 대화하고 논박하고 검토했지만, 그들은 결국 진정으로 잘나게 되려는 노력을 포기했고, 그들을 진정으로 잘나게 만들려 노력한 자신을 고발하고 죽음에 이르게 했다. 하지만 바로 그들에게 소크라테스는 자신이 그들에게 했던 바 그대로를 자신의 아들들에게 해줄 것을 부탁하는 것이다. 즉 그들이 성장했을 경우 그들을 논박하고 검토하면서 '괴롭혀줄 것lypountes'을 부탁하는 것이다. 그들 배심원들이 당연히 해야 할 바에 노력을 기울이지 않을 때 자신이 그들을 꾸짖은oneidizō 것처럼, 그 아들들이 무엇에 제대로 이르지 않았는데도 불구하고 무엇에 이르렀다고 잘못 생각할 때, 또는 가치 있는 아무런 것도 성취하지 않았는데도 불구하고 그것을 성취했다고 잘못 생각할 때, 간단히 말해서 그들이 제대로 잘나지 않았는데도 불구하고 스스로 잘났다고 잘못 생각할 때, 그들을 꾸짖으라는 부탁을 아직 진정으로 잘나지 못한 배심원들에게 요청하고 있는 것이다.

그러한 부탁이란 결국 그들이 싫어했던 것을 스스로 행하도록 요청하는 것이기 때문에 그들을 처벌하는 외양을 띠고 있다. 하지만 그것은 그들을 진정으로 깨닫게 하는 수단이기도 하기 때문에 처벌 아닌 처벌인 것이다. 그것은 궁극적으로 교육이라는 이름의 처벌이다. 진정한 처벌이란 처벌받는 대상을 더 나쁘게 하는 것이 아니라 더 좋게 만드는 데 있다는 것이다. 다시 말해서 비록 육체적으로 괴롭힘을 당하거나 경우에 따라 죽음에 이르게 되더라도, 그것이 정당한 처벌이라면 그들에게 진정으로 이익이 된다는 전언이다. 소크라테스가 감수하는 죽음도 결국 그 죽음을 결정한 사람들의 어리석음과 못남과 잘못된 판단이 초래한 것이지만, 그 자신이 올바른 사람이기 때문에 그를 결코 나쁘게 할 수는 없다는 아이러니가 소크라테스 재판의 결론이다. 그의 마지막 인사말은 그 점을 다시 확인한다. 그 인사말의 마지막 단어는 신神이며, 그 신에 대한 앎의 강조라는 사실이 의미심장하다. 그것은 결국 『변명』 전체의 내용을 압축하는 언어라고 말할 수 있다.

소크라테스는 희랍의 일상적인 종교적 관행이나 제도적 의미에서 신관은 아니다. 그러나 그는 내면적으로 앎을 관장하는 아폴론 신의 신관으로 자처했음에 틀림없다. 즉 스스로의 앎의 부족함 또는 한계를 끊임없이 자각하고, 신의 영역에 속하는 앎, 즉 인간의 앎을 초월하면서 궁극적이고 완성된 앎을 끊임없이 추구하는 것을 자신의 삶의 본원적 목적이자 타인에 대한 봉사로 생각했다는 점에서 그는 아폴론 신관이다. 일반인들에게는 앎의 전제로 생각하는 삶 자체가 바로 앎의 영역이라는 점, 그리고 바로 자신들은 죽음을 피하고 있다는 생각에 안도하고 있는 배심원들을 향해 자신과 그들을 '일시적으로' 갈라놓는 죽음 또한 앎의 문제라는 점을 강조한 것은 그러한 신관으로서의 마지막 직무 수행일 것이다.

> "이제 가야 할 시간이다. 나는 죽으러apothanoumenō 가고, 당신들은 살러biōsomenos 간다. 그러나 누구에게 더 좋은 일이 될 것인지는 알려져 있다. 오직 신神에게만."[40]

2. 『크리톤』에서 법, 조국, 영원한 삶의 질서

그렇게 해서 소크라테스의 사형 평결은 확정되었고, 이제 그에게는 '죽음으로 가는 길'만 남아 있게 되었다. 그런데 소크라테스가 사형 평결 후 한 달이 지나 독배를 마시고 죽게 되었음은 잘 알려져 있는 사실이다.[41] 또한 그 한 달 사이에는 소크라테스가 친구인 크리톤의 탈옥 권유를

---

40 마지막 구절의 원문은 다음과 같다. "……, adēlon panti plēn ē tō Theō." 직역하면, "신에게 말고는 모든 것이 분명하지 않다." 마지막 말이 '신'이라는 점을 부각하기 위해 의도적으로 위와 같이 번역했다.

41 이와 관련된 사실도 잘 알려져 있다. 아테네의 법률은 사형 평결이 내려지면 그날 당일 집행을 하게 되어 있다. 그러나 그 전날에 우연히도 델로스 섬에 신탁을 받으려는 배가 이미 출발했으며, 신탁을 받는 기간은 '신성한 시간'으로서 국법상 사형 집행이 금지됨에 따라 소크라테스의 형 집행이 연기된 것이다. 아폴론 신으로부터 신탁을 받기 위해 매년 정례적으로 이루어지는 이 행사는 아테네 도시국가의 시조인 테세우스Theseus가 크레타 섬에 유폐되었던 아테네 청소년들을 구했다는 전설을 기념하기 위한 목적으로 제도화되었다고 한다. 델로스 신탁선 운행에 대해서는 플라톤의 대화편 『파이돈』의 도입부(58a~c)에 서술되어 있다. 『파이돈』 도입 부분에는(59d~e) 또한 그의 형 집행이 그 전날 델로스 섬에서 신탁을 받은 배가 피레우스 항에 도착함으로써 이루어지게 된 사실도 기록하고 있다. 이러한 사실은 『크리톤』 44a에 나타난 소크라테스의 발언을 통해서도 확인된다. 앞으로 이 절에 제시된 인용문의 경우 제목에 대한 별도의 표기가 없으면 플라톤의 『크리톤』에 대한 스테파누스 쪽수를 의미한다.

거부한 행동도 잘 알려져 있다.[42] 소크라테스의 그러한 행동에 대해서는 흔히 그가 '악법도 법'이라고 믿기 때문이라는 교과서적 설명이 제시되기도 한다. 그러한 설명이 전적으로 틀린 것은 아니다. 하지만 그것은 그 행동의 의미에 대한 지나치게 단순화된 해석이면서 동시에 『크리톤』이라는 텍스트에 대한 지나치게 거친 해석이다. 간단하게나마 그 이유를 설명하면 다음과 같다.

일단 『크리톤』에는 '악법도 법nomos ho kakos nomos'이라는 문구는 없다. 앞의 논의 과정에서도 언급되었지만, 소크라테스가 위반했다고 하는 구체적인 법률 조항이나 그를 사형에 처하게 만든 법적 근거가 되는 구체적인 법률은 없다. 아테네의 '민주적인' 사법 제도는 시민이라면 누구라도 범법자로 고발할 수 있도록 허용하고 있고, 소크라테스는 또한 '국가가 인정한 신들을 믿지 않고 젊은이들을 타락시켰다'는 지극히 포괄적인 '국가보안법' 위반 혐의로 고발되었고, 그 범법 여부는 배심원 다수의 평결에 의해 결정된 것이다.

따라서 소크라테스가 탈옥을 하지 않고 사형 집행을 순순히 받아들인 이유가 '악법도 법'이라는 문구가 표명하는 의미처럼 특정한 법의 규정이 나쁘거나 정의에 어긋나더라도 법이기 때문에 지켜야 한다는 논리에 있지는 않다. 한 사회의 구성원 전체가 일치된 의견으로 악법이라고 규정한 법률도 존재하지 않지만, 불의나 부도덕을 명시적으로 지향한다고 주장하는 법률 또한 존재하지 않는다. 실제로 어떠한 법률이 '나쁘다'는 주

42 그러한 사실은 바로 이 절의 주요 검토 대상인 플라톤의 『크리톤』과 함께 크세노폰의 『변명』 23에도 언급되어 있다. 또한 같은 책 7에는 소크라테스가 탈주할 수 있었음에도 사형을 감수한 행동을 오직 늙음에 따른 고통에서, 도피하고 친구들에게 깊은 그리움을 남기기 위해서라는 이유에서 찾은 것으로 기술되어 있다. 다시 강조하지만, 크세노폰이 묘사한 소크라테스가 그의 모습 전부라면 멜레토스 등이 그와 같이 허약하고 통속적인 인물을 굳이 국사법으로 고발할 이유도 없었을 것이다.

장에는 거의 예외 없이 국가적 목표와 관련된 특정 정파의 시각이나 정치적 이해관계가 바탕에 있다. 따라서 특정 법률의 '나쁨'이나 정의 차원의 타당성 여부는 그 법률의 집행이 초래하는 단편적인 정치 · 사회적 현상들에 의해 판단될 수 있는 것이 아니다. 그것은 국가 생활의 장기적인 목표, 궁극적으로는 국가 생활의 이상 또는 국가의 존재 목적이 무엇이냐에 대한 이해를 기초로 법들이 제정되고 집행되는 역사적 · 정신사적 상황, 특히 한 시대에서 다수 일반인들을 지배하는 세계관이나 가치관 등 정신세계에 대한 세밀한 검토를 통해서만 판단될 수 있는 것이다. 여기서 『크리톤』이라는 텍스트에 나타난 발언 및 행동의 역사성 문제에 대해 언급할 필요가 있다.[43]

『크리톤』은 어디까지나 플라톤의 저작이다. 따라서 이 텍스트에서도 플라톤의 저작에 담긴 소크라테스의 발언 및 행동이 어디까지가 소크라테스 본인의 것이고 어디까지가 저자인 플라톤에 의한 창조나 재해석인지 여부의 문제가 제기된다.[44] 일단 크리톤이 소크라테스에게 탈옥을 권

43 『크리톤』 전체에 해설 및 정리로 대표적인 것은 레오 스트라우스의 "Plato's Apology of Socrates and Crito"에서 『크리톤』 관련 부분이다(Strauss, 1983: 54~66) 그러나 그것은 홉스의 해석에 대한 간략한 비판을 제외하고는(p. 66에서 홉스가 소크라테스 및 그의 추종자들을 무정부주의자로 규정한 것을 "심각한 과장grave exaggeration"으로 비판한 부분) 논쟁적이지도 않고 뚜렷하게 일관된 관점도 제시되지 않은 평면적인 정리 수준의 해설이라고 할 수 있다. 소크라테스가 무정부주의자인지 여부의 문제는 뒤에 가서 이 장에서도 논의될 것이다. 버넷의 저작(Burnet, 1924)은 『크리톤』에 대한 가장 치밀한 문헌학적 주석이다.

44 『크리톤』의 역사성 문제에 대한 간결한 정리로는 Guthrie(1975(vol. 4): 93~94) 참조. 지은이는 기본적으로 그것에는 소크라테스가 법정 연설의 형식으로는 제대로 설명하기 어려운 자신의 삶을 지배한 일관된 원리가 표명되어 있다는 거스리의 입장에 동의하며, 이 절의 기술은 그가 간과한 『변명』에 개진된 주장과의 일관성 — 두 작품 사이에는 법질서에 대한 도전과 법질서에의 순응이라는 괴리가 있는 것이 아니다 — 문제 및 정치철학의 맹아 문제와 연관하여 좀 더 구체적으로 설명한 것이다. 이 밖에 그것을 최초의 '법적 의무론'으로 해석한 연구들은 많다. 다시 말해서 『크리톤』에 제시된 소크

유했다는 사실의 개연성은 크다. 이 점은 앞에서 언급했듯이 크세노폰의 『변명』 23에도 기록되어 있다. 그리고 그 두 사람이 소크라테스의 처형 전날 감옥에서 만났다는 기술도 분명한 사실일 수 있다. 그러나 그 대화편에 기술된 그들 사이의 구체적인 대화 내용이 실제적인 역사적 사실인지 여부는 확인할 수 없다. 그 대화 상황에 저자인 플라톤이 참석하지도 않았을 뿐더러, 그 대화는 소크라테스와 크리톤이라는 두 친구가 탈옥이라는 '탈법적' 행동에 대해 은밀하게 논의한 것이기 때문에 공개될 수 없는 성격의 것이기도 하다. 그러므로 이 대화편은 플라톤이 소크라테스가 죽은 후 크리톤으로부터 직접 들은 내용을 기록했거나, 아니면 크리톤이 소크라테스를 독배를 마시기 전날 만났다는 '사실'을 토대로 『변명』에 이미 표출된 소크라테스의 입장을 해석학적으로 재구성했을 가능성도 있다. 지은이는 후자의 성격이 강하다고 판단한다.

이 대화편에는 일단 친구들 사이에서 격의 없이 이루어지는 토론의 성격을 넘어 도덕적 이념들의 실체에 대해 논의한 플라톤의 다른 대화편들에서와 같이 치밀한 논증 과정이 제시되어 있다. 그러한 치밀한 논증은 아무리 철학적 천재라 하더라도 대화 과정에서 결코 즉흥적으로 제시될 수 있는 성격의 것이 아니다. 그것은 바로 글 쓰는 과정을 통해 끊임없이 수정되고 세밀하게 다듬어지는 사고 과정의 결과일 수밖에 없는 것이다. 따라서 『크리톤』에 제시된 서술 및 논증 방식이나 구체적인 표현들을 소

라테스의 논변은 법 실증주의자들의 기본적인 견해, 즉 법이 단순히 강제력 자체라거나 강제력 행사의 수단이라는 관점에 대한 최초의 비판이라는 해석이다. 그러한 해석의 대표적인 예로는 앞에서도 인용된 Allen(1980: 100~113) 참조. 물론 그러한 해석이 틀린 것은 아니다. 그러나 일단 법의 본질에 대한 칸트 도덕철학의 의무론적 접근 자체가 소크라테스-플라톤의 아레테 개념 및 도덕적 주지주의에 포섭될 수 있으며, 그러한 해석만으로는 『크리톤』에 함축된 지성사적 의미 전체를 파악한 것은 아니라는 점이 이 책의 논의를 통해 설명될 것이다.

크라테스의 실제적 행동이나 발언 전부로 인정할 근거는 빈약하다. 그럼에도 불구하고 그것에는 플라톤의 철학, 즉 플라톤에 의해 재해석되고 재구성되고 발전적으로 체계화되고 승화된 소크라테스의 철학, 그것과 구분되는 소크라테스 자신만의 철학의 원형이 있다면 그것이 무엇일 수 있는가의 문제와 관련하여 한 가지 주목할 점은 있다. 탈옥이라는 '탈법적' 행동을 거부한 행동 자체가 필연적으로 '합법성'이 무엇이냐의 문제를 제기하며, 합법성의 문제는 필연적으로 국가의 본질 문제를 제기한다는 사실이 그것이다. 그것은 곧 『크리톤』에서 개념적 명료성이나 체계성의 수준 문제를 떠나 소크라테스 자신만의 법의 개념 및 국가 개념이 무엇인지 탐색할 수 있다는 것이다.

실제로 『크리톤』에는 소크라테스가 크리톤을 상대로 탈옥하지 않는 것이 정당함을 반대로 설득하기 위하여 법hoi nomoi이 인격체로 등장하여 소크라테스와 가상의 대화를 나누는 장면이 있다. 소크라테스 특유의 질의·응답 방식의 대화법을 법이라는 인격체가 역으로 이용하는 가상의 대화는 그 서술 방식 자체가 플라톤 특유의 문학적 재기의 발현이기도 하고, 무엇보다 일상적인 대화에서 즉흥적으로 고안될 수 있는 성격의 것이 아니다. 아울러 그 장면의 대화 내용에는 체계적이고 면밀한 철학적 논증이 제시되어 있기 때문에 『크리톤』의 대화 내용을 실제로 발생한 대화의 기록으로 보기는 어렵다. 그럼에도 불구하고 주목해야 할 점은 그것에는 소크라테스 이전 희랍 정신사 및 지성사의 흐름에서 볼 때 종전의 법 개념과는 근본적으로 구분되는 새로운 법 개념이 출현하고 있다는 사실이다. 바로 그러한 새로운 법 개념 및 이에 수반된 새로운 국가 개념의 맹아 혹은 원초적인 형태는 소크라테스 자신의 것으로 해석함이 타당하다는 것이다.

그 새로운 법 개념의 핵심은 법을 개개인의 이익이나 추상적인 도덕률이 아니라 인간의 삶 자체가 '좋은' 상태로 제대로 보존되기 위해 필수적으로 요구되는 공동체적 삶의 질서로 파악한 데 있다. 그것은 법실증주의나 '힘이 정의'라는 식의 '현실주의 정치론'이 제기하는 법 개념과는 다르다. 그러한 법 개념은 또한 단순히 그것을 위반할 경우 물리적 제재를 수반하는 강제적인 규범, 벤담식의 공리주의적 법 이론과 같이 개개인의 세속적 이익 혹은 효용의 최대화를 위한 계산의 결과로 그 준수의 공리적 필요성이 인정된 규범, 칸트식의 의무론과 같이 인간이라면 당연히 지켜야 할 도덕적 의무이기 때문에 지켜야 할 규범으로서의 법 개념 등과 구분된다. 그런데 그와 같은 근대 정치사상의 법 개념들의 원형들은 — 정밀한 개념 체계로 완성된 형태가 아니라면 — 이미 소크라테스 이전 희랍인들의 정신세계 속에서 출현하고 정립된 것들이다. 그러한 사실의 정신사 및 지성사적 의미를『앎과 잘남』1권 전체의 서술 내용을 중심으로 먼저 간단하게나마 정리할 필요가 있다.

소크라테스 이전 희랍 정신사 및 지성사의 기본적인 흐름은 이 세계에 대한 앎의 확대 및 심화이자 그 앎에 대한 인간의 자의식이 발전하는 과정으로 요약될 수 있다. 그것은 이 세계에 대한 앎의 질적 · 양적 차이가 각 개인의 자존감의 원천이 되고 다른 인간들에 대한 우월감, 즉 잘남의 원천으로 부각되는 과정인 것이다. 법에 대한 최초의 앎 또는 원초적인 법 개념이란 신에 의해 창조되고 운영되는 절대적으로 당연한 질서를 의미한다. 그것은 인간에게 일방적으로 부과되어 절대적으로 묵수해야 할 대상일 뿐이며, 그것의 존재 이유에 대한 의문이나 회의는 존재하지 않는 의식 상태를 의미한다. 그러한 의식 상태는 자신들과는 다르거나 상충되는 법을 갖고 있는 다른 지역의 인간 집단의 존재를 알게 되면서 새로운 변환의 계기를 맞게 된다. 즉 자신이 신성하게 믿는 법이나 질서가 왜 다른 지역 인간들의 법이나 질서보다 우월한지, 또는 왜 그것과 다르거나 상충되는 것들은 왜 법이나 질서가 아닌지 스스로의 법과 질서를 정당화할 필요가 생기게 되는 것이다. 이에 따라 신의 의사를 들을 수 있는 신관의 존재나 신들의 대리인인 영웅들의 존재와 관련된 다양한 신화적 설명이 등장하게 됨은 정신사적 필연이다. 신관이나 영웅들은 바로 신의 의사를 아는 존재라는 점에서 그 인간적 잘남 또는 탁월성이 다른 사람들에 의해 인정되고, 그러한 잘남에 대한 의식은 스스로의 자의식에도 반영된다는 것이다.

희랍 정신사에서 소피스트들의 등장은 그러한 신화적 앎과 그것에 기초한 잘남에 대한 부정을 의미한다. 프로타고라스의 계약론적 법 개념이나 트라시마코스의 '강자의 이익으로서의 법' 개념 등으로 대표되는 일종의 도덕적 또는 법적 상대주의와 법실증주의가 그러한 부정의 흐름을 대표한다.[45] 그러한 흐름은 법이란 신에 의해 인간에게 부과된 초월적인 규범이 아니며, 인간들이 안전한 삶 등 자신들의 이익과 편의를 위해 인위적으로 창조했기 때문에 각 국가나 민족에 따라 다를 수밖에 없고, 이에 따라 절대적으로 보편적인 법이나 정의는 존재하지 않는다는 논리로 요약된다. 소크라테스의 법 개념은 그와 같은 정신사 및 지성사적 전통에 대한 비판적 극복을 내포하고 있다. 그것은 희랍 정신사 및 지성사의 흐름에 대한 연속이면서 단절이다. 그리고 그러한 연속 및 단절 속에서 정치철학이 등장하는 것이다. 그와 같이 해석될 수 있는 근거에 대한 충분한 해명은 이 절에서의 논의와 더불어 이 책의 후속편에서 플라톤의 정

45 비록 비판적 시각이 그 바탕에 있지만, 소피스트들의 정치사상을 가장 많이, 체계적으로 소개하고 있는 것은 플라톤의 저작이다. 그리고 이에 대한 자세한 논의는 플라톤의 정치철학을 다룰 『앎과 잘남』 3권에서 이루어질 것이다. 다만 『앎과 잘남』 1권에서도 단편적으로 전해져 있는 소피스트들의 진술들을 토대로 그들의 사상을 소개 및 설명한 바 있다.

치철학의 지성사적 의미를 검토하면서 이루어질 것이다. 다만 독자의 이해를 위해 그 논의의 개요를 미리 간단히 설명하면 다음과 같다.

『크리톤』에서 소크라테스가 탈옥을 하지 않고 아테네라는 국가의 법 집행을 받아들인 행동 및 발언 속에는 일단 『변명』에서 논의된 정의의 문제 등 도덕적 이념들이 포괄된다. 아울러 그것에는 그러한 도덕적 이념들의 문제를 인간의 삶의 구조 전체의 맥락에서 총체적으로 파악하려는 새로운 사고방식도 출현하고 있다. 그리고 그러한 사고방식의 출현 속에서 면밀한 체계성을 갖추지는 않았더라도 정치철학의 기본적인 형태가 태동하고 있다는 것이다. 앞의 2장에서 설명한 바 있듯이, 정치철학적 사고는 국가 생활이나 현실 정치에 대한 이해에 있어서 권력 관계나 이해의 조정 등 경험적이며 부분적인 차원을 넘어서려는 사유의 등장이며, 정치적 문제들을 지혜로운 언변이나 직관적 단상 수준에서 이해하는 것이 아니라 삶의 본질에 대한 통찰과 더불어 그것들을 존재의 근원 및 총체적 질서 속에서 파악하려는 시도이다. 『크리톤』에 제시된 소크라테스의 발언에서 발견되는 그와 같은 정치철학적 사유는 자연철학자들을 포함한 그 이전의 현인들, 시인이나 문학가, 나아가 소피스트 등에 의해 제시된 정치적 사유들과는 구분된다.[46]

그러한 정치철학적 사유는 국가 생활이나 현실 정치의 문제를 철저히

---

46 플라톤의 『국가』 전체가 그러하지만, 특히 1권과 소크라테스의 본격적인 국가 건설 논의가 시작되기 전까지인 2권 367e까지의 내용은 바로 정치철학적 탐구의 출발로서 그러한 수준의 정치적 사유들을 비판적이고 종합적으로 제시하려는 플라톤의 의도를 반영하고 있다. 케팔로스 노인으로 대변되는 국가 생활 및 정치에 대한 일반인들의 전통적이고 고식적인 관념, 폴레마르코스의 발언으로 소개되는 시인이나 현인 등 전통적 지식인들의 정치적 사유, 소피스트 트라시마코스 나름대로의 독자적인 현실 인식과 논리적 사유 능력의 전개, 그리고 그의 논의를 이어받는 형식으로 소피스트 이념을 좀 더 체계적이고 심층적으로 소개하는 플라톤의 형제들인 글라우콘과 아데이만토스의 발언들이 그것이다.

그 근원에서부터, 그리고 체계적이고 총체적으로 알려는 시도에 다름 아니다. 물론 개인의 이익보다 국가의 이익이 우선한다든가 개개인의 삶보다 국가의 영속성이 중요하다는 생각은 희랍 세계에서 도시국가가 출현한 이후 어디서나 발견될 수 있을 것이다. 그러한 생각은 실제로 투키디데스에도 기술되어 있다.[47] 그러나 그러한 생각의 철학적 근거에 대한 최초의 성찰은 『크리톤』에서 발견된다는 것이다. 『크리톤』에서 발견되는 그러한 시도는 법hoi nomoi[48] 및 법과 동일한 의미로 사용되는 '국가공동체to koinon tēs poleōs'라는 표현[49], 그리고 '조국patris; 祖國'이라는 표현 속에 집약되어 있다. 일단 그러한 표현들 속에 법이나 국가의 존재를 개개인을 초월한 보편적이고 영속적인 존재로 파악하려는 태도가 나타나 있다. 연구 대상의 그러한 보편성과 영속성을 떠나서는 정치철학이라는 앎의 보편성과 영속성이 존재할 수 없는 것이다. 아울러 그러한 표현을 통해 제시되는 '합의'의 개념과 '좋음'의 개념 속에서 개인들이 '좋은' 삶 또는 '살 만한' 삶을 영위하려는 목적이 필연적으로 국가를 탄생시킨다는 논지가 발견된다. 그러한 표현과 개념들의 존재는 곧 정치철학이 체계적인 앎의 기본적인 형태를 갖추는 과정으로 해석될 수 있다. 왜 그렇게 해

47 이에 대한 자세한 논의는 Farrar(1988: 153~158) 참조.

48 'hoi nomoi'는 법 또는 관습을 의미하는 'nomos'의 복수형으로서, 여기서는 법률이나 관습 또는 법으로서의 성격을 갖는 관행, 의례 등의 총체를 지칭한다고 말할 수 있다. 따라서 이 절에서는 우리말의 어법에 따라 그것을 단수형인 '법'으로 번역하기로 한다.

49 이 희랍어를 직역하면 '도시국가라는 공동의 것'으로, 영어 'republic'의 어원인 라틴어 'res publica'가 이와 가장 비슷한 어휘라고 할 수 있다. 형용사 'koinos'는 영어 'common' 또는 'sharing'에 해당하며, 기본적으로 개체들이 서로 공통되거나 서로 공유하는 상태를 지칭한다. 이로부터 여러 가지 말들이 파생하게 되는데, 아리스토텔레스가 『정치학』에서 '가족oikos-마을komē-도시국가polis'로 이어지는 공동체의 발전 맥락에서 도시국가를 지칭하는 개념어로 사용한 'koinōnia politikē(정치공동체)'라는 말은 이 'to koinon tēs poleōs'라는 표현의 변형이라고 할 것이다.

석될 수 있는지 이제 『크리톤』에서 소크라테스가 크리톤을 설득하는 과정에서 인격체로 등장하여 소크라테스와 가상의 대화를 나누는 '아테네 법'의 발언을 세밀히 검토할 필요가 있다.

플라톤의 대화편 『크리톤』은 아티카 지역 남단 수니온Sounion 곶[50]에서 델로스 섬에 신탁을 받으러 떠났던 배가 돌아오고 있음을 멀리서 목격한 사람들의 전언을 들은 크리톤이 감옥에 있는 소크라테스를 방문하는 장면으로 시작한다. 그 배가 피레우스 항구에 도착하는 바로 그날 소크라테스에 대한 사형 집행이 이루어지므로, 시간적 여유가 없다고 판단한 크리톤은 이제 탈옥할 것을 그에게 마지막으로 간청하러 감옥을 방문하게 된 것이다.

크리톤이 소크라테스를 탈옥시키려는 이유로 "둘도 없는 친구를 잃을 수 없다"는(44b) 친구들 사이의 원초적인 감정 이외에 두 가지가 제시된다. 하나는 소크라테스가 탈옥을 하지 않을 경우 자신이 받을 사회적 평판doxa이다. 여기서 평판이란 이미 앞에서 여러 차례 설명한 바 있듯이 소크라테스의 죽음과 관련된 일반인들의 일상적인 관념이나 평가이다. 만일 자신의 간청과 노력에도 불구하고 소크라테스가 죽음을 선택할 경우, 자신의 진정한 의도와는 달리 자신에 대해 사회적으로 잘못된 평판이 날 것을 크리톤은 두려워하고 있는 것이다(44b~c).[51] 그로서는 부자이기

50 현재에도 관광객들이 즐겨 찾는 유적지로, 기원전 4세기 중엽에 건설된 포세이돈 신전의 돌기둥들이 남아 있다. 바다의 신 포세이돈의 신전이 그 수니온 곶에 있다는 사실이 상징하듯, 그곳은 아테네인들에게 남쪽 바다를 관측하고 배들의 움직임을 감시하는 전략적 요충지이기도 하다.

51 이 부분에서는 '알다oida; know' 동사와 대비되어 'doxa'라는 말과 그것의 동사형인 'doxō' 및 'dokein'이 등장하는데, 플라톤의 의도적인 어휘 사용으로 해석될 수 있다.

때문에 자신의 재력을 이용하여 친구를 살릴 수 있는데도 불구하고 그렇게 하지 않았다는 일반인들의 오해를 피하고 싶은 것이다.

크리톤의 그러한 태도 또는 '사나이끼리의 의리'는 『앎과 잘남』 1권에서 설명한 바 있듯이 아킬레우스의 자존심과 기백으로 상징되는 약탈 전쟁 시대 삶의 환경에서 유래한 전통적인 도덕성의 표현이다. 그것은 명예심timē 및 그것과 짝을 이루는 수치심aschiros에 대한 자각이 근간을 이루는 잘남의 이념이다. 그것은 현대 문화인류학에서 소위 '죄의식의 문화guilt culture'와 대비되는 '수치심의 문화shame culture'라는 학술용어로 정립되어 있기도 하다.[52] 이에 대한 소크라테스의 답변은 『변명』에서 여러 차례 반복되어 제시된 문제, 즉 '다중hoi polloi'의 여론과 소수의 '가장 합리적인 사고자hoi epieikestatoi'의 판단 사이의 구분이다(44c). 다시 말해서 어떤 문제이든 — 건강의 문제이든 옳고 그름의 도덕적 문제이든 — 한

그리고 이 인용문에서 "나와 너를 잘 알지 못하는 많은 사람들은 내가 너를 구할 수 있는데도 불구하고 그러지 않았다고 믿을doxō 것이다"라는 크리톤의 말은 당시 아테네 사법 제도의 운영 일반 및 소크라테스가 실제로 처한 상황과 관련하여 여러 가지 추정을 가능하게 한다. 일단 뇌물을 통해 사형수의 생명도 구할 수 있을 정도로 사법 제도의 운영이 부패했을 수 있다. 아니면 아테네 정부나 일반 시민들이 사법적 명분 때문에 소크라테스에게 사형은 선고했지만 굳이 죽일 의도는 없었기 때문에, 그가 국외로 망명하는 것을 바라면서 탈옥을 방조했을 가능성도 있고, 이에 따라 간수를 쉽게 매수할 수 있는 상황이 전개되었을 수도 있다.

52 이 개념은 인류학자 베네딕트Ruth Benedict가 2차대전 종전 직전 재미 일본인들에 대한 심층적인 면접을 근거로 그들의 정신세계를 진단한 — 실제로는 그것에 대한 초보적 수준의 연구지만 — 저작인 『국화와 칼*Chrysendon and Sword*』(1967)을 통해 유명해졌지만, 그 지적 기원은 희랍 문화 연구가들이다. 이에 관해서는 도즈E. K. Dodds의 *The Greeks and the Irrational*에서 다음 문장을 소개할 필요가 있다. "호메로스적 인간에게 최고의 선이란 조용한 양심의 즐김이 아니라 명예timē 즉 사회적 평가public esteem이다. …… 그리고 호메로스적 인간이 아는 가장 강력한 도덕성은 신에 대한 두려움이 아니라 'aido' 즉 사회적 평판public opinion에 대한 경의respect이다"(Dodds, 1956: 17~18).

편으로 다수 인간의 정서적이고 비합리적인 사고가 지배하는 여론의 형태로 나타나는 주장, 다른 한편으로 소수 또는 한 사람의 주장이라도 엄밀한 논리와 전문적인 지식에 기초한 합리적인 주장, 이 둘 사이에서 어떠한 편을 따르는 것이 바람직한가의 문제인 것이다. 물론 후자를 따르는 것이 바람직하고, 모든 문제는 언제나 합리적인 검토 후의 결론에 따라야 하며 즉흥적인 느낌이나 감정에 좌우되어서는 안 된다는 것이 소크라테스의 일관된 입장이다. 그러한 입장은 『크리톤』에서도 반복되어 개진되고 있다(44c~45c; 46b~48d).[53]

소크라테스가 탈옥해야 한다는 이유로 크리톤이 제시한 다른 하나는 자신의 목숨을 구할 수 있는데도 불구하고 그렇게 하지 않음은 "결코 올바르지 않다oude dikaion"는 것이다(45c~46a). 그것은 소크라테스의 적들

---

53 대중의 성격에 대한 근본적으로 동일한 관점의 반영이지만, 『크리톤』의 이 부분에서 특히 주목할 문장은 소크라테스의 다음 두 발언이다. 하나는 "나는 대중이 최악의 것ta megista kaka을 성취할 수 있어 최선의 것도ta megista agatha 성취할 수 있기를 바라네. 그렇게만 되면 모든 것이 잘될 수도 있을 것이네. 그렇지만 그들은 둘 다 할 수 없네. 왜냐하면 그들은 인간을 현명하거나phronimon 어리석게aphrona 만들 능력이 없으며, 그저 그들 머리에 떠오르는 것이라면 무엇이든지 하기 때문이네"(44d). 이 발언에서 "떠오르는 것이라면 무엇이든지"의 원문은 "ho ti an thychōsi"이며, '떠오르는 것'이란 곧 '즉흥적으로 생각나고 느껴지는 것'이다. 그것은 곧 대중의 본원적인 '무사고성 thoughtlessness'을 지칭하며, 대중의 근본적 성격에 대한 그러한 이해는 현대 철학에서 니체, 하이데거, 아렌트 등을 통해 새롭게 부활하게 된다. 다른 하나는 "…… 우리가 가장 깊이 고려해야 할 것은 삶to zēn이 아니라 좋은 삶to eu zēn이다"(48b). 그것은 살아 있음 또는 생명 자체가 절대적인 가치를 갖는 것이 아니라 바로 가치 있는 삶만이 말 그대로 가치 있고 의미 있다는 것이며, 그 '잘삶' 또는 '좋은 삶'이 무엇이고 국가 생활을 통해 어떻게 실현될 수 있는가의 문제가 제자인 플라톤 및 아리스토텔레스의 정치철학에서 가장 단순하면서도 근원적인 문제라고 할 수 있다. 아울러 그것은 마치 인간의 생명 자체가 절대적인 가치를 갖는다는 식의 독단적인 믿음 속에서 인간 생명의 무조건적인 지속을 인간애 또는 인본주의적인 것으로 여기고, 아울러 다른 생물들의 생명은 과감하게 — 경우에 따라서는 잔혹하게 — 희생시킴을 당연시하는 현대인들의 지배적인 사고방식에 대한 비판도 함축하고 있다.

이 원하는 바를 성취시켜주는 것이고(45c), 양육과 교육이라는 부모의 의무를 방기하여 자기 자식들로 하여금 고아라는 결핍된 삶을 살아가게 하는 것은 무책임한 일이며(45c~d), 굳이 받아야 될 이유도 없었던 재판이자 잘못 진행된 엉터리 재판 결과로 친구가 죽게 되었는데도 법적 책임이 두려워 친구를 탈옥시키지 않음은 자신을 포함하여 친구들이 비겁함 anandria(cowardice로 번역되나 말 그대로는 '사나이답지 못함')이라는 부도덕과 모자람을 범하게 됨을 의미한다는 것이다(45e). 플라톤의 대화편들이 일반적으로 그러하듯이, 소크라테스의 본격적인 검토나 논박은 검토나 논박할 만한 주장이 개진될 때, 다시 말해서 대화의 상대방이 단순한 감정의 토로나 자기주장의 즉흥적인 발설이 아니라 나름대로 진지하고 체계적으로 자신의 주장이나 의견을 피력할 때 이루어진다. 바로 크리톤이 탈옥하지 않음의 부당함에 대한 나름대로의 논리를 개진하면서 — 단순히 대중의 시선과 평판을 의식하는 태도가 아니라 — 그와 소크라테스 사이에 본격적인 토의가 이루어지는 것이다. 그리고 그러한 검토와 논박의 맥락에서 앞에서 언급한 바와 같이 인격체로 등장한 법과 소크라테스 사이에 가상의 대화가 나타난다. 그리고 그 가상의 대화는 다음 두 가지 명제의 타당성을 전제로 전개된다.

하나는 플라톤의 다른 저작들에서도 자주 반복되는 명제이다. '옳지 못한 것은 나쁜 것으로서, 옳지 못한 것을 행한 사람에게도 옳지 못한 것은 나쁘고 수치스러운 것이므로 그것을 행해서는 안 되며, 옳지 못한 행동에 대해서 옳지 못한 행동으로 갚아서는 안 된다'는 명제가 그것이다(49a~e).[54] 다른 하나는 '사람은 자신이 동의한 것tis homologēsē; what has

54 이 문장은 희랍어 세 문장을 하나로 재구성한 것으로서, 각 문장을 그대로 제시하면 다음과 같다. "옳지 못한 것을 행하는 사람에게도 옳지 못한 것을 행함은to ge adikein tōi adikonti" "언제나 어떤 경우에도tynchanei on panti tropōi' 나쁘고kakon 수치스럽다

been agreed이 옳다면tōi dikaia onta 그것을 '이행해야만 된다는onta poiēteon; being to fulfill' 것이다'(49e).[55] 그러한 두 명제의 타당성을 전제로 소크라테스는 법과 자신 사이의 가상의 대화를 전개한다(50a~54d).[56] 먼

---

aischron"; "옳지 못한 것은 결코 행해서는 안 된다Oudamōs ara dei adikein"; "설사 옳지 못함을 당하는 경우에도 그것에 대해 옳지 못한 행동으로 대응해서는 안 된다Oude adikoumenon ara antadikein"(49b). 플라톤의 『국가』 전체가 — 또는 도덕적 이념들에 관한 그의 대화편들 전체가 — 또한 이 명제에 대한 해설이라고도 말할 수 있을 정도로 이 단순한 명제에 함축된 의미는 복잡하고 심원하다. 그것에는 일단 위해危害가 육체만에 해당하는 것이 아니라 영혼에도 해당하며, 올바르지 못한 행동은 자신이 스스로의 영혼에 해를 가하는 것이라는 명제가 함축되어 있다. 더욱 근본적으로 그것에는 좋음은 올바름을 포섭한다는 주장과 더불어 이 세계 또는 존재성의 궁극적인 근원으로 규정되는 — 플라톤의 철학에 대한 교과서적 설명으로 흔히 제시되듯이 — '좋음[善]'의 이데아론도 함축하고 있다. 따라서 그것에 대한 본격적인 설명은 이 책의 제한된 범위를 벗어나며, 그것 또한 이 책의 후속편에서 수행될 과업으로 남겨둔다. 다만 여기서는 '나쁜 일을 행함은 누구에게든지 나쁜 것'이라는 명제는 동어반복의 성격이면서도 자명한 진리성을 갖는다는 점을 강조할 필요가 있다. 이와 동시에 나쁜 행동을 한 사람에게 어떠한 행동이 정당하지 않거나 나쁜가는 자명한 것이 아니라는 점도 강조할 필요가 있다. 예를 들어 살인죄를 범한 사람에게 사형은 벌에 대한 죄업을 갚는다는 의미에서 나쁜 것이 아니라 좋은 것이 될 수도 있다는 것이다. 죽어야 되거나 죽을 수밖에 없는 사람에게 생명의 연장이 무조건 좋은 것은 아니라는 점도 이와 연관하여 이해될 수 있다.

55 『크리톤』 49e의 원문에서는 의문문의 형식으로 이 명제가 제시된다. "동의한 것이 옳다면 그것을 수행해야 되겠는가 아니면 깰 수도exapateteon 있겠는가?" 『크리톤』에서 소크라테스는 이 명제의 의미나 타당성 여부를 검토하지는 않고, 단순히 크리톤으로부터 그것의 타당성에 대해 동의를 구하는 것으로 그치면서 법과 소크라테스 사이의 가상의 대화를 전개한다.

56 여기서의 법 또한 소크라테스 특유의 개인적 신인 다이몬을 암시하면서 이 가상의 대화를 끝맺는데, 그 발언은 다음과 같다. "크리톤, 이 모든 것이 피리 소리에 매혹된 키벨레의 사제들이 듣는 것처럼 나에게 들리는 것 같네"(54d). 이 문장에서 "피리 소리에 매혹된 키벨레의 사제들이 듣는 것처럼"의 원문은 "ōsper hoi korybantiōntes tōn aulōn dokousin akouein"이며, 여기서 'hoi korybantiōntes'는 복수형 정관사 'hoi'와 동사 'korybantizō' 분사형의 결합으로 말 그대로는 '코리바스적인 열광에 빠진 사람들'이 된다. 참고로 코리바스Korybas는 프리기아Phrygia 지역에서 주신酒神인 디오니소스 신에 해당하는 키벨레 신의 사제이다.

저 그 가상의 대화 전체를 정리할 필요가 있다.

그 가상의 대화는 가상의 인격체로 등장한 법hoi nomoi 및 국가공동체 to koinon tēs poleōs가 소크라테스에게 다음과 같이 말하는 것으로 시작된다. 그가 탈옥할 경우 그것은 "국가를 설득함이 없이mē peisantes tēn polin" 개인의 자의대로 감옥을 나감을 의미하고, 그러한 행동은 모든 법들 및 국가공동체를 파괴하려는 것과 같다. 즉 법정이 내린 결정이 아무런 구속력이 없이 사인들의 행동에 의해 "무력화되거나akyroi" "무화될 diaphtheirontai" 경우 국가 자체가 존립할 수 없게 된다는 주장이다(50a~b). 여기서 『크리톤』의 주제를 '악법도 법이다'라는 식으로 교과서적으로 규정하게 만든 전거典據; locus classicus라고도 할 수 있는 질문 형식의 문장이 제시된다. 즉 "국가가 올바르지 못한 평결을 내려 나에게 잘못했는데도" 불구하고 그러한 주장을 수용해야 하느냐는 반문이 그것이다(50c). 여기서 가상의 법은 그러한 반문을 논박하기 위해 소크라테스에 대해 바로 그에게 익숙한 문답법을 이용한 심문을 통해서 '합의合意; homologēma'의 개념을 탐색한다(50c~51c).[57] 그러한 합의의 개념 속에 정치철학이라는 새로운 학문이 태동하고 있다.

가상의 법은 먼저 소크라테스라는 한 인간의 삶 자체를 가능하게 한 조건과 관련된 동의 문제를 제기한다(50d). 즉 그의 아버지와 어머니가 결혼하여 그를 낳게 한 것은 결혼에 대한 법률이 존재하기 때문이며, 그 스스로 지금까지 그러한 법률의 존재를 부정하지 않았다는 사실을 환기

57 희랍어 'homologēma'는 합의나 동의agreement 또는 관행(convention; 사회적 관행이나 관습은 개인들 사이의 묵시적인 동의로 해석될 수 있다) 등으로 번역될 수 있다. 이 희랍어 명사는 동사 'homologeō(말 그대로는 '같은 것을 말하다'를 의미한다)'에서 파생됐는데, 여기서는 이 명사 대신 'tauta hōmologēto(what was agreed)'라는 표현을 사용되고 있으며, 뒤에 가서는(52d 이후) 'homologēma'라는 어휘가 자주 사용된다.

시킨다. 또한 그가 태어난 후 성장하게 만든 양육trophē에 관한 법률이나 그에게 교양을 갖추고 건강한 시민으로 만든 문예mousikē와 체육gymnastikē 등의 교육paideia에 관한 법률의 존재에 대해서도 그가 부정하지 않았고, 그러한 법률들의 지시에 따라 그의 아버지가 그를 교육했음도 확인한다(50d).[58] 그것은 결국 소크라테스라는 한 개인은 물론이고 그의 조상들의 생명과 삶의 기본적인 성격 및 내용을 부여한 주체가 법률들이라는 것이며, 각 개인들은 그러한 법률들의 자손ekgonos이자 노예doulos라는 것이다(50e). 그것은 곧 개인과 법의 관계는 본질적으로 종속적이지 평등한 것이 아니며, 이에 따라 전자와 후자의 행동이 동등한 정당성을 갖는 것은 아니라는 것이다. 법과 개인의 관계에 대한 이러한 기본적인 인식으로부터 법에 대한 기본적인 도덕적 의무가 도출된다.

자식과 부모 또는 노예와 주인의 관계에서처럼 후자가 전자에게 욕하거나 때리더라도 전자가 동일한 행동으로 보복하는 것은 옳지 않다(50e). 따라서 설사 법이 소크라테스를 파괴하더라도apollynai 소크라테스가 법이나 나라patrida를[59] 파괴하는 것은 올바르지 않다(50e). 나아가 개인과

58 이 문맥에서는 명시적으로 언급되지 않았지만, 여기에 당연히 분업 체계의 운영 등 국가 생활을 통해 보장되는 재화의 획득 및 사용이 추가되어야 할 것이다. 실제로 50c에서는 태생, 양육, 교육과 더불어 재화의 사용이 국가 생활을 통해 부여받을 수 있는 혜택으로 명시적으로 언급되고 있다.

59 이 문맥에서 플라톤은 'polis' 대신 'patrida(patris의 목적격)'라는 말을 사용하고 있는데, 소크라테스 스스로가 그 말을 일상생활에서 사용했기 때문에 플라톤도 의도적으로 사용한 것으로 해석될 수 있다. 이 말은 본디 아버지를 의미하는 명사 'patēr'의 여성형 형용사 'patris'(남성형은 'patrios')가 명사로 사용되는 어휘인데, 말 그대로는 '아버지로부터 유래한'을 의미하며, 이 말 자체에 이미 자기가 태어난 도시나 마을이란 단순한 삶의 공간이 아니라 바로 선천적으로 물려받은 '역사적인' 공간이라는 관념이 내포되어 있다. 따라서 이 말은 '나라' 또는 '조국'으로도 번역될 수 있으며, 그러한 의미를 갖는 동일한 어휘가 호메로스에도 이미 등장하고 있다는 사실이 흥미롭다(『일리아스』, 17권 155). 뒤에 가서 다시 설명하겠지만, 『크리톤』에 제시되는 법의 개념과 연관된 이

국가를 그와 같이 평등성의 차원에서 파악함은 잘못된 것일 뿐만 아니라 무지나 어리석음의 표현이라는 점이 강조된다. 가상의 법은 같은 맥락에서 소크라테스에게 다음과 같이 반문한다. "네가 지혜롭다고sophos 하는데 그 지혜라는 것이 기껏해야 너의 나라patris가 너의 어머니, 아버지, 조상들보다도 더욱 소중하고timiōteron, 더욱 고귀하고semnoteron, 더욱 성스럽고hagiōteron, 신들과 이성적인 인간들 사이에서 더욱 크게 존중되고 있다는 것조차 모를 정도란 말인가?"(51a~b)라는 것이다. 그러므로 설득peithein을 통해 국가가 무엇이 옳은지 확신시키거나, 그와 같이 확신시키지 못할 경우에는 국가가 요구하는 것은 무엇이든지 — 투옥이나 전쟁 참여나 매 맞기 등 — 감수하고 수행해야 하며, 국가에 대해 "폭력을 행사하는 것biazesthai"은 부당하고 "경건하지 못하다oux hosion"는 것이다(51b~c).

결국 소크라테스의 탈옥은 양육과 교육에 수반한 묵시적인 동의, 설득을 통해 국가의 부당성을 확신시키지 못할 경우 법을 준수하겠다는 합의의 파기라는 것이다. 그것은 결국 국가에 대해 이중적으로 가하는 부당

말의 사용에는 국가란 단순히 권력 구조만이 아니라 역사적인 연속성 속에서 생성하고 사멸하는 개개인들을 초월하여 존재하는 삶의 총체적인 질서라는 관점이 제시되고 있는 것이다. 그것은 국가를 기본적으로 권력 구조로 파악하여 그것의 성립을 비역사적 계약의 형태로 파악한 근대 사회계약론이나, 칸트의 공화국 개념과 같이 비역사적으로 추상화한 이상적인 국가 질서가 아니라, 헤르더나 피히테 등에 의해 역사성을 본질적인 요소로 갖는 민족 국가의 이념과 유사하다. 현대 세계에서는 조국이라는 어휘의 사용은 비합리적이고 정서적인 국가주의나 민족주의가 창안하고 권력자들이 국민들의 맹목적인 복종을 유도하려는 이데올로기의 산물 정도로 폄하되는 경향이 강하다. 그러나 그와 같은 폄하의 타당성 여부를 떠나, 자신이 속한 삶의 질서를 아버지 또는 어머니의 존재와 연관하여 파악하는 태도는 사물에 대한 순수한 직관의 표현이자 인간의 자연스런 감정의 표현이다. 참고로 현대의 소위 '공동체주의communitarianism'는 간단히 말해서 — 그 이념 자체의 독창성이나 개념적 면밀성 문제에 대한 평가를 떠나 — 개인의 존재 자체가 마치 독자적이거나 절대적인 것으로 맹목적으로 믿는 태도가 오히려 비합리적인이고 현실적으로 근거 없는 개인주의 의식에 매몰된 사고임을 입증하려는 이념이라고 할 수 있다.

한 폭력의 행사로 간주된다. 여기에 더하여 가상의 법은 성인이 된 시민에게 국가의 운영에 불만이 있을 경우 모든 재산을 가지고 원하는 곳 어디든지 갈 수 있는 기회를 허용하고 있다는 법조문의 존재를 환기시킨다. 그와 같은 거주 이전의 자유를 허용했는데도 불구하고 소크라테스가 아테네에 남아 있다는 사실은 그가 아테네라는 국가와의 동의를 준수하겠다는 의사의 표명이라는 것이다. 그의 탈옥은 그러한 합의를 파기하는 것이기 때문에 삼중의 부당성을 갖는다는 것이다(51e~52a). 그리고 그 점은 소크라테스라는 개인의 일생 동안의 행적과 법정에서의 언행을 고려할 때 더욱 타당성을 갖는다는 것을 가상의 법은 지적한다.

소크라테스는 병사로서 출정하는 목적 이외에는 아테네를 떠나 다른 나라를 방문한 적이 없으며, 다른 나라의 법을 알려고 한 적도 없고, 아테네에서 아이들을 키웠으며, 법정에서 사형 대신에 추방형을 제안할 수 있었는데도 불구하고 그렇게 하지 않으면서 오히려 추방보다는 죽음을 원한다는 발언을 했다는 것이다(52b~d). 그러한 행적과 언행은 그가 아테네 시민으로서 삶에 만족하고 살아왔음의 간접적 고백이다.[60] 그런데 그가 이제 와서 탈옥한다는 것은 그와 아테네라는 국가 사이에서 "강제나 사기

60 이와 관련하여 소크라테스가 평소에 스파르타와 크레타의 통치를 칭송했으면서도 아테네를 떠나 그곳에 가지 않았다는 사실도 지적된다(52e). 그 칭송의 의미가 자명한 것은 아니며, 이에 대해서는 앞에서도 소크라테스 제자들의 친스파르타주의 성향과 관련하여 언급했지만, 뒤에 가서 다시 별도로 논의될 것이다. 여기서는 소크라테스의 그러한 칭송이 반드시 아테네 정치 체제 전반에 대한 부정을 의미하지는 않으며, 또한 그가 두 도시국가의 통치가 통치의 이상을 완벽히 구현한다고 믿고 있음을 의미하지도 않는다는 점을 지적하는 것으로 그친다. 이 점은 곧이어 53b에서 테베나 메가라를 '법치 국가'의 대표로 언급하고 있다는 사실과도 연관지어 논의되어야 한다. 아울러 그것에는 국가의 선택과 관련된 윤리성 문제도 포함되어 있다. 즉 자신을 태어나게 하고 삶을 지속시키고 자신의 정신세계를 형성시킨 '조국'보다 더 훌륭한 통치가 이루어지고 있는 국가가 있을 경우, 후자를 자신의 새로운 국가로 선택하는 것이 윤리적으로 타당하거나 바람직한 삶인가의 문제가 그것이다.

나 급박한 시간에 쫓긴 상황에서 이루어진"[61] 부당한 협약들synthekas과 합의들homologias을 거부하는 수준의 행동이 아니다. 그것은 70년의 일생이라는 긴 시간에 걸쳐 자발적으로 맺은 협약 및 합의에 대한 파기를 의미한다는 것이다.

여기서 그러한 논의 과정에 나타난 합의의 개념을 좀 더 자세히 검토할 필요가 있다. 지은이로서는 그 합의 개념에 대한 오해나 몰이해가 많은 소크라테스 연구가들이 『변명』에 나타난 소크라테스의 발언과 『크리톤』에 제시된 발언에 모순이 있는 것으로 해석하게 된 근본적인 이유로 판단된다. 즉 『변명』에서의 소크라테스는 — 현대 시민불복종 운동에 대한 일종의 이념적 원형으로서 — 신의 명령이나 양심에 어긋난 법이나 국가의 명령에 저항함을 도덕적 의무로 강조한 데 비해, 『크리톤』에서는 법에 대한 무조건적인 복종을 강조하고 있다는 모순이 그것이다.[62] 지은이는 일단 그러한 독해는 잘못된 법이나 잘못된 공권력의 행사에 대한 저항을 법질서 자체에 대한 저항과 동일한 것으로 잘못 파악한 데 기인한다고 판단한다.

『변명』에서의 소크라테스는 한편으로 앎의 추구라는 자신의 삶의 주

---

61 강제, 사기, 시간의 급박성, 이 세 기준은 곧 정당한 계약이 성립하기 위한 근거가 되는 자발적 의사가 성립하기 위한 세 가지 조건을 의미한다. 원문은 "oux hypo anagkēs homolgēsas oude apatētheis oude en oligōi chronōi; not by complusion or fraud or in a short time"이다. 물론 현실에서는 세 가지 조건 모두가 기계적으로 해석되고 판명될 수 있는 것은 아니며, 언제나 법적 공방의 대상이 될 수 있다.

62 그로트George Grote 등이 대표하는 이러한 해석과 관련된 문헌들 및 논의 내용에 대한 간략한 소개로는 콜라이아코(2005, 11장) 참조. 콜라이아코 자신이 그러한 해석의 전통에 있다. 그는 『크리톤』에 제시된 소크라테스의 소위 '권위주의적authoritarian' 주장을 소크라테스의 실제적인 주장으로 해석해서는 안 되며, 신의 명령이나 철학자의 양심이 법보다 우월하다는 입장을 포기한 것이 아니라 단지 크리톤을 설득하기 위한 수사학적 목적에서 크리톤의 '애국주의적 입장'을 이용한 아이러니가 바탕에 있는 것으로 해석한다.

된 목적을 위해 가능한 한 공인으로서 활동을 피했지만, 다른 한편으로 공인으로 활동했을 때에는 죽음이나 투옥을 각오하고 잘못된 공권력의 행사나 사법적 결정에 저항한 인물이다. 그런데 죽음이나 투옥을 각오한다는 표현 자체가 곧 법질서 자체에 대한 저항을 의미하는 것은 아니라는 점이 중요하다. 즉 저항은 하되 그것이 실정법에 어긋나 사형이나 투옥 또는 태형 등 처벌을 받게 되더라도 그러한 법적 처벌 자체는 감수한다는 것이 소크라테스의 일관된 입장이다. 그것은 곧 사법질서 자체를 부정하거나 그것에 대해 도전하거나 회피하지는 않는다는 의사 또는 각오의 표명에 다름 아닌 것이다. 따라서 『크리톤』의 소크라테스가 탈옥을 거부하는 논리는 결코 『변명』에서의 법에 대한 도전 논리와 모순되지 않는다. 『크리톤』은 오히려 『변명』의 논리를 보충하고 있는 것이다. 그러나 그러한 모순의 부재란 『크리톤』에 제시된 그 보충적 논리의 소극적 성격일 뿐이다. 바로 『크리톤』에 제시된 합의의 개념이 그 보충적 논리를 적극적으로 해명하는 내용으로 해석될 수 있다.

『크리톤』에 제시된 합의의 개념은 무엇보다도 국가 통치의 구체적인 행사에 언제나 수반될 수 있는 다양한 형태의 지적 · 도덕적 결함, 특히 파렴치한 수준의 탐욕이나 잔악한 수준의 비인간적 행위의 가능성도 인정하고 있다는 사실이 중요하다.[63] 다시 말해서 공권력의 행사는 그것을

63 물론 경우에 따라 특정한 윤리 규범들은 국가의 존립이나 장기적 관점에서의 국가적 발전을 위해 불가피하게 파괴 또는 무시되어야 할 경우도 — 후대의 마키아벨리가 전범典範의 형태로 제시했듯이 — 발생할 수 있다. 문제는 그러한 비도덕성 행사의 필연성 여부는 한 국가가 처한 역사적 상황에 대한 총체적인 판단을 통해 이루어지지 기계적으로 규정될 수 없다는 점에 정치와 도덕 사이 관계의 심원함과 더불어 그것의 이해에 어려움이 있다. 참고로 서양의 르네상스 시대의 정치적 혼란기 이탈리아를 중심으로 표출된 공권력 행사의 이러한 요소는 대표적으로 마키아벨리의 천재적인 통찰에 의해 국가 개념의 주요 성격으로 부각되었고, 근대 국가의 그러한 성격은 주로 마이네케Friedrich Meinecke의 '국가이성Staatsräson' 개념을 통해 근대 서양 정치사 및 정치사

장악한 인간들에 의해 이루어지기 때문에 도덕적으로 부당하거나 잘못된 결정이 집행될 수 있고, 이에 따라 공권력에 의해 시민 개개인의 생명이나 재산이 부당하게 침해될 수 있는 가능성을 인정하고 있는 것이다. 그것은 곧 도덕성 여부를 포함하여 지혜로움이나 똑똑함이나 유·무식 등 권력자들의 잘남이나 앎의 수준, 곧 그들의 도덕적 판단력이나 사물에 대한 인식 능력에 따라 법이나 공권력은 국가 구성원들에게 부당하거나 잘못된 행동을 가할 수 있는 가능성을 부인하지 않는다는 것이다. 그러나 그러한 가능성의 인정이 국가라는 존재 자체를 단순히 권력자에 의한 강제력의 행사로 파악하는 것은 아니라는 사실이 중요하다.

자신에 대한 재판 자체가 증언하듯이, 현실적으로 국가 권력의 행사에는 부당함이나 모자람과 어리석음 또는 경우에 따라서는 무지와 광기도 수반될 수 있음을 소크라테스는 잘 알고 있다. 그럼에도 불구하고 그에게 국가 권력의 존재 자체는 개인적 삶을 가능하게 하는 영원한 질서의 한 측면이다. 그리고 소크라테스와 크리톤의 대화 자체가 그 영원한 질서가 누구에게나 자명한 것이 아니라 논의와 탐구의 대상임을 의미한다는 사실이 더욱 중요한 의미를 갖는다. 소크라테스 이전 자연철학자들에 이르러 개개의 자연물들이 아니라 자연이라는 존재 자체가 탐구의 대상이 되었듯이, 그들의 대화는 인간의 삶이 종속될 수밖에 없는 영원한 질서에 대한 탐구가 이미 시작되고 있음을 의미하는 것이다. 바로 그러한 의미에서 소크라테스를 통해 단순히 가변적인 정치 생활에 대한 일시적인 진단이 아니라 '영원한 정치적 질서'에 대한 영원한 앎의 추구, 곧 정치철학적 탐구가 시작되고 있는 것으로 해석할 수 있는 것이다. 그런데 『크

상사를 구성하는 주요 흐름들 가운데 하나로 설명된다. 국가이성 개념에 대한 마이네케의 대표적인 연구로는 Meinecke(1976) 참조.

리톤』에 나타난 소크라테스의 발언에는 그 탐구의 근본적인 성격과 방법도 제시되고 있음을 주목해야 한다. 그러한 성격과 방법이 바로 플라톤의 철학을 통해 체계화되는 변증법의 이념이기 때문이다. 변증법 개념의 발전은 완성된 형태의 정치철학의 출현이라는 점에서 희랍 지성사의 획기적 사건이다. 『크리톤』에 제시된 대화 과정에 그러한 변증법 개념의 맹아가 나타나는데, 이에 대한 설명을 위해서는 소크라테스가 탈옥이 부당함을 설명하기 위해 제시한 합의 및 인간의 의사意思; will 개념에 내재한 인간성의 역설을 탐색할 필요가 있다.

합의는 주체성을 갖는, 즉 자기 결정권을 갖는 개체들 — 그것이 개인이든 집단이든 — 사이에서 이루어지는 의사와 의사의 결합이다. 그리고 탈옥을 거부한 행위를 설명하기 위해 소크라테스가 도입한 합의의 개념은 국가라는 개체와 개인이라는 개체 사이에 맺어진 의사의 결합이다. 그런데 그러한 합의는 주체성을 갖는 개체들 사이에 성립되었지만, 언제나 파기가 가능한 개인이나 집단들 사이의 일시적인 약속이나 계약이 아니라 존재론적으로 구속력을 갖는다는 성격이 주목된다. 즉 유대교에서 신약神約; diathēkē 개념과 비슷하게, 그것은 인간이 인간으로 존재하기 위해서는 파기할 수 없는 영속적인 구속력을 갖는 약속이라는 것이다. 구약이라는 스스로의 역사에 대한 유대인의 해석이 현시하듯이, 인간은 자유의사에 따라 신과의 약속을 파기하기도 한다. 그러나 인간의 그러한 자유의사의 행동은 인간으로서 진정한 삶의 포기를 의미한다.[64] 유대인

64 그러한 신약 개념은 2천여 년 후 루소J. J. Rousseau를 통해 비非신학적으로 재구성된다고 할 수 있다. 그의 유명한 '일반의사volonté général' 개념이 그것인데, 그것 또한 본질적으로 개인들의 사회적 삶 자체를 가능하게 하고 인간의 삶이 좋고 바람직한 것이 되기 위해 인간들은 필연적으로 자신의 개인적 의사를 귀속시켜야 할 영속적이고 보편적인 의사와의 영원한 결합을 요구하기 때문이다.

의 그것과 비슷하면서도 다른 합의의 개념이 『크리톤』에 전개된다.

소크라테스의 합의 개념에서는 일단 국가라는 영속적인 존재가 유대교의 신을 대체한다. 그런데 그것 이외에 둘 사이에는 근본적인 차이가 있다. 유대교의 신약 개념에서는 그러한 합의의 준수는 인간이 신의 의사를 맹목적으로 신봉하고 그것에 자신의 의사를 일방적으로 종속시키는 행위를 통해 지속된다. 반면 소크라테스의 경우 그러한 합의는 인간이 스스로의 무지나 우매함을 자각함으로써 스스로의 의사를 신의 의사에 근접시키려는 노력, 즉 자신의 앎의 한계를 자각하고 — 바로 '너 자신을 알라'라는 경구에 집약되듯이 — 그 한계를 극복하려는 끊임없는 노력을 통해 신적神的인 앎에 도달하려는 과정을 통해 이루어진다는 것이다. 신적인 앎이란 인간들이 자신의 삶 자체를 가능하게 하는 영원하고 이상적인 질서에 대한 앎이며, 그러한 앎의 추구를 통해서만 정치 현실을 그 근원에서부터 철저히 파악할 수 있음을 의미한다. 그리고 그러한 앎의 추구의 다른 이름이 바로 정치철학인 것이다. 소크라테스를 통해서 정치철학이 태동하고 있다는 이 책의 논제는 바로 이 문맥에서 그 정점에 다다른 것이다.

『크리톤』의 나머지 마지막 부분(53a~54d)은 정치 현실을 구성하고 그것의 변화를 초래하는 가장 평범하면서도 근원적인 요소에 대한 설명이면서 동시에 바로 소크라테스의 탈옥과 관련된 현실적 문제의 핵심에 대한 설명으로 해석될 수 있다. 그것은 바로 인간의 모든 행동을 지배하는 '좋음agathos'의 문제이다. 인간의 자율적인 행동의 핵심에는 언제나 특정한 행동이 좋다거나 좋은 것을 가져온다는 나름대로의 판단과 기대를 갖고 있기 때문이며, 그러한 판단과 기대에 수반된 앎과 지혜로움 또는 모름과 어리석음 속에 현실 정치의 모든 탁월성이나 우매함 및 영광과 희·비극이 있기 때문이다. 또한 그것은 잘 알려져 있듯이 플라톤 철학의 핵심이기도 하며, 『크리톤』의 이 부분은 플라톤 철학의 또 다른 예고로 해석될 수 있다.

가상의 법은 먼저 탈옥이 소크라테스나 그의 친구들의 삶에 실제로 "어떠한 좋은 것ti agathon"을 가져다줄 수 있는지 반문하면서(53a), 그 '좋지 않은 점들을' 예시하는 방식으로 논의를 전개한다. 탈옥이 초래하는 좋지 않은 점들 가운데 하나는 무엇보다도 탈옥을 도와준 그의 친구들이 탈옥에 대한 법적 책임으로 겪게 될 추방형이나 재산 압류 등의 형벌이다(53b). 이어서 그가 탈옥하여 어느 도시로 가든 좋은 삶을 기대할 수 없을 것이라는 점을 딜레마 형식으로 다음과 같이 설명한다.

그가 망명할 도시국가는 "법이 잘 지켜지는eunomountai"[65] 국가, 달리 표현하여 법치 국가이거나 그렇지 못한 국가일 것인데, 그 두 경우 모두 그에게 좋을 것은 없다는 것이다(53b~54a). 즉 테바이나 메가라와 같은 법치 국가로 망명할 경우, 그러한 국가는 소크라테스를 법의 파괴자diaphthoreus로서 젊은이들이나 '어리석은 인간들에게anoētōn anthrōpōn' 나쁜 영향을 끼칠 국가의 적으로 간주할 것이다.[66] 그러한 상황에서 자신이 일생 동안의 소업, 즉 도덕성, 올바름, '합법적인 것들ta nomima', 법 등이 인간에게 소중한 것이라고 설파하는 일을 어떻게 계속 수행할 수 있겠으며, 그러한 소업을 수행하지 못하는 삶이 과연 살 만한 가치가 있는

65 'eunomountai'는 동사 'eunoeomai'의 수동형으로, 영어로는 일반적으로 'well governed'로 번역된다. 그런데 이 동사는 본디 '법이 잘 준수되고 있는' 상태를 지칭하는 동사이며, 여기서의 논의의 초점도 법이 일관되게 준수되고 있느냐의 문제이기 때문에 이와 같이 번역했다. 여기서는 테바이Thebai나 메가라Megara를 대표적인 법치 국가로, 테살리아Thesallia를 그와 반대되는 국가로 규정하고 있는 것이다.

66 '어리석은'으로 번역한 형용사 'anoētos'는 '사고'나 '추론'을 의미하는 'noēsis'의 형용사 'noētos'의 반대말로서, 영어 'thoughtless'가 원어의 의미에 가장 가깝다. 요즘 젊은이들 사이에 잘 쓰이는 '개념 없는 인간'이라는 말이 비록 '개념적으로' 정확한 표현은 아니지만 그 의미는 위의 희랍어에 가깝다.

삶인가 반문한다. 그렇다면 그와 같은 법치 국가 또는 "문명화된 인간들을tōn andrōn tous kosmiōtatous"[67] 피해서 갈 곳은 테살리아와 같이 무질서와 무법이 판치는 곳밖에 없다. 그런데 그와 같은 사람들은 축제 등을 벌이며 흥청거리고 사는 데만 관심이 있기 때문에, 그가 농노들의 초라한 복색으로 위장하여 망명해왔다는 소문을 듣고 웃음거리로 삼는 것 이외에는 그에게 관심을 보이지 않을 것이다. 그들은 주로 웃고 흥청거리는 등 일시적인 쾌락에만 관심이 있을 뿐이다. 따라서 그러한 사람들은 직접 비판받거나 감정을 상하게만 하지 않는다면, "살날도 얼마 남겨두지 않은 늙은이가 삶에 대한 집착이 너무 지나쳐 최고의 법률들을 위반했다고"(53e) 말할 정도의 도덕적 문제조차 제기할 사람도 없으리라는 것이다. 결국 그러한 사람들과 함께 어울릴 경우는 함께 흥청거리는 축제 때 이외에는 없다는 것인데, 그것은 곧 그곳에서는 소크라테스의 본업인 올바름과 도덕성에 대해 논의할 기회조차 없게 됨을 의미한다. 그러한 삶이란 결국 소크라테스에게는 살 만한 가치가 있는 삶은 아닐 것이라는 결론이다. 물론 살 만한 가치가 없는 삶을 위해 탈옥할 합리적 이유도 없을 것이다.

이제 현생에서의 삶과 관련하여 탈옥과 망명을 정당화할 수 있는 남은 근거는 아이들의 양육과 교육이라는 또 다른 '좋은 것'에서 찾을 수밖에 없는데, 가상의 법은 그러한 정당화 또한 성립하지 못한다고 설명한다(54a~b). 즉 망명지에서 이루어질 수 있는 아이들의 교육이 소크라테스가

67 'kosmiōtatous'는 본래 '질서'를 의미하는 'kosmos'에서 파생된 형용사 'kosmios'의 최상급으로, 이 형용사는 '질서가 잡힌well-ordered' '규칙적인regular' 등을 의미한다. 따라서 이 문구를 직역하면 '질서가 최고도로 잡힌 사람들을'이 되는데, 〈Loeb Classical Library〉판의 번역자인 파울러가 그것을 'the most civilized men'으로 의역한 것이 적절하다고 판단하여 지은이도 그와 같이 번역했다.

죽은 후 아버지 없이 이루어지는 아테네의 교육보다 결코 좋을 수 없으며, 적어도 진정한 친구들이라면 소크라테스가 테살리아에 가 있든 하데스에 가 있든 그의 아들들을 돌보아줄 것이기 때문에 그들의 교육 문제가 탈옥과 망명의 빌미가 될 수는 없다는 것이다.

결국 현생에서 추구하는 삶의 가치나 목적과 관련하여 탈옥을 정당화할 수 있는 근거는 없다는 것이 된다. 이제 남은 것은 '죽은 후의 삶'과 관련된 논의이며, 하데스 세계에서의 '좋은 삶'을 위해서도 탈옥은 하지 않음이 옳다는 말로써 가상의 법은 소크라테스에 대한 충고를 끝낸다 (54b~d). 즉 '올바른 것을 위한다는 것pro tou dikaiou' 이외에 어떠한 현세적인 이유도 하데스에서는 통용될 수 없다.[68] 따라서 탈옥이라는 잘못을 저지른다면 나쁨을 나쁨으로 갚는 행동이고, 법 및 나라와 맺은 동의를 파기하면서 자기 자신이나 친구와 나라와 법에 해를 끼치는 행동이다. 그러한 행동은 살아서는 나라와 법의 "노여움을 사게 될 것이고 chalepanoumenn"[69] 죽어서는 '하데스 법hoi en Haidou nomoi'의 노여움을 사게 되어, 삶과 죽음의 영역 어느 곳에서도 좋은 대우를 받을 수 없게 됨을 가상의 법은 지적한다. 다시 말해서 올바름 행동이 없이는 현세와 내세 모두에서 행복할 수 없게 됨을 의미한다.

---

68 여기에 기독교를 통해 서구인의 정신세계에 정착된 지옥hell 개념, 즉 악마가 지배하는 세계 또는 악인이 사후에 고통을 받는 장소라는 관념과 구분되는 희랍인들의 사후死後세계 관념이 있다. 그것은 도덕적 원리들은 삶과 죽음의 세계를 초월하는 보편적 원리라는 관점이며, 그것에는 죽음 후의 세계를 관장하는 하데스에서도 올바름 등 도덕적 원리들이 지배한다는 희랍 신화의 세계관이 반영되어 있다. 그러한 세계관은 대표적으로 소포클레스Sophoklēs의 비극 『안티고네*Antigonē*』에서 여주인공인 안티고네의 한 대사에 나타나 있다. 오빠인 폴리네이케스의 시신을 치우지 말라는 국가의 명령에 대해, 안티고네는 다음과 같이 말한다. "그 명령은 신에게서 나온 것이 아닙니다. 하계의 신들과 함께 있는 정의는 그런 법을 인정하지 않습니다."

69 동사 'chalepainō(to be angry, bile)'의 미래분사.

소크라테스가 가상의 인격체로 등장한 법으로부터 논박당하는 형식으로 전개된 이상의 대화를 통해 소크라테스는 크리톤에게 탈옥의 부당성을 논증하려 노력한 것이며, 크리톤은 그러한 논증 내용에 대해 더 이상의 반론이 없다는 말로써 대화편 『크리톤』은 끝난다. 그런데 크리톤은 소크라테스의 논리에 일방적으로 압도당해 쉽게 승복했지만, 탈옥하지 않는 것이 정당하다는 소크라테스의 논리 전체에 과연 결함은 없는지 또는 적어도 좀 더 깊이 검토할 부분은 없는지 생각할 필요가 있다. 특히 소크라테스가 탈옥을 하지 않겠다는 이유의 핵심에는 아테네라는 국가와의 합의라는 보편적인 문제가 있지만, 그것 이외에도 '죽음을 얼마 남겨놓지 않은 70대의 늙은이가 이제 와서 탈옥해서 타국에서 살아간다는 것이 어떠한 이익이 있겠느냐'는 실제적인 상황 판단도 존재한다는 사실도 주목되어야 한다. 다시 말해서 소크라테스가 400여 년 후의 예수와 같이 젊은 시절에 비슷한 '반체제 사범'으로 피소되어 사형 평결을 받았을 경우에도 동일한 행동을 선택했을 것이고, 그러한 선택이 정당한가의 문제가 제기될 수 있다는 것이다. 이 문제는 앞의 검토 과정에서 지적한 『크리톤』의 소크라테스를 통해서 태동하는 정치철학적 사유의 한계가 무엇인가의 문제와 연관되므로 좀 더 구체적인 논의가 필요하다.

『크리톤』에 제시된 소크라테스의 주장대로, 죄에 대한 형의 부과라는 법질서 자체는 행복하고 정의로운 인간의 삶을 위해 필수적이기 때문에 그것에 대한 복종은 개인의 희생이나 불이익 차원을 떠나 도덕적 당위로 요구될 수 있다. 그러나 특정한 법질서의 운영에 있어서는 그것을 뒷받침하는 특정한 지배 질서나 사회 체제 또는 특정한 성격의 인적 구성원들이 세습 등의 방식으로 국가 권력을 지속적으로 장악하는 데 기인하여 법질서가 지속적으로 왜곡되고 파행적으로 운영될 경우도 상정할 수 있다. 다시 말해서 법 집행이 오랜 기간 동안 구조적이고 지속적으로 사법적 정의라는 이름으로 불의를 자행할 수 있다는 것이다. 그러한 경우에도 특정한 법질서나 통치 체제에 무조건 순응하는 것이 과연 정당한가의 의문이 그것이다. 법질서에 대한 순응은 인간의 삶 자체를 가능하게 하고 개인의 삶을 초월하는 국가라는 영속적인 질서를 보존한다는 의미에서 정당할 수 있다. 하지만 특정한 국가에서 법질서나 통치 체제의 운영은 그것을 뒷받침하는 국가 구성원 다수의 편벽되고 고착된 세계관이나 어리석음 또는 왜곡된 사회·경제적 구조 때문에 수많은 인간들에게 지속적으로 잘못된 희생과 부당한 불이익을 강요할 수 있다는 것이다. 그러한 경우에도 법질서나 통치 체제에 무조건 순응함이 올바른가 하는 문제가 제기되어야 하는 것이다.

그러한 국가 체제에서 잘못된 법질서에 대한 순응은 그것을 영속화시킬 수 있다. 그러할 경우 법에 대한 도전만이 아니라 법망으로부터의 도피나 망명 등의 수단을 통해서라도 지속적인 도전을 통해 그것을 붕괴시킴으로써 잘못된 법질서의 지속을 종언시킬 수도 있는 것이다. 이 문제는 동양에서는 일찍이 맹자孟子의 '주일부誅一夫' 설이나 '역위易位' 설에서 발전한 '반란반정反亂反正' 이론으로, 서양에서는 키케로Cicero, 아퀴나스Thomas Aquinas 등의 '폭군살해tyrannicide론'으로 체계화된 바 있다. 그리고 그 도덕적·역사적 정당성 문제를 떠나, 특히 근대에서는 프랑스 혁명 이후 많은 혁명 운동가들이 혁명 과업을 수행하기 위해 실제로 그러한 행동을 했던 것이다. 물론 어떠한 법질서가 순응을 통한 개선의 대상인지 아니면 혁명이나 테러 등의 수단에 의한 변혁과 타도의 대상인지 여부는 결코 단순한 직관적인 판단의 대상이 아니라 국가 체제의 성격에 대한 정신사적·역사적 접근에 기초한 고도의 종합적인 판단의 대상이다. 그리고 바로 그 점에서 소크라테스가 보여준 정치철학적 사유의 한계와 희랍 지성사에서 소크라테스가 갖는 의미를 파악할 수 있을 것 같다. 이 점을 설명하기 위해서는 일단 지금까지 전개된 『크리톤』에 대한 해석학적 진단을 다시 정리할 필요가 있다.

『크리톤』에서 가상의 법이 소크라테스와 논박하는 과정에는 『변명』에서와는 다른 성격과 차원의 논의가 나타나 있다. 『변명』의 논의는 앎과 잘남 또는 도덕과 국가 생활과 관련된 아테네인들의 어리석음에 대한 비판이 그 주류를 이룬다. 반면에 『크리톤』에는 인간성과 국가 생활의 본령에 대한 좀 더 발전된 논의와 새로운 인식이 나타나 있으며, 그러한 새로운 인식은 비록 완성된 형태는 아니더라도 희랍 지성사에서 정치철학의 태동으로 간주될 수 있다. 즉 그것에 나타난 법과 조국이라는 표현에는 인간다운 삶을 가능하게 하는 원천이자 세대를 초월한 영속적인 질서로서의 국가 개념이 함축되어 있다는 것이다. 그러한 국가 개념과 연관된 합의와 좋음의 개념에는 인간의 삶을 총체적이고 그 근원에서 이해하려는 노력이 있으며, 그와 동시에 정치적인 것들에 대한 일상적인 직관이나 경험적 판단을 넘어 영속적이며 보편적인 원리를 탐구하려는 새로운 형태의 앎의 체계가 태동함을 발견할 수 있다.

그러한 새로운 앎의 체계의 등장은 결국 자연철학자들의 자연에 대한 연구와 소피스트들의 인문학적 연구 및 수사학적 실천을 포괄하고 넘어서는 새로운 'philosophia', 즉 새로운 형태의 '앎sophia의 추구philos'가 태동함을 의미한다. 전통적인 자연철학자들의 자연에 대한 탐구는 그것을 탐구하는 주체인 인간성의 문제나 그러한 인간성을 형성하는 데 결정적으로 작동하는 국가 생활에 대한 탐구와는 관련이 없는 연구라는 근본적인 한계를 갖고 있다. 소피스트 운동에는 그것이 추구한 인문학적 교양과 수사학적 실천의 궁극적인 목적인 인간성 보편에 대한 탐색이 결여되어 있다. 그러한 결여와 더불어 그것은 좋은 삶의 보편적인 형태가 무엇인지를 탐색하지 못했으며, 도덕적 · 인식론적 상대주의의 입장에 머물면서 스스로의 앎 자체를 상대화시키는 자기모순에서 벗어나지 못했다. 이에 따라 그것은 재판에서의 승소나 정치적 출세 등 시민들 개개인의 세속적 욕구 충족을 위한 수단적 지식을 제공하는 데 그친다. 그것은 진정으로 가치 있고 진정으로 바람직한 시민적 교양을 형성시키지 못하며, 인간의 삶의 향상에 진정으로 기여하는 정치적 실천을 위한 지적 원동력을 제공하지 못하는 근본적인 한계를 갖고 있다. 『변명』과 『크리톤』에 나타난 소크라테스의 발언은 그러한 한계를 극복하려는 새로운 시도인 동시에 그러한 한계의 극복을 위해 요구되는 새로운 앎의 기본적인 형태와 내용을 제시하고 있는 것이다.

그 새로운 형태와 내용의 앎은 곧 소크라테스 이전 희랍인의 지식 체계가 좀 더 보편적이고 좀 더 완성적인 형태를 갖추기 위한 새로운 변화 · 발전의 과정으로 해석될 수 있다. 앞의 2장에서 설명한 바와 같이, 소크라테스나 플라톤이나 아리스토텔레스는 물론이고 19세기의 밀J. S. Mill 이전까지는 정치철학이라는 용어가 별도로 사용되지는 않았다. 하지만 그 새로운 지성사적 변혁의 주체가 소크라테스이고, 그 새로운 앎의 등장을 정치철학의 태동으로 명명할 수 있으며, 이에 따라 소크라테스를 희랍 지성사의 대전환점으로 해석할 수 있는 것이다. 그런데 소크라테스의 정치철학은 그것의 태동일 뿐 결코 완성된 형태는 아니라는 사실이 중요하다. 그 점은 플라톤의 저작에서 어디까지가 소크라테스의 주장과 이론이고 어디까지가 플라톤의 것인지, 플라톤의 대화편들에 수록된 소크라테스의 발언들 가운데 어느 부분이 실제로 있었던 것이고 어느 부분이 플라톤의 첨가와 윤색의 결과인지의 전통적인 문제와도 연관된다. 이 문제에 대해서는 이미 앞의 3장에 충분히 설명한 바 있다. 즉 플라톤의 철학은 소크라테스 철학의 승화·발전 맥락에서 이해되어야 한다는 것이다. 그리고 『크리톤』에서 소크라테스가 자신의 탈옥 불가 논리를 제대로 설명하기 위해서는 반드시 필요한 국가 체제의 문제를 논의하지 않았다는 사실에서도 그를 통해 태동하는 정치철학적 사유의 근본적인 한계를 찾을 수 있는 것이다.

죽기 직전 정신적으로나 지성적으로 완숙한 소크라테스가 그러한 문제를 논의하지 않은 채 아테네의 법질서에 대한 순응을 강조했다는 사실은 일단 당시의 아테네 민주 정치 체제 및 아테네 국가라는 존재에 대해 소크라테스가 갖고 있는 기본적으로 긍정적인 판단과 정서적 애착의 반영일 수 있다. 즉 그는 아테네 시민들 및 그 '민주적' 지도자들의 국가 운영을 비판하기는 했지만, 그것을 혁명적 타도의 대상으로 삼을 정도로 그것 자체의 정당성을 부정하지 않았기 때문으로 해석할 수 있다.[70] 특히 다른 도시국가들에 대한 아테네의 상대적 우월성에 대한 판단이나 그것에 대한 그 나름의 애착과 애국심도 그러한 순응적 태도에 반영되어 있을

70 이것이 또한 포퍼Karl Popper가 현대 지성사에서 전체주의 이념에 대한 대표적인 비판서 가운데 하나로 간주되는 『열린 사회와 그 적들*The Open Society and Its Enemies*』에 전개된 플라톤에 대한 비판 과정에서 피력한 견해이기도 하다. 소크라테스와 플라톤의 관계와 관련하여 이 책은 기본적으로 소크라테스를 민주주의적 신념을 견지한 인물로서 권위주의자인 플라톤과 대비시키고 있다. 그러한 견해에 관해서는 Popper (1950: 126~127) 참조. 별도의 방대한 논의를 필요로 하지만, 지은이는 그 저작에 제시된 플라톤-헤겔-마르크스의 철학에 대한 비판은 그들의 철학에 대한 나름대로의 통찰에도 불구하고 근본적으로는 변증법 개념에 대한 몰이해에 기인한 오도된 비판으로 판단한다. 아울러 그들의 철학을 현대 전체주의 이념의 철학적 배경으로 단죄함은 기독교 교회들의 오도된 신앙 행태들의 원인을 예수의 교설에 귀착시킴과 다름이 없는 논리이다. 소크라테스와 플라톤의 관계에 대한 해석학적 논의 또한 기본적으로 그 둘의 관계에 대한 문헌학적 쟁점들을 도외시한 채 플라톤의 저작들에서 일방적으로 소크라테스의 견해를 추출하는 방식으로 진행되었기 때문에 학문적 신중성 차원에서도 결함이 있다고 판단한다.

수 있다. 또한 그는 일종의 '아테네 민족주의자'로서 아테네 법의 바탕에 있는 아테네의 문화나 관습 등 정신적 가치들을 사랑했기 때문에 국가 체제 또는 국가 정체성 자체의 변혁은 생각조차 하지 않았을 수 있다. 물론 그것만이 그가 혁명가가 되지 못한 이유의 전부는 아니다.

『변명』에서 소크라테스가 직접 고백했듯이, 그는 철학에의 몰두가 삶에서 최우선의 과제에기 때문에 정치가는 물론이고 혁명가가 되려는 의도는 전혀 없었으며, 그에 따라 아테네 법질서에 대한 순응을 일관되게 강조했을 수도 있다. 그러나 바로 철학을 한다는 것은 사물을 제대로 정확하고 엄밀하게 알려는 것에 다름 아니고, 사물에 대한 그와 같은 앎이란 사물을 각 사물들 사이의 총체적인 연관성과 더불어 각 사물의 존재 근거 등 그 근원에서 파악함을 의미한다. 그렇다면 지적 능력이나 삶의 예지에서 절정기에 이른 늙은 소크라테스가 탈옥 불가의 논리를 전개하면서 어떠한 형태나 내용이든 정치 체제나 혁명의 문제를 논급하지 않은 점은 그가 그러한 문제의 존재 자체를 의식하고 있지 않았다는 방증으로 받아들일 수밖에 없다. 그것은 곧 희랍 지성사는 소크라테스를 통해 정치철학을 태동시켰지만, 다시 말해서 정치철학적 탐구의 문을 열게는 되었지만, 그의 정치철학은 아직 인간성이나 정치 현실에 대한 체계적인 분석이나 잘못된 국가 생활 또는 잘못된 정치 현실을 극복하기 위해 법이나 정치 제도뿐만 아니라 교육, 문화, 종교 등과 관련하여 어떠한 제도적 장치와 실천적 처방 등이 요구되는지에 관한 연구와 논의는 하지 못한 미완성의 사유 체계로 해석될 수 있는 것이다.

소크라테스 철학의 그러한 성격이 많은 철학사 교과서에서 그것을 정치철학과 구분하여 윤리철학으로 규정하게 된 이유로 이해할 수는 있다. 그러나 인간의 국가 생활 또는 공동체적 삶의 질서를 떠난 순수한 윤리철학이란 존재할 수 없다는 점이 중요하다. 후대에 가서 아리스토텔레스는 그의 『니코마코스 윤리학』을 끝맺으면서 그것을 정치학의 논의를 위한 예비적 연구로 규정한 바 있듯이, 바로 소크라테스의 윤리적 삶이나 죽음과 관련된 도덕적 판단 자체에 이미 현실 정치와의 긴장 관계가 표현되어 있고, 인간의 잘남이나 도덕성에 대한 그의 교설들 또한 이미 국가 생활과의 연관성을 떠나서는 이해될 수 없는 것이다. 따라서 그의 철학을 정치철학과 구분하여 단순히 윤리철학으로 규정함은 그의 윤리철학의 의미 자체를 제대로 파악하지 못함을 의미한다. 그것은 다만 정치철학으로서의 미완성을 의미할 뿐인 것이다. 그리고 소크라테스라는 인물에 의해 이루어진 정치철학이라는 새로운 사유의 태동, 바로 태동이라는 말이 의미하는 그 미완성의 성격이 그 이후 전개된 희랍 지성사의 흐름을 결정하게 된다. 그 미완성의 성격은 한편으로 소크라테스의 사상 내용에 모호한 점이 많아 여러 방식으로 다양하게 — 경우에 따라서는 자의적으로도 — 해석될 수 있는 가능성이 열려 있음을 의미한다. 다른 한편으로 그것은 창조적이고 비판적인 능력을 갖춘 지식인으로 하여금 그것을 토대로 좀 더 완성된 사유 체계를 발전시킬 수 있는 토대가 될 수 있음을 의미한다. 실제로 기원전 4세기의 희랍 지성사의 발전이나 의미 있는 변화는 소크라테스의 직간접적인 영향에 의해 이루어진다.

기원전 5세기 말에 이르러 소피스트 운동은 고르기아스나 프로타고라스와 같이 나름대로 사고의 창의성과 체계성을 갖춘 걸출한 지식인들이 더 이상 출현하지 않으면서 하나의 이념으로서는 쇄락과 소멸의 길을 걷게 된다. 그것의 학문이자 이념을 지칭하는 수사학은 이제 군소 소피스트들에 의한 지엽적인 인문학적 연구로 변환되거나, 법정대리인 sykophantēs(지금의 변호사나 검사에 해당)들이나 연설문작성가logographos들에게 세속적인 생계 수단을 제공하는 지식 체계로 변환된다. 이에 따라 소피스트 운동은 지성사적 의미를 갖는 학문적 또는 이념적 활동이 아니라 실질적으로 소피스트라는 명칭만 공유한 사회적 직능 집단의 '생계 유지' 활동으로만 존속하게 된다. 현재의 지식인이라는 명칭이 특정한 이념을 전파하는 지성사적 운동이 아닌 바와 같이, 소피스트들은 'sophistēs'라는 말 그대로 지식 활동이 단순히 직업이 된 인간 집단을 지칭하는 말이 되어 그것의 발생지인 희랍 세계를 넘어 역사적 상황에 따라 그 기능과 영향력이 변화하는 가운데 현재까지 이어지게 된 것이다.[71]

철학사 교과서에서 일반적으로 기술되듯이, 소크라테스에 의한 정치철학의 태동은 소피스트들의 인문학 및 수사학 이념에 대한 비판적 극복의 시작을 의미한다. 기원전 4세기 희랍 지성사에서 이루어진 창조적인 사유의 발전은 실제로 소크라테스의 사상 및 행동의 의미에 대한 여러 지식인들 나름대로의 진지한 탐색과 해석, 그리고 그러한 탐색과 해석을 기초로 소크라테스의 철학을 발전시켜 새로운 철학으로 승화시키려는 노력의 차원에서 이해될 수 있다. 물론 그것을 얼마나 깊이 그리고 폭넓게 탐색하고 해석하며, 어떠한 지적 수준으로 그것을 승화 · 발전시키는가는 각 지식인들의 지적 역량에 좌우될 것이며, 그것의 완성도가 바로 정치철학으로서의 완성도를 의미한다. 그리고 그 완성도의 정점에 플라톤의 철학이 있다.

71 앞에서 이미 언급한 바 있지만, 희랍어 'sophistēs'라는 말 자체에 지식 추구에 몰두한다는 '전문적 지식인'과 지식을 생계나 돈벌이 수단으로 삼는다는 '상업적 지식인'의 두 의미가 내재되어 있다. 즉 그 말 속에 이미 전문적이고 엄밀한 지식 추구의 활동과 지식 추구를 세속적으로 출세하고 돈 벌기 위한 수단으로 이용하는 두 활동을 예고하고 있다는 것이다. 인류 지성사는 두 의미의 지식 활동이 상호 교차되고 혼재하는 가운데, 대체로는 후자가 지배적이지만 시대적 상황에 따라 간헐적으로 전자에 의한 지식인의 자기반성과 후자에 대한 비판이 나타나는 과정이라고 할 것이다. 기원전 4세기 소피스트 운동에 대한 간략한 소개로는 Kerford(1981: 4~23) 참조.

앎과 잘남의 개념적 발전 맥락에서 이루어지는 희랍 지성사의 역동적 흐름을 설명하려는 이 책의 목표에서 남겨진 과제는 소크라테스에 의한 정치철학의 태동 이후 전개되는 정치철학의 발전 과정이다. 앞으로 이 책의 후속편을 통해 확인되겠지만, 그 과정은 실제로 앎과 잘남 자체 및 잘남의 완성으로서 도덕성, 도덕성의 구체적 구현으로서 국가의 본질 등의 문제들을 그 개념적 근원에서부터 탐구하려는 시도이며, 그러한 시도와 더불어 국가 생활을 통한 도덕성의 구현을 저해 또는 촉진하는 인간성의 본원적인 문제를 교육, 사회 구조, 정치 체제나 제도의 문제 등 인간의 삶 전체와의 총체적인 연관 속에서 체계적으로 파악하려는 정치철학적 사유의 발전 과정이다. 그 발전 과정에서 어떠한 지식인이 어떠한 사유의 내용을 제시하면서 어떠한 수준의 업적을 이룩했는가가 기원전 4세기 희랍 지성사의 구체적인 흐름을 구성한다. 그리고 그러한 사유의 발전 맥락 및 지성사적 흐름의 결정적인 동인은 바로 스스로는 저술 작업을 하지 않았던 소크라테스라는 신비로운 인물의 삶과 정신세계의 실체에 대해 그의 추종자나 제자들 각자가 나름대로 파악하고 해석하려는 노력이다. 이제 소크라테스의 정신적 · 지적 유산, 바로 그로부터 직간접적인 영향을 받은 그의 정신적 · 지적 후계자들이 희랍 지성사의 주체로 등장하는 것이다. 그와 같은 희랍 지성사의 흐름 속에서 정치철학의 완성이 일종의 필연적 발전 과정이 될 수밖에 없는 근본적인 이유는 바로 소크라테스에게 삶의 모토이자 학문적 모토였던 '모름의 앎' 속에서 찾을 수 있다. 그 이유를 다시 간단히 정리하면서 이 장을 맺기로 한다.

『변명』에서 죽기 전의 늙은 소크라테스는 배심원 앞에서 '모름의 앎'을 그의 삶의 모토이자 철학적 모토로서 일관되게 내세웠다는 사실은 앞서의 논의를 통해서 설명한 바 있다. 여기서 다시 강조하지만 소크라테스에게 있어서 '모름의 앎'은 결코 알면서도 모른 체하는 수준의 범속한 아이러니는 아니다. 그것은 앞의 논의 과정에서 여러 차례 지적했듯이 인간의 앎의 본원적인 한계에 대한 진솔한 자각의 표현이다. 『변명』의 발언을 통해서 늙은 소크라테스는 자신이 아는 것과 모르는 것의 경계를 분명히 밝히고 있다고 볼 수 있다. 그는 아테네 시민들이나 국가의 행태에 진정한 의미에서 지혜로움이나 용기, 절제, 올바름이 없다는 사실을 '알고' 질책했지만, 그것들 자체가 무엇인지는 '안다'고 말하지는 않았다. 궁극적으로 그들은 개인적 삶이나 국가 생활에서 진정으로 잘나고 탁월한 모습과 행동을 보이고 있지 않다고 충고하고 있지만, 그 잘남 자체가 무엇인지 스스로 '안다'고는 말하지 않았다. 그 스스로는 민주정체를 비판하면서 시민들의 의무이자 권리인 정치 참여에 적극적이지 않았지만, 그것의 근본 문제가 무엇이고 바람직한 국가 체제가 무엇인지 그 의문들에 대해 답하기 위한 기본적인 구상도 피력하지는 않았다. 그것은 그가 그 문제들에 답할 수 있는 앎이 없음을 고백한 것과 다름없다.

그런데 그와 같은 '모름의 앎'의 문제보다 더욱 근본적인 '모름의 앎'의 문제가 있다. 그것은 특정한 문제 또는 주제와 관련된 앎의 문제를 떠나 앎 자체가 무엇인가의 문제이다. 그는 스스로의 앎의 한계를 고백했지만, 바로 앎 자체는 무엇이고, 앎과 대상의 관계는 무엇이고, 인간이 추구할 수 있는 앎의 한계가 과연 있는지 등, 앎과 관련된 근원적이고 궁극적인 문제들의 존재에 대해서는 언급하지 않았다.

결국 소크라테스는 자신의 '모름'과 '모자람'을 처절하게 자각한 사람임은 분명하다. 그는 스스로의 모름과 모자람을 자각하지 못하는 당대 인간들, 나아가 아테네 국가 전체가 자각하지 못하는 모름과 모자람을 대화와 아이러니라는 침針을 쏘면서 깨닫게 해주려 노력하는 지적 등에의 역할을 수행했음은 분명하다. 그러나 그는 개인 및 국가 차원의 앎과 잘남, 앎과 잘남 자체 또는 도덕성의 본질을 체계적으로 탐구하지는 않은 인물이라고 할 수 있다. 그것은 곧 그는 인간과 국가에 대한 철학적 탐색에 요구되는 기본적인 정신적 태도와 추구해야 할 지성 운동의 기본적인 방향은 제시했지만, 그 구체적이고 체계적인 내용과 형태를 제공하지는 못했다고 말할 수 있는 것이다. 그러한 작업은 결국 그의 지적 후예들이 담당할 수밖에 없으며, 그 이후 전개되는 희랍 지성사의 흐름은 바로 소크라테스의 정신세계와 삶의 태도에 대한 찬양이나 비판을 떠나 그의 정신적 · 지적 영향을 통해 파악할 때 그것의 진정한 발전 맥락이 파악될 수 있는 것이다. 다음 〈맺는말〉에서는 그 대체적인 흐름을 개관함과 동시에 이 책의 후속편에서 시도될 지성사적 서술 및 설명의 대강을 예고하면서 이 책을 끝내기로 한다.

| 맺는말 |

소크라테스의 지적 유산과 정치철학적 사유의 발전

> 생사의 길이 예 있으니
> 두려움 속에서 나는 걷는다.
> 말도 못 다 이르고 가야 하는가.
> – 월명사, 「제망매가」

『크리톤』에 묘사된 상황이 전개된 후 얼마 지나지 않아 델로스 섬에 신탁을 위해 보냈던 배는 피레우스 항구에 도착하고, 이에 따라 사형 집행이 이루어져 70세의 늙은 소크라테스는 독배를 마시고 이 세상에서 사라지게 되었다. 그 죽음 자체가 또 하나의 아이러니이다. 그것은 처형이라는 법적 강제를 통한 삶의 마감이었다. 동시에 그것은 단순히 강제적 죽음이 아니라 '삶보다 죽음이 더 올바르고 좋은 것'이라는 철학적 판단에 따른 자유의사에 의한 자발적 선택이었다. 그 죽음의 상황에 대해서는 플라톤이 『파이돈*Phaidōn*』을 통해 그윽하고 아름다운 문장으로 묘사한 바 있다. 그 대화편은 여러 면에서 그 죽음의 바람직함과 관련하여 『변명』과 『크리톤』에서 간단하게 제시된 논리에 대한 철학적이고 체계적인 보완이라고도 할 수 있으며, 그 결과가 바로 그 책에 개진된 영혼불멸설이다. 그런데 그 대화편을 통해 극적이면서도 철학적으로 치밀한 논리로 설파된 영혼불멸설에서 정확하게 어디까지가 소크라테스의 고유한 창안이고 어디까지가 플라톤에 의한 철학적 체계화인지 명확한 답변은 없다.[1] 그러한 의문 또한 여전히 고전문헌학에서 전통적인 '소크라테스-플라톤 관계' 문제에 속한다. 다만 그 대화편은 소크라테스 죽음의 상황과 관련하여 적어도 한 가지 요긴한 역사적 사실을 제공한다. 그것은 그 죽음의 현장에 참석한 인물들의 목록이다.

비록 『파이돈』이 플라톤의 '역사적' 기록이 아닌 '철학적' 작품이라고 하더라도 스승의 죽음이라는 '역사적' 현장에 참석한 인물들의 존재 자체를 — 특히 그들 대부분이 그가 『파이돈』을 저술할 당시 생존해 있던 동시대인들이었으므로 —[2] 조작할 가능성은 거의 없다. 그리고 저자인 플라톤 스스로도 그 대화편의 도입부에서 의도적으로 진술했듯이, 그 죽음의 현장을 지킨 인물들은 소크라테스의 가장 가까운 친구나 추종자일 수밖에 없을 것이다.[3] 따라서 그 목록은 바로 소크라테스의 추종자들이 누구인가를 역사적으로 확인해주는 전거인 것이다. 그리고 그 추종자들의

---

1 이 문제에 대한 자세한 논구 자체가 별도의 방대한 논의를 필요로 하기 때문에 이 책의 범위를 벗어나지만, 지은이는 기본적으로 이 문제에 대한 거스리W. Guthrie의 다음과 같은 입장에 동의한다. 즉 영혼불멸성에 대한 두 철학자의 차이는 "소크라테스가 겸허하면서도 신학적으로 덜 훈련된 기독교들과 같이 영혼의 불멸을 단순히 신조의 하나로 믿은 데 비해, 플라톤은 그것을 믿지 못하는 사람들에 대한 개종까지는 아니더라도 두려워하는 사람들을 적어도 강인하게 할 수도 있는 논리로 그것을 뒷받침할 필요를 느꼈던 점에 있다"(Guthrie, 1971: 163~164).

2 『파이돈』의 저술 시기는 정확하게 파악할 수는 없으나 학자들은 대체로 플라톤이 이탈리아를 여행하고 돌아와 아카데미를 설립한 후인 기원전 380년대로 추정하고 있다. 플라톤의 작품들의 저술 시기에 대해서는 거스리가 각 대화편들의 내용에 대한 정리에 앞서 소개 및 논의한 부분(Guthrie, 1975, vols. 4~5) 참조.

3 『파이돈』 57a~59c 참조. 그것은 에케크라테스Echekratēs가 그 현장에 있었던 파이돈에게 그것에 대해 궁금하여 묻는 형식으로 시작되는데, 그 궁금증 가운데 하나가 바로 "추종자들 가운데tōn epitēdeiōn 누가 그와 함께 있었는가?"라는 질문이다(『파이돈』, 58c). 역사적 전거로서 『파이돈』이 갖는 그러한 성격은 거스리도 그의 『그리스 철학사』에서 소크라테스의 정신적 추종자들에 대한 논의의 출발로 삼고 있다(Guthrie, 1971: 169~187 참조).

존재와 활동은 물론 소크라테스의 정신적 · 지적 영향이 어떻게 이어졌고, 그의 사후 전개된 희랍 지성사의 흐름은 어떠했는지 가늠할 수 있는 근거가 된다. 여기서 먼저 『파이돈』에 제시된 순서에 따라 그 목록을 정리하면 다음과 같다.[4]

먼저 참석자로는 파이돈, 아폴로도로스, 크리토불로스, 크리톤, 헤르모게네스Hermogenēs, 에피게네스Epigenēs, 아에스키네스, 안티스테네스, 크테시포스Ktēsippos, 메넥세노스Menexenos 등과 이름이 직접 거명되지 않은 몇몇 아테네 사람들이alloi tines tōn epichōriōn"[5] 있었다. 또한 외국인으로는 테베 출신의 심미아스Simmias, 케베스Kebēs, 파이도니데스Phaidonides, 메가라Megara 출신의 에우클레이데스Eukleidēs(기원전 450~380), 테르프시온Terpsiōn 등이 소크라테스의 최후의 자리에 함께한 것으로 기록되어 있다.[6] 아울러 플라톤(기원전 429~347) "자신은 아파서ēsthenei",[7] 그리고 아리스티포스Aristippos와 클레옴브로토스Kleombrotos는 당시에 아에기나Aegina에 있었기 때문에 그 자리에 참석하지 못한 것으로 부기되어 있다(『파이돈』, 59b~c). 이들 가운데 크리톤과 같이 단순히 플라톤의 저작에 등장했기 때문에 알려진 인물이 아니라 소크라테스의 사후 별도의 활동을 통해서 역사적 존재성을 가진 인물로는 플라톤 자신을 비롯하여 아에스키네스, 안티스테네스, 에우클레이데스, 아리스티포

4 이들 가운데 *The Oxford Classical Dictionary*에 생몰연대가 표기된 인물에 대해서는 그것을 부기했다.

5 말 그대로는 '그 지역 사람들 가운데 다른 몇 사람들'을 의미한다.

6 거스리도 지적했지만(Guthrie, 1971: 169), 참고로 이들 가운데 아에스키네스, 파에돈, 크테시포스, 클레옴브로토스를 제외하고는 모두 크세노폰의 저작에도 소크라테스의 추종자 또는 동반자들로 등장한다.

7 그 '아픔'은 실제로 반드시 육체적 질병이 원인일 수 있지만, 사랑하고 존경하는 스승의 죽는 모습을 차마 지켜 볼 수 없었던 데 기인한 칭병일 수도 있다.

스 등이 있다.

여기서 한 가지 언급하고 지나가야 할 사실이 있다. 위의 목록에는 소크라테스와 지적으로 교류하고 그로부터 영향력을 받은 것으로 알려진 크세노폰과 이소크라테스가 빠져 있다는 점이다. 소크라테스의 처형일은 그의 저서 『아나바시스*Anabasis*』에 서술된 바와 같이 크세노폰이 이오니아 지역의 페르시아 총독 키로스Kyros가 그의 형인 페르시아 황제 아르타크세르크세스Artaxerxes 2세에 대해 일으킨 반란에 용병으로 참여한 기간(기원전 401~399)에 해당한다. 이에 따라 그는 당시 소아시아에 있었을 것이므로 그 자리에 참석할 수 없었을 것이다. 다만 그의 이름은 플라톤 자신이나 아리스티포스 등과 같이 불가피하게 참석하지 못한 인물들의 명단에도 언급되지 않은 점은 주목할 만하다. 다음 『앎과 잘남』 3권에서 자세하게 논의되겠지만, 젊은 크세노폰이 소크라테스의 열렬한 추종자들 가운데 하나였던 점은 분명하지만, 바로 용병에 참여한 사실이 웅변하듯이 '행동인'으로서의 그의 기질상 소크라테스의 다른 제자들과는 쉽게 어울릴 수 없는 인물이었을 수 있다. 일찍이 예거가 지적한 바와 같이(Jaeger, 1943: 20), 그는 결코 소크라테스의 정규적인 제자들 가운데 하나는 아니었을 수 있는 것이다.

이소크라테스가 소크라테스의 죽음의 자리에 참여하지 않은 이유는 밝혀지지 않았다. 그가 소크라테스의 추종자로 간주되기에는 소크라테스와의 친분이나 영향력 정도가 다른 사람들에 비해 약했을 수도 있고, 또는 그가 실제로 그 자리에 참석했었는데도 불구하고 플라톤이 '의도적으로' 그의 이름을 거명하지 않았을 — 위에서 언급한 '아테네인들 가운데 몇몇 사람'에 속하는 — 가능성도 전적으로 배제할 수는 없다. 그런데 바로 그러한 가능성이 소크라테스 사후 기원전 4세기에 전개된 희랍 정치철학 형성의 지성사를 이해하는 데 흥미로운 출발점을 제공하는 것 같다.

앞으로 이 책의 후속편인 『앎과 잘남』 3권에서 본격적으로 다루어질 주제이지만, 소크라테스의 사후 전개된 기원전 4세기 희랍 정치철학의 형성 과정은 크세노폰, 이소크라테스, 플라톤 세 인물을 떠나 논의될 수 없다. 그들의 정치 활동이나 저술과 교육 활동을 떠나서 그것이 이해될 수 없음은 물론이고, 그것에 대한 지성사적 서술 자체가 불가능하다. 그것은 각자가 나름대로 소크라테스로부터 영향을 받고, 그의 행동과 사상을 나름대로 이해하고 해석한 결과이다. 그들은 각각의 개인적 성향이나 관심사나 가치관, 각자 추구하고 영위한 삶의 궤적, 각자의 지적 관심사나 자질의 차이에 따라 각각 다른 성격의 저술을 남겼다. 그런데 이들 세 동시대인 사이의 관계에는 일단 표면적으로 다음 두 가지의 흥미로운 사실이 발견된다.

하나는 인간관계의 측면이다. 이 책에서도 여러 차례 인용된 『소크라테스 회상』 등 소크라테스에 관한 상당한 분량의 저작을 남긴 크세노폰은 물론이고 이소크라테스가 소크라테스를 존경한 점은 그 자신의 여러 저술 속에 잘 나타나 있다. 소크라테스 또한 이소크라테스를 자신의 추종자들 가운데 하나로 여긴 사실은 플라톤이 대화편 『파이드로스 *Phaidros*』의 마지막 부분에서(278e~279b) 전자가 후자를 자신의 젊은 추종자들 가운데 철학자가 될 탁월한 자질을 가진 인물로 소개하고 있는 점을 통해서도 확인된다. 그럼에도 불구하고 플라톤의 저작 전체에서 이소크라테스에 대한 언급은 위의 소개가 유일하다. 크세노폰에 대해서 플라톤은 역사가 투키디데스에 대해서와 마찬가지로 그의 전 저작에서 그 이름조차 전혀 언급하지 않고 있다. 그런데 비슷한 양상은 크세노폰이나 이소크라테스의 경우에도 발견된다. 크세노폰의 전 저작에는 플라톤에 대한 언급이 오직 단 한 군데에서, 그것도 직접적인 언급이 아니라 그의 형 글라우콘Glaukōn과 소크라테스의 대화를 기록하는 형식에서 이름만 언급된다.[8] 이소크라테스에 대해서도 전혀 언급한 기록이 보이지 않는다. 이소크라테스 또한 플라톤이나 크세노폰에 대해 전혀 언급하지 않았다. 이러한 사실들이 그들 간의 관계에서 흥미를 끄는 부분이다.

다른 흥미로운 사실은 이 세 인물의 활동과 관련된다. 크세노폰의 저술 활동은 직업상 군인인 그가 현역에서 은퇴한 후 스파르타의 올림피아 지역에서 노후를 보내면서 일종의 회고록 형식으로 이루어진 것이다. 그렇기 때문에 그의 저술 작업은 본업이 지식인이자 저술가인 이소크라테스와 플라톤의 그것들과는 성격이 다르다. 그리고 이소크라테스와 플라톤도 바로 철학의 이념과 관련된 대립을 포함하여 학문 내용뿐만 아니라 고등 교육의 목적이나 당대의 현실에 대한 시각 등 여러 차원에서 대립하고 있다. 그리고 무엇보다 두 사람이 각기 창설한 고등 교육 기관은 당시 아테네에 존재하는 대표적인 '대학'으로서 경쟁 관계에 있었다. 그러한 사실들은 지성사적 차원에서뿐만 아니라 인간관계의 차원에서도 흥미를 불러일으킨다.

위의 두 가지 흥미로운 사실의 이해와 관련하여 참고할 만한 또 다른 성격의 사항도 있다. 그것은 플라톤이라는 인물의 위대한 정신세계에 숨겨진 특이하면서도 인간적인 요소의 존재 가능성이다. 아테나에우스 Athenaeus (기원후 200년경 이집트에서 활동한 학자)의 기록에 의하면, 플라톤

---

8 『소크라테스 회상』 III-vi-1 참조. 이 저작의 III장 vi절은 다음 『앎과 잘남』 3권에서 자세한 검토의 대상이 되겠지만, 소크라테스가 '정치가가 되고자(희랍어로는 동사 한 단어로 'dēmēgorein')' 하는 글라우콘에게 정치가가 단순히 국가적으로 출세하고 유명해지는 것이 아니라 국가 통치의 여러 복잡한 문제들에 대한 제대로의 앎을 요구한다는 점을 설득시키는 과정을 묘사하고 있다. 그 충고는 다음 한 구절로 축약되며, 크세노폰의 사유 체계에서 표현되는 '앎과 잘남'의 문제이기도 하다. "네가 모르는 것을to ha mē oida tis 말하거나 행동하는 것이 얼마나 위험스런 것인지 알겠느냐?"(『소크라테스 회상』 III-vi-16).

의 동시대 인물들 가운데는 그에 대해 존경심이 아니라 "자부심, 탐욕, 표절, 질투심, 엉터리 실수, 자기모순, 폭군들에 대한 거짓말과 아부" 등의 비난이나 폄훼를 가한 인물들도 상당수 있었다(Guthrie, 1975: 9~10 참조). 따라서 크세노폰이나 이소크라테스의 이름이 일시적으로라도 — 감히 추정하자면 그가 노년기의 완숙한 경지에 이르기 전 혹시라도 '젊은' 영혼의 '뒤틀린 심성' 때문에 — 소크라테스의 제자 명단에서 '의도적으로' 배제되었을 가능성도 전적으로 무시할 수는 없다는 것이다.

어쨌든 이 세 인물을 포함하여 소크라테스로부터 직간접적인 영향을 받은 제자나 추종자들의 존재, 특히 플라톤에 대해 적대감을 가진 것으로 유명한 안티스테네스, 아에스키네스, 아리스티포스, 에우클레이데스 등 나름대로 자신의 독자적인 학문이나 지성 세계를 구축한 인물들의 존재를 떠나서는 기원전 4세기 희랍 지성사의 새로운 변화나 발전은 전혀 운위할 수 없다는 사실이 중요하다. 희랍 지성사는 바로 소크라테스를 통해 그전의 흐름과는 확연히 구분되는 방향과 내용을 갖는 새로운 흐름으로 전개된다. 그는 비록 기존의 정치 체제에 대한 혁명을 시도하지 않고 그 법에 복종하여 순순히 독배를 마셨지만, 지성사적으로는 그의 의도와 관계없이 혁명에 성공한 것이다. 물론 그 혁명의 구체적 내용과 그 역사적 · 지성사적 의미가 구체적으로 무엇인지는 바로 그의 제자나 추종자들의 지성 세계 및 그것이 당대 및 그 이후 전개된 역사에 끼친 영향이 무엇인가에 대한 검토를 통해서만 밝혀질 수 있다.

어떠한 인간이든 그의 생각에 함축된 의미는 사실 무한하다. 많은 인간이 자신의 생각에 함축된 의미들을 제대로 파악하지 못함은 물론이고, 스스로의 생각에 함축된 의미를 스스로 알고 있지 못할 수도 있다는 가능성조차 의식하지 못한다. 지식인의 저술 작업이란 자신의 생각을 다른 사람에게 전달한다는 자의식 속에서 자신의 생각 자체를 새롭게 정리하고 발전시키는 노력의 산물이다. 따라서 그러한 저술을 남긴 지식인이 당대나 후대에 끼친 영향을 파악하는 것은 저술을 남기지 않은 사람보다는 상대적으로 용이하지만, 그러한 경우에도 저술을 어떻게 읽느냐는 바로 읽는 사람의 사고 내용이나 의도 또는 수준에 따라 수많은 변용이 가능하다.

소크라테스는 아무런 저술을 남기지 않았다. 그 이유에 대해서는 이 책의 서술 과정에서 여러 차례 다른 각도에서 언급했지만, 여기서 다시 정리할 필요가 있다. 일단 그는 인간들을 직접 만나고 대화하는 삶을 즐기느라 저술 작업에 몰두할 시간적 여유가 없었을 수 있다. 그는 또한 자신을 포함하여 한 인간의 영혼을 성장시키고 풍성하게 만드는 데는 대화라는 행위를 통한 깨달음으로 충분하다는 확신 때문에 저술 행위를 하지 않았을 수 있다. 아니면 그의 진실한 아이러니대로, 자신이 탐구하는 주제에 대해서 아직도 제대로 모르는데 그것에 대해 글을 쓸 수 없다는 이유에서 저술을 남기지 않았을 수도 있다. 아울러 그는 — 플라톤의 『파이드로스』에 암시되어 있듯이(특히 274b~ 277a) — 쓰는 행위 자체가 자신이 추구하는 인간들 사이의 자유롭고 자발적이고 생생한 영혼의 교류에 방해가 된다고 믿었을 수도 있다. 궁극적으로는 자신의 영혼을 글로 표현할 경우 그 살아 있는 영혼은 글이라는 틀에 갇혀 있기 때문에 그 의미의 무한성이나 절대적인 자유로움이 침해된다는 생각, 바로 언어의 아이러니는 글의 아이러니와 양립할 수 없다는 또 다른 아이러니에 대한 표현이 저술 작업의 거부로 나타났을 수도 있다.[9]

9 이 점은 예수가 저술을 남기지 않은 사실과도 유사할 수 있다. 즉 그는 '하늘의 언어를

어떠한 이유에서든지 소크라테스와 같이 자신의 생각을 체계적인 저술을 통해 기록하지 않은 채 대화를 통해 자신의 생각을 전파하면서 아무런 저술을 남기지 않았다는 사실은 후대의 지식인들이 그에 관한 수많은 연구 저술을 남기게 된 지성사적 아이러니로 이어진다. 물론 그러한 아이러니는 그의 사고 내용에 대한 연구자들의 '읽기'가 무한하게 변용할 수 있는 가능성을 허용한다. 자신의 저술을 남기지 않은 400여 년 후의 예수와 비슷하게, 그러나 스승 또는 구세주의 전언에 대한 해석이 직접적으로 교회의 권력이나 기독교 세계의 주도권과 연관되어 끊임없는 세속적 분쟁과 갈등의 근본적인 동인으로 작동한 기독교의 역사와는 달리, 소크라테스의 언행에 함축된 철학적 · 실천적 의미에 대한 해석은 그 이후 전개된 희랍 지성사에서 다양한 학파들을 탄생시키게 된 배경이 된다. 그리고 그러한 학파들이 소크라테스에 대해 내놓은 다양한 해석과 그것을 바탕으로 추구한 학문적 목표의 정점에서 플라톤에 의해 구현된 정치철학의 '완성된 형태'가 나타난다. 여기서 노파심에서 '완성된 형태'라는 표현에 대해 좀 더 부연하여 설명할 필요가 있다.

지은이의 판단으로는 — 대부분의 서양 철학사 저술가들의 견해도 그러하지만 — 플라톤의 철학은 희랍 철학의 완성된 형태이자 정치철학의 완성된 형태이다. 여기서 '완성된 형태'라는 표현과 관련하여 먼저 강조되어야 할 점은 2장에서 논의한 바 있는 정치철학의 이념이다. 즉 정치철학은 철학의 한 분야가 아니며, 철학의 완성된 모습은 정치철학을 통해 구현된다는 것이다. 그리고 정치철학의 완성된 형태라는 표현은 그의 정치철학이 절대적으로 완성되어 더 이상의 수정이나 발전이 불필요한 철

인간의 언어로 표현할 수 없다'는 신비적인 이유에서가 아니라 그와 같은 '실제적이고 합리적인' 이유로 저술 작업을 거부했다는 것이다.

학 체계 혹은 진리라는 말이 아니다. 그것은 그의 정치철학을 통해 정치적 문제에 대한 사유가 총체적인 형태를 갖게 되었다는 것이다. 다시 말해서 플라톤의 정치철학 그 자체도 좀 더 구체적으로 설명되어야 하고 새로운 해명이 모색되어야 하며 비판적으로 극복되어야 할 내용이 무한이 존재하지만, 그의 정치철학을 통해서 최초로 정치 생활에 대한 이해가 사유의 총체적인 연관성 속에서 시도되었다는 것이다. 즉 그의 정치철학은 존재론과 인식론과 윤리론의 종합적인 체계를 기초로 체육, 기술, 예술, 문학, 교육, 경제, 정치 체제, 국제 정치, 역사 등 자연과 인간의 삶 및 인간의 정신세계 전체에 대한 총체적인 해명의 시도인 것이다.

그러한 시도가 가능하게 된 역사적 · 지성사적 배경과 흐름, 그리고 그것의 구체적인 의미 및 그것에 함축된 문제들에 대한 설명, 그리고 소크라테스 이후 전개된 희랍 지성사를 왜 그렇게 해석할 수 있는지에 대한 구체적인 해명이 앞으로 『앎과 잘남』 3권을 통해 아에스키네스, 크세노폰, 리시스, 이소크라테스, 그리고 플라톤의 정치적 사유를 중심으로 이루어질 과제이다. 그것은 결국 정치철학이란 철학에 정치적 사유가 추가되는 것이 아니라, 철학자라면 자신의 철학의 완성을 위해 필연적으로 추구해야 할 과제라는 정치철학의 실체를 확인하는 작업이 될 것이다.

| 참고문헌 |

■ 1차 문헌

탈레스 외(2005). 『소크라테스 이전 철학자들의 단편 선집』. 강철웅 외 옮김. 서울: 아카넷.

Aeschlyus(1922, 1926). *Aeschlyus. Volumes I and II*. 〈Loeb Classical Library〉. Cambridge: Harvard University Press. [* 별도로 표기되지 않는 경우 이하 출판사는 모두 Harvard University Pressd의 〈Loeb Classical Library〉 전집임].

Aeschines 연설문집(1919).

Aristophanes 전집(1924, 2002, 2008).

Aristoteles 전집(1970-1986).

Aristoteles(1924). *Aristotle's Metaphysics: A Revised Text with Introduction and Commentary*. W. D. Ross Trans. Oxford: Clarendon Press.

Aristoxenos(fragments)(1967). *Die Schule des Aristoteles: Texte und Kommentar*. Heft II. Basel: Schwabe & Co. Verlag.

Cicero 전집(1967~1984).

Diels, H. & Kranz, W.(1951). *Die Fragmente der Vorsokratiker*. Berlin: Weidmann.

Diodoros Sikelaios(1933). *Bibliothēkēs Historikēs*. in 12 vols.

Diogenes Laertius(1925). *Biōn Kai Gnōmōn Tōn Philosophai Eudokimēsantōn Tōn Eis Deka*. 2 vols.

Epicurus(1926). *Epicurus the Extant Remains*. C. Bailey trans. Oxford: Clarendon Press.

Euripides 전집(1912).

Greek Mathematical Works I: From Thales to Euclid(1939). trans. Ivor Thomas.

Herodotos(1920~1925). *Historiai* 4 vols.

Hippocrates and The Fragments of Heracleitus. (1928). 4 vols.

Homeros(1924~1925). *Illiados*. 2 vols.

Homeros(1995). *Odysseus*. 2 vols.

Ioannes ab Arnim ed.(1921). *Stoicorum Veterum Fragmenta*. 3 vols. Lipsiae: Teubner.

Isokratēs 전집(1980~1983).

Lysias 연설문집(1930).

Pausanias(1918~1935). *Hellados Periēgēsōs*. 5 vols.

Philostratos(1921). *Bioi Sophistōn(Lives of Sophists)*.

Pindaros(1915). *The Odes of Pindar*. 2 vols.

Platon 전집(1977~1986).

Plutarchos(1914~1926). *Plutarch's Paraellel Lives*. 11 vols.

Polibius. Shuckburgh, Evelyn S. tr.(1980). *Polibius on Roman Imperialism*. South Bend, Ind.: Regnery/Gateway.

Sophoclēs 전집(1912).

Thoukydidēs(1951~1953). *Historiai*. 4 vols.

Usener, H. ed.(1887). *Epicurea*. Leibzig: Teubner.

Xenophōn 전집(1968~1985).

■ 2차 문헌

〈국내 문헌〉

김봉철(2004). 『전환기 그리스 지식인, 이소크라테스』. 서울: 신서원.

김진경(1990). 『그리스 비극과 민주 정치』. 서울: 일조각.

바이저, 프레더릭(2011). 『낭만주의의 명령, 세계를 낭만화하라』. 김주휘 옮김. 서울:

그린비출판사.
도리옹, 루이-앙드레(2009). 『소크라테스』. 김유석 옮김. 서울: 이학사.
마르틴, 고트프리트(2004). 『대화의 철학 소크라테스』. 이강서 옮김. 서울: 한길사.
마틴, 토마스 R.(2004). 『고대 그리스의 역사』. 이종인 옮김. 서울: 가람기획.
박성우(2004). "플라톤의 변명과 소크라테스적 정치적 삶." 『한국정치학회보』 38집 2호.
______(2007). "플라톤의 메네크세노스와 아테네 제국의 정체성, 그리고 플라톤적 정치적 삶." 『한국정치학회보』 41집 4호.
박종현(2001). 『헬라스 사상의 심층』. 서울: 서광사.
______(1990). 『희랍사상의 이해』. 서울: 종로서적.
베르낭, 장 피에르 (2005). 『그리스인들의 신화와 사유』. 박희영 옮김. 서울: 아카넷.
수자, 필립 드 · 헤켈, 발데마르 · 루엘린-존스, 로이드 (2009). 『그리스 전쟁』. 오태경 옮김. 서울: 플래닛미디어.
스톤, I. F.(2006). 『소크라테스의 비밀』. 편상범 · 손병석 옮김. 서울: 간디서원.
스트라우스, 레오(2002). 『정치철학이란 무엇인가』. 양승태 옮김. 서울: 아카넷.
아리스토파네스(2000). 『아리스토파네스 희극』. 천병희 옮김. 서울: 단국대학교출판부.
야스퍼스, 카를(2005). 『위대한 사상가들: 소크라테스 · 석가모니 · 공자 · 예수』. 권영경 옮김. 서울: 책과함께.
양병우(1976). 『아테네 민주정치사』. 서울: 서울대학교출판부.
양승태(2007). 『우상과 이상 사이에서: 민주화 시대의 이데올로기들에 대한 비판적 성찰』. 서울: 이화여자대학교출판부.
______(2006). 『앎과 잘남: 희랍 지성사와 교육과 정치의 변증법』. 서울: 책세상.
______(1986). "의사 변증법과 의사 실천적 정치 이론: 아리스토텔레스의 변증법 비판 서설." 『한국정치학회보』 20집 2호.
윌슨, 에드워드(2005). 『통섭: 지식의 대통합』. 최재천 · 장대익 옮김. 서울: 사이언스북스.
임철규(2007). 『그리스 비극』. 서울: 한길사.
칸트, 임마누엘(1992). 『영원한 평화를 위하여』. 이한구 옮김. 서울: 서광사.
케이건, 도널드(2004). 『전쟁과 인간』. 김지원 옮김. 서울: 세종연구원.
콜라이아코, 제임스 A.(2005). 『소크라테스의 재판』. 김승욱 옮김. 서울: 작가정신.

테일러, C. C. W.(2001). 『소크라테스』. 문창옥 옮김. 서울: 시공사.
토마스, 엘라지베스 마셜(2003). 『인간들이 모르는 개들의 삶』. 정영문 옮김. 서울: 해나무.
플라실리에르, 로베르(2004). 『고대 그리스의 일상 생활: 페리클레스 시대』. 심현정 옮김. 서울: 우물이있는집.
플라톤(1997). 『국가』. 박종현 옮김. 서울: 서광사.
하트, 스티븐(1996). 『동물의 언어』. 이용철 옮김. 서울: 김영사.
해리스, 브라이언(2009). 『인저스티스』. 이보경 옮김. 서울: 열대림.
해밀턴, 이디스(2009). 『고대 그리스인의 생각과 힘』. 이지은 옮김. 서울: 까치글방.

〈외국 문헌〉

Adkins, A. W. H.(1960). *Merit and Responsibility*. Oxford: Oxford University Press.
Adkins, Lesley & Adkins, Roy A.(1997). *Handbook to Life in Ancient Greece*. New York: Oxford University Press.
Albert, Georgia(1993). "Understanding Irony: Three *essais* on on Friedrich Schlegel." *Comparative Literature*, vol. 108, no. 5, 825~848.
Allen, R. E.(1980). *Socrates and Legal Obligation*. Minneapolis: the University of Minnesota Press.
Ameling, Walter(1985). "Plutarch, Perikles 12-14." *Historia*, 34: 47~63.
Anderson, Greg(2000). *The Athenian Experiment: Building an Imagined Political Community in Ancient Attica, 508-490 B. C.* Ann Arbor: University of Michigan Press.
Anderson, Perry(1978). *Passages From Antiquity to Feudalism*. London: Verso.
Arendt, Hannah(1977). *On Revolution*. New York: Penguin Books.
______(1963). *Eichmann in Jerusalem: A Report on the Banality of Evil*. New York: The Viking Press.
______(1958). *The Human Condition*. Chicago: University of Chicago Press.
______(1951). *The Origins of Totalitarianism*. New York: Hartcourt.
Balot, Ryan K.(2001). *Greed and Injustice in Classical Athens*. Princeton:

Princeton University Press.

Barker, Ernest(1918). *Greek Political Theory: Plato and his Predecessors*. London: Metheun.

Beckman, James(1979). *Religious Dimension of Socrates' Thought*. Waterloo, Ontario: CCSR.

Beiser, Frederick C.(2003). *The Romantic Imperative: The Concept of Early Romanticism*. Cambridge: Harvard University Press.

Benedict, Ruth(1967). *The Chrysanthemum and the Sword: Patterns of Japanese Culture*. Cleveland: Merdian.

Bloom, Allan D.(1987). *The Closing of the American Mind*. New York: Simon & Schuster.

Bloom, Allan D. trans.(1968). *The Republic of Plato*. New York: Basic Books.

Blundell, Mary White(1989). *Helping Friends and Harming Enemies: A Study of Sophocles and Greek Ehics*. Cambridge: Cambridge University Press.

Boegehold, Alan L. & Scafro, Adele C. eds.(1994). *Athenian Identity and Civic Ideology*. Baltimore: Johns Hopkins University Press.

Bonner, Robert J.(1933). *Aspects of Athenian Democracy*. Berkeley: University of California Press.

Bonner, Robert J. & Smith, Gertrude(1968). *The Administration of Justice from Homer to Aristotle*. New York: Greenwood Press.

Branham, R. Brecht & Goulet-Cazé, Marie-Odile eds.(1996). *The Cynics: The Cynic Movement in Antiquity and Its Legacy*. Berkeley: University of California Press.

Brandwood, Leonard(1992). "Stylometry and Chronology." in Kraut, 90~120.

______(1990). *The Chronology of Plato's Dialogues*. Cambridge: Cambridge University Press.

Brickhouse, Thomas C. et al.(2000). *The Philosophy of Socrates, History of Ancient and Medieval Philosophy*. Boulder, Colo.: Westview Press.

Brickhouse, Thomas C. & Smith, Nicholas D.(1989). *Socrates on Trial*. Princeton: Princeton University Press.

Buchanan, James J.(1962). *Theorica: A Study of Monetary Distributions to the Athenian Citizenry*. J. J. Augustin.

Burckhardt, Jacob(1999). *Greeks and Greek Civilization*. New York: St Martin's Griffin.

______(1930). *Griechische Kulturgeschichte*. Stuttgart: Deutsche Verlags-Anstalt.

Burkert, Walter(2004). *Babylon-Memphis-Persepolis: Eastern Contexts of Greek Culture*. Cambridge: Harvard University Press.

______(1985). *Greek Religion*. Cambridge: Harvard University Press.

Burnet, J.(1928). *Platonism*. Berkeley: University of California Press.

______(1924). *Plato's Euthyphro, Apology of Socrates and Crito*. Oxford: Clarendon.

Carter, L. B.(1986). *The Quiet Athenian*. Oxford: Clarendon.

Cawkwell, George(2005). *The Greek Wars: The Failures of Persia*. Oxford: Oxford University Press.

Cherniss, H.(1945). *The Riddle of the Early Academy*. Berkeley: University of California Press.

______(1944). *Aristotle's Criticism of Plato and the Academy*. New York: Russell & Russell.

Chroust, A. H.(1960). "the Origin of 'Metaphysics.'" *Review of Metaphysics* 14, 601~616.

______(1945). "Socrates: A Source Problem." *American Catholic Philosophical Quarterly*, vol. 7, 48~72.

Cohen, David(1995). *Law, Violence and Community in Classical Athens*. Cambridge: Cambridge University Press.

______(1991). *Law, Sexuality, and Society: The Enforcement of Morals in Classical Athens*. Cambridge: Cambridge University Press.

Cohen, Jean L. & Arato, Adrew eds.(1992). *Civil Society and Political Theory*. Cambridge: The MIT Press.

Colaiaco, James A.(2001). *Socrates against Athens: Philosophy on Trial*. New York: Routledge.

Cole, Thomas(1991). *The Origins of Rhetoric in Ancient Greece*. Baltimore: The

Johns Hopkins University Press.

Cornford, F. M.(1932). *Before and After Socrates*. Cambridge: Cambridge University Press.

Constant, Benjamin. B. Fontana ed.(1988). *Constant: Political Writings*. Cambridge: Cambridge University Press.

Connor, W. Robert(1992). *The New Politicians of Fifth Century Athens*. Indianapolis: Hackett.

Croix, G. E. M de Ste.(1963). "Why were the Early Christians Persecuted?" *Journal of Past and Present*, vol. 26, 6~38.

Cropsey, Joseph(1995). *Plato's World: Man's Place in the Cosmos*. Chicago: University of Chicago Press.

Crossman, R. H. S.(1937). *Plato Today*. London: Allen & Unwin.

Davies, J. K.(1981). *Wealth and the Power of Wealth in Classical Athens*. New York: Ayer Reprints.

______(1971). *Athenian Propertied Families*. Oxford: Clarendon Press.

De Wall, Frans B. M.(1982). *Chimpanzee Politics*. New York: Harper & Row.

Dodds, E. R.(1965). *Pagan and Christian in an Age of Anxiety*. Cambridge: Cambridge University Press.

______(1956). *The Greeks and the Irrational.* Berkeley: University of California Press.

Dolan, Walter(1980). *The Aristocratic Ideal in Ancient Greece: Attitudes of Superiority from Homer to the End of the Fifth Centry B.C.*. Kansas: Coronado Press.

Dorjahn, Alfred(1946). *Political Forgiveness in Old Athens*. Evanston: Northwestern University Press.

______(1975). "Freedom of the Intellectual in Greek Society." *Talanta*, vol. 7, 24~54.

______(1974). *Greek Popular Morality in the Time of Plato and Aristotle*. Oxford: Blackwell.

Drachmann A. B.(1977). *Atheism in Pagan Antiquity*. Chicago: Ares Pub.

Dudley, D. R.(1937). *A History of Cynicism*. London: Methuen.

Dunbabin, T. J.(1948). *The Western Greeks*. Oxford: Clarendon Press.

Dunn, John ed.(1992). *Democracy: The Unfinished Journey 508 BC to AD 1993*. Oxford: Oxford University Press.

Düring, I.(1957). *Aristotle in the Ancient Biographical Tradition*. Göteberg: Almqvist & Wiksell.

______(1956). "Aristotle and Plato in the mid-fourth Century." *Eranos* 65, 109~120.

______(1941). *Herodicus the Cratetean: A Study in Anti-Platonic Tradition*. Stockholm: Wahlström & Widstrand.

Easterling, P. E. ed.(1997). *The Cambridge Companion to Greek Tragedy*. Cambridge: Cambridge University Press.

Easterling, P. E. & Muir, J. V.(1985). *Greek Religion and Society*. Cambridge: Cambridge University Press.

Edelstein, I.(1962). "Platonic Anonymity." *American Journal of Philosophy*, vol. 83, 1~22.

Ehrenberg, Victor(1974). *Man, State, and Deity: Essays in Ancient History*. London: Routledge.

______(1967). *From Solon to Socrates*. London: Methuen.

______(1940). "Isonomia." *Paulys Real – Enzyklopaedie der Klassischen Altertums-wissenschaft*, Supplementband vol. 7. 293~301.

Euben, J. Peter(1990). *The Tragedy of Political Theory: The Road not Taken*. Princeton: Princeton University Press.

Farrar, Cynthia(1988). *The Origins of Democratic Thinking: The Invention of Politics in Classical Athens*. Cambridge: Cambridge University Press.

Ferguson, William S.(1911). *Hellenistic Athens*. London: Macmillan.

Field, G. C.(1967). *Plato and his Contemporaries*. London: Methuen.

Finley, M. I.(1985). *Democracy: Ancient and Modern*. New Brunswick, N. J.: Rutgers University Press.

______(1982). *Economy and Society in Ancient Greece*. New York: Viking

Adult.

Forrest, W. G.(1968). *A History of Sparta*. New York: Norton Library.

______(1966). *The Emergence of Greek Democracy, 800-400 BC*. London: Weidenfeld & Nicolson.

Freeman, Kenneth G.(1907). *Schools of Hellas*. London: Barley Bros.

Friedländer, Paul(1969). *Plato: An Introduction*. Princeton: Princeton University Press.

Frisk, Hjalmar(1954~72). *Griechisches etymologisches W□rterbuch*. 3 vols. Heidelberg: Universitätsverlag winter GmbH.

Gadamer, Hans-Georg(1982). *Truth and Method*. New York: The Crossroad Publishing Company.

______(1961). "Hegel und die antike Dialektik." *Hegel-Studien* vol. 1, 173~199.

Garland, Robert(1992). *Introducing New Gods*. Ithaca: Cornell University Press.

Gehlen, Arnold(1955). *Der Mensch: Seine Natur und seine Stellung in der Welt*. Bonn: Athenäum-Verlag.

Germino, Dante(1972). *Machiavelli to Marx: Modern Western Political Thought*. Chicago: University of Chicago Press.

Goldhill, Simon(2004). *Love, Sex, and Tragedy: How the Ancient World Shapes Our Lives*. Chicago: University of Chicago Press.

Gomme, A. W.(1937). *Essays in Greek History and Literature*. Oxford: Basil Blackwell.

Gomperz, Theodor(1996). *Greek Thinkers: A History of Ancient Philosophy*. Bristol: Thoemmes.

Gould, J. & Lewis, D. M. eds.(1997). *The Dramatic Festivals of Athens*. Oxford: Oxford University Press.

Gouldner, Alvin W.(1905). *Enter Plato*. New York: Basic Books.

Griffin, Donald R.(1992). *Animal Minds*. Chicago: University of Chicago Press.

Gschnitzer, Fritz(1978). *Ein neuer spartanischer Staatsvertrag und die Verfassung des Peloponnesischen Bundes*. Beiträge zur klassischen Philologie 93. Meisenheim.

Guthrie, W. K. C.(1971). *The Sophists.* Cambridge: Cambridge University Press.

______(1971). *Socrates*. Cambridge: Cambridge University Press.

______(1962). *A History of Greek Philosophy.* 6 vols. Cambridge: Cambridge University Press.

______(1959). "Early Greek Religion in the light of the decipherment of Linear B." *Bulletin of the Institute of Classical Studies of the University of London*, Vol. VI, 35~46.

______(1950). *The Greeks and Their Gods*. Boston: Beacon Press.

Habermas, Jürgen(1989). *The Structural Transformations of the Public Sphere*. Cambridge: The MIT Press.

______(1984). *Theory of Communicative Action*. Boston: Beacon Press.

______(1979). *Communication and the Evolution of Society*. Boston: Beacon Press.

Hall, Edith(1989). *Inventing the Barbarian: Greek Self-Definition through Tragedy*. Oxford: Clarendon.

Hall, Jonathan M.(2002). *Hellenicity: Between Ethnicity and Culture*. Chicago: University of Chicago Press.

Hansen, Mogens Herman(1995). *The Trial of Socrates-From the Athenian Point of View*. Copenhagen: The Royal Danish Academy of Sciences and Letters.

______ ed.(1993). *The Ancient Greek City-State.* Copenhagen: The Royal Danish Academy of Sciences and Letters.

______(1991). *The Athenian Democracy in the Age of Demosthenes: Structure, Principle, and Ideology*. Oxford: Blackwell.

______(1987). *The Athenian Assembly in the Age of Demosthenes, Blackwell's Classical Studies*. Oxford: Blackwell.

Harding, Phillip(1985). *From the End of Peloponnesian War to the Battle of Ipsus*. Translated Documents of Greece and Rome. Cambridge: Cambridge University Press.

Harris, William V.(1989). *Ancient Literacy*. Cambridge: Harvard University Press.

Harrison, A. R. W.(1968). *The Law of Athens*. Oxford: Oxford University Press.

Havelock, Eric A.(1963). *Preface to Plato*. Cambridge: Harvard University Press.

______(1978). *The Greek Concept of Justice from its Shadow in Homer to its Substance in Plato*. Cambridge: Harvard University Press.

Hegel, G .W. F.(1971). *Vorlesungen über die Geschichte der Philosophie*. Frankfurt am Main: Suhrkamp Verlag.

______(1970a). *Enzyklopädie der Philosophischen Wissenschaft I*. Frankfurt am Main: Suhrkamp Verlag.

______(1970b). *Phänomenologie des Geistes*. Frankfurt am Main: Suhrkamp Verlag.

______(1970c). *Vorlesungen über die Philosophie der Geschichte*. Frankfurt am Main: Suhrkamp Verlag.

______(1970d). *Vorlesungen über die Ästhetik*. Frankfurt am Main: Suhrkamp Verlag.

Heidegger, Martin(1979). *Sein und Zeit*. Tübingen: Max Niemeyer Verlag.

Herrington, C. J.(1985). *Poetry into Drama*. Berkeley: University of California Press.

Hignett, Charles(1952). *A History of the Athenian Constitution to the End of the Fifth Century B.C.* Oxford: Clarendon Press.

Hoekstre, A.(1979). *Epic Verse Before Homer: Three Studies*. Amsterdam: North-Holland Publishing.

Honneth, Axel(1995). *The Struggle for Recognition: The Moral Grammar of Social Conflicts*. Cambridge: The MIT Press.

Hooke, S. H.(1958). *Myth, Ritual and Kingship: Essays on the Theory and Practice of Kingship in the Ancient Near East and in Israel*. Oxford: Clarendon Press.

Hooker, J. T.(1980). *Linear B: An Introduction*. Bristol: Bristol Clemical Press.

Hornblower, Simon(1992). "Creation and Development of Democratic Institutions in Ancient Greece." in Dunn ed. *Democracy: the unfinished journey, 508 BC to AD 1993*. Oxford: Oxford University Press, 1~16.

______(1986). *Thucydides*. Baltimore: Johns Hopkins University Press.

Howland, Jacob(1998). *The Paradox of Political Philosophy: Socrates' Philosophical Trial*. Lanham: Rowman & Littlefield.

Hurwit, Jeffrey M.(1985). *The Art and Culture of Early Greece, 1100-480 B.C.* Ithaca, New York: Cornell University Press.

______(1962). *Aristotle: Fundamentals of the History of his Development*. Oxford: Clarendon Press.

______(1946). *The Theology of the Early Greek Philosophers*. Oxford: Clarendon Press.

Jaeger, Werner(1945). *Paideia: The Ideals of Greek Culture*. vo1. 3, Oxford: Oxford University Press.

______(1943). *Paideia: The Ideals of Greek Culture*. vo1. 2, Oxford: Oxford University Press.

______(1939). *Paideia: The Ideals of Greek Culture*. vo1. 1, Oxford: Oxford University Press.

James, William(2007). *The Varieties of Religious Experience: A Study in Human Nature*. New York: Cosimo Classics.

Jaspers, Karl(1988). *Die grossen Philosophen*. München: R. Piper GmbH.

______(1969). *Philosophy*. 3 vols. E. B. Ashton trans. Chicago: University of Chicago Press.

Jones, Nicholas(1999). *The Associations of Classical Athens: The Response to Democracy*. Oxford: Oxford University Press.

Johnston, Steven(1999). *Disputes and Democracy: The Consequences of Litigation in Ancient Athens*. Austin: University of Texas Press.

Kagan, Donald(1991). *Pericles of Athens and the Birth of Democracy*. New York: Free Press.

______(1987). *The Fall of the Athenian Empire*. Ithaca: Cornell University Press.

______(1981). *The Peace of Nicias and the Sicilian Expedition*. Ithaca: Cornell University Press.

______(1974). *The Archidamian War*. Ithaca: Cornell University Press.

Kahn, Charles H.(1996). *Plato and the Socratic Dialogue: the Philosophical Use of a Literary Form*. Cambridge: Cambridge University Press.

Kelsen, H.(1985). *Die Illusion der Gerechtigkeit: Eine kritische Untersuchung der Sozialphilosophie Platons*. Wien: Manz.

Kennedy, George A.(1994). *A New History of Classical Rhetoric*. Princeton: Princeton University Press.

Kennell, Nigel(1995). *The Gymnasium of Virtue: Education and Culture in Ancient Sparta*. Chapel Hill: University of North Carolina Press.

Kerford, G. B.(1981). *The Sophistic Movement*. Cambridge: Cambridge University Press.

Kern, Otto(1963). *Die Religion der Griechen*. Berlin: Weidmann.

Kierkegaard, Sφren(1989). *The Concept of Irony*. Princeton: Princeton University Press.

Knox, Norman D.(1978). "Irony." in *Dictionary of the History of Ideas*. vol. 2, 626~634, New York: Charles Scribner's.

Kofman, Sarah(1998). *Socrates: Fictions of a Philosopher*. Ithaca: Cornell University Press.

Koselleck, Reinhart(1983). *Futures Past: On the Semantics of Historical Time*. New York: Columbia University Press.

Krämer, H. J.(1959). *Arete bei Platon und Aristoteles: zum Wesen und zur Geschichte der platonischen Ontologie*. Abh. Heidelberger Akad.

Kraut, Richard(2000). "Socrates, Politics, and Religion." in Smith et al., 13~23.

______(1984). *Socrates and the State*. Princeton: Princeton University Press.

Krentz, Peter(1982). *The Thirty at Athens*. Ithaca: Cornell University Press.

Kullmann, W. & Reichel, M.(1990). *Der Uebergang von der Mündlichkeit zur Literatur bei den Griechen*. Tübingen: ScriptOralia.

Kymlicka, Will(2001). *Politics in the Vernacular: Nationalism, Multiculturalism, and Citizenship*. Oxford: Oxford University Press.

______ et al.(1994). "Return of the Citizen: A Survey of Recent Work on Citizenship Theory." *Ethics* 104, no. 2, 352~381.

Laurie, S. S.(1900). *Historical Survey of Pre-Christian Education*. New York:

Longmans.

Levinas, Emmanuel(1999). *Alterity and Transcendence*. Trans. Michael B. Smith, New York: Columbia University Press.

_____(1987). *Time and the Other*. Trans. Richard A. Cohen, Pittsburgh, PA: Duquesne University Press.

_____(1969). *Totality and Infinity: An Essay on Exteriority*. Trans. Alphonso Lingis, Pittsburgh, PA: Duquesne University Press.

Levy, G. R.(1963). *The Gate of Horn: A Study of the Religious Conceptions of the Stone Age and Their Influence upon European Thought*. London: Faber and Faber.

Lewbow, Richard Ned(2003). *The Tragic Vision of Politics: Ethics, Interstsand Orders*. Cambridge: Cambridge University Press.

Loening, Thomas C.(1987). *The Reconciliation Agreement of 403/402 B. C. in Athens: Its Contents and Application*. Stuttgart: Franz Steiner Verlag Wiesbaden.

Loraux, Nicole(1986). *The Invention of Athens: The Funeral Oration in the Classical City*. Cambridge: Harvard University Press.

Ludwig, Paul W.(2002). *Eros and Polis: Desire and Community in Greek Political Theory*. Cambridge: Cambridge University Press.

MacDowell, Douglas M.(1978). *The Law in Classical Athens*. London: Thames and Hudson.

Manville, Philip B.(1990). *The Origins of Citizenship in Ancient Athens*. Princeton: Princeton University Press.

McPherran, Mark(1999). *The Religion of Socrates*. University Park, PA.: Penn. State University Press.

Meiggs, Russell(1972). *The Athenian Empire*. Oxford: Oxford University Press.

Meinecke, Friedrich(1976). *Die Idee der Staatsräson in der neueren Geschichte*. München: R. Oldenbourg.

Mikalson, Jon D.(2003). *Herodotus and Religion in the Persian Wars*. Chapel Hill: University of North Carolina Press.

Mill, J. S.(1984). "Law of Libel and Liberty of the Press." *Collected Works of John Stuart Mill*, vol. 21, 3~29. Toronto: University of Toronto Press.

______(1975). *On Liberty*. New York: Norton.

______(1924). *Autobiography*. New York: Columbia University Press.

Miller, Stephen G.(1978). *The Prytaneion: Its Function and Architectural Form*. Berkeley: University of California Press.

Minowitz, Peter(2009). *Straussophobia: Defending Leo Strauss and Straussians against Shadia Drury and Other Accusers*. Lanham, MD: Lexington Books.

Mitchell, Mitchell G. & Rhodes, P. J. ed.(1997). *The Development of the Polis in Archaic Greece*. London: Routledge.

Monoson, Sarah(2000). *Plato's Democratc Entanglements: Athenian Politics and the Practice of Philosophy*. Princeton: Princeton University Press.

Morgan, Kathryn, ed.(2003). *Popular Tyranny: Sovereignty and Its Discontents in Classical Athens*. Austin: University of Texas Press.

Mossé, Claude(1973). *Athens in Decline, 404~86 B. C.* London: Routledge & Kegan Paul.

Muecke, Douglas(1983). "Images of Irony." *Poetics Today*, vol. 4, no. 3, 399~413.

Nails, Debra(1995). *Agora, Academy, and the Conduct of Philosophy*. Dordrecht: Kluwer Academic Publishers.

Navia, Luis E.(2001). *Antisthenes of Athens: Setting the World Aright*. Westport, Conn.: Greenwood Press.

Nietzsche, Friedrich(1967). *The Birth of Tragedy and The Case of Wagner*. Walter Kaufmann trans. New York: Random House.

______(1966). *Götzen-Dämmerung*. in *Werke* Band II, 939~1033.

______(1966). *Werke in drei Band*. München: Carl Hanser Verlag.

Nightingale, Andrea Wilson(2004). *Spectacles of Truth in Classical Philosophy: Theoria in its Cultural Context*. Cambridge: Cambridge University Press.

Nussbaum, Martha C.(1997). *Cultivating Humanity: A Classical Defence of Reform in Liberal Education*. Cambrdige: Harvard University Press.

______(1986). *The Fragility of Goodness: Luck and Ethics in Greek Tragedy and Philosophy*. Cambridge: Cambridge University Press.

Ober, Josiah(1998). *Political Dissent in Democatic Athens: Intellectual Critics of Popular Rule* Princeton: Princeton University Press.

______(1996). *The Athenian Revolution*. Princeton: Princeton University Press.

______(1989). *Mass and Elite in Democratic Athens: Rhetoric, Ideology, and the Power of the People*. Princeton: Princeton University Press.

Osborne, Robin & Hornblower, Simon eds.(1994). *Ritual, Finance, Politics: Athenian Democratic Accounts*. Oxford: Clarendon.

______(1986). *From Popular Sovereignty to the Sovereignty of Law*. Berkeley: University of California Press.

Packe, Michael St. John(1954). *The Life of John Stuart Mill*. New York: Capricon.

Parke, H. W.(1977). *Festivals of the Athenians*. Ithaca: Cornell University Press.

Parke, H. W. & Wormell, D.(1956). *The Delphic Oracle*. Oxford: Basil Blackwell.

Parker, Robert(2000). "The Trial of Socrates: And a Religious Crisis?" in Smith et al., 40~45.

Polanyi, Michael(1962). *Personal Knowledge: Towards a Post-Critical Philosophy*. Chicago: The University of Chicago Press.

Pomeroy, Sarah B. et al.(1999). *Ancient Greece: A Political, Social, and Cultural History*. Oxford: Oxford University Press.

Popper, Karl R.(1974). *The Open Society and its Enemies*. London: Routledge & Kegan Paul.

Poulakos, T. & Dephew, D. eds.(2004). *Isocrates and Civic Education*. Austin: University of Texas Press.

Prior, William J. ed.(1996). *Socrates: Critical Assessments*. 4 vols. London: Routledge.

Raaflaub, Kurt A.(2004). *The Discovery of Freedom in Ancient Greece*. Chicago: University of Chicago Press.

______(1997). "Soldiers, Citizens and the Evolution of the Early Greek Polis." in

Mitchell et al. ed. *The Development of the Polis in Archaic Greece*. London: Routledge. 49~59.

_____(1980). "Athenian Democracy after 403 B. C." *The Classical Journal*, vol. 75, 305~323.

Reeve, C. D. C.(2000). "Socrates the Apollonian?" in Smith et al., 24~39.

Ricoeur, Paul(2005). *The Course of Recognition*. Cambridge: Harvard University Press.

Riginos, A. Swift(1976). *Platonica: The Anecdotes Concerning the life and Writings of Plato*. Colombia Studies in the Classical Tradition 3. Leiden: Brill.

Ross, Dorothy(1991). *The Origins of American Social Science*. Cambridge: Cambridge University Press.

Rowi, Christopher & Schofield, Malcolm ed.(2000). *The Cambridge History of Greek and Roman Thought*. Cambridge: Cambridge University Press.

Sabine, George H.(1973). *A History of Political Theory*. 4th ed. Hinsdale, Ill.: Dryden Press.

Schlaifer, Robert(1936). "Greek Theories of Slavery from Homer to Aristotle." *Harvard Studies in Classical Philology*. vol. 47. 165~204.

Seaford, Richard(1994). *Reciprocity and Ritual: Homer and Tragedy in the Developing City-State*. Oxford: Oxford University Press.

Senn, Peter R.(1958). "The Early Use of the Term 'Social Science'." *Journal of the History of Ideas*, vol 19, 568~570.

Smith, Nicholas D. & Woodruff, Paul B. ed.(2000). *Reason and Religion in Socratic Philosophy*. Oxford: Oxford University Press.

Stone, Irving F.(1988). *The Trial of Socrates*. New York: Little, Brown and Company.

Strauss, Barry(1993). *Fathers and Sons in Athens: Ideology and Society in the Era of the Pelo ponnsian War*. Princeton: Princeton University Press.

_____(1986). *Athens after the Peloponnesian War: Class, Faction and Policy*. Ithaca: Cornell University Press.

Strauss, Leo (1988). *Persecution and the Art of Writing*. Chicago: University of

Chicago Press.
______(1983). *Studies in Platonic Political Philosophy*. Chicago: University of Chicago Press.
______(1966). *Socrates and Aristophanes*. Chicago: University of Chicago Press.
______(1964). *The City and Man*. Chicago: Rand McNally.
______(1959). *What is Political Philosophy?* Chicago: University of Chicago Press.
______(1953). *Natural Right and History*. Chicago: University of Chicago Press.
Szlezák, Th. A.(1989). "Platon und die neuzeitliche Theorie des platonischen Dialogs." *Neue Perspektiven*, vol. 23, 161~176.
Tarcov, Nathan(2012). "Leo Strauss and the Prooblems of Political Philosophy: A Brief Survey." 한국정치사상학회 2012년 9월 월례발표회 발표 논문.
Taylor, A. E.(1951). *Socrates*. Boston: Beacon Press.
Taylor, Charles(1994). "The Politics of Recognition." in Amy Guttmann eds., *Multiculturalism: Examining the Politics of Recognition*. Princeton: Princeton University Press.
Usher, S.(1999). *Greek Oratory: Tradition and Originality*. Oxford: Oxford University Press.
Vernant, Jean-Pierre ed.(1995). *The Greeks*. Chicago: The University of Chicago Press.
______(1982). *The Origins of Greek Thought*. Ithaca: Cornell University Press.
Versenyi, Laszlo(1982). *Holiness and Justice: An Interpretation of Plato's Euthyphro*. Lanham: University Press of America.
Vlastos, Gregory(1995). *Studies in Greek Philosophy II: Socrates, Plato, and Their Tradition*. Princeton: Princeton University Press.
______(1994). *Socratic Studies*. Cambridge: Cambridge University Press.
______(1991). *Socrates: Ironist and Moral Philosopher*. Ithaca: Cornell University Press.
______(1985). "Socrates' Disavowal of Knowledge." *Philosophical Quarterly*, vol. 35, 1~35.
______ ed.(1980). *The Philosophy of Socrates: A Collection of Critical Essays*.

Notre Dame, Ind.: Notre Dame University Press.

Wallach, John R.(2001). *The Platonic Political Art: A Study of Critical Reason and Democracy*. University Park: The Penn State University Press.

Warde, Anton(1974). "The Identity of Real and Ideal in Goethe's Faust: A Unifying Irony." *The German Quarterly*, vol. 47, no. 4, 544~555.

Westermann, William L.(1945). "Between Slavery and Freedom." *American Historical Review*, Vol. 50. No. 2, 213~227.

Whibley, Leonard(1975). *Greek Oligarchies: Their Character and Organization*. Chicago: Ares Publishers.

Whitehead, Alfred North(1978). *Process and Reality*. New York: Free Press.

______(1929). *The Function of Reason*. Princeton: Princeton University Press.

Wilson, Edward O.(1998). *Consilience: The Unity of Knowledge*. New York: Knopf.

______(1978). *Human Nature*. Cambridge: Harvard University Press.

Williams, Bernard(1993). *Shame and Necessity*. Berkeley: University of California Press.

Winspear, Alban D.(1956). *The Genesis of Plato's Thought*. New York: Russel.

Yang, Seung-Tae(2012). "Doing political Philosophy and Thinking in History of Political Philosophy: Some Remarks on Nathan Tarcov's Version of Straussianism." 한국정치사상학회 2012년 월례발표회 토론문.

______(1982). *Human Nature and Political Science: A Critique of John Stuart Mill's Theory of the Social Sciences*. Ph. D. Dissertation, Evanston: Northwestern University.

Yunis, Harvey(1996). *Taming Democracy: Models of Political Rhetoric in Classical Athens*. Ithaca: Cornell University Press.

Zaidman, Louise Bruit & Pantel, Pauline Schmitt(1992). *Religion in the Ancient Greek City*. Cambridge: Cambridge University Press.

Zeller, Eduard(1923). *Die Philosophie der Griechen in ihrer geschichtlichen Entwicklung*. 6 vols. Leipzig: O. R. Reisland.

______(2012). *Socrates and the Socratic Schools*. Memphis: General Books.

| 찾아보기 |

• 일반 항목 · 인명

• 희랍어 항목

소크라테스의 앎과 잘남

대화, 아이러니, 시민적 삶, 그리고 정치철학의 태동

펴낸날 초판 1쇄 2013년 8월 14일
지은이 양승태
펴낸이 김훈순
펴낸곳 이화여자대학교출판부
주소 서울특별시 서대문구 이화여대길 52(우120-750)
등록 1954년 7월 6일 제9-61호
전화 02) 3277-2965(편집), 02) 362-6076(마케팅)
팩스 02) 312-4312
전자우편 press@ewha.ac.kr
홈페이지 www.ewhapress.com
책임편집 이혜지
디자인 신성기획
찍은곳 한영문화사

ISBN 978-89-7300-984-8 93300
값 28,000원

이 도서의 국립중앙도서관 출판시도서목록(CIP)은 서지정보유통지원시스템 홈페이지(http://seoji.nl.go.kr)와 국가자료공동목록시스템(http://www.nl.go.kr/kolisnet)에서 이용하실 수 있습니다. (CIP제어번호: CIP2013012111)